이코노미스트

2022 세계대전망

이코노미스트 지음

톰 스탠다지(Tom Standage) 《2022 세계대전망》 편집자

20　21년은 전 세계가 팬데믹에 맞서 흐름을 뒤바꾼 한 해였다. 2022년에는 팬데믹 이후 확 달라진 근무 형태와 여행 트렌드 등 새로운 현실에 본격적으로 발맞춰야 한다는 요구가 강력해질 것이다. 중국의 부상과 기후 변화 가속화가 거듭 확인됨에 따라 이런 변화의 필요성은 더욱 두드러질 수 있다. 2022년에는 다음 10가지 주제와 트렌드를 눈여겨보자.

1. **민주주의 대 독재 정치.** 미국의 중간 선거와 중국의 전국 인민 대표 회의는 경쟁 관계에 있는 정치 체제를 선명하게 대비시킬 것이다. 어느 체제가 더 나은 안정성, 성장, 혁신의 발판이 될까? 이 경쟁은 무역에서 시작해 기술 규제, 백신 접종, 우주 정거장 건설에 이르기까지 모든 분야에서 일어날 것이다. 조 바이든(Joe Biden) 대통령이 민주주의 깃발 아래 자유 세계를

결집시키려 할 때 문제 많고 분열된 미국은 그의 공로를 무색하게 할 것이다.

2. **전염병에서 풍토병으로.** 새로운 항바이러스제와 효능이 개선된 항체 치료제, 다양한 백신이 쏟아져 나오고 있다. 선진국에서 백신 접종을 마친 사람들에게 바이러스는 더 이상 생명의 위협이 되지 않을 것이다. 하지만 개발도상국에서는 여전히 치명적인 위협일 수 있다. 백신 접종률을 끌어올리지 못하면 코로나19는 (부유한 사람들은 제외하고) 가난한 사람들만 괴롭히는 많은 풍토병 중 하나가 될 것이다.

3. **인플레이션 우려.** 공급망이 무너지고 경기 에너지 수요가 치솟으면서 물가가 오르고 있다. 중앙은행들은 일시적인 현상일 뿐이라고 말하지만 모두가 그 말을 믿지는 않는다. 영국은 브렉시트(Brexit) 이후 노동력이 부족해지고 값비싼 천연가스에 의존하고 있어서 특히 스태그플레이션의 위험에 노출돼 있다.

4. **노동의 미래.** 미래의 근무 형태는 재택과 출근이 뒤섞인 '하이브리드' 체제가 될 것이며, 더 많은 근로자가 더 자주 재택근무를 하게 되리라는 데 많은 이가 동의하고 있다. 하지만 세부적 사항들은 의견 충돌의 여지가 남아 있다. 며칠 동안 그리고 누가 재택근무를 해야 할까? 그게 공정할까? 조사에 따르면 여성들은 사무실로 복귀하는 데 시큰둥한 편이므로 승진에서 제외되는 위험을 감수할 가능성도 있다. 또한 과세 규정과 원

격 근로 감시를 둘러싼 논란도 일고 있다.

5. **테크 기업에 대한 새로운 반발.** 미국과 유럽의 규제 당국은 오랫동안 거대 테크 기업들을 통제하려 애쓰면서도 그들의 성장이나 이윤에 타격을 입힌 적은 없었다. 지금 중국은 강력한 단속으로 테크 기업들을 후려치며 규제에 앞장서기 시작했다. 시진핑(Xi Jinping) 주석은 테크 기업들이 게임이나 쇼핑 같은 하찮은 분야가 아니라, 전략 지정학적 이점을 제공하는 '딥테크(deep tech)'에 초점을 맞추길 바란다. 하지만 이 조치는 중국의 혁신을 재촉할까, 산업의 역동성을 짓누를까?

6. **암호화폐의 성장.** 모든 파괴적 혁신 기술이 그랬듯이 규제 당국이 규칙을 강화함에 따라 암호화폐도 길들여지고 있다. 중앙은행들도 자체적인 중앙 집중식 디지털 통화 출시 방안을 모색하고 있다. 따라서 2022년에는 금융의 미래를 두고 3자 간 싸움이 펼쳐질 것이다. 암호화폐-블록체인-디파이(DeFi, 금융 섹션 참조)팀, 상대적으로 전통적인 테크 기업팀, 중앙은행팀 간의 싸움이 격렬해질 것이다.

7. **기후 위기.** 산불, 폭염, 홍수가 갈수록 잦아지고 있는데도 특히 기후 변화에 관해서는 정책 입안자들 사이에 긴급성이 결여돼 있다. 지정학적 경쟁이 심화하고 있는 이 순간에도 탈탄소화는 서구와 중국의 협력을 필요로 한다. 2022년 하버드 대학교의 태양 지구공학 연구팀을 주시해보자. 그들은 높은 고도로

띄운 풍선에서 미세 입자를 방출해 햇빛을 가리는 실험을 계획하고 있다. 이 기술이 세계가 탈탄소화할 시간을 벌어줄 수도 있다.

8. **여행 문제.** 경제가 재개되면서 사람들의 활동이 활발해지고 있다. 하지만 호주와 뉴질랜드처럼 '제로 코로나' 방역 전략을 추구했던 나라들은 코로나가 풍토병이 돼가는 과도기를 힘겹게 헤쳐나가고 있다. 한편 업무 출장의 절반 정도가 완전히 사라졌다. 지구에는 좋은 일이지만 씀씀이가 큰 출장자들 덕분에 다양한 혜택을 누리던 여행객들에게는 달갑지 않은 일이다.

9. **우주 개발 경쟁.** 2022년은 경쟁에 뛰어든 우주 개발 기업들이 쏘아 올린 우주선을 타고 높이 올라간 공무원들보다 더 많은 수의 민간인이 우주에 가는 첫해가 될 것이다. 중국은 새로운 우주 정거장을 완성할 것이다. 영화 제작자들은 무중력 상태에서 영화를 촬영하기 위해 경쟁하고 있다. 할리우드 영화 얘기처럼 들리겠지만 나사(NASA)는 실제 임무에서 우주 탐사선을 소행성에 충돌시킬 예정이다.

10. **정쟁의 불씨.** 베이징 동계 올림픽과 카타르 월드컵은 스포츠가 어떻게 세계를 하나로 모을 수 있는지, 또 대규모 스포츠 행사가 어떻게 정치 논쟁의 불씨가 돼버리곤 하는지 일깨울 것이다. 각 나라를 대표하는 팀들이 보이콧할 가능성은 낮아 보이지만 두 개최국을 향한 시위는 예상해야 할 것이다.

2021년 세계가 이룩한 가장 뛰어난 성과
는 코로나 바이러스 백신 개발이다. 이처
럼 빠른 백신 개발은 하룻밤 새 성공처럼
보이지만, 이것을 이루기 위해 수십 년의
노력을 한꺼번에 쏟아부었다. 또 어떤 새로운 기술이 불쑥 나타나 세
상을 놀라게 할까? 특별 섹션에서 2022년에 가능성 있어 보이는 22
가지 후보를 다룰 것이다.

2022년에는 팬데믹 이후의 새로운 현실에 발맞춰야 한다는 요구가 강력해질 것이다.

마지막으로 이 책은 새로운 제목을 달았다. 'The World in' 시리
즈가 이제 'The World Ahead' 시리즈로 바뀌면서 《세계대전망》이
됐고, 우리가 더 나은 위치에서 미래를 내다볼 수 있게 해줄 것이다.
이 책이 독자 여러분의 미래를 내다보는 발판이 되길 바란다.

리더스 LEADERS

비즈니스 BUSINESS

문화 CULTURE

PART
2

미국 UNITED STATES

PART
1

LEADERS

BUSINESS

FINANCE

INTERNATIONAL

SCIENCE & TECHNOLOGY

CULTURE

THE WORLD AHEAD 2022

마니교도*와 혼란

미국과 중국 간의 경쟁이 코로나 이후의 세계를 정한다

자니 민튼 베도스(Zanny Minton Beddoes) 〈이코노미스트〉 편집장

펠로폰네소스 전쟁을 다룬 고전에서 투키디데스(Thucydides)는 아테네의 세력이 부상해 스파르타에 공포가 스며든 결과로 충돌이 일어났다고 결론지었다. 하버드 대학교의 그레이엄 앨리슨(Graham Allison)은 2015년에 발표해 반향을 일으킨 에세이 〈투키디데스의 함정(The Thucydides Trap)〉에서 같은 역학 관계가 미국과 중국 사이에 작용할지 살펴보았다. 앨리슨 교수는 도전자 때문에 기존 강대국의 입지가 흔들린 16개의 역사적 사건을 발견했다. 그중 12건의 경우 변화는 결국 전쟁을 불렀다. 그는 오늘날 반드시 같은 일이

● 세상을 선과 악으로 보는 이원론적 사상.

반복되지는 않겠지만 함정에서 벗어나려면 "엄청난 노력이 필요하다"고 글을 맺었다. 워싱턴과 베이징은 앨리슨 교수의 분석을 자세히 연구했다. 그런데도 지난 5년 동안 세계 초강대국과 아시아 도전자 사이의 관계는 역사에 귀 기울이는 사람이 거의 없다고 할 만큼 악화했다. 시진핑 치하에서 중국은 해외에서 더욱 공격적으로 주장을 펼치고 국내에서는 더욱 독재적으로 변했다. 도널드 트럼프(Donald Trump)에서 현재 조 바이든 정권을 거치면서 미국의 대중 정책은 중국을 기존 미국 주도의 세계 질서에 편입시킬 수 있다는 오만한 믿음에서 좀 더 편집증적 견제 조치에 가까운 성격으로 바뀌었고, 중국의 의도를 의심의 눈초리로 대하며 여야가 다 같이 미국의 세계적 우위가 위험에 처했다고 우려한다.

이렇게 적대감이 높아지는 사이 관세 전쟁에서부터 대만을 둘러싼 긴장 고조에 이르기까지 이미 수많은 대가를 치렀다. 이로 인해 코로나19와 기후 변화에 대한 세계의 대응이 약해졌다. 불행히 지금도 안 좋아 보이지만 상황은 확실히 더 나빠질 수 있다. 팬데믹에서 벗어나는 세계의 미래는 적대적 경쟁에 따라 정해질 것이다. 양측은 단순히 서로 힘을 겨루는 것이 아니라 자기 정부 시스템의 우월성을 보여주기 위해 노력함에 따라 실존적 경쟁을 벌이고 있다.

이미 바이든 대통령은 서방 민주주의 국가들이 독재 정부들과 급변하는 21세기에 어느 체제가 더 잘 작동하는지 '시합'을 벌이고 있다는 식으로 표현했다. 시진핑의 관점에서 프레임은 비슷하고 증거는 이미 너무나 분명하다. 그는 집단적 국가 통제가 기능을 상실한 서구 민주주의보다 분명히 우월하다고 거듭 힘주어 말한다. 중국 관리들은 '동양이 부상하고 서양은 쇠퇴하고 있다'라고 즐겨 이야기한다.

2022년 세계 정치 무대의 사건들은 이런 시각을 강화할 것이다. 2월 동계 올림픽을 시작으로 연말 20차 공산당 대회까지, 중국은 공산당 통치의 능력과 영향력, 전면적 우월성을 보여주고 지금까지 관행이었던 10년 임기를 넘어 집권하는 시 주석의 지위를 공식화하기 위해 철저히 연출된 행사를 연이어 선보일 예정이다.

절대 권력자 시진핑

공산당은 모든 종류의 불안이나 비판을 방지하기 위해 엄청난 노력을 기울일 것이다. 예를 들어 성가신 민주주의 국가 시민들이 중국이 신장에 설치한 '재교육' 캠프에 흔들려 올림픽에서 난처하게 시위를 벌일 위험은, 외국인 관중 참석을 전면 금지할 만큼 엄격한 코로나 바이러스 '버블'을 도입함으로써 해결했다. 대내적으로는 시 주석의 모든 집권 기한 폐기 조치에 당내에서 조금이라도 불안한 조짐을 보이면 잔혹한 숙청에 직면하게 된다. 관리들은 '새로운 시대'의 여명을 축하할 예정이며, 자신의 시대를 맞은 시 주석은 원하는 동안 당을 완전히 장악할 것이다.

양측은 자기 정부 시스템의 우월성을 보여주려 노력한다.

한편 서구 민주주의 국가들은 실망스럽게도 혼란스러운 모습을 죄다 드러낼 것이다. 유럽에서는 높은 물가와 심지어 연이어 정전이 발생하는 겨울철 에너지 부족 사태로 유권자들이 화가 나고 정치인들은 겁을 먹는다. 프랑스 대통령 선거에서는 자신을 프랑스의 트럼프로 설정한 극우 진영의 반이민주의자 TV 방송인 에릭 제무르(Eric Zemmour)가 조성한 분위기대로 포퓰리스트 선동이 판치는 추악한 광경이 펼쳐진다. 결국 에마뉘엘 마크롱(Emmanuel Macron)은 포퓰리스트 우익의 표가 갈리며 재선되겠지만, 분노와 문화 전쟁●으로 뒤덮인 선거 캠페인은 민주주의 광고와는 거리가 멀어 보인다.

가장 실망스러운 모습은 바로 미국이 보여줄 것 같다. 중간 선거가 열리는 해에는 일반적으로 의회가 거의 일손을 놓고 백악관을 차지한 정당이 의석을 잃는다. 2022년에는 이 중간 선거의 저주가 특히나 심하게 나타날 전망이다. 바이든 대통령이 인프라 투자와 복지 지출이 담긴 '더 나은 재건(Build Back Better)' 법안을 어떤 형태로 통과시키더라도 물가 상승과 공급 부족으로 여전히 지지도가 낮은 상태에서 2022년을 맞으리라 예상된다. 하원에서 8석의 우위를 점하고 상원을 50 대 50으로 나눠 가진 민주당은 둘 다 과반수 확보에 실패할 심각한 위험에 처해 있다. 그리고 트럼프에게 완전히 사로잡힌 공화당은 2020년 선거를 도둑맞았다는 트럼프의 잘못된 이야기를 받아들여, 의회를 장악한 여러 주에서 선거 감독을 유리하게 바꾸기 위해 법률을 바꾸고 있다.

● 프랑스 전통 가톨릭과 무슬림 이민자 사이의 마찰.

해가 지나고 건강상의 문제가 없어 2024년 트럼프의 공화당 대통령 후보 출마가 거의 확실해지면, 남북전쟁 이후 헌법상 최고의 위기라는 공포가 미국의 정치적 논의를 무색하게 만들 것이다. 미국 밖에서 트럼프를 완전히 정신이상자라고 여겼던 사람들은 그의 복귀 전망에 충격을 받게 될 것이다.

한편 경제 분야에서는

만약 연극 같은 정치 때문에 서구 민주주의가 중국 독재 정치보다 상대적으로 문제가 많아 보인다면, 2022년에 어느 체제가 경제 운영에 가장 적합한지를 두고는 다른 판결이 날 수 있다. 테크 회사에서 팬데믹 이후 재개(reopening)에 이르기까지 중국과 미국은 비슷한 문제들을 완전히 다른 방식으로 처리한다. 그리고 몇 년 만에 처음으로 중국이 실수를 더 자주 저지를지 모른다.

시 주석은 모든 수단을 동원해 중국 거대 자본가들의 콧대를 꺾으려는 조치를 시작했고, 테크 회사들을 단속하고 '공동 부유(common prosperity)'에 해로워 보이는 비디오 게임과 사교육 같은 업계에 강력한 규제를 가함으로써 1조 5,000억 달러나 되는 주식 가치를 증발시켰다. 미국에서는 페이스북과 다른 테크 대기업들의 악영향에 대한 초당적 비난이 의회 청문회 정도에 그칠 것이다. 하지만 젊은 소비자들이 새로운 플랫폼을 찾고 대형 기술 기업들이 서로의 영역을 침범하기 시작하면서 시장 원리에 따라 효과적으로 변화가 생긴다.

미국과 나머지 서구 국가들은 위드 코로나(living-with-covid)로 사고방식을 바꿀 예정이다. 코로나는 사라지지 않고 풍토병으로 남는다. 부스터샷이 일상이 되고 나머지 여행 제한이 완화되며 락다운은 과거의 일이 된다. 대조적으로 중국은 2022년 내내 제로 코로나 정책을 고수할 전망이다. 코로나로 시민들을 공포에 떨게 만들고 엄격함을 우월성의 표시로 선전해온 중국 정부는 노선을 바꾸기가 쉽지 않다. 중국은 긴 격리와 엄격한 여행 제한으로 세계 다른 나라들과 계속 담을 쌓고 지낼 것이다.

중국의 엄격한 접근 방식은 어느 경우든 결국 경제적 피해를 초래할 전망이다. 예측 불가능한 규제와 중국에서 가장 성공한 자본가에 대한 비판적인 반감은 기업가 정신을 저해하고 혁신을 방해한다. 그리고 코로나가 풍토병인 세상에서 제로 코로나 정책을 유지하려면 고통스럽게 봉쇄 조치를 해야 한다.

모든 요인이 이미 힘든 중국의 거시 경제 환경을 복잡하게 만들 전망이다. 중국 관측가들은 엄청난 중국 부동산 호황의 조정 결과와 그에 따른 믿기 힘든 수준의 부채에 대해 몇 년 동안 걱정해왔다. 거대한 부동산 개발 업체 헝다(Evergrande)의 위기는 이 까다로운 전환이 마침내 진행되고 있음을 보여준다. 다른 부동산 관련 회사들이 문을 닫으면서 부동산은 2022년의 주요 쟁점이 될 것이다. 게다가 노동력 감소와 피부양 노인층의 급속한 증가 같은 구조적 문제와 더불어 경제적 부담이 심각하다. 연간 GDP 성장률이 5%로 떨어질 수도 있다.

중국의 저성장은 세계 경제 전반에 그림자를 드리울 수 있다. 하지만 역설적이게도 상품 가격을 낮추면 미국 거시 경제의 주요 과제인 고질적 인플레이션 위험을 낮추는 데 도움이 될 수 있다. 이는 연방준비위원회가 한동안 여유로운 태도를 보일 여지를 마련해줄 것이다. 코로나19는 제쳐두고라도 긴축 재정이 대부분 끝나고 (바이든 대통령의 법안 일부가 통과된다고 가정하면) 한참 늦은 감이 있는 사회 인프라 개선 노력이 시작되면, 정치인들이 싸우더라도 미국 경제는 빠르게 성장할 수 있다. 중국과 별 차이 없이 GDP 성장률 4% 달성이 가능해 보인다.

서로 다른 정치적, 경제적 성과들이 2022년에 헤드라인을 장식할 것이다. 하지만 그로 인해 미국과 중국이 제대로 작동하는 관계 구축에 필요한 '엄청난 노력'을 기울일 가능성이 줄지는 않을까? 반드시 그렇지는 않다. 국내 경제가 흔들리는 상황에서 시 주석은 미국과의 무역 관계 개선을 희망할 수도 있고, 국내에서 곤경에 처한 바이든 대통령은 중간 선거 이전에 외교 정책의 성공을 거두고 싶어 할지 모른다. 그리고 원칙적으로 양측은 무역과 기술에 대한 합리적인 협상을 모색해 트럼프 시대의 관세를 대체하는 등 많은 분야에서 진전을 이룰 수 있다. 사이버 보안, 핵 비확산 또는 우주 공간의 군사화 분야에서 공통의 접근법에 합의하거나 글래스고에서 열린 COP26 기후 변화 회의에 이어 청정에너지 전환을 가속하는 방법도 찾을 수도 있다.

불행히도 이런 생각은 실현 가능성이 거의 없어 보인다. 첨예하게 양극화된 미국에서 양당 간 합의가 가능한 얼마 안 되는 분야 중 하나가 중국에 대한 강경책이다. 바이든 대통령은 아무리 합리적인 결과가 나와도 협상하는 유화주의자라는 공화당의 공격을 감수하지는 않을 것이다. 그리고 바이든 대통령을 실패한 민주주의의 과도기적 인물로 보는 중국은 국내 경제 약점에서 시선을 돌리기 위해 민족주의적 선전을 확대할 가능성이 더욱 크다. 좋은 소식으로는 2022년에 군사적 충돌의 가능성이 거의 없어 보인다는 것이다.

중국은 전당 대회를 앞두고 최우선으로 안정을 유지해야 하므로 대만 주변이나 남중국해 어디서는 모험주의나 과도한 무력시위를 벌이지는 않을 전망이다. 나쁜 소식은 투키디데스의 함정은 사라지지 않는다는 사실이다.

현실 파악
—
공급 부족과 그린플레이션으로 인해
이상주의적 에너지 정책의 시대가 막을 내린다

패트릭 포울리스(Patrick Foulis) 〈이코노미스트〉 비즈니스 부문 편집자

정치인, 소비자 그리고 기업들은 기후 변화와 에너지 사업을 알아가는 중이다. 첫 번째 단계인 2010년대 초반의 특징은 무관심이었다. 두 번째 단계로 지난 몇 년 동안은 지금 비용이 거의 들지 않는 먼 미래의 이상적인 배출 감축 목표를 설정했다. 2022년에는 위험할 정도로 불안한 에너지 가격, 그린플레이션(greenflation)●에 대한 두려움 그리고 높아지는 지정학적 위험 속에서 여정의 세 번째 단계가 시작된다. 앞에 놓인 과제를 풀려면 현실적 접근이 필요하다.

2021년 세상에는 쉬운 약속들이 넘쳤다. 전 세계 탄소 배출량의 3분의 2를 차지하는 약 70개국이 21세기 중반까지 넷제로(net zero) 달성 목표를 세웠다. 미국을 포함한 선진국 국민 대부분은 기후 변화에

● 친환경 정책으로 원자재 가격이 올라 인플레이션이 생기는 현상.

대해 우려를 표명했다. 기업들도 야심 차게 탄소 중립 선언을 했고 애당초 배출량이 많지 않은 회사들이 눈에 띄었다. 그린 테크 벤처캐피털의 붐은 자금이 대규모로 재분배되고 있음을 시사했다. 따라서 지속 가능한 투자는 서브프라임 모기지 사태 이후 금융계의 가장 큰 흐름이 되었다.

때가 되자 마주한 현실은 혹독했다. 2021년 중반 경제가 급성장하며 에너지 수요가 증가했다. 10월이 되자 화석 연료 단가는 전년 대비 95% 올랐다. 중국과 인도는 정전 사태를 맞았고 유럽은 가스 부족에 직면했다(주로 독재 국가인 러시아에서 파이프라인으로 공급된다). 1차 에너지 사용의 83%를 차지하는 화석 연료의 부족은 전 세계 물가를 5% 이상 끌어올리고 성장을 저해하며 사람들을 겁주는 듯 보였다. 이에 정치인들은 시계를 되돌렸다. 중국과 인도는 석탄 생산량을 늘렸고, 영국은 가장 지저분한 발전소를 다시 가동했으며, 유가가 배럴당 80달러에 이르자 백악관은 OPEC에 수출 증대를 촉구했다.

2022년에는 에너지 시스템의 취약점을 보완하는 데 관심이 온통 쏠릴 예정이다. 가장 쉬운 부분은 상당히 기술적이다. 대부분의 전력망은 태양열과 풍력 에너지 같은 신재생 에너지원의 간헐적인 특성을 처리하기 힘들어 석탄 화력이 아닌 보다 안정적인 기저 부하 전력이 필요하다. 천연가스가 다시 유행할 전망이며 온실가스 배출이 없는 원자력이 세계적으로 다시 살아날 것이다. 2011년 후쿠시마 사태 이후 몇 년 동안 1차 에너지 사용의 원자력 비중은 4%로 줄었지만 많은 나라가 36%인 프랑스를 모방할 것으로 보인다. 새로운 배터리, 수소 그리고 탄소 포집 기술이 궁극적으로는 도움이 되겠지만, 한창 필요할 때 쓸 준비가 되어 있지 않다.

한편 오명, 미덕 과시, 보조금, 법적 소송 그리고 규제가 뒤섞여 혼란스러운 신호들을 보면 현재 에너지 산업의 투자가 21세기 중반까지 넷제로 달성에 필요한 연간 5조 달러의 절반에도 못 미친다는 사실을 알 수 있다. 때로는 현재의 인센티브가 실질적으로 역효과를 낳는다. 예를 들어 천연가스 신규 프로젝트 투자가 너무 적어 아시아 국가들이 석탄에서 신재생 에너지로 전환하는 과정에서 청정 가교 연료(bridge fuel)로서 가스를 사용하기가 더 어렵다.

이에 대응해 정부들은 탄소 가격제 사용을 확대할 것이며, 이는 배출과 관련해 경제 전반에 걸쳐 톱니 효과●로 작용할 것이다. 정부는 투자자들에게 20~30년의 수명 주기를 잡는 에너지 프로젝트 예측

● 생산이나 소비가 일정 수준에 오르면 이전으로 돌아가기 힘든 현상.

가능성을 높여주기 위해 실험적으로 먼 미래의 가격을 설정해줄 전망이다. 미국은 국가 탄소 가격이 없는 예외로 남겠지만, 많은 공화당원은 탄소 가격 책정이 에너지 사업을 개혁하는 자본주의적 방식이라는 사실을 깨닫게 될 것이다.

녹색 약속을 지키기 쉽지 않다

현실을 마주하는 새해에 대중에게 솔직하게 밝히는 일은 가장 어렵다. 왜냐하면 에너지 투자를 세계 GDP의 2%에서 5%로 높여야 하므로 공과금과 세금을 올려야 하기 때문이다. 정치인들은 탄소세 수익을 가난한 사람들을 돕는 데 사용함으로써 불가피한 반발을 막아보려 노력할 것이다. 2022년에도 에너지 가격이 계속 치솟는다면 거리와 투표소에서 시위가 일어날 전망이다. 그러나 압박이 줄어들면 연말에는 더욱 견고한 토대 위에 에너지 정책을 마련할 수 있다. 세계가 넷제로 목표를 달성할 가능성은 여전히 희박하지만, 전력망 설계 그리고 투자 인센티브, 재정 계획은 더 개선될지 모른다.

하지만 커다란 문제들이 남아 있을 것이다. 배출량의 약 5분의 1은 시멘트 제조 업체와 같은 산업체 소비자들이 발생시킨다. 대부분 깨끗한 대체 방안을 즉시 찾기 힘들다. 2030년이 되면 OPEC과 러시아의 석유 생산량을 합친 비중이 50%에 달할 것으로 예상해 죽어가는 화석 연료 경제가 지정학적 위험을 증폭시킬 것이다. 일부 새로운 전기 국가(electrostates)들은 기존의 석유국(petrostates)들보다 더 불안정한 모습을 보일 수 있다. 인구 9,000만 명의 콩고민주공화국은 전기 자동차에 사용된 코발트의 약 70%를 생산하며, GDP는 전기 자동차 선두 업체인 테슬라(Tesla)의 매출과 거의 비슷하다.

신흥국들은 에너지 관련 탄소 배출량의 3분의 2를 차지하지만, 청정에너지 시스템 투자나 개발에 필요한 현금과 혁신 기반이 부족하다. 2022년 이후 펼쳐질 기후 변화 여정의 네 번째 단계에서 궁극적으로 이는 역시 선진국의 문제라는 인식이 핵심이 될 것이다.

꺼져가는 불길

코로나 바이러스가 잡히면 공중 보건의 실패가 덮인다

에드워드 카(Edward Carr) 〈이코노미스트〉 부편집장

대유행 질병들은 사라지지 않고 약해질 뿐이다. 그리고 2022년 코로나19도 비슷한 모습을 보일 것 같다. 특히 백신 접종률이 만성적으로 낮은 나라들에서는 지역별로 계절마다 불길처럼 번질 것이다. 전염병학자들은 또한 백신의 면역 효과를 뛰어넘을 수 있는 새로운 변이를 주의 깊게 지켜봐야 한다. 그렇긴 하지만 코로나19가 독감이나 일반 감기처럼 풍토병으로 자리를 잡으면서 전 세계 사람 대부분은 적어도 팬데믹 이후 뉴노멀 수준의 정상(post-pandemic normal)으로 돌아갈 가능성이 크다.

이런 전망의 배경에는 엄청난 성공과 침울한 실패가 함께 깔려 있다. 성공 사례를 들자면 지금까지 수많은 사람이 백신을 맞았고, 이제는 가벼운 증상에서 집중 치료까지 감염 단계마다 새로운 약

면역력을 확보하기까지 끔찍한 대가를 치렀다.

품들로 사망 위험을 크게 줄일 수 있다. 당연하게 여기기 쉽지만 새로운 질병에 맞서 수많은 백신과 치료제를 신속히 개발하고 허가를 마친 것은 과학적 승리다.

소아마비 백신은 초기 임상시험부터 미국 내 최초 승인이 날 때까지 20년이 걸렸다. 코로나 바이러스가 처음 발견된 지 불과 2년 후인 2021년 말 전 세계 코로나19 백신 생산은 매달 약 15억 도즈에 달했다. 생명과학 데이터 기업인 에어피니티(Airfinity)는 2022년 6월 말까지 누적 생산량을 총 250억 도즈로 예측한다. 조 바이든은 9월 정상 회담에서 1년 안에 전 세계 백신 접종률 70% 달성을 목표로 제시했다. 공급이 문제가 되지는 않는다.

하지만 백신이 특히 노인층을 포함해 사람들을 완벽하게 보호하지는 못한다. 그러나 또다시 의학이 난관을 이겨냈다. 예를 들어 초기 증상들은 항바이러스제 몰누피라비르(molnupiravir)로 치료할 수 있으며 임상시험에서 1일 2회 투약으로 사망과 입원율을 절반으로 줄였다. 심각한 증세에는 저렴한 코르티코스테로이드 약품인 덱사메타손(dexamethasone)을 처방하면 되고, 이는 사망 위험을 20~30% 감소시킨다. 중간 단계의 증상에는 렘데시비르(remdesivir) 같은 약물과 리제네론(Regeneron)이 만든 항체 칵테일을 사용하면 된다.

백신 접종과 치료를 결합해 일련의 벽을 세운다고 생각해보자. 각각의 벽은 바이러스 공격의 강도를 줄여 치명적으로 되지 않게 막는다. 하나씩 새로 벽을 세우면 코로나19의 치사율을 더욱 낮춘다.

　하지만 성공에는 실패도 함께 따른다. 앞으로 코로나19의 피해가 줄어드는 또 다른 이유는 과거에 이미 타격이 컸기 때문이다. 많은 사람이 단지 예전에 감염된 이력 때문에 최근의 코로나19 변이 바이러스에 걸리지 않고 있다. 그리고 특히 개발도상국의 더 많은 사람은 2022년이 한참 지날 때까지도 백신이나 의약품의 보호를 받지 못할 것이다.

　면역력을 확보하기까지 끔찍한 대가를 치렀다. 〈이코노미스트〉는 팬데믹 동안 통상적인 연간 예상치를 넘는 사망자 수를 추적했다. 2021년 10월 22일 기준 우리는 전 세계 총 사망자 중앙 추정치를 1,650만 명으로 예측했고(1,000만~1,900만 명 범위 기준), 이는 공식 집계보다 3.3배 많았다. 치명적 감염 비율 추정치를 이용해 역으로 계산해보면, 사망자 수는 크게 어림잡아 15억~36억 명이 감염된 결과로 볼 수 있으며, 이 수치는 공식 기록의 6~15배가 넘는다.

　감염과 백신 효과가 더해져 가을에 영국 성인의 93%가 코로나19 항체를 보유했다. 사람들이 다시 걸리기 쉽지만, 영국의 사례처럼 바이러스에 노출될 때마다 면역 체계는 공격을 물리치도록 더 강해진다. 새로운 치료법이 나오고 많은 젊은이가 감염되지만, 이런 이유로 영국의 치사율은 2021년 초의 10분의 1에 불과하다. 다른 나라에서도 같은 경로를 밟아 풍토병이 될 것이다.

　위험한 신규 변이 때문에 모든 예상이 뒤집힐지 모른다. 바이러스가 끊임없이 돌연변이를 일으키고 더 많이 돌아다닐수록 전염성이 강한 새로운 변종이 나타날 가능성이 커진다. 하지만 오미크론(Omicron)과 로(Rho)● 변이가 공격하더라도 델타보다 치명률이 높지는 않을 것 같다. 또한 기존 치료제들이 여전히 효과를 발휘하고 백신은 바이러스의 돌연변이에 따라 신속하게 개선할 수 있다.

그저 그런 풍토병

따라서 고령이거나 허약하고 또는 백신을 맞은 적이 없거나 약을 살 여유가 없는 사람들이 코로나19로 더 많이 사망할 것이다. 어떤 사람들은 접종 권유에도 백신을 거부해서 계속 취약할 것이며, 이는 보건 교육의 실패다. 하지만 부유한 나라에서는 백신 물량이 계속 쌓이고 가난하고 외딴곳에서는 백신 접종을 받기 어렵다. 단지 몇 달러짜리 예방 주사를 맞지 못하면 생계가 완전히 무너지고 생명을 잃는다.

코로나는 아직 완전히 끝나지 않았다. 하지만 2023년이 되면 선진국 사람 대부분은 치명적인 질병에서 벗어날 것이다. 가난한 세계의 수십억 명은 여전히 치명적인 위험에 시달린다. 그러나 슬프게도 다른 질환들도 마찬가지다. 코로나는 그저 그런 질병으로 변하고 있을 것이다.

● 그리스 문자 중 15번째와 17번째 글자.

반등 또는 재조정

—

공급 부족에 시달리는 세계 경제가 중요한 해를 맞았다

헨리 커(Henry Curr) 〈이코노미스트〉 경제 부문 편집자

세계 경제에 작용하는 스태그플레이션의 힘은 지속할 것인가? 2021년 내내 중앙은행과 대부분 경제학자는 물가를 높이고 성장을 둔화시키는 요인들이 일시적이라고 말했다. 공급망 병목 현상은 진정되고 에너지 가격이 현실적 수준으로 돌아가며 아무도 제대로 이해할 수 없는 이유로 일자리에서 밀려난 선진국 노동자들이 직장으로 복귀할 것이다. 그렇다 하더라도 2021년이 저물며 금융 시장, 일반 대중과 중앙은행들까지도 신뢰를 잃기 시작했다.

정책 입안자들은 절박한 딜레마에 처했다. 교과서에서 공급 차질로 인한 인플레이션은 무시하고 저절로 사라지게 내버려 두라고 가르친다. 왜 금리를 올려 경제에 해를 끼쳐야 하나? 항만 적체는커녕 마술처럼 새로 천연가스 공급을 마련하거나 팬데믹을 끝내지도 못한다. 2011년 영국 물가는 원자재 가격 상승의 결과로 5.2%까지 올랐지만 잉글랜드은행(Bank of England)은 저금리를 유지했다. 유로 지역에서 유럽중앙은행(ECB)은 금리를 인상해 경제를 다시 침체에 빠뜨렸고, 얼마 지나지 않아 인플레이션은 목표치를 한참 밑돌았다. 그때처럼 2022년에 높은 에너지 가격으로 인한 인플레이션은 진정될 것이다. (인플레이션은 물가의 변화율이며, 물가가 이전 수준으로 돌아가지 않더라도 빨리 상승하지만 않으면 괜찮다.)

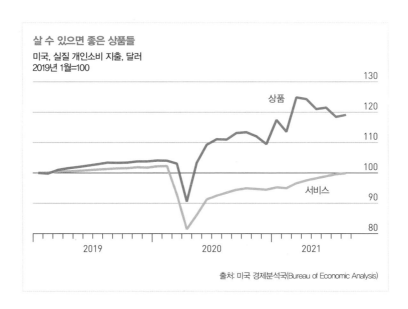

살 수 있으면 좋은 상품들
미국, 실질 개인소비 지출, 달러
2019년 1월=100

상품

서비스

2019 2020 2021

출처: 미국 경제분석국(Bureau of Economic Analysis)

그러나 2010년대 초반과 비교하는 것은 정확하지 않다. 2021년 세계 무역의 위기는 코로나19로 인한 베트남 공장의 폐쇄처럼 단지 공급 차질로 발생한 것이 아니다. 초과 수요도 한몫을 했다. 대규모 재정과 통화 부양책이 사회적 거리 두기와 합쳐져 소비자들은 게임 콘솔에서 테니스화에 이르기까지 물건을 마구 사들였다. 2021년 여름 미국인들의 상품 구매 지출은 팬데믹 이전 추세보다 7% 높았다. 다른 나라에서도 비정상적으로 높은 수요에 비해 상품이 부족할 뿐이다. 세계 경제가 정상과 비슷한 상태로 돌아가려면 소비자들이 충분한 현금을 외식과 여행 등 서비스에 더 많이 써야 한다.

불행히도 여러 나라가 서비스 산업이 번성하는 데 필요한 인력 부족으로 어려움을 겪는다. 레저와 호스피탈리티(hospitality) 분야의 임금이 치솟고 있다. 많은 경제학자는 일시 해고 지원과 긴급 실업 보험 같은 노동 시장의 긴급 지원이 종료되어 근로자들이 복귀할 것으로 기대했다. 지금까지는 놀랍게도 그런 조짐이 거의 안 보인다. 인플레이션이 일시적이려면 임금 상승률과 물가 상승률이 떨어져야 한다. 다른 요인으로는 예상 밖의 생산성 급증이나 낮은 이윤을 생각해 볼 수 있지만, 레스토랑과 같은 기업들은 별로 가능성이 크지 않다.

일부 통화 정책 입안자들은 노동자들이 더 높은 인플레이션을 기대하게 되면서 임금이 계속 오르는 반대 상황을 걱정하기 시작했다. 선진국들은 1970년대 이후 임금-물가의 악순환적 상승(wage-price spiral)을 본 적이 없으며, 비둘기파들은 노조가 활성화되지 않은 나라에서는 노동자들의 임금 인상 요구 가능성이 작다고 주장한다. 하지만 높아지는 인플레이션 가능성이 생각대로 현실화되면, 중앙은행은 갑자기 더 어려운 역할을 맡게 된다. 일자리에 손대지 않고 인플레이션을 목표 수준으로 맞추기는 힘들 것이다. 신흥국들은 성장과 인플레이션 사이에서 고통스러운 선택에 익숙하지만, 수십 년 동안 선진국들은 심하게 겪지 않았다. 대형 선진국 중에는 영국 중앙은행이 가장 긴축에 가까운 정책을 펼친다. 기본 경제 여건이 뒷받침되어서가 아니라 순전히 인플레이션 목표의 신뢰성을 유지하려는 목적이다.

곤경에 처한 중앙은행들

통화 정책 입안자들이 금리를 인상했다가 후회하는 모습을 쉽게 상상할 수 있다. 물가는 2022년 초반에 높은 수준에 머무르겠지만, 중앙은행들은 일반적으로 높은 금리가 경제에 완전히 영향을 미치는 데 1년 반이 걸린다고 생각한다. 과거 세계 금리와 물가를 낮게 유지한 인구 통계학적 변화, 불평등 그리고 세계적으로 몰아친 안전 자산

수요 같은 요인들이 그때쯤이면 다시 효력
을 발휘할지 모른다. 여러 국가에서 임박
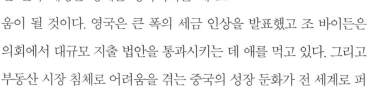
한 긴축 재정은 경제를 냉각시키는 데 도
움이 될 것이다. 영국은 큰 폭의 세금 인상을 발표했고 조 바이든은
의회에서 대규모 지출 법안을 통과시키는 데 애를 먹고 있다. 그리고
부동산 시장 침체로 어려움을 겪는 중국의 성장 둔화가 전 세계로 퍼
질 가능성이 있다.

무엇보다 팬데믹은 끝나지 않았다. 면역이 약해지고 백신이 새로
운 변이체에 효과가 없다면 바이러스의 확산이 경제를 다시 한 번 혼
란에 빠뜨릴 수 있다. 하지만 공급망이 한계에 다다랐기 때문에 세계
는 상품 소비를 통한 경기 부양책으로 경제 성장을 유지하는 방법을
다시 사용할 수 없다. 대신 공급 부문이 2010년대의 유행과 아주 다
른 지출과 노동 패턴에 적응하는 동안 중앙은행은 과도한 인플레이
션을 피하고자 더 높은 이율로 지출을 억제해야 할 것이다. 2022년
에 정상적인 상황으로 회복되지 않는다면 고통스러운 경제 조정을
대안으로 받아들여야 한다.

투표, 싸움 그리고 마법의 총알

코로나19로 정치는 더욱 소용돌이친다

로버트 게스트(Robert Guest) 〈이코노미스트〉 외신 부문 편집자

14세기 흑사병으로 유럽인의 3분의 1이 죽었을 때 지주들에게 토지를 경작할 인력이 거의 남지 않아 노동자들은 더 좋은 대우를 요구할 수 있었다. 1918~1919년 인플루엔자 때문에 2,000만 명의 인도인이 사망(그리고 전 세계적으로 추가로 3,000만 명이 사망)했을 때 비참한 상황이 번지며 마하트마 간디(Mahatma Gandhi)가 영국 식민통치 종식 운동을 시작하는 계기가 되었다. 팬데믹은 정치를 뒤집어놓기도 한다. 2001년에서 2018년 사이 133개국을 조사한 연구에 따르면 정치적 불안은 일반적인 전염병이 시작되고 2년이 지나면 정점에 이르는 경향을 보였다. 그렇다면 2022년은 순탄치 않을 것이다.

거의 모든 나라에서 대중 집회를 제한했음에도 불구하고 전 세계적으로 시민 소요가 팬데믹 첫해인 2020년에 10% 증가했다. 일부 시민들은 바이러스 억제 실패로 정부를 비난한다. 다른 사람들은 엄격한 시행으로 경제적 타격이 심한 락다운에 대해 불평한다. 일부는 정부에서 접종을 권고하는 백신이 위험하다고 생각한다.

2021년에 수많은 시위가 다양한 이유로 일어났지만 대개 코로나19가 기름을 부었다. 남아프리카공화국의 폭도들은 전직 대통령의 투옥뿐 아니라 전염병으로 인한 실업 사태에 분노했다. 벨라루스와

태국의 시위대는 민주주의뿐 아니라 더 나은 보건의료 서비스를 요구했다.

중진국들이 2022년 격동에 처할 위험이 제일 크다. 선진국들은 대부분 백신을 맞았다. 아주 가난한 나라들은 문제가 너무 많아서 코로나 바이러스는 길고 암울한 목록 상의 한 줄일 뿐이다. 반면 중진국 시민들은 양질의 공공 서비스를 기대하다 좌절에 빠진다. 시민들은 해외로 날아가 백신을 맞은 현지 엘리트를 포함해 부자들이 먼저 예방 접종을 받았다는 사실을 안다. 수백만 명의 사람들이 감질나도록 백신을 구하지 못해 당연히 안달이 났다.

선거는 그런 좌절감을 부풀릴 수 있다. 브라질에서는 포퓰리스트인 자이르 보우소나루(Jair Bolsonaro) 대통령이 코로나19에 엉망으로 대응해 심각성을 무시하고 마스크를 반대하며 백신 보급을 망쳐 수천 명이 목숨을 잃었다. 낮은 지지도를 고려하면 보우소나루 대통령은 10월 선거에서 패배할 것으로 보인다. 하지만 브라질은 양극화되어 있고, 보우소나루 대통령은 지지자들에게 투표가 조작될 것이라고 말했으며, 오직 하나님만이 자신을 대통령직에서 내려오게 할 수 있다고 주장한다. 트럼프 스타일의 반란, 또는 더 나쁜 가능성도 배제할 수 없다.

8월 케냐의 선거도 못지않게 걱정스럽다. 팬데믹 때문에 관광 산업 일자리가 사라졌다. 경찰은 통행 금지 위반자를 사살했다. 많은

사람이 분개했고 후보 중 하나인 윌리엄 루토
(William Ruto)가 분노에 부채질하고 있다. 그는
부자이지만 자신을 케냐타 가문과 오딩가 가문
같은 정치 왕조에 대항하는 투사로 자처한다. 루토는 2007~2008년
선거 폭력과 관련된 반인도적 범죄로 기소되었다(증인이 증언을 번복한
후 기소가 취하되었다). 더 큰 혼란이 예상된다.

필리핀에서는 포퓰리즘 왕조가 세워질지 모른다. 로드리고 두테
르테(Rodrigo Duterte) 대통령은 언론을 위협하고 수만 명의 마약 범죄
용의자를 초법적으로 처형하도록 조장했다. 두테르테 대통령은 5월
재선을 위해 출마할 수 없어 정계 은퇴를 약속했다. 하지만 이전에도
은퇴 약속들을 번복한 바 있다. 두테르테가 부통령으로 출마하고 딸
이 대통령으로 출마할 가능성이 있다.

인도에서는 여러 지방 선거가 인화점이 될 수 있다. 코로나19와
더불어 스스로 제도적 안전 장치를 파괴한 결과로 수백만 명이 사
망하자 사람들의 관심을 돌리기 위해 여당인 인도국민당(Bharatiya
Janata Party)은 2022년 무슬림에 대한 증오를 조장할 것이다. 여당은
무슬림들이 힌두 여성들을 유혹해 개종시키는 '사랑의 지하드'를 펼
쳤다고 비난했다. 경찰은 코로나19 규정을 들어 야당 집회를 진압하
지만, 인도국민당 지지자들에게는 집회는 물론 폭력까지 허용할 것
이다.

어떤 나라에서는 아예 선거를 치르기 어려워 보인다. 레바논은
5월에 투표가 예정되어 있지만 경제 붕괴와 전반적인 혼란으로 연기
될 수 있다. 최근 쿠데타를 겪은 말리와 기니는 자유롭고 공정한 선
거를 허용하라는 목소리가 크지만 그렇지 못할 것이다.

민족주의자의 부활

부자 나라들은 차분하지만 긴장 속에 선거를 치를 예정이다. 헝가리의 신규 연합 야당은 날이 갈수록 부패하는 빅토르 오르반(Viktor Orban) 정부를 몰아낼 가능성이 있으며, 오르반 총리는 이민자와 유대인에 대한 추잡한 속임수와 유언비어를 섞어 물러나지 않으려 저항할 것이다. 프랑스 유권자들은 진보적 중도주의자인 에마뉘엘 마크롱을 고수할 것인지, 아니면 프랑스를 '탈이슬람화'하려는 민족주의자 마린 르 펜(Marine Le Pen)과 함께 어둠 속에 뛰어들 것인지 선택해야 한다. 마크롱은 많은 유권자를 짜증 나게 하지만, 코로나19가 물러나면서 더 안전한 선택이라고 보여 아마도 승리를 거둘 것이다. 호주는 프랑스와 달리 자유-국민(보수) 여당 연합이 이기지 못할 전망이다. 코로나19 감염을 제로로 유지하려는 노력은 유지하기가 불가능하고 2022년 좌파 노동당이 집권할 것이다.

백신 보급은 성장을 촉진하고 사람들을 건강하게 보호하며 불안을 피하고자 2022년 정부가 취할 수 있는 제일 현명한 방법이다. 백신 반대자들은 저항하겠지만 프랑스와 다른 나라들이 레스토랑에서 백신 여권을 시행하면 의식을 빠르게 바꿀 수 있다는 것을 보여주었다. 정치에 마법의 총알은 존재할 수는 없지만 코로나 바이러스 백신은 거의 근접했다.

직장의 공정한 미래 보장하기

———

상사들이 반대로 설계하지 않으면 하이브리드 직장은 불평등해진다

사차 나우타(Sacha Nauta) 〈이코노미스트〉 차석편집자

높은 생산성과 행복하고 건강한 직원, 적은 탄소 배출량은 위대한 재택근무 실험이 가져온 이점 중 일부에 불과하다. 또 다른 긍정적인 결과로 일터에서 공정성 증가가 기대된다. 집에 갇힌 직원들이 같은 크기로 순서 없이 배열된 직사각형 상자 속에서 화상 통화에 참여하고 사무실의 상사에게 잘 보일 수 없으므로, 다양성과 포용성 지지자들은 팬데믹이 '위대한 평등자'가 되어주기를 바랐다. 마침내 원격 근무의 오명을 벗고 공정하게 모든 직원이 성공할 기회를 제공할 것이다.

이것이 정말 코로나19의 업적이 될지는 다음에 일어날 일에 달렸다. 기본적으로 누군가를 편애하지 않는 공정성은 모두가 비슷한 상황에서 일할 때 더 잘 나타난다. 하지만 지식 근로자와 고용주 대부분은 이제 하이브리드 방식을 선호한다. 팬데믹 이전 미국에서는 업무의 5%가 원격으로 이뤄졌고 고용주의 27%가 탄력 근무제를 채택했다. 현재는 각각 40%와 88%의 비율을 보인다. 하이브리드 직장은 뒤섞여 복잡해질 것이다. 스스로 발전하게 놔두면 기존 불평등을 줄이기보다 악화시킬 가능성이 더 크다.

왜냐면 근로자마다 사무실 근무 선호도가 다르고 선호도의 차이가 같은 확률로 나타나지 않기 때문이다. 선택권이 있다면 여성, 소

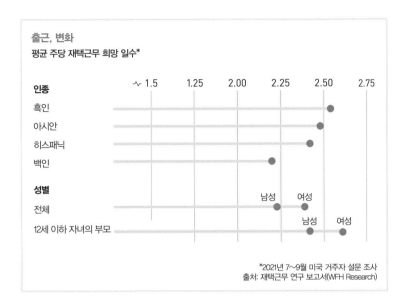

출근, 변화
평균 주당 재택근무 희망 일수*

인종	~1.5	1.25	2.00	2.25	2.50	2.75
흑인						
아시안						
히스패닉						
백인						

성별
전체   남성 여성
12세 이하 자녀의 부모   남성 여성

*2021년 7~9월 미국 거주자 설문 조사
출처: 재택근무 연구 보고서(WFH Research)

수 민족과 어린 자녀가 있는 부모는 사무실 근무 시간을 줄일 것이다. 만일 과거 기준으로 본다면 고용주들이 대개 무의식적으로 물리적 출근을 높게 평가하기 때문에 직원들은 임금 인상과 승진을 놓치고 대가를 치르게 된다. 고용주가 전일제 사무실 근무를 의무화하면 여성과 소수 민족 직원들도 그만둘 가능성이 크다. 직원들이 높은 보상을 받는 '출근(in)' 그룹과 낮은 보상을 받는 '원격(out)' 그룹의 두 단계로 나뉠 수 있다.

그런 결과를 피하려면 고용주들은 일터를 설계해야 한다. 공정성은 디자인을 통해서만 확보할 수 있다. 첫째, 사장들은 절차적 공정성(모든 사람에게 같은 규칙)을 바라는지 또는 결과의 공정성(정책의 결과로 고통받는 그룹이 없음)을 바라는지 분명히 밝혀야 한다. 다음으로 고용주는 물리적 출근이 언제 진정한 가치를 발휘하는지 자신에게 솔직해야 한다. 물리적 가까움을 생산성과 혼동하고 그에 따라 보상하면 이

직원들이 높은 보상을 받는 '출근' 그룹과 낮은 보상을 받는 '원격' 그룹의 두 단계로 나눌 수 있다.

치에 맞지 않는다.

직원들에게 명확하게 밝히는 것은 더욱 중요하다. 애플은 직원들에게 일주일에 3일은 다시 사무실에 돌아와 일하라고 지시해 욕을 먹었지만 적어도 규칙은 분명했다. 많은 고용주는 근로자들에게 유연 근무제가 가능하다고 약속하지만, 직원들이 불문율을 해석할 여지를 남긴다. 오늘날 뜨거운 고용 시장에서 그런 식의 약속은 이해는 가지만 명확하지 않고 공허하게 들린다.

원격 근무자에게 불이익이 없다고 약속한 회사들은 다른 모든 사람과 똑같이 자원을 활용할 수 있게 보장해야 한다. 또한 공정한 절차에 투자해야 한다. 코로나19는 재택근무 직원에 대한 편견들을 아직 없애지 못했다. 이런 편향을 비껴가는 사업장 디자인은 이전보다 훨씬 더 중요해질 것이다. 급여와 승진에 관한 의사 결정은 명확하고 측정 가능한 방식으로 이뤄져야 한다.

출근을 중요시하는 기업들은 아무도 뒤처지지 않도록 공식 출근일 지정을 고려해야 한다. 리더들이 공식 출근일이 아닐 때 재택근무를 하거나 어떤 날은 모두가 재택근무하기로 정하면 프리젠티즘(presenteeism)● 보너스를 줄이는 데 도움이 될 수 있다. 고용주들이 전일제 사무실 복귀를 요구하면 인재가 떠나고 다양성이 줄어든다. 재택근무 연구 설문에 따르면 이런 경우 백인 남성의 39%가 퇴사할 가능성이 있는 것으로 나타났지만, 다른 인종 근로자의 47%와 여성의 48%는 그만두거나 새로운 직업을 찾겠다고 응답했다. 자녀가 있

● 필요 이상으로 직장에 나와 시간을 보내는 문화.

는 여성들은 자녀가 있는 남성들보다 사직서를 쓸 가능성이 2.5배 높았다.

나 몰라라 하기

어떤 회사의 이직 위험은 다른 회사에는 기회다. 이제 많은 업무를 유연하게 또는 완전히 원격으로 처리할 수 있으므로 고용주들은 더 많은 후보자 중에서 채용할 수 있다. 어느 연구에 따르면 구인 광고에 유연 근무 조건을 제시하면 지원자가 30%까지 증가했다. 또한 이직 방지에도 도움이 된다. 미국에서 흑인 지식 근로자가 원격 근무 시 백인 직원보다 직장 만족도가 훨씬 크게 올랐다는 결과가 나왔다.

기술은 분명히 원격 근무 비용을 낮췄고 그에 따라 약간의 오명도 썼다. 하지만 모든 목소리가 똑같이 존중받는 '줌 민주주의(Zoomocracy)'가 증명되지는 않았다. 기술 분야에서 일하는 여성 설문자의 3분의 1은 실제 회의보다 가상 회의에서 방해나 무시당하는 경우가 더 많다고 응답했다.

다시 회사 문을 열고 도약하려는 계획을 세울 때 팬데믹 동안 늘어난 불평등 해소의 필요성은 종종 간과될 수 있다. 남성들은 재택근무가 경력에 긍정적인 영향을 미쳤다고 답할 가능성이 여성보다 거의 2배나 높다. 반면 여성들은 번아웃을 호소할 가능성이 더 크다. 가족을 돌보다 보면 잘 지내기 힘들었을 수 있다. 그리고 신입 직원들은 중요한 직무 교육과 네트워킹 기회를 놓쳤을 수 있다. 하이브리드 세상에서 공정한 출발을 바란다면 고용주는 먼저 회복하고 따라잡을 수 있게 조치해야 한다.

모 아니면 도

———

디지털 금융의 미래를 그리려는 싸움이 벌어지고 있다

라차나 샨보그(Rachana Shanbhogue) 〈이코노미스트〉 금융 부문 편집자

금융계에서 멋지게 양복을 차려입은 은행가와 신용카드 회사 경영진의 영역이 점점 줄어들고 있다. 대신 어중이떠중이 같은 인물이 기존 업체를 완전히 따돌리는 폭발적 혁신을 이끈다. 미국 서부 해안의 유명한 기술 회사와 핀테크 스타트업에서 다양한 '분산 금융(decentralised-finance, DeFi)' 애플리케이션 개발자에 이르기까지 앞다투어 디지털 금융을 재편하고 있다. 2022년 규제 기관들은 대응책을 마련하고 견해를 분명히 밝혀야 한다.

금융의 디지털 혁명은 세 가지 광대한 트렌드를 포함한다. 첫째, 단일 플랫폼에서 더욱 다양한 금융 상품을 제공하려 노력 중이다. 페이스북의 새로운 디지털 지갑이 시장에 진출할 수 있다. 은행, 결제 서비스 업체와 대형 핀테크 회사들은 폭넓은 서비스를 제공해 고객들이 모든 업무를 단일 플랫폼으로 처리하게끔 스타트업들을 계속 집어삼킬 것이다.

둘째, 금융을 탈중앙화하려는 움직임이 싹트고 있다. 개발자들은 아무 중개자 없이 보안과 신뢰를 보장하는 블록체인을 바탕으로 온갖 종류의 금융 애플리케이션을 만들고 있다. 대체 불가능 토큰(NFTs)과 다른 암호화 토큰(crypto-tokens)처럼 디파이 세계와 관련된 모든 종류의 새로운 자산들이 계속 확산될 것이다.

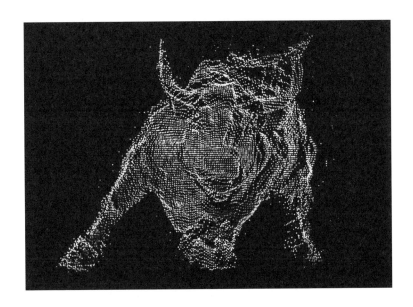

셋째, 일반적으로 보수주의 보루라고 알려진 중앙은행들도 새로운 분야를 개척하고 있다. 더 많은 경제 활동이 온라인으로 이동하고 물리적 현금의 선호도가 떨어져 많은 은행이 자체 디지털 통화 도입을 준비하고 있다.

2022년에는 많은 조치가 취해질 것이다. 중국인민은행은 디지털 위안화를 더 폭넓게 도입할 예정이다. 자메이카와 일본에서 태국과 터키에 이르기까지 중앙은행들은 다양한 테스트와 시범 사업을 수행한다. 대형 선진국들은 자체 디지털 통화 테스트에 한 걸음 더 다가갈 것이다. 혁신은 민간 부문에서도 계속 일어날 예정이다. 새로운 아이디어에 투자가 넉넉히 이뤄졌다. 2021년 상반기에 벤처 투자자들은 핀테크 스타트업에 거의 600억 달러를 투자했다. 100개 이상의 디파이 애플리케이션이 진행 중이다.

이렇듯 걷잡을 수 없이 흥미진진한 변화는 무기력한 사업 방식과

대형 선진국들은 자체 디지털 통화 테스트에 한 걸음 더 다가갈 것이다.

엄청난 수수료, 열악한 고객 서비스가 떠오르는 기존 소매 금융과 극명한 대조를 이룬다. 새로운 금융에는 좋은 점이 많다. 고객 측면에서 보면 기술을 통해 저렴한 비용에 더 나은 서비스를 제공하는 시스템을 뜻한다. 금융 포용(Financial inclusion)은 잘사는 나라도 겪는 문제로서, 2018년 미국인 5명 중 1명은 은행을 이용하지 못하거나 금융 서비스를 충분히 받지 못했다. 소규모 기업은 대부분 자금을 조달하기 힘들다.

또한 경쟁 때문에 기존 기업의 막대한 마진이 줄어들 것이다(비자카드와 마스터카드의 총 마진은 65~80%에 달한다). 잘사는 나라에서 가난한 국가로 송금하는 것처럼 외국으로 돈을 보내려면 여전히 비용이 너무 많이 든다. 그리고 사람들의 온라인 생활이 늘어나기 때문에 금융은 디지털화를 늘릴 뿐 아니라 오락과 쇼핑 같은 다른 디지털 활동에도 깊숙이 녹아들어야 한다.

하지만 이런 가능성을 실현하려면 빠른 변화에 따르는 위협도 막아야 한다. 투자자의 위험을 들어보자. 몇 가지 새로운 핀테크 아이디어가 성공할지 모른다. 다른 아이디어들은 흐지부지되어 투자자들이 손해를 볼 것이다. 암호화폐 투기꾼 무리도 비슷한 처지에 놓일 수 있다. 2021년 8월 누군가 그랬듯 돌덩이 사진 NFT에 130만 달러를 지불한 것은 현명한 투자가 아니었을지도 모른다. 고객 측면에서 보면 금융 플랫폼들이 데이터에 더 많이 접근하면서 시장 지배력을 남용할 위험이 생긴다. 새로운 금융 상품은 신용 사기에 더 취약할 수 있으며, 탈중앙화 세계에서는 어떻게 어디서 돌려받을 수 있을지 명확하지 않다.

따라서 규제 기관이 위험을 막으면서도 잠재력을 보존하는 역할을 맡아야 한다. 금융 회사와 기술 기업의 경계가 더욱 모호해지고 고객 데이터 축적의 가치가 높아짐에 따라 개인 정보 보호와 보안이 무엇보다 중요해진다. 하지만 필수적인 자금 세탁 방지 견제 장치들은 타협하지 않고 준비해야 한다. 민간 금융 서비스와 마찬가지로 중앙은행의 디지털 통화도 이런 점을 고려해야 한다. (유감스럽게도 개인 정보보다 통제가 우선인 정부 입장을 고려할 때 중국의 디지털 화폐 시험에서 이런 지침을 찾아보기는 힘들 전망이다.)

적임자

디파이를 규제 기관의 영역으로 어떻게 끌어들일지는 여전히 까다로운 문제로 남는다. 미국의 주요 금융 감독 기관인 증권 거래 위원회(Securities and Exchange Commission)의 게리 겐슬러(Gary Gensler) 위원장이 한때 매사추세츠 공과대학교에서 블록체인 기술 강의를 했던 것이 다행이다.

2조 5,000억 달러 상당의 암호화 자산은 경제적 전망이 높아질 수 있듯이 금융 시스템 전반에 위험을 초래할 수 있다. 하지만 업계는 거의 이념적으로 계속 규제에 반대하고 로비의 영향력을 키우고 있다. 디지털 금융 지지자들은 업계의 미래를 위해 그동안 자신들의 계획을 세웠다. 이제 규제 당국들이 자기 생각을 밝혀야 할 때가 왔다.

모든 것이 취소된다면

———

취소 문화에 대한 절반의 축배

레오 미라니(Leo Mirani) 〈이코노미스트〉 아시아 담당 편집자

지금까지 2020년대를 대표할 캐치프레이즈를 찾는 역사가들에게 '취소 문화(cancel culture)'도 나쁘지 않은 선택이다. 지난 2년 동안 여행, 결혼식, 회의, 스포츠 행사, 선거, 유명인, 지식인, 유명하지 않은 공인 그리고 심지어 들어본 적 없는 사람들까지 취소할 수 있는 거의 모든 것들이 취소되었다. 팬데믹은 현실에서 인간의 접촉과 관련된 모두를 취소시켰다. 활동가, 언론인과 쉽게 화를 내는 사람들이 나머지 전부를 취소했다.

최악의 팬데믹 상황이 물러가면서 적어도 접종 가능한 인구 대부분이 백신을 맞은 나라에서 행사 취소가 줄고 있다. 시민이 투표소에서 직접 투표를 한다. 스포츠 스타는 관중 앞에서 시합을 벌인다. 나이가 들어가는 뮤지션이 컴백 투어를 재개한다. 사람들이 화면에서 물러나고 피와 살을 지닌 인간이 소셜 미디어와 뉴스 방송의 캐리커처보다 더 복잡한 존재라는 사실을 기억하기 때문에 개인의 취소도 줄어들 수 있다.

모두가 안타깝다. 재택근무와 불필요한 비행기 탑승 줄이기, 요리 배우기 등 팬데믹 동안 생긴 어떤 습관들은 유지해도 된다. 사람이 대상이 아니라면 무언가 취소하기도 그중의 하나다.

대표적인 예가 올림픽이다. 일본의 늘어나는 확진자 수와 느린 백

신 접종 때문에 취소 상황이 되었지만, 세계는 끝낼 수 있는 황금 같은 기회를 흘려보냈다. 하지만 2022년 새로운 기회가 등장한다. 동계 올림픽이 2월 베이징과 주변 지역에서 열릴 예정이다. 이미 일부 국가는 중국의 위구르족 처우와 홍콩 탄압을 이유로 보이콧을 주장한다.

하지만 왜 이번 올림픽만 중지해야 하나? 지난 30년 동안 지속 불가능해진 재정과 환경 비용을 포함해 여러 이유를 고려하면 영구적으로 취소해도 된다. 골치 아픈 도핑 때문에 많은 결과가 무의미해진다. 인간의 신체 능력 한계가 보인다는 사실도 마찬가지다. 남자 100미터 달리기 세계 기록은 깨진 지 10년이 넘었다. 그리고 지구 온난화 때문에 동계 올림픽은 어차피 오래 못 갈지 모른다.

취소할 수 있는 스포츠 경기는 아주 다양하다. 2022년 남자 축구 월드컵을 유치하는 데 성공한 카타르는 부패와 노동자 착취 혐의로 체면이 말이 아니다. 2022년 여자 크리켓 월드컵은 시대에 뒤떨어진 하루짜리 방식의 공개 행사처럼 열린다. 그리고 미국의 슈퍼볼은 실

제 경기 1분당 약 10분씩 다른 장면이 방송
되며 없어지더라도 아무도 아쉬워하지 않을
것이다.

하지만 취소 문화를 지지하는 팬들이 꼭 대
형 스포츠 이벤트에만 주력할 필요는 없다. 기업인과 정치인이 다보
스에서 모여 세계를 구했다며 서로 등을 토닥여주는 세계경제포럼
(World Economic Forum) 연례 회의를 취소해야 한다는 목소리가 높다.
그리고 한층 일상적인 환경 속에도 취소할 대상이 많다. 직장에서는
무급 인턴십, 팀 빌딩 훈련, 줌(Zoom) 회식, 넥타이(팬데믹으로 이미 사망
했을 수도 있다) 그리고 거의 모든 회의가 포함된다.

그 밖의 확실한 대상으로는 낙엽 송풍기, 엘리베이터 음악, 자동차
알람 그리고 학부모와 교사의 대면 상담을 들 수 있으며, 이들은 팬
데믹 동안 취소되었고 무기한 취소된 상태로 남아야 한다. 모순처럼
들리겠지만 과도한 취소 비용과 마찬가지로, 온라인에서 가상 예약
에 부과하는 '서비스 수수료', '만족도를 알려주세요' 같은 질문과 쿠
키 배너는 이미 오래전 취소 기한이 지났다. 호텔에서는 지구를 구하
는 척해도 실제로는 단지 세탁비나 줄이려는 귀찮은 수건 안내문 또
한 없애도 된다.

보건 당국은 완전히 백신 접종과 검사를 마친 승객에 대한 격리 요
구를 신속하게 없애야 한다. 유럽과 미국에서 일 년에 두 번씩 짜증
나게 다른 날짜에 시계를 맞춰야 하는 일이 없어져야 하듯이, 미국
의 필리버스터 규정도 사라져야 한다. 그리고 보니 서머타임이 변하
지 않도록 시간을 조금이라도 바꾼다는 생각 자체를 취소해야 한다.
도로에서는 엄청나게 시끄러운 배기음 때문에 짜증 나는 오토바이와

함께 대형 SUV 차량이 사라져야 마땅하다. 취소 캠페인을 하기에 너무 사소한 것은 없다. 모든 것을 취소하자!

취소하려면 클릭하세요

자, 대부분 가능하다. 어떤 것들은 취소하기 힘들 수 있다. 소셜 미디어 플랫폼들은 무엇보다 정치적 양극화를 악화시키고 해로운 가짜 정보가 퍼지게 하며 자유민주주의의 기반을 약화시켰다. 따라서 페이스북, 인스타그램, 트위터와 유튜브는 원칙적으로 모두 취소해야 한다. 하지만 문제가 있다. 취소 캠페인이 성공하려면 이런 서비스가 제공하는 플랫폼에 기대야 한다. 이들을 취소하면 취소 자체를 취소하게 된다. 그러면 아마도 너무 멀리 나가게 된다.

THE WORLD AHEAD 2022

잠옷 대 정장

사람들은 대부분 재택근무를 선호한다
상사들은 별로 달가워하지 않는다

캘럼 윌리엄스(Callum Williams) 샌프란시스코, 〈이코노미스트〉 경제 부문 선임기자

2020년 락다운은 사무실 생활에 전례 없는 충격을 주었다. 하룻밤 사이 전 세계 기업은 소수의 회사만이 자유 의지로 감히 시도해봤을 재택근무라는 거대한 실험을 하게끔 몰렸다. 2020년 봄 최고조에 달했을 때 미국에서는 사람들이 총 근무 시간의 약 60%를 거실, 주방 그리고 운이 좋은 일부의 경우 홈오피스에서 보냈다. 재택근무라는 실험의 결과가 나왔으며 새로운 근무 방식 중 상당수가 유지될 것이라 시사한다. 그리고 결과는 좋을 것이다.

근로자에게 대규모 재택근무 실험은 꽤 성공적이었다. 누구나 새로운 체제에 적응하기는 쉽지 않고, 특히 작은 아파트에 살거나 자녀와 함께 홈스쿨링을 하는 사람들은 더욱더 힘들다. 하지만 근로자들

은 평균적으로 더 높은 만족도와 행복감을 보인다. 설문 조사 응답자는 거의 50%의 시간을 재택근무로 사용하기를 희망했고, 이는 팬데믹 이전의 5%에서 증가한 수치이며 나머지는 사무실 근무를 선호한다. 하지만 사람들의 실제 행동을 보면 사실은 잠옷 차림으로 시간을 더 많이 보내고 싶어 한다. 심지어 코로나19의 위험이 낮은 곳에서도 사무실이 3분의 1밖에 차지 않는 이유를 어떻게 달리 설명할까?

전폭적 원격 근무를 지지하는 관리자는 소수인 것 같다. 호세 마리아 바레로(José Maria Barrero), 닉 블룸(Nick Bloom)과 스티븐 데이비스(Steven Davis) 등 3명의 경제학자가 실시한 설문 조사에 따르면, 기업은 코로나19 이후의 세상에서 재택근무가 총 근무 시간의 약 25%를 차지할 것으로 예상하지만, 이는 근로자들이 희망하는 절반 정도의 수준이다. 이렇게 사무실을 고집스럽게 좋아하는 이유는 부분적으로 사무실 밖에서 시간을 너무 많이 보내면 생산성과 회사 문화에 좋지 않다는 인식 때문이다. 완전히 재택근무만 할 경우 사람들의 효율성이 분명히 떨어진다는 증거도 있다.

하지만 '하이브리드' 방식의 이점에 대해서는 이견이 많지 않다. 연구에 따르면 재택근무와 사무실 근무를 병행하는 방식이 실제 생산성을 최고로 높일 수 있다. 하이브리드 방식은 집중 작업(많은 집중이 필요해 집에서 가장 잘할 수 있는 일)과 협력 작업(동료와 직접 만나 사무실에서 하기 좋은 업무)을 더 효과적으로 구분하게 해준다. 오후 시간을 따로 빼서 만나서 한잔하거나 워크숍을 하는 것도 회사 문화 유지에 좋다.

기업은 단순히 효율성 외에도 하이브리드 방식을 제공할 또 다른 이유가 있다. 어떤 사람들은 인재를 유지하는 싸움에서 중요하다고 생각한다. 지금까지 사무실 근무의 이점을 강조해온 가장 권위 있는 투자 은행들조차 유연해지지 않으면 곧 직원들이 회사를 떠날 것이다.

하이브리드 방식으로의 전환은 커다란 영향을 미칠 것이다. 먼저, 관리자들이 다른 기술을 갖춰야 한다. 기업은 카리스마 넘치는 리더를 뽑아 승진시키기보다 디지털 도구를 사용해 분산된 팀에게 정확히 언제 무엇을 바라는지 능숙하게 지시할 수 있는 관리자에게 역점을 둘 것이다. 다음으로, 기업과 업무 자체가 더욱 디지털화된다.

하이브리드 방식으로의 이동이 효과를 본다는 신호는 이미 나타나고 있다. 직원이 회사를 평가할 수 있는 웹사이트 글래스도어(Glassdoor)의 데이터를 보면 팬데믹 기간 동안 자기 회사 문화에 대한 사람들의 평가가 더 우호적으로 바뀌었다. 여론 조사 기관 갤럽의 설문 조사를 보면 미국에서 사람들이 업무에 얼마나 헌신하는지 대략 가늠할 수 있는 직원 몰입도(engagement)가 사상 최고점에 가깝다. 부분적으로는 동료와 관리자와의 연대감이 반영된 결과다. 하지만 실제로 근로 환경이 개선되었다는 사실을 보여주기도 한다.

2022년에는 더 많은 변화가 예상된다. 많은 회사가 사람들을 사무실로 출근하게 하려면 더 큰 노력이 필요하다는 것을 안다. 그 노력이란 피트니스 센터와 좋은 음식 같은 복지 혜택 투자를 의미한다. 그리고 정부는 재택 근로자를 인정하고 보호하려면 고용법이 발전해야 한다는 사실을 깨닫고 있다.

하지만 재택근무 실험에 불편한 측면이 있다. 모든 사람이 혜택을 받지는 못한다. 부유한 나라에서도 대다수 근로자가 업무 처리를 위해 물리적으로 출근해야 한다. 팬데믹이 일어나기 오래전부터 높은 급여를 받고 지적으로 자극받는 근로자와 낮은 급여를 받는 서비스 근로자 사이에 격차가 나타났다. 재택근무의 증가는 두 유형의 근로자 사이에 분열을 심화시킬 것이며 누구도 그 결과를 예측하기는 힘들다.

노동계의 우위

―

2022년이 노동자의 해가 되는 이유

캘럼 윌리엄스

전 세계 노동자는 2020년과 2021년의 락다운 동안 어려움을 겪었다. 팬데믹이 발생한 첫해에 전 세계 노동 시간이 9% 감소했다. 일부 국가에서는 실업률이 너무 빨리 치솟아 사회 보장 컴퓨터가 고장 났다. 급여가 낮거나 자격 요건이 낮은 노동자가 직격탄을 맞았다. 일부 분석가는 팬데믹 때문에 이런 노동자들이 일자

성공을 바란다

리를 찾기 힘들거나 로봇에게 일을 빼앗기는 힘든 시대가 올 것이라고 걱정한다. 하지만 반드시 비관적으로 볼 필요는 없다.

이미 선진국 전역에서 노동 시장은 예상보다 호조를 보였다. 2020년 중반쯤 대부분 부자 나라들이 모인 OECD는, 2차 코로나19 감염이 일어날 경우 2021년 말 기준 OECD 전체 실업률을 약 9%로 추정했다. 실제로 많은 나라에서 3차 또는 4차 바이러스 유행이 일어났다. 하지만 실업률은 예상보다 나쁘지 않고 좋았다(현재 약 6%). 유로존 국가처럼 대체로 회복이 느린 나라도 빠르게 반등했다.

세 가지 요인으로 노동계는 2022년에도 계속해서 예상치를 넘어설 것이다. 첫 번째는 재택근무 때문이다. 팬데믹 이전보다 사람들이 사무실 밖에서 일하는 시간이 약 5배 늘어나 행복과 생산성이 모두 높아질 것으로 보인다.

두 번째는 자동화와 관련이 있다. 많은 경제학자는 팬데믹 때문에 인공지능(AI)을 지원하는 기계가 일자리를 대체하면서 로봇의 증가를 예상한다. 로봇은 아프지 않기 때문에 부분적으로는 과거 전염병

**노동자들은
몇 년 전보다
협상력이 강해졌다.** 들이 돌았을 때 자동화를 조장한 것이 분명한
사실이다. 그러나 지금까지 〈이코노미스트〉의
분석에 따르면 자동화가 벌어지고 있다는 증
거는 거의 없다. 기계화에 취약하다고 생각되는 직업이 다른 직업과
마찬가지로 빠르게 늘어나고 있다.

세 번째 요소는 정책과 연관이 있다. 팬데믹의 결과로 정치인과 중
앙은행은 인플레이션이나 공공 부채 감축 같은 다른 목표보다 실업
해소에 깊게 관심을 두게 되었다. 이는 2007~2009년 금융 위기 이
후의 방식과 다르며 한 가지 이유는 당시에 '고용 없는 회복'이 나타
났기 때문이다. 제롬 파월(Jerome Powell) 연방준비제도이사회(FRB, 이
후 연준) 의장은 고용이 상당히 확대될 때까지 통화 정책 유지를 약속
했다. 유로존 정치인들은 이전보다 긴축에 덜 매달린다.

결과적으로 노동자들은 몇 년 전보다 협상력이 강해졌다. 이미 미
국에서는 월간 퇴직자 수가 사상 최고치에 가깝다. 저임금이나 나쁜
조건을 내건 고용주는 사람을 뽑기 힘들다. 선진국 전역에서 사상 최
고인 3,000만 개의 일자리를 채우지 못하고 있다. 노동자의 힘이 너
무 세면 인플레이션 효과가 날 수 있다. 고용주도 어느 정도의 협상
력이 필요하다. 하지만 지난 10년 동안은 대부분 기업이 우세했다.
근로자의 해를 두려워할 필요가 없다.

헛소동

기업의 녹색주의 주장이 시험에 든다

비제이 바이테스워런(Vijay Vaitheeswaran)
뉴욕, 〈이코노미스트〉 글로벌 에너지 및 기후 혁신 부문 편집자

요즘은 경영진들이 유행처럼 제로(Nothing)를 약속한다. 주요 기업의 사장들은 서둘러 '넷제로' 배출 목표 달성 약속을 선언하고 있다. 이를 통해 회사가 온실가스의 순배출량을 놀랍게도 0으로 줄이거나 심지어는 마이너스가 될 수도 있다고 암시한다. 아마도 대기에서 이산화탄소를 포집해 묻는 기술을 사용함으로써 가능할 것이다. 회사들의 약속은 지구 온난화 방지를 목표로 2050년까지 국가 온실가스 배출량을 감축하기로 한 파리 기후 변화 협약에 따라 많은 정부가 내놓은 공약과 일맥상통한다.

과거 여러 업계에서 적극적인 기후 관련 목표 수용을 꺼렸다는 사실(또는 화석 연료 업계처럼 반대 로비를 했다)을 고려하면 언뜻 놀라워 보인다. 최근 세계 최대 2,000개 상장 기업을 분석한 결과에 따르면 이들 중 5분의 1 이상의 기업(총 연간 매출이 거의 14조 달러에 달한다)이 넷제로 목표를 받아들였다. 예를 들어 가정 용품과 개인 용품을 판매하는 기업은 3분의 2 이상이 약속에 동참했다. 미국에서는 S&P500에 속한 대기업 약 4분의 1이 참여했다. 알파벳(Alphabet)과 마이크로소프트(Microsoft)를 포함한 일부 기술 대기업은 회사 설립 이래 배출한 모든 탄소를 대기에서 제거하겠다고까지 주장했다.

기후 변화에 대한 의욕은 박수를 받아야 하지만 거창한 주장들은

**기업들은
넷제로 목표에 대해
진지해지기 시작할 것이다.**

두 가지 이유로 아주 많이 걸러서 받아들여야 한다. 첫 번째 이유는 넷제로에서 탄소 중립, 제로 배출, 탄소 네거티브에 이르기까지 기후 목표를 설명하기 위해 많은 기업이 사용하는 용어가 실제로는 이해하기 힘들다. 잘 모르고 옆에서 보는 사람들은 회사가 온실가스 배출량을 대폭 줄이겠다고 생각할 수도 있지만, 실제 반드시 그렇지는 않다. 대부분 기업은 힘들고 비싼 방법으로 배출량을 일부 줄이고 나머지는 매우 다양한 성격의 '오프셋'(예를 들어 재생 에너지 프로젝트나 탄소를 격리하는 삼림 보호에 대한 크레딧)을 저렴하게 구매해 탄소 목표를 달성할 계획이다. 기업은 허점을 이용해 자신의 나쁜 행동을 어떻게 고칠지 명확히 설명하지 않고도 친환경 약속을 할 수 있다.

회의론의 두 번째 이유는 대부분의 약속이 2040년, 2050년 또는 이후를 목표로 잡고 있기 때문이다. 그때가 되면 이런 약속을 하는 경영자가 모두 물러날 것이라 생각하면, 회사 대표들은 나중에 책임지지도 않을 야심 찬 목표를 우려스러울 만큼 쉽게 세울 수 있다. 많은 기업은 목표 달성 방법을 밝히지 않으려 먼 미래를 이야기하고, 모르는 미래의 혁신 기술이 마술처럼 문제를 해결할 것처럼 암시한다. 아마존조차 TV 광고에서 2040년까지 넷제로 목표를 달성하겠다고 크게 목소리를 높였지만 "우리는 어떻게 거기에 도달할지 정확히 알지 못한다"고 인정했다.

회의론의 여지가 많지만, 두 가지 이유로 2022년 기업들이 넷제로 목표를 진지하게 받아들이기 시작할 전망이다. 첫째, 글로벌 규제와 산업 표준 설정에서 몇 가지 발전이 예상되며, 이를 통해 시기꾼이 드러나고 챔피언은 힘을 받을 것이다. 정부와 규제 기관의 요청에 따라 런던의 국제 회계 기준 재단(International Financial Reporting Standards Foundation)은 상장 기업들이 사업상 기후 관련 리스크를 어떻게 공개할지 표준 개발을 돕고 있다. 표준의 첫 번째 안이 2022년 중반이면 발표될 예정이다. 유럽연합은 많은 기대 속에 자산 관리 회사들이 어떻게 환경 문제를 고려하는지 의무적으로 공개하는 규칙을 7월에 발표할 계획이다. 미국과 싱가포르 규제 당국도 기후 관련 기업 정보 공개에 대한 새로운 요구 사항을 2022년에 발표할 것 같다.

둘째, 희망을 품을 만한 다른 이유가 아래에서부터 커진다. 유엔을 포함해 여러 환경과 국제 기구가 자발적 프로젝트로 발족한 과학 기반 감축 목표 이니셔티브(Science Based Targets initiative, SBTi)는 기업들에게 지구 온난화 억제를 위한 파리 기후 변화 협약 목표와 부합하는 넷제로 약속을 진지하게 하라고 촉구한다. SBTi의 과학자들은 높은 수준의 기후 데이터 측정과 공개 기준을 채택하고 상당한 탄소 저감 계획을 수립한 회사만 인증할 것이다(예를 들면 어떤 종류의 오프셋도 포함하지 않는다). 과학 기반 목표를 수용한 기업은 2015년 이후 총 온실가스 배출량을 25% 줄였지만, 에너지와 산업 공정에서는 전 세계 배출량이 같은 기간 동안 3.4% 증가했다. 간단히 말해 그린워싱(greenwashing) 기업들은 적용할 필요가 없다.

규제 기관들의 경쟁

———

반독점 당국들이 치열하게 경쟁한다

루트비히 지겔레(Ludwig Siegele) 샌프란시스코, 〈이코노미스트〉 미국 테크놀로지 부문 편집자

혼란스럽다고? 당신의 잘못이 아니다. 전 세계의 규제 기관들은 아마존, 애플, 페이스북(최근 메타로 변경) 그리고 구글 같은 초대형 기술 회사들을 대상으로 정신이 없을 만큼 많은 독점 금지 소송과 조사에 착수했다. 애플의 앱스토어부터 구글의 광고 데이터에 이르기까지 각각의 사안은 대기업의 다른 부분에 초점을 맞춘다. 그리고 하루도 헤드라인에 오르지 않거나 새로운 사건 없이 지나는 날이 없다.

상황이 2022년에 바뀌지는 않을 것 같다. 하지만 끊임없이 바뀌는 법률적 혼돈을 이해하려는 대신, 국회의원들이 무슨 일을 하려는지 지켜보는 것이 더 도움이 된다. 소송을 질질 끄는 동안(그리고 종종 들인 노력에 비해 결과가 신통치 않다), 2022년 세계의 여러 의회와 규제 기관이 기술 산업을 통제하는 중요한 법률을 통과시키기 시작할 것이다. 따라서 어느 나라(또는 지역)가 세계 최고의 경쟁 체제를 개발할지 예상이 가능해진다.

2021년 초에는 유럽연합이 승리할 것처럼 보였다. 집행부인 유럽연합집행위원회(European Commission)는 최초로 빅테크 대상의 사전(ex ante) 규제 법률인 디지털 시장법(Digital Markets Act, DMA)을 도입했다. 달리 말하면 반독점 사건이 벌어지고 난 후 기업을 처벌하는 대신 미리 기업의 행위를 제한한다는 뜻이다. 앱과 온라인 검색 같은

중요한 디지털 시장에서 게이트키퍼(gate keeper)들이 자신의 플랫폼을 사용하는 경쟁자를 차별하는 등 불공정한 행동을 못 하게 막으려는 취지다.

하지만 집행위원회의 전임 수석 이코노미스트이자 현재는 임페리얼 칼리지 런던에 몸담고 있는 토마소 발레티(Tommaso Valletti)는 2022년 유럽의회가 표결에 부칠 DMA에 대해 최근 전문가들의 열의가 식었다고 말한다. 주로 비판의 목소리는 사업과 경쟁 상황이 다른데도 불구하고 DMA가 모든 대형 테크 회사들에게 같은 규칙을 적용하려 든다고 지적한다.

다른 정부들은 유럽연합을 따라잡았고 어떤 면에서는 추월했다. 먼저 중국은 2021년 자국 인터넷 대기업을 대상으로 경쟁 규제를 엄청나게 강화해 세계를 놀라게 했다. 다른 정책 분야와 마찬가지로 베이징 당국은 유럽연합의 규제를 여러 페이지 빌려왔다. 하지만 집행 방식에서는 중국 고유의 색깔을 보인다. 기업들에는 신속한 '자정'을

중요한 디지털 시장에서 게이트키퍼들이 불공정한 행동을 못 하게 막으려는 취지다.

요구한다. 그런데도 기업들이 부당한 대우를 받는다고 느낄 때 공식적인 구제 수단이 있는지는 불확실하다. 중국의 단속에 비하면 미국은 훨씬 더 뒤처져 보인다. 규제와 문화적 측면에서 '테크래시(techlash, 반테크 기업 정서)'가 몇 년 동안 격렬하게 일어났지만, 결과는 변변치 않았다. 2022년에는 바뀔지 모른다. 반독점 소송과 마찬가지로 엄청나게 많은 기술 법안이 의회에 상정되었다. 하원은 6개 법안을 통과시켰다. 대형 플랫폼들이 자신들을 검열하려 한다고 주장하는 일부 공화당원들이 DMA와 같은 법안을 통과시키기 위해 민주당원과 협력할 여지가 아직 남아 있다.

추가로 두 나라가 기술 규제를 이끌 가능성이 있다. 먼저 다소 놀랍게도 독일이다. 연방 반독점청(Federal Cartel Office, FCO)을 이끄는 안드레아스 문트(Andreas Mundt)는 특히 페이스북의 데이터 수집 방식을 추적하다 FCO를 기술 규제의 선구자로 변화시켰다. 새로운 경쟁법으로 인해 FCO는 '시장 전반에서 경쟁에 중요한 영향'을 미친다고 판단되는 기업들이 반경쟁적 활동을 벌이는 것을 금지할 수 있다. 이런 방식으로 여러 시장의 거대 테크 기업들과 규제를 회피하려는 그들의 움직임에 유연하게 대처할 수 있다(하지만 유럽연합의 DMA와 어떻게 부합할지는 확실하지 않다).

또 아직 완전히 시행되지는 않았지만 지금까지는 영국이 최고의 체계를 갖춘 것으로 보인다. 경쟁시장국(Competition and Markets Authority, CMA)은 최근 디지털 시장 부서(Digital Markets Unit, DMU)를 신설했다. 영국 정부는 2022년에 통과될 새로운 법률을 마련하는 중이다. 이에 따라 DMU는 독일의 FCO처럼 기술 회사에 '전략적 시장

지위'를 부여하고 더 엄격한 규칙을 따르도록 요구하는 권한을 지니게 된다. FCO와 제일 큰 차이는 CMA가 관련 인력에 훨씬 많이 투자했다는 점이다. CMA의 연구원들은 최고 수준의 디지털 광고 시장 연구 결과를 발표했다. CMA는 또한 우수한 데이터, 기술 및 분석(Data, Technology and Analytics)팀을 보유하고 끊임없이 데이터 과학자를 채용해 테크 대기업과 규제 기관 사이의 광범위한 지식 격차를 줄이려 노력한다.

그렇지만 반독점 전문가이자 현재 조지워싱턴 대학교 교수인 윌리엄 코바칙(William Kovacic)은 이런 모든 규제 기구의 설계자들이 아직도 잘못될 수 있는 실험이라고 맨 먼저 인정하게 될지 모른다고 말했다. 영국의 DMU는 다른 나라와 마찬가지로 업계가 정치화시키거나 점령할 수 있다. 따라서 테크 분야 최고의 규제 기관이 되려는 경주는 아직 결론이 나지 않았고 경쟁이 치열하다. 경쟁 규제 기관들이 자신의 설교대로 실천하는 것은 바람직한 모습이다.

새로운 전략

중국 기업이 조용히 세계 시장 점유율을 올리고 있다

돈 웨인랜드(Don Weinland) 홍콩, 〈이코노미스트〉 중국 비즈니스 및 금융 부문 편집자

모든 것이 계획대로라면 건설 회사들이 2022년 독일 자를란트(Saarland)주에 대규모 배터리 공장을 착공할 예정이다. 연

간 24GWh 규모의 공장은 유럽 최대의 배터리 공장 중 하나일 뿐 아니라 중국 배터리 제조 업체들의 교두보 역할을 하게 된다. 공장을 짓는 SVOLT는 중국 바깥에서 시장 점유율을 빠르게 올리고 있다. BYD, CATL과 같은 다수의 다른 중국 그룹도 마찬가지다. 중국은 업계의 글로벌 리더가 되려는 주요 계획을 정부 차원에서 세운다.

불과 몇 년 전만 해도 주식회사 중국(China Inc)은 전 세계적으로 이제 막 주목을 받으려던 참이었다. 2014년부터 중국 기업들은 유럽과 미국 전역에서 유명한 브랜드와 상징적인 건물을 포함한 자산을 사들이기 시작했다. 매입 활동은 2016년에 최고조에 달했으며 중국 기업들은 약 2,000억 달러 규모의 해외 인수합병(M&A)을 체결했다. 열풍은 오래가지 않았다. 종종 축구팀과 같은 과시형 자산을 사들이느라 중국 자본 계정에서 막대한 달러가 빠져나가자 중국 당국은 피곤해지기 시작했다. 투자를 받는 나라의 규제 기관들도 잠재적인 안보 위협에 민감해졌다. 2018년부터 중국과 미국의 관계가 틀어지면서 중국 기업들이 계속 흥청댈 여지도 줄었다. 2021년 중국 기업의 해외 M&A는 과거 10년을 통틀어 가장 적었다.

중국 경영진이 동에 번쩍 서에 번쩍하며 체결하던 블록버스터급 거래가 사라지자 종종 중국 기업의 후퇴로 해석되었다. 이는 현실과 한참 다르다. 사실 중국 그룹들은 더욱 엄격해졌다. 더는 이탈리아 축구팀이나 뉴욕의 고층 빌딩을 사지 않는다. 기업들은 관심을 끌지 않는 소규모 M&A를 진행한다. 많은 기업이 매수가 아닌 해외 시장 신규 투자 확대(greenfield expansion)에 초점을 맞췄다. 2020년 중국 기업의 해외 직접 투자(FDI) 규모는 1,330억 달러로 중국은 세계 최대 투자국이 되었다.

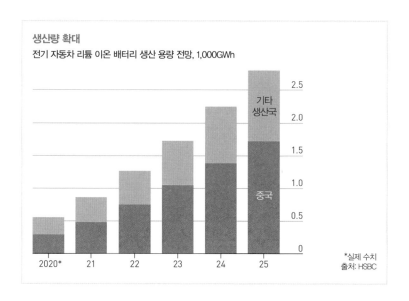

생산량 확대
전기 자동차 리튬 이온 배터리 생산 용량 전망, 1,000GWh

기타 생산국

중국

2020* 21 22 23 24 25

*실제 수치
출처: HSBC

FDI 일부는 M&A 거래라 볼 수 있지만 대부분은 해외 사업에서 얻은 이익의 재투자였다. 이는 주식회사 중국이 투자한 국가에서 번성하고 유기적으로 성장한다는 신호다. 1980년대와 1990년대에 외국 공장들이 중국에 우후죽순처럼 솟아났듯이 이제는 중국 선진 제조 시설이 선진국 시장에 등장한다. 독일 SVOLT의 배터리 공장이 대표적이다. 세계가 중국 투자에 더욱 적대적으로 바뀌자 많은 중국 투자 기업이 적응 방법의 하나로 비즈니스 모델도 바꾸고 있다.

이런 추세는 계속될 것이다. 2022년에는 두 가지가 더 눈길을 끈다. 첫 번째로 중국이 첨단 기술 분야에서 세계 시장 점유율 확보를 꾀할 것이다. 좋은 예로 배터리 생산을 들 수 있다. 2025년이면 중국 기업들이 세계 리튬 이온 배터리 시장을 지배할 것으로 보인다. 홍콩상하이은행의 보고서는 중국 기업들의 전기 자동차 리튬 이온 배터리 생산량은 2020년 약 300GWh에서 2025년 1,730GWh로 증가

기업들은 관심을 끌지 않는 소규모 M&A를 진행한다.

할 것으로 예상한다. 같은 기간 나머지 세계의 생산량은 59GWh에서 1,074GWh로 증가할 전망이다. 법률 회사 허버트 스미스 프리힐스(Herbert Smith Freehills)의 힐러리 라우(Hilary Lau)는 중국 기업들이 해외 공장 건설을 통해 세계 시장 점유율을 높이고 있다고 설명한다.

2022년의 두 번째 트렌드로서 운영 방식 변화가 예상된다. 국가 안보를 이유로 미국과 다른 나라 규제 기관들은 화웨이 같은 중국 그룹에 상처를 입혔다. 중국의 규제 기관들도 비슷한 이유로 중국 회사들을 애먹였다. 차량 호출 회사인 디디 글로벌(Didi Global)은 데이터 보안 문제로 2021년 7월 중국의 인터넷 관리 기관에게 제재를 받았고, 뉴욕에 새로 상장한 주식 가격은 폭락했다.

세계적으로 사업을 운영하려는 중국 기업은 위험한 환경을 헤쳐 나가야 한다. 어떤 회사들은 방법을 배우고 있다. 틱톡(TikTok)을 소유한 테크 기업 바이트댄스(ByteDance)를 예로 들어보자. 이 회사는 글로벌 비즈니스를 성공적으로 분산화했다. 더우인(Douyin)이라는 중국 소셜 미디어 플랫폼은 베이징에서 관리한다. 하지만 틱톡은 케이맨 제도의 지주 회사가 소유하고 경영진은 싱가포르와 로스앤젤레스 사무실에서 근무한다. 따라서 베이징의 규제 기관들이 글로벌 비즈니스에 개입할 여지가 줄어든다.

중국 온라인 의류 소매 업체인 쉬인(Shein)도 시대에 맞게 운영 구조를 조정했다. 쉬인은 세계에서 가장 빠르게 성장하는 패션 그룹으로 중국에서 옷을 만들지만 국내에서는 판매하지 않는다. 대신 모바일 앱을 통해 미국과 유럽 소비자에게 직접 판매한다. 중국 사용자가 하나도 없으면 중국 규제 기관의 표적에서 벗어난다. 심지어 기업들의 해외 기업 공개(IPO)가 수월해지기도 한다. 더 많은 중국 인터넷 그룹이 국내의 정치적 위험에 대비해 창의적인 운영 방식을 채택할 것으로 보인다.

앞으로 복잡한 1년

칩 산업에서 진행 중인 급격한 변화는 계속될 것이다

할 허드슨(Hal Hodson) 〈이코노미스트〉 테크놀로지 부문 기자

칩 제조 사업은 팬데믹이 닥치기 전에도 어려웠다. 중국과 미국은 전략적으로 중요한 기술을 둘러싼 지정학적 다툼을 벌였고, 미국은 대부분 자국에서 만드는 복잡한 칩 생산 장비를 중국 기업이 구하지 못하도록 온 힘을 다해 막았다. 미국은 중국이 자국 기업에 쏟아붓는 수천억 달러에 대응하기 위해 칩 업계에 수백억 달러의 공적 자금 투입뿐 아니라 미국 내 칩 제조를 위한 보조금도 검토했다.

코로나19로 문제는 더 복잡해졌고, 2022년에는 숨 돌릴 틈이 거의 없을 것이다. 2021년 중반 팬데믹 때문에 칩 공급 위기가 일어났다. 왜냐하면 전 세계 많은 사람이 재택근무를 시작하고 업무 처리를 위해 전자 제품을 많이 구매했기 때문이다. 자동차 제조 업체들은 팬데믹 초기 칩 주문을 취소했다가 자동차 수요가 반등하자 대기줄 맨 끝으로 밀려 물건을 구하지 못했다. 따라서 2022년 칩 제조 업체들은

공급 확대를 위해 초과 근무를 계속할 전망이다.

한편 전 세계의 정부들은 자국 내 공급 확대를 위한 설비 건설을 장려하고자 가능한 모든 수단을 동원할 예정이다. 미국은 국내 칩 생산 확대를 위해 2021년 여름에 배정한 520억 달러의 사용 방법을 결정하게 된다. 모든 것이 계획대로 진행되면 세계의 고성능 반도체 생산을 몇 발자국 앞서 이끄는 대만의 TSMC가 최초의 미국 공장을 절반쯤 지을 것이다. 유럽은 여전히 자체 부양책을 고려하거나 이미 지원금을 쓸 것으로 보인다.

하지만 업계는 정부가 납세자의 돈을 효율적으로 할당하기 힘들게 변하고 있다. 첨단 칩 제조 비용이 계속 상승하면서 제조 업체는 새롭게 성능 개선 방안을 찾아야 한다. 고성능 제품을 확보하느라 납세자의 돈을 많이 쓰는 정부들은 업계를 재정의하기 시작한 신기술을 놓쳐버릴지 모른다.

단순히 가장 소형화된(따라서 더 빠른) 칩을 개별로 에칭하려는 노력보다 이미 만들어진 칩을 결합하고 연결하는 선진 공법 개발을 주요 전술로 삼을 수 있다. 패키징

칩 디자인의 기본 설계도는 누구나 사용할 수 있는 오픈 소스 라이선스 방식으로 공개된다.

으로 알려진 이 기술은 오랫동안 업계에서 지루한 후반 공정으로 무시당했지만, 2022년에는 중요성이 커질 것이다. TSMC와 미국의 대형 칩 제조 업체 인텔 같은 회사는 중국이나 다른 아시아의 이름 모를 회사에 맡기지 않고 자체 패키징 기술을 개발 중이다.

칩 설계 분야의 새로운 비즈니스 모델도 힘을 얻고 칩 디자인의 설계도는 누구나 사용할 수 있는 오픈소스 라이선스 방식으로 공개된다. RISC-V로 알려진 오픈소스 칩 디자인은 아래에서부터 업계를 계속 삼키고, 가장 저렴한 회로들은 이미 새로운 디자인 방식으로 넘어가는 중이다. x86 아키텍처를 보유한 인텔처럼 자체 특허 칩 디자인을 소유하고 통제하는 회사들은 위협을 막기 위해 서둘러 최소한 개방적이라는 인상이라도 풍기려 할 것이다.

 WHAT IF?

세계에서 가장 기업 가치가 높은 스타트업 바이트댄스는 공산당이 중국 테크 기업들을 탄압하는 가운데 2021년 상장 계획을 보류했다. 반테크 기업 정서는 계속되지만, 틱톡과 중국 비디오 앱 자회사 더우인을 소유한 바이트댄스는 2022년에 다시 상장을 시도할 것으로 보인다. **바이트댄스가 틱톡을 별도의 회사로 분사시키면 어떻게 될까?**
세계적으로 10억 명 이상의 월간 활성 사용자를 자랑하는 틱톡은 일부 보고서에서 약 4,000억 달러로 추정하는 바이트댄스의 엄청난 기업 가치 상당 부분을 책임지고 있다. 중국 모회사에서 분리되어 서방에 상장된다면 자국의 반테크 기업 정서를 피하고 소셜 미디어 주식을 고대하던 외국인 투자자들에게 처음으로 페이스북의 훌륭한 대안을 제공할 수 있다.

한마디로 2022년은 복잡할 것이다. 칩 제조업은 지속적인 회로 축소 비용이 압도적으로 높아져 이미 자체적으로 바뀌는 중이었다. 정부들이 칩 공급망 재편을 위해 지원금을 쓰려고 하므로 변화의 한가운데서 목표를 달성하려 할 것이다.

반등하기
———
월드컵의 해, 축구는 어려운 시기를 딛고 일어선다

닐 프레드릭 젠슨(Neil Fredrik Jensen) 축구 분석가, 작가

정상적인 상황이라면 월드컵은 축구 행사 일정에서 가장 중요한 이벤트다. 하지만 2022년에는 축구가 가장 큰 평시의 위기에서 회복되면서 월드컵은 어느 정도 빛 바랜 행사가 될 것이다.

축구는 항상 사람들의 주의를 제일 많이 사로잡고, 사람들은 경기에 빠져 최소 90분 동안 일상을 잊어버린다. 2020년에는 경기가 완전히 취소되고 나중에는 무관중 경기만 허용되어 타격이 컸다. 관중의 복귀는 정상에 가까운 무언가로 바뀐다는 상징이다. 하지만 여전히 불만이 많을 수 있다.

국제 축구 대회 주관 단체인 피파(FIFA)가 카타르를 2022년 월드컵 개최지로 결정하자 처음부터 논란이 크게 일었다. 왜냐하면 카타르는 축구 전통이나 기반 시설이 전혀 없었고, 이주 노동자의 열악한 대우로 인해 시위가 일어났기 때문이다. 독일(사진 참조), 노르웨이와

부당하다고 외친다

네덜란드 같은 일부 국가 대표팀은 최근 경기에서 주최국의 인권 문제 이력에 항의하는 티셔츠를 입었다. 그런 움직임이 큰 차이를 만들 가능성은 크지 않고, 항의를 표시한 국가들도 중요한 축구 행사를 보이콧하지 않을 것이다. 하지만 주최국을 계속 귀찮게 만들 전망이다.

지정학적 문제에 대한 불만도 예상된다. 관중석의 평범한 팬은 중동 정치를 모를 수 있지만, 무슬림 형제단과 같은 이슬람 운동에 대한 카타르의 지원을 우려한 사우디아라비아가 앞장서 주변 국가와 함께 몇 년 동안 카타르를 보이콧하고 봉쇄했다. 지금은 해결되었지만 이런 문제들은 대회에 대한 우려를 불러일으키고 경기 관람을 위해 여행하려는 방문객 수에 영향을 미칠 수 있었다.

그리고 시점 문제가 있다. 2022년 월드컵은 카타르의 뜨거운 여름 더위를 피하고자 전통적 시기가 아닌 11월과 12월에 토너먼트 일정을 잡았다. 통상 유럽 리그가 한창일 때라 월드컵으로 야기될 중단 사태가 눈살을 찌푸리게 했다.

하지만 2022년 축구계의 걱정은 월드컵뿐만이 아니다. 일부 클럽

산업 전반에 걸쳐 경기 수입이 고갈되고 이적은 중단되었으며 방송사는 환불을 기대했다.

구단주와 그들의 사업 계획 때문에 분노가 커지고 있다. 2021년 4월 유럽 슈퍼 리그(ESL)의 제안 발표와 함께 문제가 정점에 이르렀다. 바르셀로나, 첼시, 유벤투스 그리고 레알 마드리드 등 유럽 대륙 최대 12개 구단이 연합을 결성하고 회원에게 높은 수익을 안겨줄 엘리트 대회를 제안했다. 이런 프로젝트 제안이 이번이 처음이 아니고, 팬들과 대중의 거센 비판으로 금세 무산됐으나 영원히 사라졌다고 생각한다면 어리석은 일이다.

ESL은 부분적으로는 팬데믹 때문에 표면화되었다. 2019~2020 시즌에 유럽 클럽의 총수입은 37억 유로(43억 달러) 감소했으며, 대부분 ESL을 지지하는 상위 20개 클럽의 매출액은 12% 줄었다. 축구 산업 전반에 걸쳐 경기 수입이 고갈되고 이적은 중단되었으며 방송사는 이미 지급한 중계권료의 환불을 기대했다. 2022년에는 2020~2021 시즌의 재정이 공개되고 팬데믹이 축구에 미친 영향에 대해 더욱 정확한 그림이 나올 것이다. 일부 잠정 실적 발표에서 본 바와 같이 좋은 결과가 기대되지는 않는다.

2020~2021 시즌 내내 무관중으로 시즌을 보낸 후 클럽들은 부채와 비용, 투자 수준을 재평가해야 한다. 예를 들어 스페인 최고 리그인 라리가(La Liga)가 사모펀드 회사에 지분을 27억 유로에 매각한 사례는 축구가 어떻게 새로운 투자와 자금 조달 수단을 활용하기 시작했는지 보여준다. 이런 선례가 2022년에 확대될 수 있다.

금융 위기 문제는 현금이 부족한 소규모 클럽들만 겪은 게 아니다. 현재 대표적인 최고 엘리트팀으로 꼽히는 바르셀로나는 막대한 부채와 감당할 수 없는 연봉으로 재정 문제에 봉착했다. 따라서 구단은

마력을 지닌 주장 리오넬 메시(Lionel Messi)를 파리 생제르맹에 팔 수
밖에 없었다. 마찬가지로 2021년 이탈리아 챔피언 인터밀란에서 중
국 구단주가 지출을 줄이자 코치와 주요 선수들이 떠났다. 2022년에
는 더 많은 클럽이 재정 운영을 완전히 개편해야 한다.

축구는 전 세계 사람을 사로잡기 때문에 추가 락다운 사태를 막는
한 회복할 것이다. 회의론자들이 의심할 여지없이 인권과 지정학, 과
다한 연봉을 받는 스타 같은 축구의 문제를 세상에 일깨워줄 것이다.
하지만 11월이 되면 전 세계 사람들은 TV 앞에 모여 자기 팀을 열정
적으로 응원하고 서로에게 어떤 게 멋진 경기인지 상기시켜줄 것이다.

라쿠텐(Rakuten) 그룹의 최고기술책임자인 **타렉 아민(Tareq Amin)**은 개방형 표준 기반 네트워크가 비용 절감, 보안 개선 그리고 경쟁 촉진을 불러온다고 말한다.

이동통신의
열린 미래

오픈랜은 5G를 출시할 때 정치적 문제에서 벗어날 방법을 제공한다.

마치 1980년대에 개인용 컴퓨터가 메인프레임을 대체하고 오늘날 클라우드 기반 앱이 기존 소프트웨어를 대신하는 방식을 연상시키는 이동통신 혁명이 벌어지고 있다. 새로운 이동통신 네트워크 구축 방식인 오픈랜(Open RAN)●은 비용 절감, 보안 개선 그리고 경쟁 촉진을 통해 통신 산업을 변화시킬 것이다. 새로운 기술이 2022년에 전 세계를 휩쓸 전망이다.

오랫동안 소수의 대형 공급 업체들이 이동통신 네트워크 장비 공급 사업을 지배했고, 하드웨어와 소프트웨어의 통제권을 쥐고 독점 시스템을 비싸게 팔았다.

오픈랜 네트워크는 완전히 다르다. 개방형 표준 기반 소프트웨어 방식이며 상용 기성 서버를 사용한 클라우드에서 실행된다.

우리 라쿠텐은 일본에서 구축하고 출범한 4G 네트워크에서 세계 최초로 오픈랜 기술을 대규모로 적용했다. 우리는 현재 독일 통신 회사 1&1과 유사한 네트워크를 구축하기 위해 협력하고 있다. 미국의 디쉬(Dish)와 유럽의 텔레포니카(Telefónica), 보다폰(Vodafone) 등 다른 사업자들도 오픈랜을 채택했다.

오픈랜은 기존의 독점적 운용 방식과 비교해 이점이 많다. 첫 번째는 비용 절감이다. 경험상 4G 네트워크에서는 자본적 지출과 운영비가 30~40% 감소하고, 5G 네트워크의 경우 최대 50%까지 줄어든다. 이동통신 네트워크 비용이 높다고 알려진 일본에서 라쿠텐은 오픈랜으로 월평균 비용을 60% 줄일 수 있었다. 팬데믹으로 많은 오프라인 매장들이 운영에 어려움을 겪었지만 지난 1년 동안 400만이 넘는 고객이 가입했다.

오픈랜 네트워크는 많은 독점 인프라 구성 요소를 훨씬 저렴한 비용의 소프트웨어로 대체하기 때문에 운영 비용이 덜 든다. 네트워크 사업자는 더 이상 기지국 설치와 유지 관리를 위해 대규모 엔지니어 팀을 운용할 필요가 없다. 우리 네트워크에서 새로운 사이트는 자동으로 작동되고 업데이트는 소프트웨어를 통해 원격으로 수행된다.

둘째, 오픈랜 네트워크는 독점 기술보다 훨씬 안전하고 확실하다. 개방형 아키텍처를 통해 운영자는 네트워크에 무엇을 추가할지 결정할 수 있다. 단일 공급자가 시스템을 좌지우지하지 않는다. 우리 공급망은 투명하다. 네트워크에 무엇이 들어가는지 정확히 알고 있으며 공식적으로 중국산 장비를 사용하지 않는다. 개방형 아키텍처를 통해 소프트웨어나 하드웨어를 교체해 모든 문제에 쉽게 대응할 수 있다. 우리 네트워크에는 블랙박스가 없다.

오픈랜은 보안 강경주의자들과 단일 공급자에 맡겼을 때 보안 문제를 걱정하는 사람이 환영할 만한 소식이다. 특히 서방 국가는 보안 때문에 자국 네트워크 사업자에게 중국 대형 업체 화웨이의 장비를 쓰지 말라고 권고했다. 따라서 오픈랜은 5G를 출시할 때 정치적 문제에서 벗어날 방법을 제공한다.

이런 요인들이 경쟁도 촉진한다. 따라서 기존 진영의 오픈랜 반대 움직임이 놀랍지 않다. 예를 들어 어떤 사람은 우리의 신기술이 기존 시스템보다 에너지를 더 많이 소비한다고 주장한다. 사실은 정반대다. 오픈랜 네트워크는 소프트웨어 기반이기 때문에 수요에 맞춰 유연하게 조절해 에너지 소비를 최적화할 수 있다. 수요가 많으면 이를 처리하기 위해 키우고 밤에 수요가 적으면 줄인다. 그리고 데이터 센터의 에너지 효율이 꾸준히 향상되듯 네트워크도 마찬가지다. 회의론자들은 또한 오픈랜 네트워크가 도시에서 제대로 작동하지 않는다고 주장한다. 하지만 라

● 개방형 무선 접속망.

쿠텐의 네트워크는 도쿄, 나고야 그리고 오사카와 같이 세계에서 가장 크고 복잡한 도시의 가입자들에게 서비스를 제공한다. 우리는 2022년에 일본 인구 96% 이상이 사는 지역에 4G를 보급할 계획이다. 독립적인 연구에 따르면 도쿄의 네트워크가 베를린, 런던 그리고 로마의 유사한 네트워크보다 성능이 뛰어났다.

열려라 참깨

더욱 저렴한 통신 서비스가 향후 몇 년 동안 업계에 변화를 일으킬 것이다. 소수의 기존 기업이 구축한 독점 시스템과 달리 오픈랜은 크고 작은 신규 공급사들에게 이동통신 인프라 시장에 진입할 기회를 열어준다. 라쿠텐의 네트워크는 노키아의 무선 액세스 기술, 시스코의 라우터와 스위치, NEC의 여러 하드웨어를 비롯해 다양한 공급 업체의 장비를 활용한다. 소프트웨어는 Altiostar(최근 라쿠텐이 인수했다)와 Robin.io에서 공급했다.

라쿠텐은 심포니라는 부서를 새로 설립해 부품을 구매하고 당사의 전문 지식을 다른 나라 네트워크 사업자와 나눈다. 2022년 말까지 전 세계 더 많은 통신사가 오픈랜의 노래를 따라 부르기를 바란다.

좌석벨트를 매어주세요

해외여행이 풀리지만 제한은 남아 있다

사이먼 라이트(Simon Wright) 〈이코노미스트〉 산업 부문 편집자

팬데믹의 시작은 사재기의 부담과 코로나19의 혼란으로 글로벌 공급망이 삐걱거리면서 비어버린 슈퍼마켓 진열대가 특징이었다. 시스템은 금세 적응했다. 하지만 해외여행객 부족은 아직 해소되지 않았다. 여태 비행기 좌석은 기껏해야 절반 정도 차고 세계의 여러 공항은 찾는 사람이 별로 없다. 유엔의 세계관광기구(World Tourism Organization)에 따르면 2020년 국제 항공편 승객은 거의 75% 감소했고, 해외여행객은 10억 명이 줄었다. 2021년 수치도 크게 개선될 전망이 보이지 않는다. 하지만 2022년 예상은 덜 우울해 보인다.

더 많은 사람이 즉흥적으로 도시로 휴가를 떠나고, 오랫동안 계획한 가족 결혼식에 참석하거나 일생일대의 휴가를 보내려 비행기에 타는 즐거움을 되찾으려 할 것이다. 그리고 경영진은 꼿꼿이 앉아 영상 통화를 하며 계속 많은 시간을 보내겠지만 비즈니스석에 기대어 앉는 사람도 늘어날 것이다. 팬데믹 이전 수십 년 동안 해외여행이 급격히 늘어 1990년에서 2019년 사이 해외 방문객 수가 3배 증가했다. 저비용 항공사, 두둑한 지갑과 더 많은 여가 시간으로 해외여행이 늘었다. 이런 요인들은 결국 다시 효과를 발휘할 것이다.

팬데믹 초기 대부분의 예측가들은 해외여행이 2019년 수준으로 회복하려면, 2023년 전에는 힘들고 빨라도 2024년일 가능성이 크다

마스크를 쓴 채 다시 웃는다

고 생각했다. 이 추측은 여전히 합리적으로 들린다. 해외여행 제한은 여전히 엄격하며 빨리 풀릴 기미가 안 보인다. 지금도 멕시코, 코스타리카, 콜롬비아 3개국만이 방문객 제한이 없고, 88개국은 완전히 폐쇄 중이며, 더 많은 나라가 매우 엄격하게 정책을 시행하고 있다. 하지만 예방 접종률이 높아지고 감염이 줄면서 규제가 완화되고 항로가 재개될 것이다. 2021년 11월 규정이 바뀌기 전까지 세계 인구의 대부분이 미국에 입국할 수 없었다.

회복은 고르지 않을 것이다. 큰 나라들의 국내 여행은 이미 반등했다. 미국은 코로나 이전 수준에 가까워지고 중국은 이미 넘어섰다. 지역 내 여행이 늘어나고 있다. 항공 산업 협회인 IATA는 2022년 유럽이 팬데믹 이전의 거의 5분의 4 수준으로 회복 가능하다고 예측한다. 하지만 아시아는 느리게 회복했고 세계 다른 나라들보다 계속 뒤처질 수 있다. 장거리 여행은 백신 보급이 더 확대되고 과다한 규칙과 규정들을 처리하기 쉬워질 때까지 낮은 수준에 머물 것이다.

국가들이 해외여행 제한을 해제할 때마다 레저 예약이 급증하고, 더 위험한 코로나19 돌연변이가 새로 나타나지 않으면 억눌렸던 거대한 수요가 단거리 노선에서 비행기 좌석을 다시 채우는 데 도움이 될 것이다. 하지만 기업들은 출장 비용을 감축할 계획이다. 설문 조사에 따르면 일반적으로 예산을 20~40% 줄이고 있다. 가장 비관적인 예측가들은 모든 출장의 절반이 완전히 사라질 수 있다고 본다. 많은 회의와 콘퍼런스가 계속 가상으로 열리거나 적어도 사람들이 현장에 훨씬 적게 참석하는 하이브리드 형태로 진행될 것이다.

더 치명적인 돌연변이 바이러스가 나타나 모든 것을 다시 뒤집더라도 어떤 유형의 세계 여행자는 여전히 어둡게 깔린 구름 위로 날아갈 텐데, 그들은 바로 부자들이다. 부유층들은 일반 대중이 마주치는 많은 장애물을 피할 수 있어서 자가용 제트기 좌석 수요는 계속 증가할 것이다. 2021년 처음 8개월 동안 비즈니스 제트기는 290만 회 비행했으며, 이는 2020년보다 70% 늘었고 2019년보다 소폭 증가했다. 반면 민간 항공 데이터 회사인 WingX에 따르면 상업용 비행은 팬데믹 이전보다 여전히 약 40% 낮은 수준에 머물고 있다.

이 정도의 고급 여행으로 부족하다면 2021년 새로 인기를 얻은, 코로나 바이러스가 없는 관광지들이 앞으로 몇 년 동안 더 많은 방문객을 맞이할 예정이다. 수십만 달러의 여유가 있다면 우주행 항공권을 예매할 수도 있다.

해외여행이 2019년 수준으로 회복하려면, 2023년 전에는 힘들고 빨라도 2024년일 가능성이 크다.

베리언트 펀드(Variant Fund)의 공동 창업자이자 아틀리에 벤처스(Atelier Ventures)의 설립자인 **리 진(Li Jin)**은 온라인 플랫폼을 함께 소유하고 통제하는 것이 앞으로 나아갈 방향이라고 주장한다.

크리에이터 경제의 미래

다음 단계에서는 크리에이터가 자신이 의존하는 제품과 플랫폼을 구축하고 운영 및 소유한다.

나는 사용자들이 페이스북을 소유하고 운영하며 콘텐츠 조정과 데이터 수집 정책을 투표로 결정하는 세상을 상상한다. 페이스북을 가치 있게 만드는 사진, 동영상 그리고 기타 게시물을 올린 사용자들은 플랫폼을 공동으로 소유하고, 얼리 어답터들은 규모가 커짐에 따라 자기들의 지분 가치가 크게 오르는 것을 보았다. 핵심 팀이 매일매일 플랫폼 개발을 담당하지만 제품 전략과 자원 할당은 모두가 결정한다. 내가 상상한 미래는 오늘날의 디지털 세계와 근본적으로 다르다. 하지만 생각보다는 가깝다.

지난 10년 동안 페이스북, 스냅, 틱톡 그리고 유튜브 같은 대형 온라인 플랫폼의 가치는 수십억 달러로 올랐다. 사용자가 게시한 콘텐츠가 없었다면 불가능했을 것이다. 창의적인 개인이 콘텐츠를 공유하고 청중을 만들며 다양한 방식으로 돈을 벌게 해주는 플랫폼이자 도구인 '크리에이터 경제'의 가치는 이제 1,000억 달러가 넘는다. 전 세계적으로 약 5,000만 명의 크리에이터가 있는 것으로 추정되며, 영국의 7~11세 어린이들 사이에서 네 번째로 인기 있는 직업이다. 크리에이터의 문화적 영향력은 기존 미디어의 영향력을 뛰어넘는다. 장난감 '언박싱' 동영상을 제공하는 유튜브의 어린이 채널 라이언의 세계(Ryan's World)는 3,000만 명이 넘는 구독자를 보유하고 있으며, 가장 인기 있는 동영상은 20억 회 이상의 조회 수를 기록했다. 이와 대조적으로 황금 시간대의 CNN 시청자는 100만 명 미만이다.

하지만 독점 플랫폼과 이를 사용하는 크리에이터 사이의 극심한 권력 불균형 때문에 크리에이터 경제에 균열이 생기고 있다. 소수의 소셜 미디어 거물들이 청중을 찾고 연결하는 문지기(gatekeeper) 역할을 한다. 크리에이터는 검색 연관성을 유지하기 위해 영리한 알고리즘에 의존한다. 사용자들을 사로잡는 콘텐츠를 업로드해 플랫폼 가치에 직접 기여하지만, 크리에이터는 직원 혜택과 근로자 보호를 받지 못하거나 플랫폼 성공의 혜택을 입을 수 있는 스톡옵션이 없어서 하층 노동자와 비슷하다. 나는 이런 관계를 '대표 없는 과세' 또는 '21세기 농노제'라고 불렀다.

크리에이터의 입장은 변화를 추진하는 데 불리하다. 역사적으로 노동자 권리는 20세기 중반 미국 노동자 3분의 1을 대표하는 노동조합이 단체교섭을 이끌며 발전했다. 오늘날 크리에이터는 시청자에게 불공정한 정책을 이야기하거나 업로드를 중단해 '파업'을 하는 등 아래로부터의 조직화를 통해 자기 견해를 알린다. 하지만 크리에이터는 궁극적으로 다른 데 갈 곳이 없어서 이런 노력은 효과가 거의 없다.

다음 단계에서는 크리에이터가 자신이 의존하는 제품과 플랫폼을 구축하고 운영 및 소유한다. 이는 플랫폼과 사용자 간 힘의 균형을 바꿀 것이다. 운전자와 사용자가 소유하는 우버 같은 차량 호출 서비스, 또는 판매자와 고객이 소유하는 엣시(Etsy)와 같은 수공예 마켓플레이스를 상상해보자. 이미 사례들이 있다. 스톡 사진 라이브러리인 스톡시(Stocksy)는 협동조합으로 회사 정책에 투표권을 지닌 회원들이 이익을 나눈다.

지금까지 협동조합 방식 소유권은 의사 결정과 지배 구조 대형화와 투자 유치가 힘들어 어려움을 겪었다. 하지만 새로운 기술로 분명히 이런 장벽을 없앨 수 있다. 암호화폐의 경우처럼 분산 네트워크는 토큰을 통해 소유권을 나눌 수 있으며, 토큰은 네트워크에 대한 기여로 얻을 수 있고 종종 지배 권한을 지닌다. 시대를 앞서가고 추상적으로 들릴지 모르지만 이미 벌어지고 있다. 사용자가 판매 가능한 토큰을 얻어 수입으로 전환 가능한 애완동물 대전 게임 〈엑시 인피니티(Axie

Infinity)〉에서는 170만 명의 일일 사용자가 현재까지 20억 달러 상당의 게임 자산을 거래했다. 디지털 미술 마켓플레이스 슈퍼레어(SuperRare)는 8월에 '큐레이션 토큰'을 출시해 스스로 탈중앙화하고 사용자에게 플랫폼의 미래를 결정할 권리를 주었다.

여기를 탈중앙화하자

2022년에는 크리에이터 경제를 지원하는 새로운 분산 네트워크가 전환점을 맞이할 것이다. 토큰 분배를 통해 부를 쌓는 자산의 민주화가 매력적인 가능성을 제시한다. 혁신가들이 사용자에게 소유권으로 보답하면 대규모로 사용자를 유치해 신규 플랫폼들이 기존의 중앙 집중식 플랫폼을 능가하는 데 도움이 된다. 크리에이터에 의한 소유는 플랫폼과 참가자 간의 갈등을 없애고 모든 이해 관계자가 성장 혜택을 받을 수 있다. 앞으로 몇 달, 몇 년 안에 크리에이터들은 자신의 힘을 깨닫고 활용해 자신들에게 소유권과 통제권을 부여하고, 크리에이터를 일류 시민으로 대하는 새로운 종류의 플랫폼을 탄생시킬 것이다.

하이파이브, 탈중앙화 금융

탈중앙화 금융이 만개하고 있다
하지만 그것의 존재 목적은 아직 확실치가 않다

앨리스 풀우드(Alice Fulwood) 뉴욕, 〈이코노미스트〉 월스트리트 통신원

경제학자와 교수, 일반인 대부분은 일반적으로 실물 경제와 금융 경제는 분리되어 있지만 서로 연결된 분야라 생각한다. 이 것이, 돈을 실제로 밑바탕에 있는 활동을 가리는 '한낱 가림막'일 뿐이라 생각하는 신고전주의 경제학파가 마음에 담고 있는 고전적 이분법의 본질이다. 실물 경제에서 일하는 사람은 밀을 재배하고, 기사를 쓰고, 집을 짓는다. 금융업자는 이러한 활동들 위에서 단순히 돈을 여기저기로 돌리기만 한다. 그러나 최선의 경우 금융화는 금융화가 없었다면 일어날 수 없는 실제 활동을 가능케 한다. 이것은 신생 기업에 대한 대출이나 새로운 공장 건설을 가능하게 하는 채권의 경우에서 명백히 확인할 수 있다. 하지만 그것은 거래소나 파생 상품과

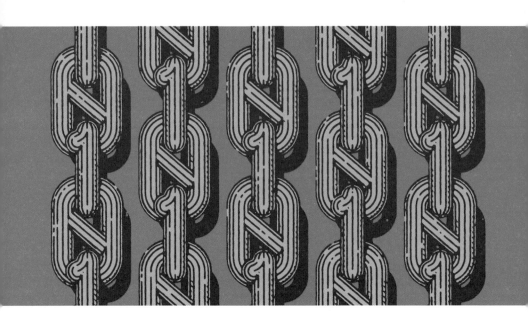

같은 더 복잡한 금융 도구에도 해당하는 말이다. 2022년에는 이 부문에서 흥미로운 혁신이 일어날 것이다.

지난 2년 동안 전통적인 금융 시스템의 많은 기능이 코드 체계를 저장하고 검증할 수 있는 개방형 블록체인인 이더리움 블록체인 상의 애플리케이션과 프로토콜로 재탄생했다. 활동은 대부분 '스마트 계약'을 통해 수행되며, 이것은 미리 정해진 조건에 따라 자체 실행된다. 월릿(wallet)과 결제 시스템, 예금 및 대출 애플리케이션, 심지어 통화 체제를 알아서 안정시키기 위한 투자 자금과 시스템 등 많은 것이 스마트 계약을 이용한 오픈소스 코드로 작성되었다.

이러한 기능들은 집합적으로 탈중앙화 금융 또는 디파이로 알려져 있으며, 급속하게 성장 중이다. 2020년 초 100억 달러 미만이었던 토큰이 지금은 1,000억 달러 규모에 달하고, 분산 거래소에서 사용하기 위해 금융 스마트 계약에 묶여 있거나 수익률을 얻기 위해 예치되어 있다. 디파이 앱에 대한 수요로 인해 이더리움 블록체인의 사용이 늘고 있다. 2020년 초 성사된 거래 규모가 1,160억 달러에 달했지만, 2021년 2분기에는 거래와 대출을 촉진하기 위한 결제와 거래를 포함해 2.5조 달러 규모로 크게 증가했다(결제 관련 거대 기업인 비자는 같은 기간 거의 같은 금액의 결제액을 기록했고, 주식 거래소인 나스닥은 그보다 6배 많은 거래액을 기록했다).

이 시스템에는 전통적인 금융에 비해 많은 이점이 있다. 지불이 대부분 싸게 먹히고 거의 즉각적이다. 디파이는 잘못될 수 없는 방식으로 거래 규칙을 미리 결정함으로써 지불 위험과 같은 것들을 제거할 수 있다. 스마트 계약을 통해 대출에 대한 담보를 고정함으로써 상대편의 채무불이행 위험도 제거할 수 있다.

진입 장벽이 전통적인 금융에 비해 낮은 관계로 디파이는 빠르게 가장 흥미로운 혁신이 일어나고 있는 무대가 되었다. 예를 들어 다이(Dai)라고 불리는 전적으로 블록체인 상에만 존재하는 스테이블코인(달러처럼 정부 통화에 고정되는 토큰)의 경우 누구나 스마트 계약서에 담보를 예치함으로써 새로운 다이 토큰을 만들 수 있다. 담보물이 변동성이 크기 때문에 만약 담보물이 최소 한계점(발행 당시 다이 가치의 150%) 이하로 떨어지면, 스마트 계약은 부채를 탕감하기 위해 자동으로 담보물을 경매에 부친다. 다이는 달러에 대해 놀라울 정도로 안정적이며 이전의 스테이블코인과 관련한 많은 문제를 해결한다.

문제는 이 모든 화려한 금융 공학이 '실물' 경제에 쓰이는 경우가 없다는 것이다. 대신 그것은 무형의 카지노를 촉진한다. 사람들 대부분은 많은 투기성 토큰 중 하나에 대한 투자를 촉진하거나 레버리지로 활용하기 위해 디파이를 사용한다. 2022년에는 그런 상황이 바뀔

지도 모른다. 디파이 경제와 실물 경제 간의 결합 가능성이 있는 방법으로는 세 가지가 있다. 첫째, 지불 수단으로 토큰을 채택함으로써 전통적인 금융 시스템을 대체할 수 있다. 엘살바도르는 2021년 9월 비트코인을 법정 통화로 채택했고 650만 명의 사람을 분산형 토큰에 입문하게 했다. 그러나 이것은 안정된 선진국에서는 실현 가능성이 작다.

둘째, 디파이는 전통적인 금융과의 통합을 시작할 수도 있다. 일반적으로 금융 시스템에서 취급하는 자산(주택, 주식 및 채권)은 블록체인 시스템으로 이동할 수 있다. (단일 기관이 운영하는) '기업형 블록체인'을 사용해 그렇게 하려던 이전의 시도는 어느 정도의 효율성 향상을 제공했지만, 상호 운용성 및 투명성과 같은 분산화의 많은 이점을 활용하지 못했다. 주식과 같은 자산을 개방형 블록체인 시스템으로 이동시키고 실제 세계의 결과물들이 효과적으로 반영되도록 하는 방법을 모색함으로써 디파이는 모두에게 더욱 유용할 수 있다.

셋째, 블록체인을 기반으로 한 실물 경제의 발전이 크게 일어날 수도 있다. 동영상, 이미지, 음악 및 텍스트 제작과 같은 경제 활동은 전적으로 디지털 형태이며, 이것이 미디어가 주로 거대하고 중앙 집중화된 기술 플랫폼에 의해 온라인에 배포될 수 있는 이유다. 이러한 종류의 콘텐츠를 배포하기 위한 탈중앙화된 블록체인 상의 플랫폼은 이제 초기 단계에 있지만, 성장하고 있다. 만약 디지털 콘텐츠가 블록체인 시스템을 통해 전달될 수 있다면 디파이는 실물 경제를 발견하게 될 것이다.

빠르고 느린 화폐 주조

중앙은행들은 디지털 화폐 발행을 향해 점진적으로
잰걸음을 놀리고 있다

앨리스 폴우드

최초의 로마 황제인 아우구스투스 카이사르(Augustus Caesar)의 통치 기간에 주조된 주화는 한쪽 면에는 그의 머리가 새겨져 있었고, 다른 쪽 면에는 닻과 얽혀 있는 돌고래가 새겨져 있었다. 이 바다 상징물은 황제가 가장 좋아하는 모토인 '페스티나 렌테(festina lente)' 또는 "천천히 서둘러라"는 말을 의미한다. 간단히 말해 어떤 일을 하는 가장 빠른 방법은 처음부터 올바르게 하는 것이라는 뜻이다.

처음으로 디지털 화폐 또는 '중앙은행 디지털 통화(CBDC)'를 발행할 준비를 하면서 전 세계 중앙은행들은 이와 같은 접근 방식을 채택한 것으로 보인다. 현재 보통 사람이 사용하는 유일한 중앙은행 발행 화폐는 실물 현금뿐이다. 크게 성장하고 있는 디지털 결제 시스템은 은행, 신용카드 회사 및 테크 회사와 같은 민간 회사에 의존한다. 현금 사용이 줄어듦에 따라 전 세계 중앙은행들은 현금을 디지털 대안으로 대체할지를 고려하기 시작했다.

중앙은행들은 연구를 서두르고 있다. 전 세계 중앙은행의 86%가 현재 CBDC를 연구하고 있고, 이는 2018년의 3분의 2 수준에서 증가한 수치다. 하지만 본격적으로 뛰어든 주요 경제국은 없는 상황이다. 카리브해 국가인 바하마와 남부 이웃 국가(세인트키츠네비스, 앤티가바부다, 세인트루시아, 그레나다)만이 '실재하는' CBDC를 발행했다.

규모가 큰 경제로서 2022년에 그들의 대열에 합류할 가능성이 가장 큰 나라는 중국이다. 중국은 2019년 12월 CBDC에 대한 시범 사업을 처음 실행했지만 그간에 진행 속도를 빠르게 높여왔다. 중국의 중앙은행인 중국인민은행이 2021년 7월 발표한 보고서에 따르면 디지털 위안화를 담기 위해 이미 2,100만여 개의 디지털 월릿이 만들어졌고, 약 7,000만 건의 거래가 수행됐다. 중국인민은행은 2022년 2월 베이징에서 열리는 동계 올림픽을 앞두고 디지털 화폐가 널리 사용되기를 바라는 것으로 보인다.

다른 중앙은행들은 좀 더 천천히 움직이고 있다. 스웨덴은 오랫동안 업계를 주도해왔지만 2021년에야 시범 프로젝트를 시작했다. 이후 발행된 백서에서 중앙은행인 릭스뱅크(Riksbank)는 다양한 핵심적 기능을 시험해볼 필요가 있다고 밝혔다. 여기에는 e-크로나를 소매 결제를 위한 수준에서 사용할 수 있을지

제롬 파월은 미국이 "최초가 되기보다는 제대로 하는 것"이 더 중요하다고 말했다.

여부, 어떻게 그것을 매장의 판매자들과 통합할 것인지, 오프라인에서 사용하는 방법을 어떻게 개발할 것인지 등이 포함된다. 릭스뱅크는 5년 내로 CBDC를 출시할 수 있다고 보고 있다.

느리지만 꾸준한 접근 방식은 이해할 만하다. 디지털 중앙은행 토큰은 가볍게 착수해서는 안 되는 국가 금융 시스템의 급격한 변화다. 예를 들어 디지털 달러가 2022년에 출시될 가능성은 매우 낮다. 제롬 파월 연준 의장은 미국이 "최초가 되기보다는 제대로 하는 것"이 더 중요하다고 말했다.

생명의 순환

밈 주식 현상은 계속될지 모른다

마이크 버드(Mike Bird) 홍콩, 〈이코노미스트〉 아시아 사업 및 금융 부문 편집자

미국 논평가인 토머스 프리드먼(Thomas Friedman)은 2021년 1월 소수의 미국 주식을 두고 사람들이 미친 듯이 떼지어 달려드는 모습을 상상력을 동원해서 묘사했는데, 거기에는 하이에나와 독수리, 사자, 영양이 등장한다. 프리드먼은 광란의 중심에 있는 가전제품 소매 업체인 게임스톱(GameStop)을 언급하며 주식 가격이 결국 4~5달러로 되돌아갈 것이라고 말했다. "그것이 생명의 순환이다."

게임스톱 주가는 2020년 여름에 거래됐던 수준인 4~5달러대로 돌아가지 않았다. 회사가 여전히 손해를 보고 있음에도 불구하고 현

개미들과 하이에나 끌어들이기

재 180달러 이상에 거래되고 있다. 그러나 프리드먼의 은유는 생태학적 엄격함이 모자란 것이었는지는 몰라도, 금융 시장을 바라보는 대중적이고 자연주의적인 방식의 전형을 보여주었다. 그곳에는 승자와 패자가 있고, 성장과 쇠퇴가 있다. 그리고 시간이 지남에 따라 균형이 회복된다. 이러한 견해는 2021년에 심각한 타격을 입었고, 2022년에도 계속해서 고군분투할 가능성이 크다.

기존의 분석은 소셜 미디어에서의 갑작스러운 인기를 바탕으로 하는, 밈 주식이라고 알려진 게임스톱과 같은 소수의 주식에 관해 설명을 내놓지 못한다. 그들의 상승은 펀더멘털이나 자산 가격과는 배치된다. 그래서 분석가들은 올라가는 것은 반드시 내려오게 된다고 추론했다.

이것은 규제 당국이 밈 주식들을 다루면서 겪었던 어려움과 들어맞는다. 앨버타 대학교 법학과 소속 교수들인 빅토리아 추이(Victoria Chui)와 모인 야야(Moin A. Yahya)의 연구에 따르면, 이러한 사건들은 기업의 주가가 급격히 상승한 후 빠르게 노화하는 '펌프 앤드 덤프

(pump and dump)'의 예도 아니고, 공매자가 기업에 대한 악의적인 소문을 퍼트리는 사이버 명예훼손의 예도 아니다. 대신 시장 행동의 기존 틀을 한참 벗어나 있는 조치인 '펌프 앤드 홀드(pump and hold)'다.

예측 가능한 일이지만, 전통적 금융은 틈을 파고들기 위해 노력해왔다.

왜 밈 주식 매입이 시작되었는지를 다룬 글들이 그동안 많았다. 그것은 월스트리트 공매자들에 대항하는 정의로운 반란일 수도 있고, 아니면 단순히 봉쇄(락다운) 기간 동안 너무 많았던 가처분소득과 시간의 결과일 수도 있다. 하지만 더 중요한 것은 그런 일이 실제로 일어났고, 비록 몇몇 소수의 경우에 해당할지라도 시장에서 먹히는 것으로 나타났다는 사실이다.

많은 소규모 거래자들이 선택하는 플랫폼인 로빈후드(Robinhood)는 2021년 8월 IPO 이후 어려움을 겪었지만, 거래를 게임으로 만드는 유사한 앱들이 전 세계적으로 등장하고 있어서 중단하기는 어려울 것이다. 이 현상은 2022년에도 계속되어 심화할 것으로 보인다.

예측 가능한 일이지만, 전통적 금융은 틈을 파고들기 위해 노력해왔다. 밈 주식 지수를 바탕으로 하는 자문 회사인 라운드힐 인베스트먼트(Roundhill Investments)가 설계한 상장지수펀드가 규제 승인을 기다리고 있다. 암호화폐 시장에 주류 금융이 등장함으로써 암호화폐 부문은 일시적 유행 이상의 것으로 자리를 굳혔다. 밈 주식들도 곧 비슷해질 수 있다.

2021년 5월에 한국은 팬데믹 초기에 부과된 공매도 금지령을 해제했다. 컨테이너 운송 회사인 HMM과 산업 회사인 두산중공업에 대한 대규모 단기 포지션들이 한국의 '개미들(소규모 투자자들을 일컫는

용어)'에 의해 차례로 무력화되었다. 개미들은 2022년 한국 주식의 소
수점 단위 거래가 시작되면서 입지가 더욱 강화될 것이다(일부 주식의
경우 가격이 너무 높아 개별 거래가 어렵다).

소규모 거래자들의 순수한 의지력에 의해 주식들이 부상하고 보
유(펌프 앤드 홀드)되는 한, 오래된 생각은 더는 안전한 베팅이 아닐 수
있다. 개미들 또한 생명 순환의 일부다.

돌아왔지만, 아주 돌아온 것은 아닌

인플레이션에 대한 걱정은 잦아들 것이다

라이언 아벤트(Ryan Avent) 워싱턴 D.C., 〈이코노미스트〉 무역 및 국제경제학 부문 편집자

팬데믹이 있기 직전 몇 년간 인플레이션에 대한 걱정은 나팔바
지와 유연 휘발유처럼 철 지난 과거 일처럼 보였다. 하지만

세계 경제가 코로나19로 인한 깊은 침체에서 벗어나면서 오래된 골칫거리가 다시 모습을 드러냈다. 인플레이션은 미국에서 5% 이상, 영국에서 3% 이상 상승했으며 많은 신흥 시장에서 훨씬 더 높게 치솟았다. 이렇게 가격 압력에 직면하자 일부 경제 학자들은 1970년대의 만성

이 또한 지나갈 것이다

적 고인플레이션의 복귀가 임박했다고 경고했다. 2022년의 상황은 그러한 두려움을 잠재우는 쪽으로 진행하겠지만, 그 전에 세계 중앙은행들은 진땀을 빼야 할 것이다.

1980년대부터 전 세계 대부분 지역의 인플레이션율은 지속적인 하방 행진을 시작했고, 하방 추세는 2020년까지 이어졌다. 그러한 하락은 부분적으로는 중앙은행들이 물가 압력을 통제하는 방법을 성공적으로 학습한 데 기인했지만, 여러 구조적 추세도 그들의 일을 덜어주었다. 세계화는 생산 비용을 줄였고 노동자의 교섭력을 약화해 임금 상승을 억제했다. 그리고 부유한 국가의 인구가 고령화함에 따라 사람들은 저축을 더 많이 했고, 이것은 과거처럼 소득 증가분만큼 소비가 증가하지 않는다는 것을 의미했다. 세계적 금융 위기의 여파로 인플레이션은 지속적으로 중앙은행의 목표치를 밑돌았고, 이는 미국 연준을 포함하는 일부 중앙은행들이 물가 상승률을 끌어올릴 자유를 더 많이 갖도록 유도했다. 본능상 반사적으로 물가 안

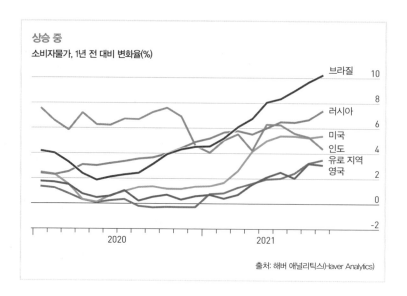

상승 중
소비자물가, 1년 전 대비 변화율(%)

브라질 10

8

러시아 6

미국
인도 4

유로 지역 2
영국

0

-2

2020　　　　2021

출처: 해버 애널리틱스(Haver Analytics)

정을 추구하는 매파적 태도를 취하는 기관으로서는 놀라운 반전이었다.

그러다 코로나19가 닥쳤다. 금융 시장을 떠받치기 위해 중앙은행들은 엄청난 양의 돈을 금융 시스템에 투입했다. 각국 정부는 팬데믹으로 인해 일할 수 없는 사람들의 소득을 늘리기 위해 제2차 세계대전 이후로는 볼 수 없었던 규모로 돈을 차입했다. 미국 정부의 재정적자는 2020년과 2021년 모두 국내총생산(GDP)의 12%를 넘어섰다.

이러한 부양책으로 수요가 급락하는 것을 막을 수 있었지만, 공급측면은 이야기가 달랐다. 코로나19로 인해 모든 상품과 서비스 생산이 중단되었다. 가뭄과 폭염은 커피와 밀과 같은 작물의 실망스러운 수확량에 기여했다. 그리고 전 세계 해운 물류 상의 문제는 전례 없는 화물 운송이 지체로 이어졌다. 불충분한 연료 공급은 겨울이 다가옴에 따라 석탄, 가스, 석유의 가격을 상승시켜 1970년대의 에너지

파동에 대한 기억을 불러일으켰다.

이러한 압박 속에서 하버드 대학교의 래리 서머스(Larry Summers)와 같은 일부 경제학자는 문제가 될 정도로 높은 인플레이션이라는 새로운 시대가 도래했다는 첫 징후를 본다. 일자리를 채우려는 기업들의 고군분투는 약화한 노동력의 시대가 끝나가고 있음을 의미하는 것일 수 있다. 지금 중앙은행들은 낮은 실업률을 달성하는 데 과거와 비교해 더 높은 우선순위를 두고 있으므로, 인플레이션 위험에 대해 안이하게 생각할 수 있다. 또한 인플레이션은 독자적인 힘으로 거세질 수 있다. 사람들이 더 크고 빈번한 가격 인상에 익숙해짐에 따라 기업들은 가격 인상이 예전보다 기업에 덜 나쁘다는 걸 알게 될 수도 있다. 경제학자들이 말하듯 인플레이션 기대가 '고삐 풀리듯' 확산할 수 있다. 치솟는 에너지 비용은 성장과 생산성을 압박할 수 있다.

2022년의 인플레이션은 아마도 중앙은행의 목표를 계속 초과하겠지만, 2021년부터 둔화해 결국 거시 경제적 우려로서는 사라질 것이다. 에너지 가격은 에너지 수요 완화, 연료 생산 증가, 그리고 아마도 둔화하는 중국 경제 덕분에 봄이면 최고치에 도달했다가 하락할 것이다. 운송 문제가 해결되는 데는 더 긴 시간이 필요할 것이다. 하지만 전 세계적으로 경기 부양책이라는 수도꼭지가 잠기고 있고, 상승한 에너지 비용 청구서는 가계 예산을 압박할 것이다. 백신 접종률이 증가함에 따라 더 많은 노동자가 노동력으로 다시 편입될 가능성이 크고 지출이 서비스로 전환되어 상품 부족을 완화하는 데 도움이 될 수 있을 것이다.

가장 중요하게는 팬데믹이 있기 전 여러 해 동안 인플레이션을 끌어내린 많은 구조적 요인들이 그대로 남아 있다. 강력한 노동조합은 아직 완전히 돌아오지 못했고, 인구는 계속해서 고령화하고 있으며, 전 세계 공급망에 대한 부담에도 불구하고 세계화가 광범위하게 역전될 조짐은 거의 없다. 필요한 경우 인플레이션을 억제하는 방법을 중앙은행들이 잊은 것도 아니다. 실제로 2022년에는 이자율이 전 세계적으로 상승할 것이다. 인플레이션이 돌아왔지만 오래가지는 못할 것이다.

기후에 도전하기

상업 용지의 가장 큰 문제는 팬데믹이 아니다

빈제루 음칸다와이어(Vinjeru Mkandawire) 〈이코노미스트〉 전 세계 재산 통신원

많은 사람이 놀랄 만한 사실은 1년 넘게 락다운이 실시되면서 상점과 레스토랑에 영향을 미친 재난이 대체로 사무실은 피해 갔다는 점이다. 사무실 소유주들은 상당한 수요 충격을 피했고, 대도시에서의 판매가는 많은 도시의 낮은 임대료에도 불구하고 유지되었다. 임대료 연체와 판매 부진은 보기 드문 현상이었다.

그러나 여전히 위험은 존재한다. 재택근무가 계속되면 사무 공간이 소모품이 될 수 있다. 한 추정에 따르면 유럽의 수요는 향후 10년 동안 17% 감소하고, 미국에서는 16% 감소할 것으로 예상된다. 직원들이 일주일에 3일 동안 집에서 일하면 미국의

전 세계적으로 건설은 에너지 사용량의 40%를 차지한다.

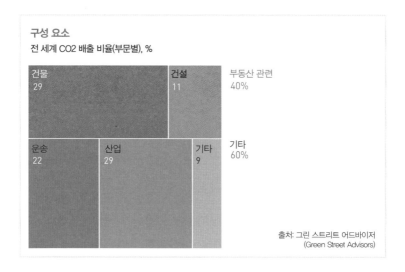

구성 요소
전 세계 CO2 배출 비율(부문별), %

건물 29	건설 11	부동산 관련 40%
운송 22	산업 29	기타 9 · 기타 60%

출처: 그린 스트리트 어드바이저
(Green Street Advisors)

평방피트당 가격이 절반 이상 떨어질 수 있다. 그러나 팬데믹으로 인한 손실이 현실화하는 데는 몇 년이 걸릴 수 있다. 지금으로서는 법인 임차인은 장기 임대계약에 묶여 있고, 근로자는 사무실로 돌아오고 있다.

2022년의 주요 과제는 장기적인 성격을 띠는 것으로서 지구 온난화에 대처하기 위한 규제 기관들의 노력과 관련된다. 요구되는 변화들에 비춰보면 많은 사무실이 노후화한 상태로 변할 수 있다.

건물의 조명, 난방 또는 냉방에 사용되는 에너지는 전 세계 탄소가스 배출량의 거의 3분의 1을 차지한다. 뉴욕과 같은 도시에서는 온실가스 배출량의 71%가 건물에서 나온다. 전 세계적으로 건설은 에너지 사용량의 40%와 전체 대기 오염의 거의 4분의 1을 차지한다.

새롭게 쏟아져 나오는 정책들은 그러한 상황을 바꾸는 것을 목표로 한다. 첫째, 잉글랜드와 웨일스에서는 건물의 에너지 효율성 개선이 목표다. 새로운 규정에 따르면 런던 중심부에 있는 사무실 10

곳 중 1곳은 1년 안에 사용할 수 없게 될 위험이 있으며, 절반 이상이 2027년까지 사용하지 못하게 될 수 있다. 유럽의 정책 입안자들은 2030년까지 건물 에너지의 49%가 재생 가능 에너지원에서 나오도록 요구할 것이다. 이러한 새로운 규정은 노후화하는 사무실 구역의 미래와 관련해 부동산 투자자들에게 질문을 던진다.

임차인도 압박을 가하고 있다. 세계 최대 2,000개 기업 중 5분의 1이 2050년까지 '넷제로' 목표를 설정했으며, 많은 기업은 더 빠르게 움직이고 있다. 이것은 건물에서 탄소를 제거하는 것과 관련된다. 포트폴리오를 제때 친환경화하지 못한 건물주는 잔인한 임대 시장에 직면해 있다. 전 세계적으로 임차인은 최고 성능의 건물에 입주하기 위해 최대 임대료의 11%를 더 부담할 준비가 이미 되어 있다.

전 세계 사무실을 탈탄소화하는 일은 하루아침에 이뤄지지 않을 것이다. 그러나 준비하지 못한 건물주들에게 2022년은 심판의 해가 될 것이다.

행복하지 않은 식사

식량의 비싼 가격이 유지되면서 가난한 나라들이
가장 큰 고통을 겪을 것이다

매튜 파바(Matthieu Favas) 〈이코노미스트〉 금융 통신원

코로나19는 직관과는 반대되는 영향을 식량 가격에 미쳤다. 2020년 초 세계의 많은 부분이 락다운에 들어갔을 때 비축

과 폐쇄된 국경으로 인해 식량 가격이 상승할 것이라는 두려움이 있었다. 하지만 식량 가격은 거의 움직이지 않았다. 몇 개월 후 부유한 나라에서 팬데믹 상황이 진정되고 경제가 다시 열렸을 때야 비로소 가격이 놀라울 정도로 빠르게 상승하기 시작했다. 유엔식량농업기구의 지수에 따르면 식량 가격은 12개월 동안 40% 증가한 후 2021년 5월에는 2011년 이후 최고점에 도달했다.

2022년에는 이러한 급등을 추동한 힘들이 계속해서 문제를 일으킬 것이며, 이는 식량 가격이 하락할 가능성이 거의 없음을 의미한다. 가격 상승을 설명하는 핵심 요인은 2018년 중국에서 발생한 돼지 독감으로 돼지 떼가 절반으로 줄었던 일이다. 이로 인해 중국은 2019년과 2020년에 걸쳐 막대한 양의 돼지고기 및 대체 단백질(주로 가금류와 생선)을 돼지 사료용 곡물과 함께 수입해 전 세계 재고가 감소했다. 이후 이뤄진 재고 보충은 2021년 중반까지 거의 끝난 것 같았지만, 돼지 독감이 다시 확산하고 있다는 증거는 또 다른 살처분에 대한 두려움을 불러일으키고 있다. 이러한 염려는 2022년에도 지속되어 식량 시장의 변동성에 기여할 것으로 보인다.

또 다른 요인은 코로나19가 여전히 주요 물류 지점에서의 활동을 지체하고 있는 시기에 국제 무역이 재빨리 재개되면서 발생한 물류 문제다. 컨테이너가 부족하고, 종종 가장 예민한 식품을 화물칸에다 실어 나르는 많은 여객기가 운행되지 못하는 상황은 신선한 과일과 채소 운송이 여전히 어려운 일임을 의미한다. 곡물과 설탕과 같은 필수품은 거대한 배를 타고 대량으로 운송되긴 하지만, 그마저도 수송 능력에는 제한이 있다. 유가가 반등해 비료와 화학 물질에서부터 들

물가는 아마도 2007~2008년 도달했던 최고점에는 이르지 못할 것이다.

판과 바다를 가로지르는 운송 비용에 이르기까지 모든 것의 인플레이션을 부추기는 것은 도움이 되지 않는다. 2022년에는 이러한 힘들이 약화할 수 있지만, 그렇더라도 그것은 점진적으로 일어날 것이다. 하지만 언제나 농업 부문에서는 그랬듯 불확실성의 가장 큰 원인은 날씨가 될 것이다. 2021년 초 가격은 북미와 남미의 곡물 생산 지역에서 발생한 가뭄으로 인해 부분적으로 상승했다. 파종과 수확 조건은 일 년 내내 개선되었지만, 과학자들은 이제 또 다른 라니냐(1년 전 기후 패턴을 교란한 것과 같은 종류의 기상 현상)가 겨울에 발생할 가능성이 크다고 보고 있다. 한편 2021년에 잦았던 홍수와 산불의 형태로 나타난, 기후 변화로 인한 재난은 이번에는 전 세계 곡창 지대의 식량 생산에 더 큰 타격을 줄 수 있다.

하지만 최악의 시나리오를 제외한다면 세계가 공황 상태에 빠질 이유는 없다. 최근의 인플레이션에도 불구하고 물가는 아마도 전 세계적 식량 공포가 전 세계적으로 폭동을 촉발했던 2007~2008년 도달했던 최고점에는 이르지 못할 것이다. 국가 대부분은 당시 위기를 촉발한 일종의 보호무역주의적 조처(수출 금지 및 비축)를 택하지 않았다. 그리고 사람이 소비하는 식품 대부분은 가공 처리되고, 이것은 원자재의 더 높은 비용은 종종 매 단계에서 그것을 운송, 가공 및 판매하는 사람들에 의해 부분적으로 흡수된다는 뜻이다.

그러나 좀 더 비싼 농산물은 개발도상국에서 여전히 큰 피해를 초래할 것이다. 왜냐하면 개발도상국 사람들은 가공식품을 훨씬 덜 섭취하기 때문이다. 그들은 달걀과 거친 곡물을 더 많이 먹고 초콜릿 바와 즉석식품은 덜 먹는다. 그리고 그런 나라들에서는 가공에 따른 이윤이 종종 크지 않다. 피해는 현재 가난한 국가에 가장 큰 타격을 주는 다른 문제, 예를 들어 현지 통화의 평가절하, 코로나 바이러스와 관련한 제한 및 혼란, 팬데믹 및 그 여파로 인한 가계 수입 손실과 같은 다른 문제로 인해 악화할 것이다. 강력한 구제책은 백신 접종일 것이다. 그래야만 부유한 국가들 밖의 경제들이 항구적으로 재개될 수 있고 그들의 소득이 다시 증가하기 시작할 것이기 때문이다. 불행히도 그런 측면에서의 급속한 진전은 전망이 어둡다.

구조 호출

기업 채무불이행은 많지 않겠지만, 신용 여건이 악화한다면 정크본드는 급격히 상태가 나빠질 것이다

조슈아 로버츠(Joshua Roberts) 〈이코노미스트〉 도시 및 금융 통신원

위험한 부채 시장에서는 완곡어법이 많이 나돈다. 채무불이행 가능성이 가장 큰 기업이 발행한 채권은 더는 '정크'가 아닌 '투기 등급' 또는 '고수익'이란 말로 통한다. 대출자들은 대출 기관을 긴장하게 만드는 것을 꿈도 꾸지 않지만, 일부 대출자들은 동의 없이 부채 가치를 낮추는 '부실 교환'에 참여한다. 코로나 바이러스로 인한 팬데믹 기간 등장한, 수익성과 관련해 특히 고상한 척도 중 하나는 'EBITDAC'(이자, 세금, 감가상각, 할부 상환 그리고 코로나 바이러스 이전 수입)이다.

2021년에는 그런 완곡함이 정당화되는 듯했다. 투기 등급 채권에 대한 전 세계 채무불이행률은 2007~2009년 금융 위기 당시의 절반

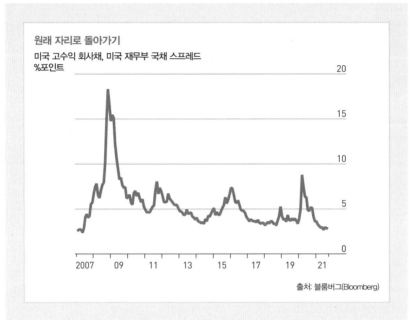

원래 자리로 돌아가기
미국 고수익 회사채, 미국 재무부 국채 스프레드
%포인트

출처: 블룸버그(Bloomberg)

수준인 7% 미만에서 시작했다. 전염성이 더 강한 코로나 바이러스 변종에 의해 연속적으로 촉발된 락다운 물결에도 불구하고, 채무불이행률은 다음 3분기 동안 하락세를 보였다. 신용평가사 무디스의 예측에 따르면 그것은 2022년에도 계속 하락하다가 4월 말이면 1.6%를 기록하고, 이후에는 점진적으로 상승할 것으로 보인다. 이는 장기 평균인 4.2%보다 약간 낮은 수준이다.

지금까지는 막대한 재정적·금전적 지원이 이러한 안정을 뒷받침해왔다. 정부는 재정적 어려움에 처한 기업을 위한 보조금과 대출을 마련했고, 일시 해고 계획과 개인에 대한 경기 부양 지원금으로 개인 지출을 부양했다. 그 결과 부채를 진 기업은 대부분 이를 상환할 현금을 얻을 수 있었다. 한편 중앙은행은 양적완화의 대대적인 확대를 통해 저금리를 유지하고 시장에 유동성을 공급했다. 이것은 투자자가 더 높은 이자를 받을 수 있는 더 위험한 대출자에게 대출하도록 장려했다.

순효과는 미국 정크본드에 대한 신용 스
프레드(미국 정부 국채와 비교해서 부과되는 추가
이자)가 2007년 이후 최저 수준에 달한 것

으로 나타났다. 유럽에서는 많은 고수익 채권의 이자율이 인플레이
션보다 낮다. 이것은 실질적인 의미에서 투기 등급 채권 발행자조차
도 돈을 빌리면 이익이 되는 상황임을 뜻한다.

미국 연준이 양적완화로 시장을 계속 지지하는 한 이러한 상황이
지속될 것으로 예상된다. 곧 채권 매입을 줄일 예정이지만, 2022년
중반 이전에 채권 매입을 완전히 멈추거나 이자율을 올리기 시작할
것 같지 않다. 이는 가장 위험한 대출자라도 당분간은 낮은 이자율
로 신용에 쉽게 접근할 수 있을 것임을 의미한다. 그리고 저렴한 새
자금을 활용할 수 있는 회사는 채무불이행 상태에 빠지지 않을 것
이다.

그러나 아마도 지속하는 고인플레이션으로 인해 신용 여건이 나
빠지면 부채 투자자들은 더 힘든 시기를 겪게 될 것이다. 1조 7,000
억 달러 가치의 미국 정크본드 중 2,500억 달러는 지난 1년 동안의
수익으로 이자 지급액을 겨우 충당하는 기업들이 빚진 것이다. 10년
이상 느슨해져온 계약 조항들로 인해 대출자들이 재정적 어려움을
겪을 때 대출 기관이 주도권을 잡기가 더 어려워졌다. 또한 자본 구
조는 손실을 흡수하기 위한 후순위 부채가 줄어들면서 예전보다 더
허약하다.

최악의 신용 등급을 받은 많은 이들은 사모 펀드의 지원을 받는다.
사모 펀드는 채권자들이 채무 전액을 상환하도록 보장하는 것보다는

금융 상품의 '유인 판매'로 더 유명하다. 2022년은 기업 채무불이행 측면에서는 나쁘지 않은 해가 되겠지만, 상황이 바뀐다면 그건 순식간일 것이다.

반흔 조직

신흥 시장은 부채를 대량으로 축적했다

사이먼 콕스(Simon Cox) 홍콩, 〈이코노미스트〉 중국 경제학 부문 편집자

2022년은 유명한 채무불이행이 발생한 지 40주년이 되는 해다. 1982년 8월 12일 멕시코 재무장관은 멕시코 정부가 미국 은행들이 부주의하게 빌려준 돈을 갚을 수 없다고 고백했다. 그는 "4일 안에 나라의 돈이 바닥날 것"이라고 미국 은행들에 말했다고 한다. 멕시코의 채무불이행 선언 이후 26개의 다른 개발도상국(15개 라틴아메리카 국가도 포함)은 결국 부채 상환 일정을 조정해야 했다.

위기는 세계은행의 앙트완 반 아그마엘(Antoine van Agtmael)이 '신흥 시장'이라는 용어를 만든 지 1년도 채 되지 않아 시작되었다(그는 '제3세계'라는 용어보다 좀 더 밝은 느낌이 나는 말을 찾는 중이었다). 40년 후 신흥 시장은 다시 불편할 정도로 높은 수준의 부채를 축적했다. 국제통화기금(IMF)에 따르면 이들 국가의 정부 부채는 총 GDP의 약 63%에 달한다. 이는 2018년 이후 10%포인트 이상 증가한 수치다. 한 부채 위기의 기념일이 다른 부채 위기의 기념일이 될 수 있을까?

한마디로 말하자면 답은 아니오다. 1982년 붕괴 이전에 신흥 시장은 단기 만기와 변동 환율로 돈을 빌렸다. 오늘날 가장 큰 채무국들은 장기 채권을 대부분 자국 통화로 종종 현

나는 은행원이 될까 생각 중이야

지 구매자에게 판매하는 경향이 있다. IMF와 세계은행에 따르면, 29개 가난한 나라들이 부채 문제와 관련해 '고위험'에 처해 있다. S&P의 전 세계 신용 등급에 따르면, 추가적으로 4개국이 낮은 CCC+ 등급으로 평가된다(과거에는 CCC 또는 CC 등급에 속하는 국가의 거의 절반이 1년 이내에 채무불이행 상태가 되었다). 그러나 이런 대출자들 대부분은 규모가 매우 작아서 시스템적 우려를 불러일으키지는 못한다.

예외적 상황이라고 볼 수 있는 한 국가는 아르헨티나다. 아르헨티나 정부는 2020년에 이미 채권 일정을 조정했기 때문에 2022년에는 민간 채권자에 대한 의무를 이행하는 데 어려움은 없을 것이다. 그러나 IMF에 갚아야 하는 채무는 다른 문제다. 2022년에 갚아야 할 180억 달러를 포함해 IMF에 대한 대규모 기존 부채를 상환하기 위해 아르헨티나 정부는 새로운 장기 대출을 IMF로부터 받아야 할 상황이다. 그 대가로 IMF는 아르헨티나가 전기에 대한 세금을 인상하고, 중앙은행으로부터의 차입을 축소하고, 현실적인 환율을 유지하도록 요구할 가능성이 크다.

신흥 시장은 부채 위기 대신 다양한 수준의 '재정 상처'를 겪을 수 있다.

합의에 열쇠를 쥔 사람은 아르헨티나의 유력한 부통령인 크리스티나 페르난데스(Cristina Fernandez de Kirchner)다. 그녀의 남편은 그가 대통령이던 2003년에 (하루 동안) IMF의 채무를 변제하지 않았다. 그녀와 아르헨티나 정부는 틀림없이 가능한 한 IMF를 비난하려 들겠지만 그들은 같은 수법을 반복하지는 않을 것이다. 거래는 이뤄질 것이다.

골드만삭스(Goldman Sachs)의 알베르토 라모스(Alberto Ramos)가 말했듯이 신흥 시장은 부채 위기 대신 다양한 수준의 '재정 상처'를 겪을 수 있다. 상처가 나으면서 생기는 딱딱한 피부 조직처럼 높은 정부 부채와 적자는 정부의 유연성과 운신의 폭을 제한해 추가 경기 침체에 대한 대응을 저해할 수 있다. 예를 들어 브라질의 재정 적자는 브라질의 인플레이션 압력을 가중했고, 실업률이 여전히 높은 상황에서도 브라질 중앙은행은 금리를 급격히 인상해야 했다.

2021년에 세계 투자자들의 관심을 사로잡았던 신흥 시장 부채는 한 정부가 진 부채가 아니라 중국의 부동산 개발 업체인 에버그란데(Evergrande)가 과도한 확장으로 인해 지게 된 부채였다. 에버그란데의 3,000억 달러가 넘는 부채는 9개국을 제외한 모든 신흥 경제국의 공공 부채를 초과한다. 중국이 부동산 경기 침체를 어떻게 처리하느냐는 2022년에 가장 큰 신흥 경제국인 중국에 드리운 가장 큰 문제로 남을 것으로 보인다.

세계은행의 정의에 따르면 1981년 아그마엘이 확인한 10개의 원래 신흥 시장 중 3개국(한국, 그리스, 칠레)이 고소득 국가가 되었다. 중국(원래 10개국 중 하나는 아니다)은 머지않아 상위 계층에 합류하기를 희망한다. 세계은행의 고소득 기준은 미국, 유로 지역, 중국, 일본 및 영국의 인플레이션율과 환율의 가중 평균치를 기반으로 매년 업데이트된다. 2020년 기준은 1인당 국민소득 1만 2,695달러다.

중국(2020년 기준 1인당 국민소득 1만 610달러)이 부동산 경기 침체를 잘 극복한다면 2023년에 고소득 문턱을 넘을 가능성이 있다. 그러면 2022년은 신흥 시장의 역사에서 또 다른 중요한 해가 될 것이다. 정중앙 왕국이 중위 소득 국가로서 맞는 마지막 해일 테니까.

앤드리슨 호로위츠(a16z)의 무한 책임 사원인 **크리스 딕슨(Chris Dixon)**과 낫보어링캐피탈(Not Boring Capital)의 설립자인 **패키 매코믹(Packy Mc-Cormick)**은 블록체인 앱이 인터넷 경제를 재편할 것이라고 말한다.

암호화폐에는 통화보다 더 많은 것이 있다

블록체인은 돈과 금융을 뛰어넘어 훨씬 많은 애플리케이션을 지원할 수 있다.

20 08년 출시된 선구적인 암호화폐인 비트코인의 성공으로 인해 많은 사람이 블록체인을 주로 돈 그리고 금융과 연관시킨다. 하지만 블록체인을 적용할 수 있는 곳은 훨씬 더 광범위하다. 최신 블록체인은 PC나 스마트폰처럼 완전한 프로그래밍이 가능하다. 그러나 블록체인의 독특함은 프로그래머가 미래에 어떻게 작동할지에 대해 확실히 보장할 수 있는 코드를 작성할 수 있게 해준다는 데 있다. 비트코인의 코드는 2,100만 비트코인만 있을 수 있고, 네트워크 참가자는 동일한 코인을 두 번 사용할 수 없다는 것을 보장한다. 더불어 통용에 대한 신뢰를 심어주는 다른 여러 약속들도 있다.

2022년에는 블록체인이 돈과 금융을 넘어 더 많은 애플리케이션을 지원할 수 있음을 보여줄 것이다. 2022년에는 탈중앙화한 서비스가 빅테크 기업의 인터넷 상에서의 장악력을 갉아먹을 것이다. 토큰과 같은 일군의 새로운 '웹3(web3)' 기술들은 창작자와 기술 전문가, 소규모 기업들의 디지털 경제를 극적으로 개선할 것이다.

2015년 출시된 이더리움은 비트코인에서 시작된 아이디어를 완전히 일반화한 최초의 블록체인이었다. 이더리움은 개발자가 그 어떤 애플리케이션이라도 구축할 수 있도록 해주는 프로그램(스마트 계약으로 알려져 있다)을 실행할 수 있다. 이더리움을 기반으로 구축된 서비스는 중앙 집중식 테크 기업이 제공하는 서비스에 필적하는 고급 기능을 제공하는 동시에 지대 추구 행위 및 중앙 통제 센터를 제거할 수 있다. 또한 이더리움은 사용자에게 소유권과 수익권을 부여하는 소프트웨어 기반 가치 단위인 토큰 생성을 가능하게 했다.

또한 블록체인을 통해 대출이나 거래와 같은 전통적인 금융 기능을 자동화할 수 있다. 널리 채택된 최초의 이더리움 앱은 컴파운드(Compound), 메이커(Maker) 및 유니스왑(Uniswap)과 같은 탈중앙화 금융(디파이) 앱이었다. 디파이에서 금융 기능은 중앙 집중식 기업 대신 탈중앙화한 커뮤니티가 소유하고 운영하는 완전히 자동화된 프로토콜에 의해 처리된다.

디파이는 웹3의 성장을 촉발하는 데 필요한 돈과 관심을 끌어들였지만, 웹3은 돈과 암호화폐 그 이상이다. 2021년 우리는 기업가들이 비트코인과 디파이에서 시작된 아이디어를 게임, 미디어, 시장, 심지어 사회 연결망으로 확장하는 것을 보았다. 이 확장의 핵심에는 새로운 개념인 대체 불가능 토큰(NFT)이 있었다. 이것은 미술, 영상, 음악, 게임, 텍스트, 코드 등을 포함한 디지털 미디어 품목을 고유하게 표현하는 블록체인 기반 기록이다. NFT에는 역사 및 출처에 대한 문서가 포함되어 있으며, 거의 모든 작업을 수행하기 위해 코드를 첨부할 수 있다(인기가 많은 기능은 원작자가 2차 판매로부터 로열티를 받도록 해주는 코드다).

NFT를 다룬 초창기 머리기사들은 투기와 돈에 초점이 있었다. 비플(Beeple)이라는 이름으로 알려진 디지털 아티스트 마이크 윙클먼(Mike Winkleman)이 크리스티 경매에서 NFT를 6,900만 달러에 판매했을 때 사람들은 깜짝 놀라 눈을 동그랗게 떴다. 2021년 4월부터 11월까지 6개월 동안 72억 달러 상당의 NFT가 가장 큰 NFT 플랫폼인 오픈씨(OpenSea)에서 거래되었다. 하지만 진짜 이야기는 NFT가 인터넷 경제학을 근본적으로 변화시키고, 가치와 통제를 빅테크 기업들로부터 사용자, 개발자 및 소규모 회사로 재분배하는, 새로운 물결의 웹3 서비스를 위한 핵심 요소라는 사실이다.

웹3 애플리케이션은 지금의 중앙 집중식 시스템으로부터 시장 점유율을 빼앗고 있다. NFT로 참가자에게 인센티브를 제공하는 웹3 인재 시장인 브레인트러스트(Braintrust)는 딜로이트(Deloitte), NASA, 나이키, 포르쉐(Porsche)와 같은 고용주들과 협력한다. 그리고 업워크(Upwork)와 같은 잘 알려진 경쟁자들을 상대로 입지를 다지고 있다.

음악 업계도 변화를 겪을 가능성이 크다. 스트리밍 서비스는 음악가들이 음반사와의 불편한 결혼 생활을 통해 수백만 명의 팬에게 다가갈 기회를 제공했다. 아우디우스(Audius), 로열(Royal) 및 사운드엑스와이지(Sound.xyz)와 같은 웹3 플랫폼은 레코드 회사가 중재하지 않는 새로운 수익원을 창출함으로써 음악가들이 수백만 달러를 벌 기회를 창출할 것이다. 페이스북, 트위터와 같은 대규모 소셜 네트워크를 상대할 수 있는 웹3 기반 경쟁 업체들도 나타날 것이다. 기존 기업과 달리 그들은 성장을 촉진하는 창작자들과 수익을 공유할 것이다.

새로운 인터넷이 번성하게 하라

2022년에는 웹3 세계의 많은 사람이 이미 알고 있는 사실이 더 많은 사람에게 분명해질 것이다. 그것은 빅테크 기업을 통제하는 가장 좋은 방법은 규제가 아니라 경쟁을 통해서라는 점이다. 웹3가 암호화폐나 투기 그 이상에 관한 것임을 인식하는 정책 입안자들이 의회에는 이미 있다. 2022년에는 미국과 다른 민주주의 국가에서 더 많은 지도자가 책임 있는 혁신을 장려하는 동시에 기업가들이 차세대 인터넷을 구축할 수 있도록 해주는 합리적인 규제의 필요성을 깨닫게 될 것이다.

어려운 부분

기후 변화와 싸우려면 이제는
그저 약속이 아니라 행동이 필요하다

캐서린 브라익(Catherine Brahic) 〈이코노미스트〉 환경 부문 편집자

중 요한 유엔 기후 정상회의가 끝나면 늘 기후 정책의 추진력이
한풀 꺾이곤 한다. 회담을 앞두고 대대적인 홍보가 진행되면
서 달성 불가능한 기대치를 설정하는 경우 이런 현상은 더욱 뚜렷이
보인다. 2010년이 그랬다. 2009년 12월 코펜하겐에서 COP15 정상
회담이 열렸고, 새로운 글로벌 기후 협약이 합의됐으나 실행은 끝없
이 미뤄지기만 했다.

그러나 2022년에는 2021년 11월 글래스고에서 열린 COP26의
여운을 누리고 있을 여유가 없을 것이다. 기후 변화에 관한 정부 간
패널(Intergovernmental Panel on Climate Change)은 2022년 1~3월에 걸
쳐 기후과학에 대한 주요 보고서 2건을 발표한다. 이 보고서는 우리

사회와 생태계가 기후 변화의 영향에 얼마나 취약하며, 온실가스 배출을 어떻게 감축할 것인지에 대한 최신 연구 결과를 자세하게 담고 있을 것이다.

두 보고서는 글래스고에서 발표된 각국의 기후 목표를 달성하기 위한 국내 정책 도입의 시급성을 일깨워줄 것이다. 첫 보고서는 이미 기후 변화가 부국과 빈국을 가리지 않고 얼마나 큰 영향을 미치고 있는지 세부적으로 다룰 듯하다. 2015 파리 기후 변화 협약의 야심찬 목표에 맞춰 산업화 이전보다 1.5℃ 이상 기온이 상승하지 않도록 지구 온난화를 제한하는 것이 얼마나 중요한지 체감하게 해줄 것이다. 두 번째 보고서는 이 목표를 달성하기가 얼마나 어려운지 설명하는 내용이 될 것이다.

지구 온도가 1.5℃ 이상 올라가지 않을 만큼 빠르고 근본적으로 온실가스 배출을 감축하려면 향후 인류의 온실가스 총 배출량은 4,000억~4,500억 톤을 넘어서는 안 된다. 현재 연간 배출량으로 따지면 약

10년 치에 해당한다. 안타깝지만 글래스고에서의 약속만으로는 이 목표를 달성할 수 없다는 사실이 명백해 보인다.

그 결과 2022년에는 각국 정부와 민간에서 탈탄소 가속화에 대한 압박이 상당히 커질 것이다. '실행(implementation)'은 국가와 기업이 특정 기간 내에 온실가스 감축 또는 넷제로에 대한 약속을 지키기 위해 하거나 하지 않는 실제적이고 측정 가능한 노력을 가리키는 유행어가 될 것이다. 한 가지, 2021년 하반기에 시작된 에너지 비용 급등에 따라 노인들이 겨울 동안 추위에 떨지 모른다는 걱정이, 지친 정치인들의 결단에 찬물을 부을까 우려된다. "(2022년의) 중요한 단계는 이것입니다." 그린피스 동아시아(Green-peace East Asia)의 정책 분석가 리 수오(Li Suo)가 말한다. "2022년 6월까지 새로운 목표를 달성 가능하게 하는 세 가지 새로운 정책 또는 조치가 나올 것인가?"

점점 더 많은 기업이 넷제로를 목표로 하는 상황에서, 탈탄소를 향한 걸음이 진짜인지 확인할 수 있는 데이터 확보와 투명성 제고가 필요하다는 목소리가 높아질 것이다. 미국 증권 거래 위원회(American Securities and Exchange Commission)는 기후 변화 및 이에 대한 대응 노력이 사업에 어떠한 영향을 미치는지 기업이 공개하도록 하는 의무화하는 규정을 도입할 가능성이 크다. 유럽연합 산하 기관을 포함한 다른 기관들 역시 정보 공개에 대한 더욱 엄격한 규정을 고심하고 있다. 탄소 배출권을 거래할 수 있는 자발적 탄소 시장이 확대된 만큼 가이드라인도 필요하다. 터프츠 대학교(Tufts University) 플레처 국제법 및 외교학 대학원(Fletcher School of Law and Diplomacy)의 기후 협상 베테랑 레이첼 카이트(Rachel Kyte)는 "(탄소 배출권이라는) 자산은 실제로 자산이며, 감시카메라를 통해서든 데이터를 통해서든 확인할 수 있어야 한다"고 말한다.

그렇게까지 위협적이지는 않지만, 파리 협약이 탄소 배출 감축을 위해 준비한 '채찍'도 기다리고 있다. 협약 당사자들은 글로벌 실적 조사 활동에 동의했으며, 이에 따라 국가별 목표를 달성하기 위해 어떤 진전을 이뤘는지 보여줘야 한다. 첫 번째 실적 조사를 위한 데이터 수집은 2022년에 시작한다. 이제 '시행'의 시간이 왔다.

옆으로 크는 아이들

저체중 아동보다 비만 아동의 수가 많아질 것이다

슬라비 찬코배(Slavea Chankova) 〈이코노미스트〉 헬스케어 부문 통신원

스페인에서는 6주, 우한에서는 76일 동안 외출이 금지됐다. 상황이 최악이었던 필리핀의 경우 아이들은 1년 넘게 집 밖에 나갈 수 없었다. 어린이들이 겪은 봉쇄 조치 중에서도 가장 가혹한 사례다. 그러나 이보다 기간이 짧은 약한 봉쇄 조치도 아이들의 삶에 상처를 남겼으며, 그 결과는 2022년 더욱 가시적으로 드러날 것이다.

소아비만은 코로나19로 인한 안타까운 현상 중 하나다. 세계 곳곳에서 아이들이 오랜 시간 미디어에 노출된 채 집에 가만히 앉아 지내면서 소아비만은 가파른 증가세를 보인다. 2017년 의학 학술지 〈란셋(Lancet)〉에 발표된 글로벌 연구에서, 당시 추세가 계속되면 2022

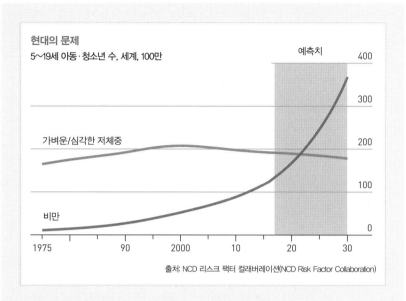

현대의 문제
5~19세 아동·청소년 수, 세계, 100만

예측치

400

300

가벼운/심각한 저체중

200

100

비만

0

1975   90   2000   10   20   30

출처: NCD 리스크 팩터 컬래버레이션(NCD Risk Factor Collaboration)

년까지 5~19세 비만 아동·청소년의 비율이 최초로 저체중 아동·청소년을 주월할 것이라고 밝힌 바 있다. 이제 이 예측은 확실히 실현될 듯하다.

과체중 아동은 선진국에만 존재하고, 빈곤 국가에서는 아동 영양실조가 문제일 것이라고 짐작하는 사람들이 많다. 하지만 사실 세계 5세 미만 과체중 아동의 27%는 아프리카에, 48%는 아시아에 산다. 게다가 아프리카와 아시아 일부 지역에서는 과체중인 아동의 수가 신장 대비 체중이 너무 낮은[웨이스팅(wasting), 급성 영양 부족의 지표] 아동의 2~4배나 된다.

지난 10년간 과체중 아동의 비율은 서서히 올라가고 있는 반면 영양실조에 해당하는 아동의 비율은 떨어지고 있다. 2020년 5세 미만 아동의 5.7%가 과체중, 6.7%가 웨이스팅이었다.

팬데믹으로 전 세계가 혼란에 빠졌다. 하루 벌어 하루 먹고사는 빈

과체증 아동의 27%는 아프리카에, 48%는 아시아에 산다.

곧 국가의 가정이 가장 큰 타격을 입었다. 먹거리를 구하기 힘들 정도로 어려워진 집의 아이는 살이 빠졌을 것이다. 그러나 아동의 근육과 지방량 손실은 영양 상태가 개선되면 빠르게 회복된다. 그러니 팬데믹으로 인해 저체중 아동이 증가하는 현상은 길지 않을 것이며 감소 추세가 유지될 것으로 보인다.

하지만 비만의 경우는 다르다. 유아기에 잘못 형성된 식습관과 운동 습관은 청소년기를 지나 성인이 될 때까지 지속되기 쉽다. 수백만의 어린이가 팬데믹으로 인해 2020~2021년 집에 갇혀 지내면서 식습관과 운동 습관이 나빠졌다. 예를 들면 팬데믹 시기 독일에서 3~5세 아동의 28%는 신체 활동량이 줄었고, 20%는 설탕이 든 과자를 더 많이 소비했다.

선진국의 아동 비만은 빈곤 가정에 집중돼 있다. 빈곤 국가의 경우 아동 비만은 중산층의 문제다. 평균 소득이 오르면서 비만의 위험에 노출되는 아이가 더 많아진다는 뜻이다. 또한 어린 시절 굶주리면 나중에 급속도로 체중이 증가할 위험이 높기 때문에 사태는 더욱 심각하다. 과학자들은 이를 신진대사의 변화 때문이라고 추정한다. 많은 빈곤 국가는 현재 영양실조와 비만의 '이중 유행병(double epidemic)'에 시달리고 있으며, 한 국가 안에서, 심지어 한 가구 안에서도 두 가지 문제가 공존한다.

2022년 이후로 더 많은 국가에서 아동이 처한 '비만 유도 환경(obesogenic environment)'을 변화시키기 위한 노력이 있기를 기대한다. 정책 입안자들은 설탕이 든 음료와 과자에 세금을 도입하고, 학교를 기반으로 한 운동과 영양 프로그램을 재개하고, 비만을 개인의 문제가 아닌 질병으로 다뤄야 할 것이다. (WTO에 따르면 실제로 비만은 질병이다.)

환경이 빨리 개선될수록 어린 환자가 오래도록 건강하고 행복한 삶을 누리는 어른으로 자라날 가능성은 더 커질 것이다.

빈곤과 팬데믹
팬데믹으로 급증했던 극빈층 수는 다시 감소하고 있다

애번티카 칠코티(Avantika Chilkoti) 〈이코노미스트〉 국제 부문 통신원

20 22년에는 나이로비에서 코로나19 봉쇄 조치 이후 몇 날이나 집주인을 피해 다니던 오토바이 택시 운전사가 다시 영업을 시작해 빚을 갚을 수 있을 것이다. 지역 대학이 다시 문을 열고 배고픈 학생을 위해 농산물을 사들이기 시작하며, 잠비아 시골의 농부는 안도의 한숨을 내쉴 듯하다. 뉴델리가 봉쇄되면서 고향 마을로 돌아갔던 사람도 이제 도시로 돌아가 일자리를 찾기 시작할 것이다.

코로나19로 여러 국가가 봉쇄 조치에 들어가면서 수많은 사람이 빈곤의 늪으로 떠밀렸다. 일자리는 씨가 말랐고, 비위생적인 주거 환경에서 밀집된 채 사는 사람들은 바이러스를 막느라 힘겨운 싸움을 했다. 봉쇄 조치가 풀리고 경제 활동이 재개되는 2022년이면 사람들은 삶을 다시 일구기 시작할 것이다. 세계은행과 IMF의 데이터를

가장 사소한 문제

활용하는 예측 툴인 월드데이터랩(World Data Lab)의 세계 빈곤 시계 (World Poverty Clock)에 따르면, 2020년 말 하루 1.9달러 미만으로 생활하는 사람의 수는 7억 5,000만 명까지 늘어났다. 2022년 말까지는 이 숫자가 팬데믹 이전 수준인 6억 8,500만 명 정도로 돌아갈 것으로 보고 있다.

느린 걸음이 예상된다. IMF는 2022년 빈국보다 선진국에서 경기가 더 빠르게 회복되리라 보고 있다. 지난 2년간 발생한 피해 중 일부는 되돌릴 수 없을 것이다. 결식은 아동 발달에 심각한 문제를 초래한다. 놓쳐버린 건강검진은 장기적인 질병으로 이어질 수 있다. 극심한 공황 시기에 염소나 냉장고를 팔아버린 사람이 다시 살 만큼 돈을 모으려면 몇 년은 걸릴 것이다.

지난 2년간 발생한 피해 중 일부는 되돌릴 수 없을 것이다.

팬데믹은 전 세계 중간 소득 국가에서 빈곤선 언저리에 있던 사람들을 다시 극빈층으로 몰아냈다. 2020년과 2021년 경제학자들은 특히

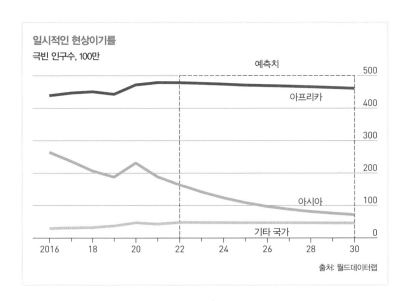

일시적인 현상이기를
극빈 인구수, 100만

예측치

아프리카

아시아

기타 국가

출처: 월드데이터랩

수많은 인도인이 고난에 처한 상황을 지적하며 빈곤의 '재아시아화 (re-Asianisation)'를 경고했다. 그러나 회복세로 접어들면서 극빈층은 다시 사하라 이남 아프리카의 극빈 지역과 취약 국가로 집중될 것이다. 2030년이면 하루 1.9달러 미만으로 생활하는 사람의 60% 이상은 취약 국가에 있을 것이다. 한편 안정적인 국가에서는 극빈의 종결이 현실로 이뤄지고 있다.

한 국가 내에서도 도시 빈곤에 대한 우려가 커지고 있다. 2022년 빈곤층 열 명 중 한 명은 도시 지역에 살고 있을 것이다. 구직자가 많아지면서 많은 사람이 청소나 길거리 음식 판매를 하게 되겠지만, 소비자 신뢰 지수가 저조하고 질병의 위협이 남아 있는 상태에서 일자리를 찾기는 어려울 것이다. 2021년 10월까지 스페인이나 싱가포르 등 일부 국가에서는 인구 4분의 3이 백신을 맞게 하는 데 성공했다. 그러나 에티오피아와 우간다 등에서는 완전히 접종이 끝난 인구가

1%도 채 되지 않는다. 이 차이는 2022년 이후에도 계속될 것이다.

　개인 차원에서는 성별 간 격차가 더욱 벌어질 것이다. 여성들은 상대적으로 일자리가 불안정한 비율이 높아 코로나19 봉쇄 조치로 큰 타격을 입었다. 빈민 구호 단체 옥스팜(Oxfam)에 따르면 2020년 팬데믹으로 인한 전 세계 여성의 분실 소득은 최소 8,000억 달러에 달한다. 학교를 중퇴하거나 직장에서 해고된 사람은 다시 돌아갈 수 없는 경우가 많을 것이다. 계획보다 일찍 결혼하거나 출산한 여성도 많다. 유엔 여성 기구(UN Women)에 따르면 2030년에는 빈곤층 남성 100명당 여성이 121명일 것이다. 남성 빈곤 인구 100명당 118명인 2021년에 비해 올라간 수치다.

　그러나 암울하기만 한 상황은 아니다. 세계은행에 따르면 전 세계 정부는 2020년 3월에서 2021년 5월 사이 빈곤층을 대상으로 하는 현금 지원 등 3,300가지 이상의 사회 보호 조치를 내놨다. 선진국에서는 국가 부채 상환을 유보하며 그러한 노력을 보호하고 있다. 극도의 빈곤을 없애는 것은 불가능하지 않다. 이론상 1,000억 달러가 있으면 지구의 모든 사람이 하루 1.9달러 이상으로 살 수 있다. 원조와 개인 기부 금액은 그 2배를 충당하고도 남는다.

국경 없는 독재자

독재자들은 계속 해외의 반체제 인사를 노릴 것이다

조지아 반조(Gerogia Banjo) 〈이코노미스트〉 외교 부문 통신원

2021년 이전에는 국가 원수가 반체제 인사를 잡으려고 외국 국적기 납치를 명령할 것이라고는 상상하지 못했을 것이다. 그러나 2021년 5월 벨라루스 대통령 알렉산더 루카셴코(Alexander Lukashenko)가 로만 프라타세비치(Roman Protasevich)의 입을 막으려 하면서 그 일이 실제로 일어났다. 거침없이 의견을 표출하는 망명자는 독재자에겐 특별히 골칫거리다. 자국과 타국에서 온갖 이미지 문제를 일으키기 때문이다. 국경을 넘고 법률을 어겨가며 중상모략, 위협과 폭력을 동원해 입을 막는다고 해도 타국에 사는 자국민 사회에 공포와 환멸이 퍼질 것이다.

2022년에는 작은 국가에서 큰 국가의 선례를 따르면서 이러한 잔혹 행위의 빈도도 높아지고 가해자도 훨씬 많아질 것이다. 루카셴코 역시 블라디미르 푸틴(Vladimir Putin) 러시아 대통령으로부터 배운 점이 많다.

아시아에서도 끊임없이 혼란이 발생할 듯하다. 해외에 있는 자국민을 암살하고 납치한 이란은 상하이 협력 기구(Shanghai Cooperation Organization, SCO)에 합류해 다른 회원국과 잘 어울릴 것이다. 아시아 안보 동맹인 SCO는 반체제 인사 블랙리스트를 공유한다.

싱크탱크인 프리덤 하우스(Freedom House)의 말을 빌리면, 또

앞으로도 여러 나라에서 스파이웨어로 해외 거주 자국민을 감시할 것이다.

다른 SCO 회원국 인도는 '초국경 탄압(transnational repression)'을 자행하는 유일한 '자유' 국가다. 세계에서 가장 인구가 많은 민주주의 국가 인도는 2022년 선거를 앞두고 운동가를 더욱 탄압할 것이다. 티벳 사람에게 족쇄를 채우고 이웃한 중국으로 강제 추방하던 네팔의 행태도 선거를 앞두고 더 심해질 수 있다.

비행기 납치와 독살은 만인의 이목을 집중시켰다. 그러나 기술 발전으로 더 쉽고 저렴해진 지속적인 위협과 공격은 그만큼 가시적이지 않다. 법적인 제재나 수출 규제, 무역 보복의 걱정 없이 각국은 스파이웨어를 써서 해외에 사는 국민을 염탐하고 SNS 악플러를 동원해 명성을 깎아내린다. 이렇게 얻은 정보를 협박이나 입막음에 쓰기도 한다. 최근 헝가리, 멕시코와 모로코는 페가수스 스파이웨어로 저널리스트, 인권운동가와 일반 시민을 저격했다(모로코는 이 사실을 부인하고 있지만). 2022년의 상황에 따라 더 심한 행위도 하게 될지 모른다.

억압하고자 하는 욕구는 정치적 민감성이 고조된 순간에 가장 강력하다. 2022년 예정된 국제 스포츠 행사(2월 베이징 동계 올림픽, 11월 카타르 월드컵)로 개최국은 그 어느 때보다 외부 비판을 의식하며 막으려고 안달할 것이다. 해외에 있는 홍콩 반체제 인사는 3월 새로운 행정장관이 선출되기 전에 공격 위협에 노출될 가능성이 가장 크다.

각국 정부는 책임을 모면할 수 있다고 생각하는 한 계속해서 해외 자국민을 뒤쫓을 것이다. 미국의 정보 조직은 2018년 터키에서 〈워싱턴포스트〉 칼럼니스트 자말 카슈끄지(Jamal khashoggi)가 암살당한 사건을 사우디의 왕세자 무함마드 빈 살만(Muhammad bin Salman)이 직접 승인했다고 보고 있다. 그러나 빈 살만은 미국의 '카슈끄지 밴(Khashoggi ban)'의 영향을 받지 않을 것이다. 사건에 관여한 혐의가 있는 사람에게 제재를 가하는 조치라고는 하지만 왕자를 건드릴 가능성은 낮다.

2001년 9월 11일 이후 미국과 동맹국들은 국제적인 '테러와의 전쟁'을 구실로 용의자 인도와 고문을 금지하는 국제법을 피하고 '테러리스트'로 의심되는 자들의 권리를 부정했다. 그렇기 때문에 세계 각국의 독재자들은 비슷하거나 더 심한 짓을 저지를 권리가 자신에게도 있다고 주장한다. 인터폴이 도피자들에 대해 발행한 '적색수배서(red notice)' 중 4분의 1은 '테러리스트'라는 단어를 포함하고 있다.

서구 민주주의 국가에서 이런 편법을 용납하는 한 다른 국가를 제재하기는 쉽지 않을 것이다. 2022년에는 솔선수범해 국제법을 더욱 존중하고 압제 정권의 망명자들을 보호해야 한다.

20/21 비전

2021년에 대한 예측과 현실의 비교

톰 스탠다지

2020년에는 누구나 그랬듯 우리도 팬데믹의 기습으로 정신을 차릴 수 없었으나, 2021년에는 맡은 임무를 제대로 하려고 노력했다. 큰 틀에서는 옳았지만 지금 돌아보니 과감하게 예측하지 못한 부분이 있었다.

백신 접종과 저렴하고 빠른 검사가 동시에 진
행되면서 팬데믹의 기세는 주춤하기 시작했다.
예상대로 백신에 대한 접근성을 놓고 국가 간에,
또 한 국가 내에서도 다툼이 벌어졌다. 그리고 회
의론과 음모론으로 백신 접종을 거부하는 사람
도 생겼다. 그러나 세계적으로 백신 거부가 지금처럼 광범위하게 퍼
지면서 정치적 정체성의 확실한 상징이 되리라고는 예측할 수 없었
다. 또한 '변이' 코로나 바이러스의 중대성도 예상하지 못했다.《2021
세계경제대전망》에는 등장하지 않았던 단어다.

정치와 관련해서는 트럼프 전 대통령이 계속 공화당 지지자들을
휘두르며 미국의 선거 절차에 대한 믿음을 약화시키리라고 예상했
다. 또한 선거 후 폭력 사태의 가능성도 지적했다. 그러나 트럼프가
권력을 유지하기 위해 어떤 짓까지 할 수 있는지 보여준 1월 6일의
폭동은 많은 사람이 생각한 수준을 훨씬 뛰어넘었다.

일본에서 새 총리가 선출될 것은 알았으나 기시다 후미오(Kishida
Fumio)를 유력한 후보에 올리지는 않았다. 석유 수요 침체가 계속될
것이라는 전망도 틀렸다. 탈레반이 아프가니스탄에서 '세력을 회복
할 가능성이 높다'고는 생각했으나 정치적 협상의 결과가 아닌 군사
적인 장악은 고려하지 않았다. 기술 기업에 대한 시진핑 주석의 잔인
한 탄압은 충격적이었다. 그러나 예상을 벗어나는 사건 덕분에 미래
를 주시하는 일이 흥미로운 법이다.

수산 자원을 점검하다

세계는 골치 아픈 불법 어업에 대응할 것이다

도미닉 지글러(Dominic Ziegler) 〈이코노미스트〉 반얀 칼럼니스트

인간의 해상 활동에서 구식 해적이 최악의 골칫거리라는 생각은 접을 때가 됐다. 인도양, 태평양과 그 외 바다에서 불법 어업에 참여하는 어선들은 이제 그다지 힘을 쓰지 못하는 해적의 악명을 손쉽게 눌렀다. 이른바 불법, 비보고, 비규제(illegal, unreported and unregulated, IUU) 어업은 충격적이게도 국제 조업량의 20~50%를 차지한다. (이 비율은 한때 자원이 풍부했던 인도태평양에서 가장 높을 것이다.)

인가를 받지 않은 어선의 IUU 어업은 보호 어종을 잡거나 너무 촘촘한 그물을 사용해 수산 자원의 씨를 말리는 주요 원인이다. 현재 판매되는 어종 중 지속 가능하게 조업된 종류는 5분의 1에 불과하다. 이로 인해 수산 자원은 급속도로 줄어들고, 연안국은 매년 200억 달러 이상을 강탈당하며, 수많은 소규모 어부의 생계가 위협받고 있다.

더 큰 문제는 IUU 조업자가 상어 지느러미 자르기나 마약 유통 등 다른 범죄에 연루됐을 가능성이 크다는 것이다. 수만에 달하는 동남아시아와 아프리카 선원은 대만, 중국, 기타 비양심적인 대형 불법 어선에서 부채 상환을 조건으로 노예처럼 일한다. 태평양에서 어업을 단속하는 감시자가 살해당하는 것은 흔한 일이다. 조직 범죄의 촉수는 어업 사회 깊숙이 뻗어 있다. IUU 어선이 현대의 해적이다.

다행히도 2022년은 일종의 전환점이 될 것이다. WTO에서는 새

그물에 잡히다

해가 시작되기 전 각국 어장에서 이뤄지는 유해한 수산보조금 지급을 막는 조약을 논의하기로 했다. 현재까지 20년간 협상했음에도 국제 기구에서 결론이 나지 않은 주제다. 그러나 WTO의 콜롬비아 대표 산티아고 윌스(Santiago Wills)의 말처럼 이대로 20년이 흐르면 논의의 대상이 될 만한 물고기가 남아 있지도 않을 것이다.

협조를 거부해온 중국과 인도도 여론이 나빠지는 것을 느끼고 마지못해 참여할 것이다. NGER(National Geographic explorer-inresidence)의 엔리크 살라(Enric Sala)는 연료를 비롯한 기타 보조금을 끊으면 중국이 아프리카 서해안에서 자행하는 환경 파괴적인 저인망 어업을 포함해 원양어업의 절반이 사라질 것이라 예측한다. 대신 수산 자원과 생태계를 보호하는 방향으로 보조금을 쓰면 2022년은 살라의 말대로 "바다를 비우는 대신 다시 채우기 시작하는" 해가 될 것이다. 다른 희망의 조짐도 있다. 2030년까지 바다의 30%를 보존하자는 국제적인 합의가 이뤄지려 한다.

자연 관리단(The Nature Conservancy, TNC)의 마크 짐링(Mark Zimring)은 다양한 첨단 기술을 접목하고 소매업자들이 공급 단계에서 IUU

로 잡은 수산물을 걸러내기 위해 노력하면 효과적으로 IUU 어선을 감시할 수 있다고 강조한다. 짐 링은 '어둠의 함대(dark fleets)'를 위성 영상으로 포착하거나, 빅데이터와 머신러닝을 이용해 의심스러운 행위를 잡아내는 해상 조업량 e-모니터링 등 여러 기술이 2022년 대규모로 상업화가 가능하다 보고 있다.

베일에 싸인 글로벌 공급망도 수면 위로 드러날 것이다. 이미 TNC는 작지만 수산 자원이 풍부한 마셜 제도와 손잡고 완벽하게 지속 가능하도록 제조한 참치 캔 브랜드를 출시할 계획이다. 미국의 대형 슈퍼마켓 체인 월마트가 프로젝트에 합류해 2021년 말 월마트 고유 브랜드로 해당 상품을 출시한다. 2022년에는 다른 소매 기업도 이러한 모델을 받아들일 것이다. 미국의 싱크탱크 스팀슨 센터(Stimson Centre)의 샐리 요젤(Sally Yozell)은 수산물이 잡힐 때부터 미국에 도달하기까지 수산물 공급망의 추적 가능성과 투명성을 강조하는 접근법을 고수하면 세계 수산물 시장도 악습을 바꿀 수밖에 없을 것이라고 말한다.

마지막 희망의 불씨는 조직적인 해양 범죄의 가해자를 육지에서 쫓고자 하는 국제적인 노력이 커지고 있다는 점이다. 해양 범죄의 궁극적인 수혜자들은 불분명한 조세 관할권에서 중개상 뒤에 숨어 항구에 있는 과잉 어획 조사관을 쉽게 피해 간다.

그러므로 유엔이 지원하는 블루 저스티스 이니셔티브(Blue Justice Initiative)처럼 국제 협력을 통해 초국가적 범죄와 싸우고자 하는 노력은 매우 중요하다. 해양 범죄 전문 변호사 엠마 윗부이(Emma Witbooi)는 2022년 말까지 모든 연안국의 3분의 1이 이 단체를 지지하는 코펜하겐 선언(Copenhagen declaration)에 동참할 것이라고 말한다. 건강한 바다가 되기까지 길고 힘겨운 싸움이 있겠지만 다가오는 2022년에는 유망한 출발을 할 수 있을 것이다.

사이버 범죄에 반격하기

디지털 팬데믹의 불길을 잡으려면 기업에서
기본을 바로 세워야 한다

샤샹크 조시(Shashank Joshi) 〈이코노미스트〉 국방 부문 편집자

2021년 디지털 팬데믹이 세계를 휩쓸었다. 미국 동부에서 가장 큰 송유관을 운영하는 콜로니얼 파이프라인(Colonial Pipeline)을 비롯해 세계 최대 육가공 기업의 북미 지부와 아일랜드 건강보험 시스템이 랜섬웨어 공격을 받았다. 가해자들은 조직의 파일을 엉망으로 만들고 이를 정상화하는 비용을 요구한다. 미국 국토 안보부에 따르면 미국 기업이 2021년 이 문제로 입은 손실은 모두 수억 달러에 달한다. 2021년 6월 바이든 대통령과 푸틴 대통령의 첫 정상회담에서도 이 문제를 중요하게 다뤘다. 2022년 정부와 기업이 맞서 싸우는 가운데 디지털 팬데믹은 여전히 맹위를 떨칠 것이다.

랜섬웨어로 인한 경제적 타격이 지긋지긋해진 각국 정부는 반격에 나설 것이다. 여러 국가에서 군 당국과 정보 기관이 운영하는 공격적인 사이버 부대를 양성했다. 국가 안보 위협을 염두하고 설계됐으나 그만큼 중대하지 않은 일에도 움직일 수 있다.

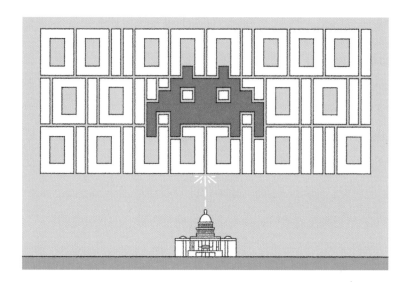

　2021년 3월 서양 8개국은 유럽경찰국의 지휘 하에 사이버 범죄자들이 사용하는 감염 서버 네트워크, 이모텟 봇넷(Emotet Botnet)을 공격해 파괴했다. FBI 역시 비슷한 작전을 수행했다. 이러한 공격적인 전술은 앞으로 더 흔해질 것이다. 범죄자들에게 힘을 과시하는 것이 큰 리스크 없이 사이버 역량을 보여주는 방법이라고 판단하는 국가가 늘어나고 있다.

　정부에서 가해자를 추적해 잡지 못한다면 지불한 비용을 복구하는 것이 차선이다. 대부분의 경우 랜섬은 신상을 추적하기 어려운 익명 계정에 가상화폐로 지불된다. 콜로니얼 파이프라인 사건의 경우 미국 정부는 지불한 비용을 대부분 회수해냈다. 가해자가 이용한 가상화폐 계정의 패스워드를 알아낼 수 있었던 것이다. 이 성공 사례를 본 다른 법률 집행 기관에서도 가상화폐를 더욱 면밀하게 감시할 것이다.

　그러나 보통 지불된 비용은 영영 사라진다. 그래서 기업에서는 다

른 방식으로 비용을 보상받으려 한다. 재보험
사인 뮤니크리(Munich Re)가 2021년 3월 조사
한 바에 따르면 참여한 고위 임원 3분의 1 이
상은 랜섬웨어 관련 손실을 보상하는 사이버 보험을 없애는 것을 고
려하고 있다고 응답했다. 글로벌 사이버 보험 시장의 2020년 총 보
험료는 70억 달러에 달했다. 분석 기업 글로벌데이터(GlobalData)에
따르면, 기업들이 랜섬웨어와 관련된 대규모 손실에 대비하려 하면
서 2025년에는 시장이 200억 달러 이상으로 커질 전망이다.

그러나 사이버 범죄와 사이버 전쟁의 경계는 명확하지 않다. 가해
자 일부는 프리랜서에 해당하고, 일부는 국가의 지원을 받고 있으며,
그 사이 어딘가에 있는 경우도 있다. 따라서 특정 랜섬웨어 공격이
전통적으로 보험금이 면제되는 전쟁 행위로 판명되면 피해자는 보
험금을 잃게 된다. 한편 여러 정부에서는 보험금 지불이 사이버 범
죄자의 배를 불려 더 많은 랜섬웨어를 생성하는 것은 아닌지 우려하
고 있다.

왕립 합동 국방 안보 연구소(Royal United Services Institute)의 제임스
설리번(James Sullivan)이 지적하길, 일부 범죄자는 심지어 특정 기업
의 보험 보장액이 정확히 얼마인지 알아내 이에 맞춰 랜섬웨어 복구
비용을 요구하며 시장을 교란한다. 그는 보험사들이 최소 보안표준
에 협의해 개별 기업에서 기준이 느슨한 보험사를 찾아가지 않도록
해야 한다고 주장한다. 그러면 보험계약자들도 방어를 강화하게 될
것이다.

각국 정부가 더욱 과감한 결단을 고려할 수도 있다. 디지털 랜섬을
완전히 규제하는 것이다. 많은 국가에서 테러리스트의 납치에 대한

몸값 지불을 범죄 행위로 규정하는 것과 같은 논리다. 지금은 기업의 대응에 대한 규제가 없으며 일부 사이버 랜섬은 심지어 세금 공제가 된다. 일부 미국 주에서는 랜섬웨어에 대한 복구 비용 지불을 금지하는 법안 통과를 고려하고 있으며 그런 지역이 점차 늘어날 것이다.

그러나 무조건적인 금지는 효과가 없을 확률이 높다. 네트워크를 강화할 자원과 전문성이 부족한 상대적으로 작은 기업이 어려움에 처하고, 랜섬 지불은 음지화될 것이다. 기업들에게 보안 표준 위반과 랜섬 지불을 둘 다 보고하도록 요구해 문제를 양지로 꺼내는 것이 보다 효과적인 접근이다. 시간이 지나면서 기업에서는 범죄자들이 요구하는 비용을 지불해도 데이터 복구가 보장되지 않는다는 사실을 깨달을 것이다.

랜섬웨어는 더 큰 문제의 한 부분일 뿐이다. 사이버 범죄자들은 다재다능하고 언제든 범죄 수단을 바꿀 수 있다. 시스템에 불법으로 접근할 수 있다면 랜섬웨어처럼 데이터를 인질로 잡을 수도 있지만 디지털 강도가 될 수도 있다. 랜섬웨어 범죄자들은 미국 송유 기업에 엄청난 타격을 입힌 사건처럼 불필요한 이목을 끌어서 좋을 것이 없다는 사실을 깨달을 것이다. 해커들은 랜섬웨어의 위험성이 너무 커지거나 수익성이 낮아지면 가상화폐를 훔치는 등 다른 종류의 범죄로 눈을 돌릴 것이다.

사이버 범죄를 억제하려면 궁극적으로 기본을 바로 세워야 한다. 의심스러운 이메일을 경계하도록 직원들을 교육하고, 소프트웨어를 제때 업데이트하고, 데이터를 백업해야 한다. 이런 종류의 따분한 문화적 변화는 사이버 보복처럼 매력적이거나 랜섬 전면 금지처럼 만족스럽지는 않지만 장기적으로는 유일한 해결책이다.

대만 디지털장관 **오드리 탕(Audrey Tang)**은 시민, 기업과 정부가 힘을 합칠 수 있는 디지털 공간의 여러 가지 이점을 주장한다.

기술은 어떻게 민주주의를 강화하는가

팬데믹은 시민과 정부, 민간의 협력 모델을 강화했다.

코로나19 팬데믹은 여전히 세계에 다방면으로 영향을 미치고 있다. 많은 국가에서 잘못된 정보가 퍼지고 대중의 불안감이 고조되며 정치적 양극화가 진행된다. SNS는 이를 더욱 부추긴다. 바이러스와 바이러스가 초래한 사회적 문제를 해결하느라 전 세계 정부에 과부하가 걸렸다. 그러나 대만에서는 어두운 구름 뒤로 한 줄기 햇빛이 보인다. 팬데믹이 시민과 정부, 민간의 협력 모델을 강화해 필자가 '개인-정부-민간' 파트너십이라 명명한 관계가 깊어졌기 때문이다. 이는 대만 정부가 디지털 인프라를 구축해 사람들이 정책 개혁에 대한 의견을 자유로이 표출하도록 유도하면서 시작됐다.

대만의 접촉자 추적 시스템인 1922 SMS가 적절한 사례다. 1922 SMS는 개인 정보를 보호하면서도 효율적으로 접촉을 추적할 수 있도록 대만의 민간 기술 커뮤니티들이 공동으로 제안한 솔루션이다. 2021년 5월 코로나19 1차 유행이 발생했을 때 대만 '민간 해커'들의 느슨한 집단 g0v 커뮤니티(알파벳 o가 아닌 숫자 0으로 표기하며, 'gov-zero'라고 발음)가 행동에 나섰다. 민간 기술자들은 종이와 펜, 또는 원시적인 웹 형식에 의존했던 기존 등록 시스템을 개선할 방법을 열정적으로 논의했다. 기존 시스템은 혼란을 초래했고 생산적으로 바이러스 억제 조치를 지원하지 못하는 경우가 많았다.

시민의 힘

이러한 논의에 힘입어 우리는 대만의 5대 통신사와 협업해 1922 SMS를 개발했다. 스마트폰 카메라로 QR코드를 스캔하고 1922의 수신자 요금 부담 번호로 문자를 보냄으로써 앱을 깔지 않고도 출입 기록을 생성하고 저장할 수 있게 됐다. 필요한 경우 시스템에서 데이터를 복구해 빠르고 효과적인 접촉 추적을 할 수 있다. 1922 SMS 시스템은 논의부터 실용화 단계까지 불과 일주일밖에 걸리지 않았다. 공공과 민간 부문, 시민이 긴밀하게 협력하지 않았다면 불가능했을 일이다.

이 사례 말고도 대만의 공무원과 민간 기술자는 최근 여러 번 힘을 합쳤다. 2012년 설립 이래, g0v 커뮤니티는 서서히 몸집을 키워 세계에서 가장 큰 오픈 소스 민간 테크 커뮤니티 중 하나가 됐다. 2017년 g0v는 커뮤니티에서 공익을 증진하는 제안을 했을 때 보상을 주는 보조금 시스템을 만들었다. 정부는 여기서 아이디어를 얻어 2018년 연간 '대만 총통배 해커톤(presidential hackathon)'을 열었다. 민간 기술자와 공무원이 팀을 이뤄 정부 서비스를 개선하는 혁신적인 방법을 놓고 경쟁하는 것이다.

예를 들어 2019년 엔지니어, 디자이너, NGO 후원자가 모인 한 집단에서는 정부의 오픈 데이터 플랫폼인 data.gov.tw의 한계에 주목했다. 이들은 정부 데이터 오프너(Gov Data Opener)라는 팀명으로 대만 총통배 해커톤에 참가했고, 관계된 정부 부처인 국가 개발 협의회(National Development Council)와 협업해 정보 요청 절차를 쉽게 추적할 수 있도록 했다. 2020년 조경과 지역 공간 정보 전문가로 이뤄진 패치바이플랜팅(Patch by Planting)팀은 토지 사용과 나무 분포를 지도로 보여주는 위성 정보를 기반으로 나무를 심을 수 있는 도심지를 파악하는 계획을 제안했다.

또 다른 프로젝트, 레스큐 액션 바이 유스(Rescue Action by Youth, RAY)는 학생들에게 기회를 준다. 2017년 이래 RAY 학생들이 매년 여름 사무실에 찾아와 정부의 디지털 서비스를 검토한다. 학생들은 집단을 나눠 각자 특정 정부 웹사이트를 맡아 업그레이드한다. 설계와 편리성을 검토하고 개선 사항에 대한 제안을 시연하는 프로토타입을 만든다. 이러한 접근을 통해 업그레이드가 된 웹사이트는 대표적으로 등산객이 사용하는 하이크 스마트 타이완(Hike Smart Taiwan)과 행정원 청년 보도 위원회(Youth Development Administration)를 비롯해 여러 개가 있다.

다른 사례도 많다. 자원봉사자들이 만든 vTaiwan이라는 오픈 플랫폼은 공공, 민간, 사회 부문의 대표를 모아 온라인 알코올 판매부터 승차 호출 서비스까지 디지털 경제 문제에 대한 정책 솔루션을 고안하고 논의한다. 이와 연계된 정부 산하의 플랫폼 조인(Join)은 그 외 정책 영역에서 논의를 주재하고 합의를 도출한다. 2015년 출범 이래 조인에 접속한 사람은 대만 인구의 절반에 가깝다.

민주주의[Democracy, 사람(demos)과 통치(kratos)의 합성어]는 '사람에 의한 지배'를 의미한다. '대만의 모델'은 모두가 목소리를 낼 수 있고, 정부가 국민을 위해서뿐만 아니라 국민과 함께 일할 수 있는 디지털 플랫폼이 어떻게 민주주의를 강화하는지 보여준다.

세계적 유행병에서
계절 감염병 수준으로

새로운 치료법과 충분한 백신 공급이 바이러스를 억제하는 데 도움이 되겠지만, 완전히 제거하지는 못한다

나타샤 로더(Natasha Loder) 〈이코노미스트〉 보건 정책 부문 편집자

백신 접종이 잘된 부유한 국가에서는 팬데믹 3년차 상황이 2년차보다 나을 것이며, 코로나19가 건강과 일상 활동에 미치는 영향이 훨씬 덜할 것이다. 백신은 영국, 이스라엘과 같은 나라에서 확진 사례와 사망 간의 연결 고리를 약화시켰다(도표 참조). 하지만 상대적으로 가난하거나 백신 접종이 덜 된 국가에서는 바이러스의 악영향이 오래 남을 것이다. 상황이 좋은 나라와 가난한 나라 간의 결과에 격차가 나타날 것이다. 세계 최대 자선 단체인 게이츠 재단(Gates Foundation)은 선진국 90%에서 평균 소득이 팬데믹 이전 수준을 회복하겠지만, 저소득 국가와 중간 소득 국가는 3분의 1만이 그럴 것으로 전망한다.

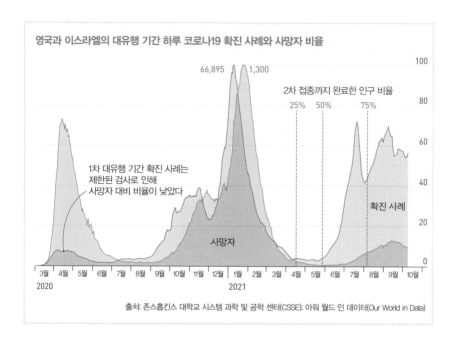

영국과 이스라엘의 대유행 기간 하루 코로나19 확진 사례와 사망자 비율

66,895   1,300

2차 접종까지 완료한 인구 비율
25%   50%   75%

1차 대유행 기간 확진 사례는
제한된 검사로 인해
사망자 대비 비율이 낮았다

확진 사례

사망자

3월 4월 5월 6월 7월 8월 9월 10월 11월 12월 1월 2월 3월 4월 5월 6월 7월 8월 9월 10월
2020   2021

출처: 존스홉킨스 대학교 시스템 과학 및 공학 센터(CSSE); 아워 월드 인 데이터(Our World in Data)

2021년 4분기에 백신 공급이 급증했지만 많은 나라는 배급 문제와 접종을 주저하는 사람들로 인해 2022년 상당 기간 백신 접종이 미진할 것이다. 이는 사망률과 질병 감염률의 증가와 경제 회복세의 약화로 이어질 것이다.

의료계 종사자들이 지구 상에서 가장 가난하고 외딴곳으로 백신을 운반할 때 백신 인도의 '마지막 단계(last mile)' 문제가 고통스럽게 불거질 것이다. 하지만 환자의 팔에 대한 접근이 백신 접종에 대한 접근보다 더 큰 제약 요소가 되면서 2022년 불평등 분배에 대한 불만은 줄어들 것이다. 실제로 생명과학 데이터 제공 업체인 에어피니티(Airfinity)는 제조 업체들이 백신 생산을 축소하지 않으면 하반기까지 공급 과잉이 될 것으로 예측한다.

백신 효과를 높이기 위한 추가 접종은 2022년에 국가들이 추가 접종이 필요한 시기를 알게 되면서 더 널리 이뤄질 것이다. 풍진 백신 개발자인 펜실베이니아 대학교 스탠리 플롯킨(Stanley Plotkin) 박사는 신규 변이들도 추가 접종을 촉진하는 요소가 될 것이라고 말한다. 플롯킨 박사는 추가 접종에 기존 백신과 이를 수정한 버전이 사용될 것이며, 변이에 대한 보호를 강화할 것이라고 말한다.

어린이에 대한 예방 접종도 일부 국가에서는 생후 6개월 영아까지 확대된다. 백신 접종을 망설여서 정부가 목표치에 도달하기 어렵게 만드는 경우 특정 장소에 참석할 때 백신 여권을 요구하고, 의료 종사자와 같은 집단에 대해 예방 접종을 의무화함으로써 백신 접종을 받지 않은 사람들을 힘들게 할 것이다.

예방 접종과 치료법이 2022년 중반까지 널리 보급되어 환자 수와 새로운 변이의 위험을 줄일 수 있다. 이즈음에 코로나 바이러스는 많은 나라에서 계절 감염병이 될 것이다. 기존 백신이 바이러스를 어느 정도 억제할 수 있지만 전염을 더 효과적으로 억제하기 위해서는 새로운 백신들이 필요하다.

mRNA 기술에 기반을 둔 백신 제조 업체인 모더나(Moderna)의 CEO 스테판 방셀(Stephane Bancel)은 모더나에서 복수의 코로나19 변이에 대항할 수 있는 '다가(multivalent)' 백신을 개발 중이라고 말했다. 그는 또 복수의 코로나 바이러스와 호흡기 바이러스, 인플루엔자에 대한 보호 효능을 결합한 '범 호흡기(pan-respiratory)' 백신도 검토하고 있다.

코로나19 백신 관련 다른 혁신으로는 동결건조 mRNA 백신 기술과 피부에 붙이는 패치 또는 흡입을 통해 접종하는 백신이 포함된다. 동결건조 mRNA 백신은 운반이 쉽다는 장점이 있다. 2022년 백신 공급이 증가하면서 보호 수준이 더 높은 mRNA 기반 백신을 점점 더 선호하게 될 것이다. 따라서 세계 백신 시장에서 중국 백신과 같이 효과가 떨어지는 백신은 성장이 둔화할 것이다. 부유한 국가에서는 또한 코로나19에 감염된 사람들의 항체 치료에 더 역점을 둘 것이다. 미국과 영국, 그리고 기타 나라들은 리제네론(Regeneron)이나 아스트라제네카 백신과 같은 혼합 제제에 더 의존할 것이다.

가장 유망한 것은 새로운 항바이러스제다. 화이자는 이미 단백질 분해 효소 억제제를 '상당량' 제조하고 있다. 미국 정부는 머크(Merck)에서 개발 중인 몰누피라비르(molnupiravir)라는 먹는 항바이러스제 12억 회 투입분을 구매하기로 합의했다. 이 약은 임상시험에서 그 효과가 증명되었으며 머크는 저렴한 가격과 폭넓은 생산을 위해 라이선스를 허용했다. 다른 두 제약사 로슈(Roche)와 아테아(Atea)는 AT-527이라는 유망한 먹는 코로나19 치료제를 공동 개발하고 있다.

한창 개발이 진행되고 있는 다른 항바이러스제도 많다. 진단 후 알약 형태로 먹을 수 있는 항바이러스제는 2022년 매우 성공적인 치료제가 될 가능성이 크고 코로나19를 치료 가능한 질병으로 만들 수 있다. 이는 다시 불공평한 접근 문제와 비이러스의 내성을 키우는 오용에 대한 새로운 우려로 이어질 것이다.

이런 낙관적인 전망에 대한 가장 큰 위험은 기존 백신이 제공하는 보호막을 피할 수 있는 새로운 변종 바이러스의 출현이다. 코로나 바이러스는 여전히 무서운 적이다.

충분히 오래 준비했다

'만성 코로나' 검사와 치료법은 다른 장애 해결에도
도움이 될 것이다

슬라비 찬코바

2022년 말까지 더 나은 치료법과 이전 감염으로 인한 자연 면역이 집합적으로 코로나19를 사람들이 거의 걱정하지 않는 일상적인 계절 감염병 수준으로 만들 것이다. 하지만 팬데믹 기간에 감염된 수백만 명은 여전히 건강이 좋지 않을 것이다. 이들은 이른바 '만성 코로나'로 나타나는 거의 200가지 증상으로 인해 계속 고통스러울 것이다.

2021년에 시작된 만성 코로나 연구 프로젝트의 일부 결과가 보고되기 시작하면서 이르면 2022년 상반기에 이런 환자 중 많은 이에게 빛이 보이기 시작할 것이다. 미국 국립 보건원(National Institutes of Health)은 원인과 치료법을 조사하기 위해 10억 달러 이상을 썼다. 영국은 만성 코로나 환자 수천 명을 대상으로 15개 이상의 연구를 진행하고 있다.

세 가지 주요 영역에서 발견이 기대된다. 첫 번째는 숨이 가쁘거나 머리가 안개처럼 뿌예지는 브레인 포그(brain fog) 등 가장 심신을 쇠약하게 하는 만성 코로나 증상에 대한 생물학적 경로 지도 작성이다. 예컨대 몇몇 연구에서는 뇌 용량과 구조의 변화를 관찰하고 있다. 만성 코로나 증상이 특정 조직이나 혈관 또는 신경계의 특정한

몇몇 기존 약품과 재활 방법에 대한 대규모 실험이 진행 중이다.

손상으로 인해 발생하는지를 아는 것이 더 정교한 치료법을 찾는 데 도움이 될 것이다. 많은 환자의 경우 자신들이 앓는 증상을 일으키는 것이 무엇인지 아는 것은 자신들의 머릿속에 있는 모든 것이 원인이 아님을 증명함으로써 어느 정도 안도감을 줄 것이다.

두 번째 주요 연구 분야는 만성 코로나가 신체 주요 장기에 미치는 영향을 측정하는 진단 검사와 스캔(scan)이다. 여기에는 특정 손상 표지에 대한 혈액 검사, MRI 검사와 몇 가지 새로운 방법이 포함된다. 영국의 한 연구에서는 환자에게 제논(xenon)을 투여하고 있다. 제논은 무독성 기체로 인체를 돌아다닐 때 진단 영상을 통해 볼 수 있어서 호흡 곤란이 폐나 혈관의 손상으로 인한 것인지 아닌지 보여준다. 또 다른 연구는 혈중 사이토카인(cytokine)의 존재를 조사하는 것이다. 사이토카인은 만성 코로나의 한 원인으로 의심되는 과잉 면역 반응을 나타내는 잠재적 표지자다. 이런 검사와 진단 영상 중 일부는 만성 코로나 증상이 여러 치료에 어떻게 반응하는지 추적하는 데 사용된다.

　치료법을 발견할 가능성은 매우 크다. 임상시험이 세 번째로 큰 연구 분야다. 심장병이나 만성 폐 질환으로 인한 비슷한 장애 치료에 사용되는 몇몇 기존 약품과 재활 방법에 대한 대규모 실험이 진행 중이다. 조사 중인 약품에는 아스피린과 항히스타민제처럼 값싸고 손쉽게 구할 수 있는 약품도 있다. 재활 프로토콜, 그리고 사람들이 증상에 대처하는 것을 도와주는 앱들도 시험하고 있다.

　이 모든 발견 중 일부는 진드기가 옮기는 세균성 감염병인 라임(Lyme)병, 만성피로증후군, 독감 합병증 등 비슷하거나 겹치는 증상을 보이는 다른 질병의 이해와 치료에도 이바지할 것이다. 좀처럼 사라지지 않을 바이러스 감염으로 삶이 망가진 수백만 명에게 2022년은 희망의 한 해가 될 것이다.

바이오엔텍(BioNTech) 설립자 **우구르 사힌(Ugur Sahin)**과 **외즐렘 튀레지(Ozlem Tureci)**는 코로나 바이러스 백신에서 개척한 mRNA 기술이 다른 분야에서도 엄청난 잠재력이 있다고 말한다.

코로나 이후 mRNA 치료법의 미래

우리는 15년 안에 새로 승인되는 약품의 3분의 1이 mRNA를 기반으로 할 것으로 믿는다.

다수의 코로나19 백신을 빠르게 개발한 것은 팬데믹에서 벗어날 방법을 제공한 약품 개발사에서 전례 없는 성과다. 하지만 앞으로 좋은 소식이 더 많이 있다. 이런 성공에서 메신저 RNA(mRNA) 기술을 기반으로 한 백신의 역할은 다른 질병 치료제 개발에 새로운 시대를 예고한다. mRNA의 큰 성과는 유망한 개념을 매우 강력한 다목적 생물약제학적 플랫폼(biopharmaceutical platform)으로 바꿔놓는 데 도움을 준 30년 이상의 과학적 협력으로 가능했다. 우리는 15년 안에 새로 승인되는 약품의 3분의 1이 mRNA를 기반으로 할 것으로 믿는다.

mRNA 치료법은 약품을 만들기 위해 복잡하고 시간이 오래 걸리는 발효 과정에 의존하는 대신 받는 사람의 세포를 약품 제조 공장으로 바꾼다. 각각의 mRNA 분자는 세포가 원하는 특정 단백질을 생산하도록 지시하는 일종의 레시피다. 우리의 코로나19 백신은 코로나 바이러스 외피에서 발견되는 '스파이크(spike)' 단백질을 세포에서 만들도록 유도해 면역 체계가 바이러스를 인식하고 막을 수 있게 한다.

이 기술은 40여 년 전 인슐린과 같은 인체 단백질 약품 생산을 가능하게 하는 재조합 DNA 기술의 등장이나 실험실 발효조에서 단일 세포에서 유래하는 세포로 된 항체를 만들어낸 성과에 필적하는 제약 산업의 주요 전환점이다. 이 개념을 쉽게 구할 수 있는 약품으로 내면 제약 산업과 전 세계인의 건강에 엄청난 변화를 가져올 것이다.

mRNA 기반 코로나19 백신 개발로 감염병 예방에 있어서 이 접근법의 효과와 안전성이 증명되었다. 팬데믹이 한창일 때 안전하고 효과적인 백신을 12개월 이내 개발해 대규모로 제조할 수 있었던 사실은 앞으로 mRNA 백신이 각 정부의 주요 의제인 팬데믹 대비 프로그램에서 중요한 역할을 할 것을 시사한다.

이는 또한 mRNA 백신이 다른 전염병에도 적용될 수 있는 길을 열어준다. 이런 질병들에 대한 기존의 많은 백신을 mRNA 기술로 재구성해 더 효과적인 백신으로 만들 수 있다. 우리는 mRNA 기술의 다목적성이 한 단계 더 나아가 지금까지 정복하지 못한 질병과 싸울 기회를 제공한다고 믿는다.

바이오엔텍에서는 현재 코로나19를 넘어 저소득 국가에서 여전히 많은 사망 원인이 되는 말라리아, 결핵, 에이즈와 같은 질병을 다루는 mRNA 백신 개발 프로그램에 투자하고 있다. mRNA 기술에 기대할 수 있다는 희망은 이런 인류의 재앙과 투쟁에서 낙관적인 정신을 불어넣고 있다.

흥미롭게도 팬데믹은 우리가 더 잘 협력할 수 있게 했다. 최근 시작된 프로젝트들에서 세계보건기구(WHO), 국제 규제 당국, 재정 지원 기구 등 여러 기관이 높은 수준의 협력을 보였으며, 30년 이상 관련 병원체를 연구해온 전문가들이 힘을 모았다. 이런 질병들에 대한 첫 번째 mRNA 백신 후보가 2022년과 2023년에 임상시험에 들어갈 것으로 예상된다.

우리는 또한 선진국의 노화 관련 질병과 저소득국의 저렴한 1차 진료에 대한 요구 증가 등 세계적 규모의 점점 더 어려운 건강 문제와 마주하고 있다. 이런 문제들은 다목적으로 적용할 수 있고 비용 효율적이며 맞춤 치료와 희소 질환 표적화가 가능한 지속 가능한 혁신으로만 정복할 수 있다. 우리는 mRNA 기술이 이런 요구를 완벽하게 해결하리라 믿는다.

mRNA 기술의 풍부한 도구에는 세포에서 증식할 수 있는 mRNA 등 점점 더 다양해지는 mRNA 포맷, 그리고 신체의 여러 장기와 세포에 mRNA를 전달하는 수많은 방법이 있다. 향후 mRNA 기반 약품은 맞춤 암 치료법, 재생의학, 그리고 알레르기, 자가면역 질환, 염증을 일으키는 질환 등 다양한 질병에 사용될 수 있다.

mRNA가 다음으로 이룬 성과

mRNA 기술이 바이오와 제약 산업의 지형을 재정립할 새로운 헬스-테크 (health-tech) 산업이 등장할 무대를 마련했다. 가장 중요한 성공의 열쇠는 헬스-테크 리더와 선구자들이 시장에 새로운 파괴적 창조자들을 받아들이고 지원하는 것이다. 이 새로운 산업이 공중 보건의 변화를 가져올 유일한 길은 혁신 투자를 더욱더 장려하고 협력과 상호 교류 문화를 육성하는 것이다. 이 신세대 테크-파마(tech-pharma) 플레이어들이 2022년 이후 세계 보건의료계를 재편할 것이다.

블러드 앤드 트레저(Blood and treasure)

다양한 장애에 대한 새 치료법이 나온다

나타샤 로더

최근 의료 연구에 대한 대중의 관심이 코로나19 치료와 백신에 집중되고 있다. 하지만 다른 분야에서 연구도 계속되고 있으며 곧 열매를 맺을 것이다. 2022년에는 혈우병 치료에 괄목할 진전이 있을 것이며, 신경 질환 치료제에 대한 관심이 되살아나고, 말라리아에 관한 진전도 있을 것이다.

혈우병은 혈액이 정상적으로 응고되지 않는 질환으로 인류 역사 내내 인류와 함께해왔고 현재 전 세계 110만 명 이상의 남성에게 발생하고 있다. 탈무드에서 이 병을 최초로 언급하고 있다. 탈무드는 두 아들이 할례 수술 후 출혈로 사망했을 때 셋째 아들의 할례를 면제해준다. 오늘날 혈우병은 주사제로 전달되는 대체 요법을 통해 없어진 혈액 응고 인자를 대체하는 방법으로 치료가 가능하다. 이런 치료법은 장애는 물론 죽음에 이를 수 있는 유전 질환의 최악의 결과를 면할 수 있게 했다. 하지만 수십 년 동안 연구원들은 유전자 치료를 통해 정상적인 유전자를 제공함으로써 이런 선천적인 오류를 바로잡기를 희망해왔다. 2022년에는 이런 치료제가 적어도 하나는 나올 가능성이 크다.

일부 코로나19 백신에서 사용하는 것과 유사한 속임수로서 무해한 바이러스를 통해 정상적인 응고 인자 유전자를 체내에 주입한다. 하지만 이 바이러스는 스파이크 단백질 유전자를 만드는 방법 대신

없어진 단백질을 만드는 방법을 전달한다. 그리고 코로나19 백신과는 달리 이 바이러스가 전달하는 유전 물질이 감염 세포 안에 영구히 머물도록 조작해 이론적으로 평생 응고 인자를 만드는 능력을 부여한다.

첫 번째 승인 제품을 보유하는 데 가장 가까이 간 두 회사는 각각 이 병의 다른 변종을 목표로 삼았다. 미국 기업인 바이오마린(Biomarin)은 록타비안(Roctavian)이라는 혈우병 A 치료제를 개발했고, 네덜란드에 본사를 둔 유니큐어(uniQure)는 에트라나데즈(EtranaDez)라는 혈우병 B 치료제를 고안했다. 2022년에 둘 중 하나 또는 둘 다 미국이나 유럽의 의약품 규제 기관으로부터 사용 승인을 받을 수 있다. 이 회사들 다음으로는 거대 제약 회사인 화이자와 생명공학 회사인 스파크 테라퓨틱스(Spark Therapeutics)가 혈우병 B 치료를 공동 개발하고 있다.

이런 치료법이 삶을 바꿀 것이다. 하지만 수백만 달러의 가격표가 붙을 것으로 예상된다. 따라서 이런 치료법의 성공은 과학뿐 아니라 여기에 돈을 내는 사람들이 가격에 동의할 수 있느냐에 달려 있다. 일부 제약 회사는 의약품에 대해 선급금을 많이 내면 나중에 비용을 줄일 수 있다고 유럽 국가를 설득하는 데 애써왔다. 또 다른 혈액 질환

인 베타 지중해 빈혈(beta-thalassemia) 유
전자 치료제는 제약사인 블루버드바이오

(Bluebird Bio)가 정부와 가격 합의를 이루지 못하면서 독일 시장에서
철수했다. 이는 치료법을 개발하는 과학사의 기술력이 사회가 기꺼이
자금을 대려는 한계에 부딪히기 시작했음을 말한다.

2022년에는 새로운 뇌 질환 치료법도 지켜볼 만하다. 일각에서
는 새로운 치료제의 효능에 의문을 제기하고 있지만, 생물공학 기업
인 바이오젠(Biogen)이 2021년 만든 알츠하이머 치료제 애드유헬름
(Aduhelm)에 대한 미국 규제 당국의 승인으로 치매와 다른 신경 질
환 치료에 대한 관심이 되살아나고 있다. 이에 뒤이어 거대 제약 회
사 일라이 릴리(Eli Lilly)는 2022년에 알츠하이머 치료제인 도나네맙
(donanemab)을 개발하기를 바란다. 이 약도 뇌의 아밀로이드(amyloid)
단백질을 표적으로 삼는다.

생명공학 회사인 알렉터(Alector)는 신체 고유의 면역 체계를 이용
해 신경 퇴화를 해결할 수 있다고 확신한다. 2022년에는 미국과 유
럽의 약 17만 명이 앓고 있는 심각한 유형의 급성 치매인 전두엽 치
매 치료제를 환자들에게 투약한다. 또한 뇌 질환 치료에 환각제를 사
용하는 데 대한 관심도 커지고 있다.

2022년 말 사하라 이남 아프리카 시민을 위한 새로운 말라리아 백
신이 나온다. 이 백신은 효과가 30%에 불과하고 4회 투여가 필요하
지만 역사에 남을 만한 진전이다. 이를 계기로 더 나은 백신이 뒤따
를 것이다. 화이자와 바이오엔텍은 2022년 말 아프리카에서 mRNA
기반 코로나19 백신 생산을 시작한다. 이는 아프리카에서 새로운 백
신을 만들기 위한 노력으로 아프리카에 반가운 활력소가 될 것이다.

WHAT IF?

전기 저항은 전력의 효율적인 전송과 사용을 방해한다. 이 문제를 극복한 초전도체는 냉각시
켜야 하고, 고온 초전도체는 액화 질소의 끓는점 이상에서도 작동하지만, 잘 부러지고 다루기
힘들다. **물리학자들이 다루기 쉬운 고온 초전도체를 발견한다면 어떨까?** 초기 적용 분야는
핵융합로에 필요한 작으면서도 강력한 자석이 될 것이다. 언젠가는 손실 없는 전기 그리드 케
이블이 가능할 수 있다.

더 큰 위험

야심 찬 우주 미션을 수행할 우주선 발사가 잇따른다

벤자민 서덜랜드(Benjamin Sutherland) 〈이코노미스트〉 프리랜서 통신원

곧 있을 우주 개발 활동을 미리 맛보기 위해 유럽 우주 기구(ESA)
가 2022년 중반 목성의 얼음 위성들을 탐사하기 위해 발사
할 무인 우주 탐사선을 살펴보자. '주스(juice)'로 불리는 이 우주선은
속도를 높여 8년 안에 목성에 도달하기 위해 일련의 행성 접근 비행
으로 중력의 도움을 받게 된다. 일단 우주선이 지구에서 45광분(light-
minutes) 떨어진 목성에 도착하면 목성의 위성들 사이를 지나가는 것
이 복잡한 과제다. 프로젝트 매니저인 주세페 사리(Giuseppe Sarri)는
이 영역을 '실수의 여지가 별로 없는 작은 태양계'라고 설명한다. 이
탐사선이 목성의 한 위성인 유로파(Europa)에 생명체가 존재하는지
밝혀내지는 못하겠지만, 과학자들은 이 위성이 내뿜는 수증기에서

유로파의 비밀을 파헤친다

단서를 찾기를 바란다. 그리고 2032년에 목성의 제3위성인 가니메데(Ganymede) 근처를 지나가는 데 성공하면 이 우주선은 다른 행성의 위성 궤도를 도는 첫 번째 우주선이 될 것이다.

지구의 달에서도 많은 활동이 펼쳐진다. 2022년 달 탐사선을 발사할 계획인 나라에는 인도, 일본, 러시아, 한국이 포함된다. NASA는 아르테미스(Artemis)라는 달 탐사 프로그램의 일환으로 우주 비행사들을 다시 달로 보내는 길을 열면서 2022년에 놀라운 18개 임무를 후원한다. 2022년 말 탈레스 알레니아 스페이스(Thales Alenia Space)가 달 궤도에 올릴 우주 정거장 게이트웨이(Gateway)의 외부 구조를 미국에 전달할 예정이다.

화성과 그 너머의 소행성들도 유혹의 손짓을 하고 있다. 2022년 하반기에 ESA는 2020년에 발사 기회를 놓쳤던 이 붉은 행성(화성

러시아 연방 우주국에 2022년은 성패를 좌우하는 해가 될 수 있다. 의 속칭) 탐사선 엑소마스(ExoMars)를 카자흐스탄에서 발사할 계획이다. 이 탐사선에는 2023년 화성에 도착한 후 과학자들이 과거 또는 현재 생명체의 흔적을 더 정밀하게 찾을 수 있게 해주는 탐사 로봇을 방출할 러시아 착륙선을 포함하고 있다. 소행성의 경우 NASA는 2022년 화성과 목성 사이의 우주 암석을 연구하기 위해 탐사선 세 대를 발사할 계획이다. NASA는 또한 2022년 말 디모포스(Dimorphos)라는 이름의 작은 소행성에 '초고속도 시험 충돌(hypervelocity test crash)'을 한다. 전문가들은 언젠가 다른 우주 암석이 지구를 위협할 경우를 대비해 이 위험하지 않은 암석이 자동차 크기의 우주선과 충돌할 때 경로를 어떻게 바꾸는지 연구할 것이다.

곧 있을 우주 임무에는 엔지니어들을 조마조마하게 할 일이 많이 따른다. 인도 최초의 달 착륙선 비크람(Vikram)은 2019년 달 표면에 충돌했다. 러시아는 1976년 마지막으로 탐사선을 달에 착륙시켰다. 새로운 러시아 착륙선인 루나(Luna) 25호는 너무 오랜 세월 지연되었다. 미국 보잉사가 2022년 첫 유인 우주선 미션을 수행하기를 희망하는 캡슐인 스타라이너(Starliner)는 끈적거리는 밸브와 소프트웨어 문제 등 여러 가지 차질로 곤욕을 치렀다.

두 거대한 새 로켓의 위험도 크다. 엄청난 예산이 투입된 NASA의 유인 화성 왕복선 우주 발사 시스템(Space Launch System)은 당혹스러운 추가 지연으로 타격을 받을 수도 있다. 유럽의 아리안 그룹(ArianeGroup)은 2020년 비행 예정이었던 아리안 5호보다 비용 효율적인 버전인 아리안 6호의 첫 발사를 성공적으로 해내기 위해 분투하고 있다. 2022년 말 회의에서 각료들이 아리안 6호의 진행 상황을 검토하기로 예정된 상황에서 ESA 수장은 그 전에 좋은 소식이 필요하다고 말했다.

우주 관광의 경우 각각 제프 베이조스(Jeff Bezos)와 리처드 브랜슨(Richard Branson)이 설립한 블루 오리진(Blue Origin)과 버진 갤럭틱(Virgin Galactic)이 2021년에 처음으로 탄도 비행을 했다. 버지니아에 본부를 둔 우주여행사인 스페이스 어드벤처(Space Adventures)의 톰 셸리(Tom Shelley)는 두 회사 모두 2022년에 '정기적이고 예측 가능하며 신뢰할 수 있는' 비행으로 속도를 올리기를 희망한다고 말한다. 하지만 그는 갤럭틱이 안전 점검을 위해 이륙을 못 하게 되었기 때문에 블루 오리진이 조금 유리할 것으로 본다.

관광과 국제 임무 참여를 통해 자금을 조달하는 러시아 연방 우주국에 2022년은 성패를 좌우하는 한 해가 될 수 있다. 파리의 싱크탱크 IFRI의 플로리안 비달(Florian Vidal)은 러시아의 우주 산업이 부패와 투자 부족, 기술적 문제 등으로 곤경에 처해 있다고 말한다. 그 결과 2022년 러시아 보스토치니 우주 기지(Vostochny Cosmodrome)의 대규모 확장 성공이 '신뢰성의 문제'가 됐다고 그는 말한다.

2021년 미국 정보 기관의 보고서에 따르면 2022년 중국 우주 정거장 톈궁이 완전 가동될 수 있다고 한다. 이 보고서에서는 톈궁이 미국의 군사력에 '필적하거나 추월'하기 위한 중국의 노력의 일환이라고 기술했다.

다른 나라들도 이를 우려하고 있다. 일부 전략가들은 이준 한국항공우주연구원 기획정책본부장의 말처럼 2022년 한국이 '우주에서 더 바빠질 것'은 우연이 아니라고 생각한다. 인도 국방부에서 자금을 지원하는 델리 싱크탱크인 MP-IDSA의 전문가 아제이 렐레(Ajey

Lele)는 인지되는 중국의 위협이 인도가 우주 프로그램을 군사적 메시지와 다른 '외교 정책 목적'에 이용하도록 압박하리라 예측했다. 이것이 2022년 인도가 유인 우주선을 처음으로 발사하는 하나의 동기다. 요컨대 현대 우주 기술의 많은 발전은 전통적인 지정학적 경쟁에 따라 추진된다.

가까운 미지의 세계

스페이스X는 위성 인터넷 사업으로 화성 기지 건설에 드는
재원 마련을 도모한다

팀 크로스(Tim Cross) 〈이코노미스트〉 기술 부문 편집자

스페이스X의 야심 찬 설립자인 일론 머스크(Elon Musk)는 늘 이 회사의 존재 이유를 명확하게 밝혀왔다. 인간은 현재 단일 행성 종이다. 머스크는 화성에 영구 기지를 설립함으로써 이를 바꾸고 싶어 한다. 이상적으로 그는 화성 주민이 될 것이다. "나는 그냥 충돌로 죽기보다 화성에서 죽고 싶다." 그의 유명한 농담이다.

꾸준하고 눈부신 진전이 이뤄졌다. 스페이스X의 부분적으로 재사용할 수 있는 팰컨(Falcon) 로켓은 이 회사의 화성 야망에 필수 단계인 우주 발사 비용을 낮췄다. 스타십(Starship)이라는 별명이 붙은 이 회사 최신 우주 발사체가 2021년 말에 첫 궤도 시험 비행을 할 예정이다. 이것이 날아간다면 아폴로 우주 비행사들을 달에 데려다준 새턴 V(Saturn V) 로켓 이후 가장 강력한 로켓이 될 것이다. 우주선과 추

진 로켓 모두 완전히 재사용이 가능해 궤도 진입 비용을 더욱 더 절감할 수 있다. 스타십은 화성 여행을 염두에 두고 설계되었다.

저 원시인들이 가는 모습을 보라

지금까지 스페이스X는 NASA를 위해 화물과 우주인을 국제 우주 정거장으로 실어 나르는 로켓을 발사하고, 방송사와 통신 회사 등 민간 기업을 위한 위성 발사 사업을 통해 자금을 조달해왔다. 하지만 화성에 가는 데는 엄청난 비용이 늘 것이다. 이 비용을 마련하기 위해 스페이스X는 지구에서 통신 사업에 뛰어들 예정이다. 이 회사는 현재 궤도에서 활동 중인 위성 수의 약 4배인 1만 개의 저궤도 위성으로 하늘을 채울 계획이다. '스타링크(Starlink)'로 알려진 이 서비스는 2021년 10월 베타 테스트 단계에 들어갈 예정이었다.

위성 인터넷은 새로운 아이디어가 아니다. 하지만 머스크는 자신이 이미 로켓과 전기 자동차에서 했듯 구기술도 혁신적인 개선을 할 수 있다고 믿는다. 기존 서비스는 고궤도 위성에 의존한다. 고궤도 위성은 넓은 지역을 커버할 수 있다. 하지만 이는 또한 많은 고객이 하나의 위성을 공유해야 하므로 수용 능력이 제한적이고 고궤도를 왕복해야 하므로 짜증스러운 지연이 더해진다. 따라서 위성 인터넷

스타링크 성좌의 수많은 위성으로 수백만 사용자에게 서비스를 제공할 수 있다.

은 일반적으로 더 나은 대안이 없을 때 만일의 사태를 위한 대비책으로 취급된다.

머스크는 이를 바꾸려고 한다. 스타링크 성좌의 수많은 위성으로 수백만 사용자에게 서비스를 제공할 수 있다. 그리고 이 위성들은 훨씬 낮은 궤도를 비행하기 때문에 통신 지연도 훨씬 줄어든다. 스타링크의 목표는 가난한 나라, 부유한 나라의 외딴곳, 공중과 바다 등 서비스받지 못하는 곳의 사람들에게 광대역 통신 서비스를 제공하는 것이라고 머스크는 말한다.

하지만 그가 관심을 가지는 대상은 서비스받지 못하는 사람들만이 아니다. 일부 거래가 빈번한 상인은 스타링크가 기존 광케이블보다 대서양을 오가는 매매 주문을 더 빠르게 하는 방법을 제공할 것으로 생각한다. 적어도 이론적으로는 그렇다.

스타링크에는 여러 경쟁자가 있다. 2020년 11월 파산 위기를 딛고 일어선 경쟁사 원웹(OneWeb)은 자체 위성 648기를 띄울 계획이다. 아마존은 아직 위성을 발사하지 않았지만 카이퍼(Kuiper)라는 유사 프로젝트를 개발하고 있다. 한편으로 천문학자들은 수천 개의 저궤도 위성으로 하늘을 채우는 시도가 자신들의 과학 연구에 방해가 될 것을 염려한다. 스페이스X는 이런 우려에 대응해 스타링크 위성의 디자인을 변경하고 반사 방지 코팅을 추가했다.

소비자에게 위성 인터넷 서비스를 판매하려는 이전의 시도는 데이터 송수신에 필요한 첨단 기술 안테나 비용으로 인해 실패했다(스페이스X는 지난 2년 동안 단말기 제조비를 3,000달러에서 1,500달러로 줄였다고 생각한다). 그리고 스타링크의 한 달 99달러라는 가격은 부유한 나라 고객들에게도 싸지 않다.

스타링크가 얼마나 잘할지는 아직 아무도 모른다. 미국 투자 은행 모건 스탠리(Morgan Stanley)는 스페이스X 기업 가치를 50억 달러에서 2,000억 달러 사이로 평가한다. 성공 여부 예측 폭이 매우 넓고 불확실하기 때문이다. 2022년에는 더 많은 답이 나와야 한다. 2,000억 달러만으로도 화성에 영구 기지를 세울 수 있는지도 명확하지 않다. 하지만 화성 영구 기지는 여전히 먼 미래의 일이다.

크고 작은 의문들
———
새로운 과학 기구로 기존 지식의 한계를 조사한다

알록 자(Alok Jha) 〈이코노미스트〉 과학·기술 통신원

우주는 무엇으로 만들어졌을까? 어디서 온 걸까? 그리고 어떻게 끝날까? 이 질문들은 지금까지 크고 작은 지식의 한계를 탐구해온 물리학자들의 마음을 사로잡았다.

다가오는 해에 천문학자들은 우주의 끝에서 크고 새로운 도구를 얻게 될 것이다. 2016년 별세한 미국 천문학자 베라 C. 루빈(Vera C. Rubin) 박사를 기념하기 위해 그의 이름을 붙인 베라 루빈 천문대가 2023년 과학 관측을 시작할 준비를 하면서 2022년 10월 '첫 빛'을 볼 예정이다. 이 천문대는 매일 밤 칠레의 산 정상에서 거대한 망원경으로 보름달보다 40배 큰 밤하늘을 15초 동안 촬영한다. 10년 동안

옛날식 암흑 에너지 찾기

3~4일 밤마다 기록할 이 3,200만 화소 이미지들이 모여 눈으로 볼 수 있는 하늘 조사가 이뤄진다. 이 프로젝트를 운영하는 과학자들은 '우주의 가장 위대한 시간 경과를 기록하는 것'이 목표라고 말한다.

과학자들은 이 프로젝트를 통해 우주를 가속 팽창시키는 것으로 보이는 신비한 물질인 암흑 에너지(dark energy)의 본질과 같은 큰 문제를 해결할 수 있을 것이다. 암흑 에너지는 천문학자들이 알기로는 우주 에너지의 70% 정도를 차지하는 거대한 구멍이다.

베라 루빈 천문대는 여러 방법으로 암흑 에너지 문제를 해결할 것이다. 한 가지 전략은 우주 팽창을 그 어느 때보다 더 자세히 측정하는 것이다. 이는 생애 주기 마지막 단계에 도달한 무거운 항성들의 폭발인 1a형 초신성을 찾아내는 것이다. 이 폭발들은 모두 밝기가 정확히 같기 때문에 1a형 초신성이 지구에서 얼마나 밝게 보이는지 측정해서 거리를 계산할 수 있다. 따라서 이런 폭발은 천문학자들에게 일종의 우주 잣대 역할을 한다. 베라 루빈 천문대는 이런 초신성 100만 개를 찾을 정도로 민감하다. 이는 오늘날 알려진 숫자보다 100배 많은 것이다. 이 천문대는 천문학자들이 우주가 어떻게 팽창하고 있는지, 이 팽창이 시간이 지남에 따라 어떻게 바뀌었는지에 대한 더 나은 그림을 그리는 데 도움이 될 것이다.

또한 베라 루빈 천문대는 은하단(cluster of galaxies)을 관찰해 아인슈타인의 중력 이론인 일반 상대성 이론의 예측을 연구한다. 은하단은 중력으로 함께 묶여 있는 가장 큰 물체들로 과학자들은 근처에 있는 더 젊은 은하단과 멀리 떨어져 있고 더 오래된 은하단을 비교해서 이 구조가 어떻게 진화해왔는지, 그리고 중력의 본성이 우주 역사에 걸쳐 어떻게 변화했는지 조사할 수 있을 것이다.

우주의 다른 끝을 관찰하는 물리학자들에게는 이미 자신들의 도구가 있다. 이는 제네바 근처 쥐라(Jura) 산맥 아래에 자리 잡은 거대한 입자 가속기인 대형 강입자 충돌기(Large Hadron Collider)다. 입자 물리학자들은 거의 빛의 속도로 양자를 충돌시키고, 이 충돌에서 생성된 입자 상태를 자세히 관찰해 물질의 구성 요소를 조사하려 한다.

하지만 2018년 이후 이 충돌기는 기술자들과 물리학자들이 개선, 수리, 또는 때에 따라 대성당 크기의 탐지기를 완전히 다시 만드는 동안 폐쇄되었다. 더 효율적이고 강력한 탐지기로 훨씬 더 정밀하게 실험할 수 있을 것이다. 이제 개선 작업이 끝나 런3(Run 3)로 알려진 다음 물리학 활동이 2022년 3월에 시작된다.

개선된 대형 강입자 충돌기의 첫 번째 과제는 힉스 입자(Higgs

boson)●의 성질을 더 자세히 측정하는 일이다. 대형 강입자 충돌기가 가동되기 시작한 지 불과 몇 년 후인 2012년에 발견된 힉스 입자는 알려진 모든 기본 입자를 양자역학적으로 설명하는 입자 물리학의 표준 모형(Standard Model)으로 알려진 조각 그림 맞추기의 마지막 조각이었다. 성공은 했지만 표준 모형은 우주에 대한 완전한 설명은 아니다. 이는 암흑 에너지나 암흑 물질을 설명하지도 않으며, 왜 우주에 반물질보다 물질이 더 많아 보이는지 설명할 수 없다. 이런 부족함은 아직 발견되지 않은 물리 법칙, 힘 또는 입자가 있음을 가리킨다.

힉스 입자를 좀 더 자세히 이해하면 새로운 물리학 영역으로 가는 문이 열릴 수 있다. 과학자들은 힉스 입자에 대해 실제로 많이 알지 못한다. 힉스 입자는 정말로 전자처럼 내부 구조가 없는 기본입자일까, 아니면 양성자처럼 더 작은 입자들의 합성물일까? 이것이 정말로 표준 모형이 예측한 힉스 입자일까, 아니면 실제로는 발견되지 않은 이론의 다른 입자일까?

개선된 대형 강입자 충돌기가 힉스 입자와 같은 가상의 입자를 더 많이 만들어내고 그 성질을 더 정확하게 측정해 과학자들이 입자 물리학과 우주론의 미결 문제를 푸는 데 도움을 줄 것이다.

● 전기적으로 중성인 불안정한 가상의 입자.

귀향

서양의 박물관들은 식민지 시대 수집품을 청산하기 시작했다

바나비 필립스(Barnaby Phillips)
《약탈품: 영국과 베냉 청동상들(Loot: Britain and the Benin Bronzes)》의 저자

2022년 독일 박물관들은 식민지 시대에 저지른 범죄를 뉘우치는 의미로 옛 베냉 왕국의 청동상 일부를 나이지리아에 반환할 예정이다. 놋쇠, 상아 조각품이 포함된 수천 점의 청동상은 1897년 영국군이 서아프리카 베냉 왕국[오늘날의 남부 나이지리아, 인근 베냉공화국(Republic of Benin)과 혼동하지 않아야 한다]에서 약탈한 것이다. 서양 박물관과 개인이 소장하고 있는 식민지 약탈품에 대한 논쟁이 갈수록 거세지면서 그것들은 상징적인 대상이 됐다. 청동상이 유럽에 도착했을 때 비평가들은 고대 그리스나 르네상스 시대 이탈리아의 조각상들에 견줄 수 있을 만큼 솜씨기 정교하다고 칭찬했다. 비평가들의 이런 칭찬과, 약탈자인 영국군이 베냉 시티의 궁전에서 보

여준 잔혹함 때문에 이 청동상들이 널리 알려졌다.

독일에 있는 베냉 청동상은 천 점이 넘는다(박물관들은 미술품 거래 시장에서 당시 원정대로부터 약탈품을 구입했다). 독일 여러 도시의 박물관들은 이 유물을 나이지리아에 반환하기로 합의했다. 그들이 이런 결정을 내리기까지 주요 정당들의 폭넓은 합의와 정부의 권유가 큰 역할을 했다. 유수프 투가르(Yusuf Tuggar) 독일 주재 나이지리아 대사는 아무 전제 조건 없이 소유권이 나이지리아로 이전돼야 한다고 주장한다.

독일 관리들과 큐레이터들은 나이지리아 내에서 베냉의 추장(전통적인 왕)과 지방 정부 사이에 분열이 일어난 것과 나이지리아 안에 청동상을 안전하게 보관할 시설을 짓는 작업이 지연되는 것에 대해 개인적으로 우려와 불만을 나타냈다. 절충적인 해결책이 나올 수도 있다. 조각상 몇 점을 물리적으로 반환하고 나머지는 법적 소유권을 넘겨준 뒤 당분간 독일에 남겨두는 방식이다.

많은 박물관을 제국주의 약탈품으로 채우고 있는 유럽의 다른 나라들에도 상징적인 의미가 클 것이다. 함부르크 세계 문화 박물관의 바바라 플랑켄슈타이너(Barbara Plankensteiner) 관장은 "이 일이 매우 중요한 선례를 남긴다"고 평가한다. 투가르 대사는 "이 사례가 수문을 활짝 열어주길 바란다"고 좀 더 직설적으로 말한다.

과연 그 바람이 이뤄질까? 영국에는 독일보다 훨씬 더 많은 베냉 청동상이 있다. 전 세계에서 베냉 청동상을 가장 많이 소장하고 있는 곳은 대영 박물관이며 그 수는 약 1,000점에 이른다. 2022년 영국 비판가들은 분노의 목소리를 더욱 높일 것이다. 대영 박물관은 상습적으로 홍보 담당 부서가 반환 요구를 은근히 묵살해왔다. 이면에서는 큐레이터들 사이에 불만이 커가고 있긴 하지만 다가오는 해에도 그런 묵살을 더 자주 볼 수 있을 것이다.

대영 박물관은 베냉 청동상을 비롯한 많은 보물을 기꺼이 대여해줄 테지만 영구적인 반환은 법으로 막혀 있다. 영국 보수당 정부가 1963년 제정된 대영 박물관법(British Museum Act 1963)을 개정하면서까지 분쟁 유물을 반환할 가능성은 낮다. 케임브리지 대학교와 애버딘 대학교가 개별적으로 소장하고 있는 청동상을 2021년 말 나이지리아에 반환하기로 결정했고, 2022년에는 영국의 다른 박물관들도 많은 청동상을 반환할 가능성이 커지면서, 대영 박물관은 시대에 발맞추지 못하고 있다는 인상을 더욱 깊게 남겼다.

프랑스에서도 관계 당국과 박물관들이 미적거리고 있다. 프랑스 정부는 널리 알려진 유물 몇 점을 세네갈과 베냉공화국에 반환하는 게 추가적인 반환으로 이어지는 법적 판례가 되어선 안 된다고 주장한다. 역설적이게도 문화재 반환 활동가들에게 힘을 실어준 것은 2017년 마크롱 대통령이 식민지 시절 약탈품을 돌려주겠다고 한 약속이었다.

아프리카 예술가들은 서양에서 불어오는 변화의 바람을 타고 온 기회를 잡으려 애쓸 것이다. 유럽과 북미가 반환 절차를 규정해왔으나 정작 유물을 돌려받을 나라들의 조언은 거의 반영되지 않았다고 우려하는 이들이 많다. 한 가지 예외도 있다. 2022년에는 박물관 발전 측면에서 매우 중요한 순간을 맞을 것이다. 라고스 중심부에 존 랜들 센터(John Randle Center)가 문을 열 예정이다. 이곳에서 나이지리아 주요 종족인 요루바족의 문화와 역사가 전시될 것이다. 이 박물관은 1888년 영국에서 최초로 의사 자격을 얻은 아프리카인의 이름을 따서 명명됐다. 건축가 세운 오듀월(Seun Oduwole)은 이 건물이 "시장의 소리와 이미지, 일상의 문화로 가득 찰 것"이라고 설명한다. 박물관의 위치가 나이지리아 식민지 역사 박물관 바로 맞은편이어서 이 또한 강한 호소력을 지닌다. 이곳에서는 음울한 전시실과 먼지투성이 진열장이 현실에 발맞추지 못하는 제도가 얼마나 시들어갈 수 있는지 경고하고 있다.

대단한 수집품

주목할 만한 박물관들이 새로이 문을 열 것이다

레이첼 로이드(Rachel Lloyd) 〈이코노미스트〉 문화 부문 부편집자

지난 2년 동안 박물관들은 암울한 시기를 보냈다. 2019년 세계에서

가장 인기 있는 박물관 100곳의 입장객 수는 2억 3,000만 명이 넘었지만, 2020년에는 코로나 바이러스로 인한 봉쇄 조치와 사회적 거리두기 때문에 그 수가 5,400만 명으로 쪼그라들었다. 유엔 산하 문화기구 유네스코의 조사에 따르면 2021년 바이러스 대확산으로 40% 넘는 박물관이 다시 일정 기간 문을 닫아야 했다. 팬데믹으로 정부 보조금이 줄었을 뿐만 아니라 박물관의 주 수입원인 티켓 판매도 크게 줄었다. 몇몇 박물관은 직원 임금과 운영비를 충당하기 위해 일부 소장품을 매각 처분해야 했다.

2022년에는 이렇게 암울한 박물관에도 볕이 들 것이다. 5월 오클라호마주 틸사에서 '밥 딜런 센터(Bob Dylan Center)'가 문을 연다. 10만 점이 넘는 수집품을 한데 모아둔 이곳에서 딜런의 문화적 영향력을 탐험할 수 있을 것이다. 팬들은 그래미상을 10차례나 수상한 이 싱어송라이터의 미공개 음원을 들을 수 있을 것이며, 〈라이크 어 롤링 스톤(Like A Rolling Stone)〉 같은 히트곡이 어떻게 만들어졌는지 알게 될 것이다. 이곳에 전시될 밥 딜런의 노트북, 편지, 다양한 원고들이 2016년 노벨 문학상을 수상한 그의 문학적 감성을 보여줄 것이다. 포크록 스타인 딜런은 오래전부터 조금씩 시각 예술 작품 활동도 하고 있었다. 1970년 앨범 〈셀프 포트레이트(Self Portrait)〉의 표지를 만들었고, 다채로운 표현주의적 그림들을 전 세계에서 전시했다. 헌신적인 '딜런 추종자'조차 새롭게 배울 것이 있을 것이다.

음악 취향이 뮤지컬 쪽인 사람들은 2022년 여름 뉴욕에서 첫선을 보이는 브로드웨이 박물관(Museum of Broadway)을 방문하면 발가락이 저절로 까딱여질 것이다. 이 박물관은 브로드웨이 거리에 극장이 처음 생긴 1735년부터 오늘날에 이르기까지 역사적으로 중요한 예

밥 딜런의 노트북, 편지, 원고, 그림 등이 전시될 것이다.

술 지구의 이야기를 들려줄 것이다. (팬데믹이 닥치기 전인 2019년 5월까지 브로드웨이는 연간 18억 달러의 수익을 올리면서 사상 최고의 시즌을 보냈다.) 관람객은 시각 예술과 대화형 장치를 이용해 뮤지컬 산업 선구자들의 삶을 배우고, 역사적인 뮤지컬의 무대 뒤로 가서 브로드웨이 쇼가 어떻게 제작되는지 알아갈 것이다.

7월 오슬로 국립 미술관은 건축 설계가 채택된 지 12년 만에 도시 해안가의 새 보금자리로 이전한다. 이 미술관은 2003년 노르웨이의 국립 미술관, 현대 미술관 등 여러 미술관이 하나로 통합되면서 설립됐다. 총 면적이 5만 4,600평방미터로 북유럽에서 최대 면적을 자랑하는 새로운 부지는 전시 공간이 넉넉할 것이다(건물이 감옥처럼 보인다고 불평하는 지역 주민도 있긴 하다). 미술관 소장품 가운데 약 5,000점이 전시될 것이며 이는 종전의 2배 규모다. 가장 귀한 소장품은 에드바르드 뭉크(Edvard Munch)의 〈절규〉지만, 개관 전시회는 노르웨이의 현대 미술에 초점을 맞출 예정이다. 그리고 다음과 같은 질문을 던질 것이다. '좋은 예술이란 무엇인가? 그걸 누가 결정하는가?' 썩 괜찮은 질문이다.

그 장군에 대한 농담 들었어?

독재자들은 유머 감각이 없는 편이지만 풍자의 힘은 아직 살아 있다

〈이코노미스트〉 지역 통신원

뚱한 얼굴의 폭군들을 조롱하는 일은 재미있을지 몰라도 대가가 따른다. 홍콩 공영 방송사가 31년 동안 방영된 인기 풍자 프로그램 〈헤드라이너(Headliner)〉를 폐지했고 진행자들은 대만과 영국으로 떠났다. 국민 다수를 차지하는 화교 출신의 엘리트들이 정부를 장악하고 있는 싱가포르에서는 '프리티플스(Preetipls)'로 알려진 래퍼 겸 코미디언이 비슷한 일을 겪었다. 그녀는 화교 출신 배우가 '갈색 얼굴'로 분장한 채 말레이반도와 인도의 소수 민족을 연기하는 아주 형편없는 정부 광고를 조롱했다. 그녀의 동영상은 정부의 인종주의적 허점을 부각시켰지만 경찰은 그녀가 민족 간 화합을 약화시켰다고 경고했다.

독재 정치가 반드시 코미디를 죽이는 것은 아니지만 활동을 제한하는 것은 사실이다. 중국에서는 만담과 유사한 〈상성(xiangsheng)〉 같은 전통적인 형태의 희극이 텔레비전 특집 프로그램의 주요 코너를 꿰차고 있다. 하지만 민감한 주제를 피하는 출연자들의 태도 때문에 보는 사람은 금방 싫증을 느낀다. 반면 스탠드업 코미디는 계속 성장하고 있다. 상하이와 베이징에서 높은 인기를 누리고 있는 코미디 클럽들 티켓은 단 몇 초 만에 매진된다. 코미디언들이 등장해서 서로 티격태격하는 버라이어티 쇼 〈록 앤드 로스트(Rock and Roast)〉

상하이와 베이징에서 높은 인기를 누리고 있는 코미디 클럽들 티켓은 단 몇 초 만에 매진된다.

동영상은 인터넷 거대 기업 텐센트의 스트리밍 플랫폼에서 일주일에 1억 회 이상의 조회 수를 기록할 때가 많다. 이 프로그램 역시 출연자들이 정치적 언급은 피하지만 페미니즘, 정신 건강, 신체 이미지처럼 다른 데서 덜 언급되는 주제를 다룬다. 특히 여성 코미디언 양 리(Yang Li)는 전국적인 논쟁을 여러 차례 불러일으켰다.

스탠드업 코미디는 카자흐스탄에서 베트남에 이르기까지 여러 독재 국가에서 상승세를 타고 있다. 정부를 조롱하는 수단으로서 만화는 아시아에서 여전히 가장 대중적이고 강력한 풍자의 한 형태일 수 있다. 대체로 만화가들은 자신들의 비판을 쉽게 숨길 수 있기 때문이다. 태국의 한 만화가는 정부가 인터넷에서 풍자 만화를 모조리 지우려 하는 시도는 끝이 없는 두더지 잡기 게임과 같다고 말한다.

민 아웅 흘라잉(Min Aung Hlaing) 총사령관이 이끄는 미얀마 군부는 절대 끝나지 않는 기분 나쁜 농담과 같다. 시민 생활이 중단되고 경제가 무너지고 있는 순간에도 국영 신문들은 전기 자동차를 개발하고 버림받은 수도 네피도에 지하철을 건설하겠다는 군부의 야망을 떠벌리고 있다.

하지만 풍자를 하더라도 몸을 사릴 줄 알아야 한다. 미얀마의 유명한 코미디언 자르가나르(Zarganar)는 2008년에 59년 형을 받고 수감됐다가 3년 뒤 사면으로 풀려났다. 2021년 쿠데타가 일어난 뒤 그는 다시 체포됐고 10월에야 자유의 몸이 됐다.

미얀마의 한 풍자작가 집단은 체포와 고문을 피하기 위해 잠적했고, 군 장성들을 조롱하는 작품을 계속 온라인에 발표하고 있다. 다른 무리들은 점점 격렬해지는 무력 저항에 동참하기 위해 정글로 숨어들었다. 지금 상황에서는 조롱하는 말 몇 마디보다 칼이 더 강력해 보였을 것이다.

생산적인 은둔

2022년에 있을 전시회들이 증명하듯 팬데믹은 예술가들의 창조성에 보탬이 되었다

피아메타 로코(Fiammetta Rocco) 〈이코노미스트〉 문화 부문 통신원

세계적으로 이름난 조각가이자 행위예술가, 영화 제작자인 윌리엄 켄트리지(William Kentridge)는 2020년 중반 코로나 확진 판정을 받았다. 남아프리카공화국 출신인 켄트리지는 지난 2016년 요하네스버그 중심부에 공연자들을 위해 직접 마련한 인큐베이터 공간인 '덜 좋은 아이디어 센터(Centre for the Less Good Idea)'에서 작업하고 있었다. 그와 동료 무용가들, 음악가들은 코로나 검사에서 양성 반응이 나온 뒤 격리 생활을 해야 했다. 켄트리지는 호튼에 있는 집의 정원 한구석에 마련한 작은 스튜디오에서 작업에 전념했다.

켄트리지는 작품 설치, 공연, 전시회를 감독하느라 일 년 내내 뉴욕에서 잘츠부르크, 시드니로 이동하는 생활을 거의 40년 동안 해왔다. 그가 한 번에 2주 이상 집에 머무는 일은 드물었다. 뜻밖의 시간이 주어진 것을 깨달은 켄트리지는 오랫동안 숙고하던 프로젝트에 드디어 집중할 수 있게 됐다. 그 프로젝트란 〈스튜디오 라이프〉라는

오만의 대표 화가

제목의 1시간짜리 영화 시리즈다. 이 영화는 스튜디오 박물학, 예술의 신비한 힘이라고 직접 설명한 개념과, 예술가가 문을 닫고 운둔하면 생기는 일을 바탕으로 만들어졌다. "스튜디오가 일종의 확장된 두뇌라고 생각해볼 수 있다." 그는 이렇게 설명한다. "아이디어를 하나로 모으고 무언가 새로운 것이 떠오르게 하는 원동력은 기억의 한 부분에서 능동적인 생각으로 몇 센티미터 이동하는 아이디어가 아니라 스튜디오를 가로질러 걷는 행위 자체다."

코로나19는 많은 고통을 안겨줬다. 하지만 많은 예술가에게, 특히 세계적인 명성을 얻은 탓에 거의 쉬지 않고 이동해야 했던 이들에게는 몇 달 동안 방해 없이 생각하고 작업할 뜻밖의 기회를 제공해준 축복이었다. 87세의 영국 작곡가 해리슨 버트위슬(Harrison Birtwistle) 경은 새 오페라 작품에 전념하고 있다. 캐나다 출신 안무가이자 연출가인 크리스탈 파이트(Crystal Pite)는 2022년 영국 코벤트 가든의 로열 오페라 하우스에서 선보일 신작 시리즈에 집중하고 있다. 미국인 예술가 마이클 하이저(Michael Heizer)는 50년 전 처음 시작한 프로젝트를 마무리하고 있다. 네바다주 사막에서 세계 최대의 조각품인 장대한 '도시' 조각상을 손으로 조각하는 작업이다.

세계 여러 나라 예술가들의 작품을 전시하는 국제적인 전시회가 두 차례 열릴 예정이다. 팬데믹 이후 처음 열리는 베니스 비엔날레에서 예술가 100여 명의 작품이 전시될 것이다. 이번 전시에 하산 미어(Hassan Meer) 같은 오만 출신 작가들의 작품이 최초로 포함된다. 세실리아 알레마니(Cecilia Alemani)가 총감독을 맡은 2022년 비엔날레의 주제는 영국 출신 초현실주의 화가 레오노라 캐링턴(Leonora Carrington)의 동화책에서 영감을 받은 '꿈의 우유(The Milk of Dreams)'다. "캐링턴의 이야기는 자유롭고 가능성이 넘쳐흐르는 세계를 묘사하고 있다"고 알레마니 총감독은 말한다.

두 달 뒤 6월에는 제15회 도쿠멘타(Documenta)에서 잘 알려지지 않은 새로운 예술가들의 작품이 전시될 것이다. 도쿠멘타는 독일 카셀시에서 5년마다 열리는 국제 미술전이며, 차세대 위대한 예술가들을 세계에 소개하면서 유명해졌다.

가을에는 켄트리지가 아니쉬 카푸어(Anish Kapoor), 아이 웨이웨이(Ai Weiwei), 재스퍼 존스(Jasper Johns), 안토니 곰리(Antony Gormley)의 뒤를 이어 런던 중심가에 있는 왕립 미술원 메인 갤러리에서 전시회를 열 예정이다. 40년 작가 생활을 돌아보며 1980년대부터 오늘날까지 거의 발표하지 않았던 작품을 한데 모아 창작력의 절정에 이른 예술가의 발자취를 보여줄 것이다.

새로운 우주 개발 경쟁

이번에는 조명과 메이크업도 준비해야 한다

레이첼 로이드

영화 제작자들은 한 세기가 훨씬 넘도록 우주에 푹 빠져 있었다. 무성 단편 영화인 〈달나라 여행(Le Voyage dans la Lune)〉은 거대한 포로 쏘아 올린 우주선을 타고 달로 향한 다섯 명의 우주 비행사의 여정을 그렸다. 1902년 개봉한 이 영화는 세계적으로 큰 인기를 끌었다. 20세기 중반 미국과 소련의 우주 개발 경쟁이 시작됐을 때 영화와 TV 프로그램 제작자들은 대중의 관심을 이용해 〈썬더버드〉(1965~1966), 〈스타 트렉〉(1966~1969), 〈2001 스페이스 오디세이〉(1968) 같은 영화를 쏟아냈다. 닐 암스트롱(Neil Armstrong)과 NASA 수학자들의 전기 영화뿐 아니라 〈그래비티〉(2013), 〈인터스텔라〉(2014) 같은 공상과학 영화의 성공에서 뚜렷이 알 수 있듯 시청자들과 비평가들은 지금도 여전히 우주 방랑 모험에 매혹되어 있다.

제작자들은 우주여행을 충실히 묘사하기 위해 종종 이론 물리학자들과 전직 우주 비행사들로부터 전문 지식을 얻는다. 2022년 그 어느 때보다 사실적인 묘사가 스크린에 등장할 것이다. 2021년 10월 러시아 연방 우주국 로스코스모스(Roscosmos)는 영화 〈도전(Vyzov)〉에 나올 장면을 촬영하기 위해 클림 시펜코(Klim Shipenko) 감독과 배우인 율리아 페레실드(Yulia Peresild)를 국제 우주 정거장(ISS)으로

발사 준비는 러시아가 더 잘한 것처럼 보인다.

보냈다. 로스코스모스
와 영화 제작사, 러시
아 주요 방송사 채널
원(Channel One)이 공
동 제작한 이 영화는
지구로 귀환할 예정인
한 우주 비행사를 수술
하기 위해 파견된 여
의사의 여정을 따라간

우주복, 카메라, 액션!

다. 페레실드는 미션
을 수행하기 전에 특정 신체 조건을 충족시켜야 했다. 1961년 최초
로 우주 비행에 성공한 소련 우주 비행사의 이름을 딴 유리 가가린
(Yurii Gagarin) 우주 비행사 훈련 센터에서 엄격한 준비 과정도 거쳤
다. 이 과정에는 낙하산 타기와 무중력 훈련뿐만 아니라 가속도 내성
을 테스트하기 위해 사람을 원심분리기에 집어넣는 고가속도 훈련
(High-G)도 포함됐다.

러시아 영화 제작자들은 이런 창조적인 노력으로 오랜 적들을 물
리치고 싶어 한다. 2020년 5월 더그 라이만(Doug Liman) 감독과 배우
톰 크루즈(Tom Cruise)가 이끄는 미국 영화 제작진은 NASA와 일론
머스크의 우주 개발 업체 스페이스X와 손잡고 ISS에서 그들의 카메
라가 돌아가게 하겠다고 발표했다. 보도에 따르면 유니버설 픽쳐스
는 이 프로젝트에 2억 달러의 예산을 책정했다. 이는 〈분노의 질주〉
시리즈 9편에 들어간 비용과 맞먹는 수준이다. 하지만 발사 준비는
러시아가 더 잘한 것처럼 보인다. 라이만 감독과 톰 크루즈도 2021

년 10월 촬영을 시작하고 싶어 했지만 프로젝트 세부 사항에 대한 준비가 여전히 부족했다. (프로젝트 홍보 담당자는 영화가 '활발하게 진행'되고 있다는 말만 전했다.)

언제 극장에서 개봉할지 몰라도 이 영화들은 우주 탐험에 대한 대중의 열정을 다시 불러일으키고 싶어 한다. 로스코스모스는 "러시아의 우주 활동을 대중화하기 위해" 노력하고 있다고 말했다. 이들은 2021년 12월 일본 억만장자 마에자와 유사쿠(Yusaku Maezawa)를 ISS로 데려가는 계획도 진행 중이다(그는 자신의 유튜브 채널에 내보내기 위해 이 여정을 촬영할 것이다). NASA 국장 출신 짐 브리든스타인(Jim Bridenstein)은 위의 할리우드 프로젝트를 발표할 때 "우리는 NASA의 야심 찬 계획을 현실로 만들기 위해 새로운 세대의 엔지니어와 과학자에게 영감을 줄 대중적인 미디어가 필요하다"고 했다. 인류는 무한한 공간으로 어쩌면 그 너머로 나아갈 것이다.

산업혁명 이후 나타난 회화, 조각, 시청각 미디어, 문학, 시 같은 현대 문화에는 시대의 흔적이 남아 있다. 지난 200년 동안 제조업에 일어난 근본적인 변화와 이윤 추구를 강조하는 사회가 경제, 정치, 문화를 변화시켰다. 이 변화는 인류의 역량을 획기적으로 확장시키고 세계적인 빈부 격차와 발전의 차이를 초래했으며, 역사적으로 그 이전에 일어난 어떤 사건과도 다른 엄청난 도약이었다. 유럽과 북아메리카 강대국들은 세계 여러 나라를 약탈했다. 탈냉전 시대에는 서구와 그들의 정치 단체, 독점 기업이 옹호하는 세계화의 새로운 틀이 나타났다. 이윤 창출 요구가 정치와 문화 담론을 지배하고 있다. 예전에 영토를 구분했던 국경은 더 이상 존재하지 않는 것처럼 보인다.

이 모든 게 우리 시대 문화에 반영돼 있다. 문화는 경제 및 정치 구조, 교육, 언론에 권력을 마구 휘두르는 이윤 추구 집단인 기업으로부터 과도한 영향을 받고 있다. 속속들이 미치는 그들의 영향력은 사회의 가치 판단, 미적 교육, 철학에서 드러난다. 문화의 지형 또한 서구 자본주의, 그와 관련된 개념인 민주주의와 자유, 약간 가미된 사회주의의 틀 안에서 만들어진다. 이런 조건 아래서 미학 형성을 시작으로 문화 교육, 예술 비평, 미술관과 박물관의 큐레이터 과정을 거쳐 예술 작품이 궁극적으로 서양 미술사의 일부분이 되기까지 완벽한 시스템이 만들어졌다. 이 시스템은 모든 면에서 자본주의의 가치와 미적 경향을 반영한다.

예술가이자 활동가인 **아이 웨이웨이(Ai Weiwei)**는 현대 예술이 자본주의에 훼손됐으며 예술의 사회적 목표를 재인식해야 한다고 주장한다.

자본주의로부터 예술을 되찾는 것

현대 예술은 영적인 삶에서 분리돼 단지 오락의 한 형태가 됐다.

이 시스템의 특징은 자본주의가 개인의 자유를 열렬히 옹호하고, 이른바 '독창성'을 장려하며, 규제 없는 개인의 성장을 이상화하는 것이다. 그 징후는 부를 축적하기 위해 영적인 관심사를 무시하고 예술을 순전히 상업적 관점에서 보려 하는 걷잡을 수 없는 추세에서 찾아볼 수 있다. 한편 사회적 부당함, 지역적 불평등, 약자 착취, 지속 가능성은 고려하지 않고 천연 자원을 마구 써버리는 행위 등은 무시되고 있다. 현대 예술은 이런 문제들을 회피하면서 영적인 삶에서 분리돼 단지 오락의 한 형태가 됐다. 자아 인식과 정체성의 이해를 돕는 예술이 힘을 잃었다. 예술의 앞날이 밝지 않다.

예술이 인간 조건을 재정립할 때 비로소 의미 있고 보람된 방식으로 발전할 수 있다고 믿는다. 한 인간으로서 예술가는 개인이자 사회의 구성원이다. 우리 시대의 개인이 넓은 정치적 맥락에서 벗어나기란 불가능하다. 존재의 고유성과 영적 본성을 인식하기 위해서는 반드시 인간 조건에 민감하게 반응하고 도덕의 근원을 자각해야 한다. 자각하지 않는다면 도덕도 없는 셈이다. 수년간 내 작품들은 삶과 죽음, 보다 넓은 사회정치적 맥락, 지구의 환경 변화, 그리고 현재 진행 중인 팬데믹과 그것이 인류와 인간 조건에 미치는 영향에 관한 것들이었다. 이런 주제들은 모두 인간 조건, 인간의 존엄성과 관련이 있으며, 이는 〈검은 샹들리에(Black Chandelier)〉(2021), 〈나무(A Tree)〉(2021) 같은 작품에 영감을 주었다. 앞으로도 내 작품들은 이런 맥락을 유지할 것이다.

2022년 이후에 현재 지배적인 미적 가치에 의문이 제기되겠지만 진정한 변화를 이끌어내기 위해서는 인식하고 행동해야 할 것이다. 예술가가 갖춰야 할 가장 중요한 요건은 진정성과 정확성이다. 그렇기 때문에 예술은 미학과 윤리를 피해 갈 수 없다. 모든 예술의 핵심은 개인으로서 그리고 사회적 존재로서 예술가들이 지니고 있는 책임 의식에 놓여 있다. 예술은 독특한 표현 양식이며 현재와 미래에 경종을 울릴 수 있는 고유한 언어다.

삶의 주춧돌

인간의 지능적 한계가 예술적 가능성을 열어준다. 인류는 과장된 자존감과 극도의 오만함, 세상을 통제하고 있다는 지나친 자신감에도 불구하고 모든 인간은 언젠가 죽는다는 사실에서 벗어나지 못했다. 삶과 죽음, 고통과 실망, 착취와 희생은 예술이 번성할 수 있는 최고의 토양을 제공하면서 인류를 일깨우고 끊임없이 자의식을 새롭게 한다. 예술은 종교와 과학만큼이나 필수적이며 삶에서 없어서는 안 될 주춧돌이다. 인간의 탐욕과 욕망에 잠시 가려졌더라도 반드시 다시 나타날 것이며 모든 인간에게 더 나은 삶을 선사할 것이다.

톰 웨인라이트(Tom Wainwright) 〈이코노미스트〉 미디어 부문 편집자

코로나19 팬데믹으로 전 세계 감독이 어쩔 수 없이 "컷!"을 외쳐야 했기에 2021년에는 신규 TV 시리즈가 적었다. 하지만 촬영이 재개됨에 따라 2022년 시청자는 선택의 폭이 넓어질 것이다. 세계 최대 동영상 스트리밍 업체 넷플릭스는 공상과학 히트작 〈기묘한 이야기〉 시즌 4를 공개할 예정이다. 아마존의 온라인 동영상 서비스인 아마존 프라임 비디오는 5억 달러에 달하는 엄청난 제작비가 들어간 〈반지의 제왕〉 스핀오프를 공개할 것이다.

이것은 시청자의 시선을 사로잡기 위한 스트리밍 전쟁에서 곧 일어날 기습공격들이다. 이 경쟁에서 할리우드와 실리콘밸리의 엔터테인먼트 거인들은 앞다투어 콘텐츠에 더 많은 돈을 쓰려 한다. 하지만 대다수 나라에서 '전투'에 참가하는 전투원은 두셋 정도로 한정돼 있다. 넷플릭스와 아마존은 없는 곳이 없다. 애플의 동영상 서비스 업체인 애플TV플러스(Apple tv+)는 100개 이상의 국가에 진출했다. 나머지 업체들도 해외 진출 작업을 진행하고 있다.

2022년에는 할리우드의 다양한 스트리밍 업체들이 새로운 시장으로 몰려오면서 상황이 더 복잡해질 것이다. 그들은 해외 진출로 신규 고객 수천만 명을 모집하고 군사금을 불릴 기회를 삼을 것이다. 하지만 구독자 쟁탈전은 미국 내에서보다 쉽지 않을 것이다.

〈오징어 게임〉 요원들

할리우드 최대 제작사인 디즈니는 최근 한국(2021년 넷플릭스의 전 세계 최대 히트작인 〈오징어 게임〉 촬영지), 홍콩, 대만에서 디즈니플러스 (Disney+) 서비스를 시작하면서 아시아로 더 깊숙이 파고들었다. 미 국 최대 케이블 사업자인 컴캐스트(Comcast)의 자회사 NBC 유니버 설의 동영상 플랫폼인 '피콕(Peacock)'과 워너미디어의 HBO 맥스는 유럽에서 서비스를 개시했다. 가벼운 리얼리티 오락 프로그램을 제 공하는 디스커버리플러스(Discovery+)도 최근 브라질, 캐나다, 필리핀 에서 사업을 시작했다.

2022년에 이 시장은 더욱 확대될 것이다. 디즈니플러스는 동유럽, 중동, 아프리카에서 서비스를 시작할 계획이다. 미국 최대 미디어 기 업 비아콤(Viacomcbs)의 파라마운트플러스(Paramount+)는 가장 큰 시 장인 유럽에 진출할 것이다. 〈왕좌의 게임〉에서부터 〈석세션〉에 이 르기까지 미국의 대표적 TV 프로그램을 보유하고 있는 HBO 맥스 가 유럽에서도 입지를 넓힐 예정이다.

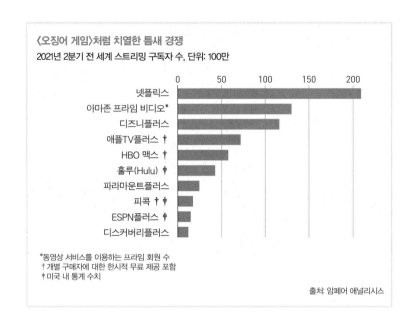

〈오징어 게임〉처럼 치열한 틈새 경쟁
2021년 2분기 전 세계 스트리밍 구독자 수, 단위: 100만

	0	50	100	150	200

- 넷플릭스
- 아마존 프라임 비디오*
- 디즈니플러스
- 애플TV플러스 †
- HBO 맥스 †
- 훌루(Hulu) ‡
- 파라마운트플러스
- 피콕 †‡
- ESPN플러스 ‡
- 디스커버리플러스

*동영상 서비스를 이용하는 프라임 회원 수
†개별 구매자에 대한 한시적 무료 제공 포함
‡미국 내 통계 수치

출처: 암페어 애널리시스

할리우드는 외국인을 만족시키기가 쉽지 않다는 것을 깨달을 것이다. 신흥 시장에서 큰 수익을 기대하기는 힘들 것이다. 디즈니플러스가 인도의 개인 구독자로부터 거둬들이는 수익은 한 달에 1달러도 되지 않는다. 부유한 나라에서조차 개인이 스트리밍에 책정한 예산은 미국보다 적다. 미디어 분석 업체인 암페어 애널리시스(Ampere Analysis)에 따르면 미국인이 내는 한 달 케이블 요금은 거의 100달러에 이른다. 영국인의 한 달 케이블 요금은 그 절반 수준이다. 미국인은 요금이 지나치게 비싼 케이블 패키지를 기록적인 속도로 해지하면서 스트리밍에 전력을 마음껏 소비하고 있는 반면 유럽인은 케이블TV 구독에 훨씬 더 집착하는 것처럼 보인다.

'권리'에 관한 문제도 남아 있다. 디즈니를 비롯한 몇몇 제작사는 자신들이 제작한 모든 영화와 프로그램을 자사 스트리밍 플랫폼에만 공급하고 있다. 하지만 나머지 업체들은 각각의 배급 업체에 대해 여전히 라이선스 의무가 남아 있다. HBO 맥스는 영국을 비롯한 일부 유럽 주요 국가에서 서비스 개시일을 발표하지 않고 있다.

컴캐스트가 소유한 위성 방송사 스카이(Sky)가 그들의 최고 인기 작품에 대한 권리를 보유하고 있기 때문이다.

이 시장에 파고들기가 쉽지 않기에 스트리밍 전쟁은 스트리밍 동맹에 자리를 내주고 있다. 디스커버리와 워너미디어는 넷플릭스에 협공을 펼치기 위해 합병을 제기했고, 2022년에 계약을 마무리짓고 싶어 한다. 미국에서 서로 경쟁하고 있는 컴캐스트와 비아콤의 스트리밍 플랫폼인 피콕과 파라마운트플러스는 해외 진출에 협력하기로 합의했다. 그들이 제작한 프로그램들은 2022년 유럽에서 서비스를 시작할 또 다른 스트리밍 플랫폼인 스카이쇼타임(SkyShowtime)에서 하나가 될 것이다. 다가오는 해에는 TV에 볼거리가 풍성할 것이다. 이 가운데 어느 플랫폼에서 무엇을 볼지 결정하는 게 우리의 과제인 셈이다.

 WHAT IF?

넷플릭스는 드라마, 코미디, 리얼리티 프로그램을 제작해 TV 업계를 뒤흔들었지만 스포츠에 관심을 보인 적은 없었다. 그들은 전 세계에서 콘텐츠 판권을 소유하고 싶어 하지만 스포츠 중계권은 지역별 공개 입찰로 주인이 결정된다. 그런데 2021년 9월 넷플릭스 CEO 리드 헤이스팅스(Reed Hastings)는 포뮬러 원(F1) 경주 다큐멘터리 시리즈인 〈본능의 질주(Drive to Survive)〉가 성공하자 F1 자동차 경주 중계권 입찰을 '고려하겠다'는 의향을 내비쳤다. **넷플릭스가 스포츠 중계에 뛰어들면 어떤 일이 벌어질까?** 스포츠 중계는 케이블TV 업계를 지탱해주는 마지막 수단이다. 넷플릭스가 이 경쟁에 뛰어든다면 그들의 해제가 더욱 앞당겨질 것이다.

아부다비 **H. E. 무함마드 알 무바라크 (H. E. Mohamed Al Mubarak)** 문화관광부장관은 문화와 창의성이 미래의 도시를 이끌 것이라고 말한다.

문화는 도시에서 핵심적 역할을 한다

문화와 창의성은 사회의 성장, 그리고 개인과 집단의 행복에 꼭 필요한 요소다.

팬데믹은 도시 생활에 지대한 영향을 끼쳤고 특히 선진국에서 그런 특징이 두드러졌다. 봉쇄 조치가 완화되는 와중에도 기업들이 재택근무를 계속 허용하자 도시 밖으로 이주하기로 결심하는 이들이 많아졌다. 팬데믹 이후 세계에서 도시의 경제적 우위를 유지하려면 지도자들은 사람들이 거주하고 일하고 싶어 하는 도시가 되도록 많은 노력을 기울여야 한다.

그러기 위해서는 도시인의 삶에 지금보다 더 문화적이고 창의적인 활동을 접목하는 게 중요하다. 이는 디지털 시대의 연결력을 수용하는 동시에 도시 공간의 심장부를 보존하는 데 도움이 될 것이다. 도시는 금융 시장, 오피스 빌딩, 경제 활동으로만 정의되는 게 아니라 일상생활 전체를 가로지르는 독특한 창조성과 문화로 정의된다.

많은 이들이 봉쇄 기간을 잘 보내기 위해 문화 활동을 찾아 나섰지만 도시 생활의 문화적 요소에 이보다 더 큰 위기는 없었다. 문화적 요소는 지속 가능한 공동의 미래를 만드는 데 꼭 필요한 긍정적인 힘이다. 유엔은 2030년까지 '지속 가능 발전 목표(Sustainable Development Goals)'와 '행동의 10년(Decade of Action)' 의제를 달성하기로 결의했다. 이 의제 안에서 완전한 문화 통합을 이루기 위해 노력하는 국제 기구 연합체인 '문화 2030(Culture2030)'의 핵심은 '문화의 현지화'다. 이들은 문화 발전의 핵심으로 지역 사회를 꼽았다.

문화와 창의성은 사회의 성장, 그리고 개인과 집단의 행복에 꼭 필요한 요소다. WHO와 런던 유니버시티 칼리지의 최근 연구에 따르면 예술 관련 활동은 신체와 정신 건강 문제를 다루는 데 중요한 역할을 하고 사회적 결속을 돕는다.

봉쇄 조치가 내려진 뒤 우리 가족의 첫 나들이 장소는 루브르 아부다비 박물관이었다. 창조적인 문화 활동이 정신과 마음에 약이 된다는 것을 일깨워주는 숭고한 경험이었다. 문화 활동은 경제를 강력하게 하는 원동력이 되기도 한다. 이런 힘을 활용하기 위해 도시를 변화시키는 것은 정부 혼자 힘으로는 불가능하다. 정책 입안자들, 비영리 조직과 교육계 인사, 헌신적인 개인과 민간 기업의 협력이 필요하다.

2021년 3월 제4차 문화 정상 회의에서 아부다비 문화관광부는 유네스코와 협력해 코로나19 팬데믹이 세계 문화와 창조적 산업에 미친 영향을 가늠하기 위해 새로운 공동 연구를 하기로 발표했다. 이 연구는 문화 영역 회복을 지원하고 문화가 광범위한 사회적·경제적 재생 전략의 일부가 될 수 있도록 돕기 위한 방안도 모색할 것이다.

한 가지 좋은 사례가 있다. 마이애미는 키스 해링(Keith Haring), 로버트 라우센버그(Robert Rauschenberg) 같은 이름난 팝아티스트를 내세운 대중 예술 프로그램과 성공적인 자선 활동 등 다양한 분야의 협력 덕분에 지난 20년 사이 활기찬 현대 문화 중심지로 거듭났다. 애드리언 아시트(Adrienne Arsht)가 공연 예술 센터에 기부한 3,000만 달러 덕분에 지역 사회에서 10억 달러의 투자도 이뤄졌다. 마이애미가 이룬 성공의 핵심 요인은 상업 활동이었다. 초대형 박람회 '아트 바젤 마이애미 비치(Art Basel Miami Beach)'는 경제 활동으로 수억 달러의 수익을 창출했고, 개발업자들은 도시의 스카이라인을 바꾸기 위해 프랭크 게리(Frank Gehry), 장 누벨(Jean Nouvel), 자하 하디드(Zaha Hadid) 같은 세계 최고 건축가에게 작업을 의뢰했다. 이런 활동 덕분에 마이애미는 사람들이 살고 싶어 하고, 일하고 싶어 하고, 방문하고 싶어 하는 세계적인 문화 여행지가 됐다.

아부다비도 그와 같은 목표를 이루기 위해 2016년부터 2026년까지 우리 고유의 문화적·창조적 사업에 80억 달러 넘게 투자하며 노력을 아끼지 않을 것이다. 이 전략에는 전통적인 지역 수공예품을 홍보하는 것에서부터 루브르 아부다비 박물관, 자이드 국립 박물관, 구겐하임 아부다비 같은 주요 문화 시설을 개관하는 데 이르기까지 800여 개의 이니셔티브가 포함되어 있다. 곧 개봉하는 영화 〈미션 임파서블〉 7편에서는 아부다비의 광활한 사막과 현대적인 국제공항이 화면에 등장할 것이다. 토후국의 고대 유산과 미래를 향한 야망이 독특하게 혼합된 모습을 볼 수 있을 것이다.

앞날을 내다보며 과거를 돌아보다

2021년 말 아랍에미리트(UAE) 건국 50주년을 맞는 아부다비는 혁신과 창의성을 수용하기 위해 경제를 빠르게 다각화하고 있다. 전 세계 다른 도시들도 이와 같이 대응함으로써 많은 혜택을 얻으리라 믿는다. 도시를 생기 넘치는 충만한 공동체로 만들기 위해서는 활기찬 공공 장소와 경제적 지원이 뒷받침하는 풍요로운 문화 생활이 꼭 필요하다. 21세기의 새로운 경제 일꾼들은 그런 도시에서 살아가고, 번영하고, 가족을 일구고 싶어 할 것이다.

PART
2

THE WORLD AHEAD 2022

시스템 실패

2022년에 바이든 정권은 앞선 정권들과 비슷한 정체기를 맞이할 것이다

이드리스 칼룬(Idrees Kahloon) 〈이코노미스트〉 워싱턴 DC 통신원

2022년은 바이든 정권이 일을 제대로 할 수 있는 마지막 해가 될지도 모른다. 이것이 냉혹한 현실이다. 정체기는 미국 시스템의 고질병이다. 미국 시스템은 의견 일치를 전제로 하는 헌법적 설계를 기원으로 하는데, 상원에서의 실질적인 압도적 다수 요건과 아슬아슬한 과반수, 극단적 양극화의 시대에 의견 일치에 도달하는 것은 갈수록 더 어려워지고 있다. 백악관과 의회의 상하 양원이 한 정당의 통합된 통제 아래에 있는 완벽한 환경에서도 중대한 법안의 제정은 극히 어렵다. 버락 오바마(Barack Obama) 전 대통령과 도널드 트럼프 전 대통령이 내세운 정권의 주요 법안(각각 의료 서비스 개혁과 대규모 세금 감면)을 임기의 첫 2년 중에 통과시킨 것은 우연이 아니

다. 두 명의 전임 대통령 모두 중간 선거에서 참패하면서 상원 또는 하원에 대한 통제권을 잃어버렸고, 원하는 대로 법안을 제정할 능력 역시 상실했다.

바이든 대통령은 이 불만족스러운 길을 뒤따를 채비를 마친 것 같다. 임기 초반에 경기 부양 법안을 성공적으로 통과시켰지만, '더 나은 재건(Build Back Better)'으로 통합 지칭되는 그의 대표 제안(기후 변화 완화 및 유럽 스타일의 안전망 프로그램을 위한 막대한 지출로, 비용은 부유층을 겨냥한 대규모 증세로 치른다)은 2021년의 대부분 기간에 입법부의 늪에 빠져 있었다. 우리가 편집을 마감할 때쯤 의견이 상충했던 민주당 당파들은 협상하기 위해 애를 쓰고 있었다. 최종적으로 합의되는 지출 액은 바이든이 바랐던 4조 달러의 몇 분의 1밖에 되지 않겠지만 일부는 통과될 수 있을 것이다. 부분적인 성과밖에 달성하지 못하더라도 앞으로 다가올 것들과 비교하면 꽤 커 보일 것이다.

선거에서의 패배는, 적어도 입법의 관점에서 보았을 때 바이든 대통령 임기의 잃어버린 마지막 두 해의 전조가 될 것이다. 민주당은 하원 의원석의 다섯 석을 여유분으로 가지고 있으나, 상원에서는 여유분이 전혀 없다. 1938년 이후로 재임 중인 대통령이 자신의 당이 하원에서 세력을 확장하는 모습을 지켜볼 수 있었던 것은 단 두 번뿐이었고, 이 두 번의 경우에 운 좋은 대통령의 지지율은 60%가 넘었다. 유감스럽게도 바이든의 지지율은 상대적으로 빈약한 44%다. 역사적 관련성을 기반으로 보면 이 수준은 33석을 빼앗기는 것, 다시 말해 하원 의원석에 대한 통제권을 상실할 것임을 예견한다. 오직 3분의 1만의 의석이 격년으로 겨뤄지고 여당이 패배하는 경향이 덜한 상원(다음 이야기 참고)에서 민주당의 상황은 조금 더 희망적이다. 하지만 미국 시스템은 양원의 합의를 요구하고, 공화당은 민주당이 선거 운동에서 제시한 어떤 우선순위도 순순히 지지하지 않을 것이다.

낙관론자들은 어두운 선거 전망에도 불구하고 민주당이 2022년 11월 전에 여전히 많은 성과를 거둘 수 있다고 주장했다. 어쩌면 그럴 수도 있다. 하지만 만약 바이든의 정책 과제 설정 법안에 대한 논쟁이 계속된다면 입법 과정에 필요한 에너지가 빨려나갈 것이다. 나머지 에너지는 어렴풋이 드러나기 시작한 선거에 대한 전망으로 소모될 것이다. 허약한 과반수의 문제는 약간의 내부 반대도 어떤 제안이든 좌절시키기에 충분하다. 현직 민주당 의원들 사이에서 만장일치에 가까운 합의가 도출되더라도, 60명의 상원의원이 모이지 않는 한 법안의 필리버스터가 허용되는 상원의 복잡 미묘한 규칙이 다양한 법안의 운명을 결정짓는다. 필리버스터가 그대로 있는 상태에서 이뤄질 수 없는 것 중 일부만 언급하자면, 투표권 법안의 대대적인 개정, 최저 임금 인상, 이민 시스템의 개혁 등이 있다. 필리버스터에서 벗어날 수 있는 제안이라면 매우 중대한 사안이 아닐 확률이 높다.

현대의 제왕적 대통령직의 특전 중 하나는 정책 입안이 절망적일 정도로 다루기 어려운 의회의 협업(선호되는 방법임에도)에 의존하지 않아도 된다는 것이다. 임기의 첫 두 해가 지나고 좌절한 그의 전임자들처럼 바이든은 (특히 환경과 관련된) 행정 기관, 또는 무역 제한 선고라는 상당히 일방적인 힘을 통해 확장적 규제를 발표하는 쪽으로 고개를 돌리게 될지도 모른다.

굴하지 않는 신념으로 아프가니스탄에서 군대를 철수시키며 보여준 고립주의자적 면모로 미뤄보아 바이든은 다른 황제 대통령들의 취미였던 전쟁 일으키기를 활용하지 않을 것 같다. 그 대신 바이든의 일정에는 정상회담이 더 많이 등록될 것이다. 대통령이 자신의 우상인 프랭클린 루스벨트(Franklin Roosevelt) 전 대통령의 발자국을 뒤따르면서 미국을 재건하는 편을 택할 것이라는 사실에는 의심의 여지가 없다. 하지만 루스벨트 정권의 과반수 없이 루스벨트식 변화를 만들기는 어렵다.

정체기를 향한 길

공화당에 대한 선호도가 높아지고 있지만
총선에서 공화당이 승리할 확률이 압도적으로 높지 않은 이유

G. 엘리엇 모리스(G. Elliot Morris) 워싱턴 DC, 〈이코노미스트〉 데이터 부문 기자

여당이 백악관을 차지한 이후 첫 중간 선거에서 패배하는 것은 미국 정치에서 가장 뚜렷하게 나타나는 패턴 중 하나다. 2018년에 이런 패턴이 트럼프 대통령의 취임에 대한 반발로 '블루 웨이브(blue wave)'를 일으켰고, 민주당은 공화당에서 40석을 빼앗아왔다. 2022년 바이든 대통령은 자신의 정당이 이와 비슷한 실망스러운 성과를 거두는 것을 목격하게 될 확률이 높다. 바로 이것이 중간 선거의 저주다.

몇 가지 지표가 중간 선거의 저주를 시사한다. 첫 번째는 역사다. 캘리포니아 산타바바라 대학교의 미국 대통령직 프로젝트에 의하면, 1934년과 2018년 사이에 백악관을 장악한 정당이 하원에서 평균 28석을 잃어버렸다. 여당은 지난 22번의 중간 선거 중 세 번을 제외한, 그러니까 전체 선거의 약 86%에서 의석을 잃었다. 이러한 패턴은 상원 선거에서 조금 덜 뚜렷하게 나타났다. 상원 선거의 경우 1934년 이후 여당이 평균 네 석을 잃어버렸고, 68%의 경우에 중간 선거에서 패배했다.

두 번째는 여론 조사다. 〈이코노미스트〉에서 분석한 이번 '일반 투표'에 대한 여론 조사는 미국인들에게 격년으로 11월에 진행되는 하원의원 선거구 투표에서 누구를 뽑을 것인지 질문했다. 결과는 거대

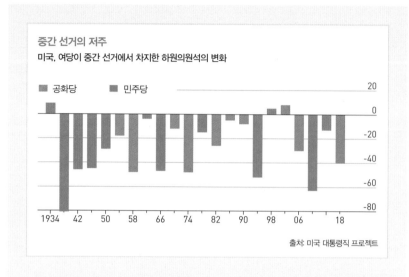

중간 선거의 저주
미국, 여당이 중간 선거에서 차지한 하원의원석의 변화

■ 공화당　　■ 민주당

출처: 미국 대통령직 프로젝트

양당에 투표한 모든 표 중에서 51.7%가 민주당을 지지한다고 나왔는데, 이는 2020년 선거에서 민주당이 얻은 비율과 정확히 일치한다. 이 결과가 나온 시기가 2022년 11월이었다면 민주당에게 행운의 전조가 되겠지만, 미국의 진보주의자들에게는 유감스럽게도 실제 선거 1년 전에는 여당에 불리한 경향이 있다. 1942년 중간 선거 이후로 양당 투표 중 여당이 차지하는 비중은 평균 3.4% 떨어졌다.

이 관계만 단독으로 본다면 2022년 하원 선거에서 민주당은 대략 48%를 석권할 수 있을 것으로 기대되는데, 이 성과로는 현재의 8석 과반수를 거의 확실히 잃어버리게 될 것이다. 하지만 여론 조사 간 역사적 관계에 불확실성이 존재한다. 〈이코노미스트〉의 모델에 따르면 민주당은 2022년 중간 선거 날 최대 55% 또는 최소 41%까지 득표할 수 있다. 즉 대략 3분의 1의 확률로 승리할 만큼 충분히 득표할 수 있다는 계산이 나온다.

선거 관찰자들이 염두에 둬야 할 마지막 지표는 양극화다. 여론 조사에 따르면 투표자들의 이데올로기적 격차가 이전보다 더 크게 벌어진 탓에 당파를 넘나드는 경우가 줄어들 것이다. 따라서 여당에 대한 유권자의 지지가 과거만큼

여론 조사에 따르면 투표자들의 이데올로기적 격차가 이전보다 더 크게 벌어졌다.

크게 이동하지 않을 것이다. 이 요소를 우리 모델에 추가하면 예측의 불확실성도 증가하겠지만 민주당의 예상 득표율은 대략 0.5% 증가한 48.5%가 될 것이다. 만약 역사적 패턴에 따라 민주당이 3~4포인트 차이로 패배할 경우 이 보너스는 별로 큰 영향을 주지 못할 것이다. 하지만 접전인 선거에서는 결정적일 수 있다. 현재 미국에서 일어나는 과도하게 경쟁적인 선거의 시대에는 이와 같은 작은 차이가 큰 변화를 만들 수 있다.

도널드 트럼프의 재림

많은 보수주의자가 민주주의보다 그들의 전임 리더를 더 사랑하고 있다

제임스 아스틸(James Astill) 〈이코노미스트〉 워싱턴 DC 지국장, 렉싱턴 칼럼니스트

전직 대통령의 통상적인 루틴은 무대 뒤편으로 물러나거나, 후임자에 대한 비판을 우아하게 삼가고 도서관 설립 계획을 세우는 것이었다. 하지만 트럼프는 무대 뒤편, 우아함이나 책과 거리가 멀다. 트럼프는 집회, 인터뷰, 즉흥 연설은 물론, 플로리다에 있는 자신의 사유지 마르아라고(Mar-a-Lago)에서의 결혼식에서까지 2020년

구원자를 찾습니다

선거에서 그의 패배를 감히 인정한 공화당원 무리와 언론, 바이든 대통령을 맹공격했다. 트럼프는 복귀 가능성을 계속 찔러봤다. 2022년에는 그의 복귀가 점점 더 불가피해질 것으로 보인다. 트럼프는 건강에 이상이 생기지 않는 이상 대통령직을 향한 그의 분명한 갈망을 멈추지 않을 것이다. 대부분의 공화당 지지자들은 그가 재출마하기를 바란다. 트럼프가 출마 의사를 넌지시 비췄을 뿐임에도 1억 달러를 훨씬 뛰어넘는 액수가 모금되었다. 그리고 만약 공화당이 트럼프 쪽으로 돌아서지 않는다면 그것은 이미 당이 일그러뜨리기 쉬운 상태였기 때문일 것이다. 린지 그레이엄(Lindsey Greyham)과 같은 트럼프의 치어리더들은 그가 퇴임한 날부터 트럼프에게 당의 지휘관 역할을 계속 맡아 달라고 권했다. 론 드샌티스(Ron deSantis) 플로리다 주지사, 트럼프 정권에서 장관직을 맡았던 마이크 폼페이오(Mike Pompeo) 전 국무부장관 등 차기 대선에서 트럼프와 진지하게 맞설 경쟁자들은 그를 모방하는 가짜 트럼프일 뿐이다. 모든 지표는 공화당이 진짜 트럼프를 선호할 것이라고 말하고 있다.

트럼프는 부패한 진보주의 체제에 의해 바이든에게 대선의 승기를 빼앗겼다는 주장으로 복귀에 대한 정치적 견해를 미리 정리해

둔 것 같다. 공화당 지지자의 약 80%가 이 거짓말을 믿는다고 했다. 이것은 공화당 입법자들이 그 거짓말로 인해 2021년 1월 6일 캐피톨 힐(Capitol Hill)에서 벌어진 폭동의 진상 규명 노력을 불식시킨 일과 이를 반대한 리즈 체니(Liz Cheney) 의원 등의 공화당원 무리가 강력하게 비판받은 이유다. 그러는 동안 모든 공화당 의원과 후보자가 '선거의 진실성(election integrity)'에 주의를 촉구하고 있다. 망상에 가장 깊숙이 빠져 있는 공화당 집권 주에서는 민주당이 합법적으로 승리할 리 없다는 뜻을 밝히며 민주당의 승리를 완전히 차단할 특별 조치가 필요하다고 믿는다.

공화당이 집권하는 최소 18개의 주의회에서 투표를 어렵게 만드는 선거법을 통과시켰는데, 대부분 아프리카계 미국인을 포함한 전통적인 민주당 지지층을 겨냥한 것이었다. 더 심각한 것은, 이렇게 '트럼프화'된 입법부 중 여러 곳이 주의 선거 관리까지 장악했다는 것이다.

2020년 선거를 도둑질하려는 트럼프의 노력이 얼마나 결연하게 나타났는지를 생각해보면 특히 더 심각한 상황이다. 주 공무원들이 조금만 더 굴복했다면 더 큰 혼란이 일어났거나 강탈에 성공했을 것이다. 굴복하지 않는 공무원의 숫자는 이미 줄어들었다. 예를 들어 트럼프에게 '11,780표를 찾아내라'라는 요구를 받았던 공화당의 브래드 래픈스퍼거(Brad Raffensperger) 조지아 국무장관은 민주주의를 대변하는 역할을 계속할 수 없었다. 주의 공화당 입법부에서 그 권한을 빼앗아 갔기 때문이다.

대부분 2022년 상반기에 진행될 예정인 공화당 의회 예비 선거는 정당이 얼마나 이런 극단주의에 굴복했는지 보여줄 것이다. 212명

> 2020년에 트럼프를 선택했던 7,500만 명가량의 투표자 중 상당히 적은 인원만이 1월 6일 폭동에 불편함을 느꼈던 것 같다.

의 공화당 하원의원 중 10명이 반란 사태에 대한 트럼프 탄핵에 동의했는데, 그중 두 명은 이미 다음 선거에서 의원직을 그만두겠다고 밝혔다. 리즈 체니를 비롯한 나머지 여덟 명의 의원들은 트럼프를 배후에 둔 주요 도전자들과 맞서게 될 것이다. 만약 이들 대부분이 예상대로 패배한다면 공화당에 대한 트럼프의 통제가 더 강력해지고, 전략으로서 선거 회의론의 채택이 더 심화할 것이다. (그리고 만약 이들이 이긴다면 트럼프주의자들은 부당하다고 외칠 것이고, 마찬가지의 효과를 낼 것이다.)

2022년 11월 중간 선거는 중요한 풍향계가 될 것이다. 트럼프계 공화당원들이 전체 유권자들에게 선거 음모론을 홍보할 첫 기회가 될 것이다. 트럼프가 캠페인의 선두에 서서 그렇게 움직이도록 부추길 것이다. 그렇다면 여기에서 가장 중요한 변수는 중도 우파 투표자들이 이 전략을 실패로 돌아가게 할 만큼 충분히 반발할 것인가다.

만약 중도 우파 세력이 그렇게 느낀다면 트럼프의 대통령직 탈환 계획에 엄청난 타격을 줄 것이다. 하지만 이런 결과를 기대해볼 만한 근거는 적은 것 같다. 2020년에 트럼프를 선택했던 7,500만 명가량의 투표자 중 상당히 적은 인원만이 선거 부정론과 캐피톨 힐에서의 폭력 사태에 불편함을 느꼈던 것 같다. 이들은 트럼프의 권위주의적 본능을 공유하고 있거나, 그 본능을 아주 심각하게 여기고 있지 않은 것 같다. 미국은 언젠가 후회하게 될지도 모른다.

범죄 감소의 끝?

———

2020년에 살인율이 대폭 뛰어올랐다
원인이 무엇이건 간에 이 숫자는 빠르게 떨어지지 않을 것이다

존 패스먼(John Fasman) 뉴욕, 〈이코노미스트〉 디지털 부문 편집자

미래의 모습을 상상한 영화 〈뉴욕 탈출(Escape from New York)〉은 1981년 개봉됐지만, 1997년을 배경으로 한다. 거대한 규모의 최고 안전 교도소로 변한 맨해튼에서 배우 커트 러셀(Kurt Ressell)이 납치당한 대통령의 구조 임무를 받은 특수 부대 출신 스네이크 플리스켄(Snake Plissken)을 연기한다. 여러 공상과학물처럼 이 영화는 당시 사람들이 미래에 대해 품고 있었던 불안을 반영했다. 1980년 뉴욕에서 살해당한 사람의 수(1,814명)는 경찰서에서 해당 자료를 수집하기 시작한 1931년 이래 가장 많았다. 10년 뒤 이 수치는 2,245명으로 증가했다.

1990년대 초반이 되자 매년 미국 전체에서 2만 5,000명에 달하는 사람들이 살해당했다. 그러나 그 후에 예상하지 못했던 일이 벌어졌다. 나라가 안전해지기 시작한 것이다. 1993년에서 2019년 사이에 미국의 폭력 범죄율이 거의 절반 수준으로 떨어졌다. 이런 결과가 나타난 이유는 여전히 뜨거운 논쟁거리로 남아 있다. 가능성 있는 이유로는 가둬두지 않았다면 범죄를 저질렀을 사람들을 감옥에 넣은 강력한 처벌 규정, 경찰 전술의 개선, 현금과 마약 및 알코올 소비량의 감소, 납이 함유된 휘발유 사용 중지(납에 노출되는 것은 공격성과 관련이 있다) 등이 있다. 2020년에 살인율이 유례없는 비율인 거의 30%까지

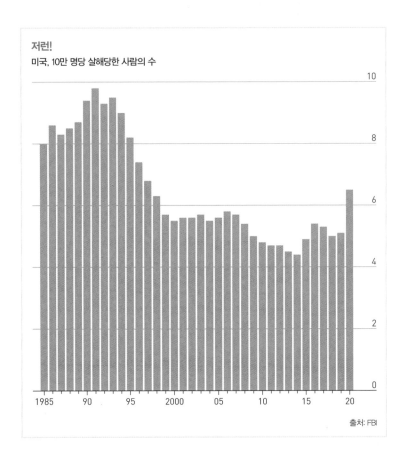

저런!
미국, 10만 명당 살해당한 사람의 수

출처: FBI

치솟았다는 것은 논란의 여지가 없는 사실로, 많은 이들에게 오랫동안 계속되어온 범죄의 감소가 끝나고 추세가 반전되고 있다는 두려움을 안겼다.

안심해도 된다고 주장하는 이들은 최근에 범죄가 증가했더라도 미국이 예전보다 훨씬 안전하다는 점을 지적한다. 살해당한 미국인의 수는 1980년 즈음에 매년 10만 명 중 열 명 이상이었는데, 2020년에는 2010년대 중반의 최악 수준인 다섯 명 미만을 살짝 넘긴 여섯 명이었다. 또한 최근 범죄가 급증한 것은 젊은이들에게 갈 곳을 제공해줬던 학교와 커뮤니티 센터 및 기타 사회 복지 시설이 팬데 믹 시기에 문을 닫았고, 미니애폴리스에서 경찰관이 조지 플로이드 (George Floyd)를 살해한 이후 (이런 분위기에서는 경찰이 한발 물러선다는 주장이 있다) 발생한 광범위한 시위의 영향을 받았기 때문이라고 말했다. 2020년에 전반적인 범죄가 감소했다는 점도 언급했지만, 이것은 가짜 위안일 뿐이다. 예를 들어 차량 절도 발생률이 감소했다는 좋은 소식은 살해율이 증가했다는 훨씬 나쁜 소식을 상쇄하지 못한다.

2020년에 범죄가 급증한 것은 완전히 독립된 사건이 아니다. 일부 도시에서 코로나19가 발발하기 전부터 살인율이 증가하기 시작했었고, 또 다른 곳, 특히 규모가 큰 도시에서 살인율이 2021년에 계속 높은 상태를 유지했다. 여기에서 사회학자들이 '끈적거린다(sticky)'라고 부르는 살인의 흉측한 특성이 드러난다. 살인은 종종 보복성 살인을 불러일으킨다. 살인율이 급증할 때 오르는 구간은 꽤 가파르지만, 떨어지는 구간은 대개 가파르지 않다. 미국이 1990년대와 2000년대에 더 안전해졌던 것은 갑자기 모두가 총을 내려놨기 때문이 아니라, 살인율이 안정적이고 연속적으로 서서히 감소했기 때문이었다. 총에 대해서 한마디 덧붙이자면 2020년에 총기 판매량이 기록적인 수치를 달성했고, 총은 버터와 달리 상하지 않는다. 위험한 무기를 소지한 사람이 많아질수록 분쟁이 살인으로 이어질 가능성이 증가한다.

만약 범죄와 (그것만큼이나 중요한) 범죄를 향한 두려움이 계속 높은 상태를 유지한다면 미국 정치에도 반영될 것이다. 일부 지역에서는 이미 나타났다. 범죄가 증가할 때 사람들은 긴장하며 자신을 안전하다고 느끼게 해줄 후보에게 투표한다. 뉴욕은 굳건한 진보주의 성향의 도시지만, 2021년 민주당 시장 예비 선거에서 범죄를 걱정한 진

2022년에 공화당원들은 분명히 범죄를 주요 캠페인 주제로 다룰 것이다.

보주의 투표자들은 진보 진영의 친구들 대신 전직 경찰이자 치안을 유지하겠다고 약속한 공화당 출신의 에릭 애덤스(Eric Adams)를 선택했다.

2022년 중간 선거에서 공화당원들은 분명히 의회를 차지하기 위해 열의를 기울이며 분명히 범죄를 주요 캠페인 주제로 다룰 것이다. 민주당원들은 대도시와 작은 마을, 진보와 보수가 관리하는 모든 지역에서 폭력 범죄가 발생했다고 주장할 것이다. 맞는 말일지도 모르겠지만 진실만으로는 정치적으로 설득력 있는 주장을 매번 생산해낼 수 없다.

지난 두세 번의 선거 주기에 보스턴, 시카고, 필라델피아를 포함한 몇몇 도시의 투표에서는 감옥에 보내는 인원을 줄이겠다는 개혁적인 지방 검사가 선출됐다. 이런 후보의 경우 폭력 범죄율이 높은 시기에는 승리를 거두기 어려울 수 있다. 어쩌면 팬데믹이 미치는 영향이 미미해지고 경찰이 지역 공동체의 관계를 개선하는 데 시간과 돈을 지속적으로 투자하면서 범죄율이 떨어질지도 모르겠다. 아니면 사람보다 총기가 더 많은 국가에서 폭력 범죄율이 떨어지는 데에는 그저 자연적인 한계가 있는 것일지도 모르겠다.

반등, 그 이후에 일어날 일

미국 경제는 코로나19 이전의 트렌드로 간신히 돌아갈 것이다

사이먼 라비노비치(Simon Rabinovitch) 〈이코노미스트〉 미국 경제 부문 편집자

언뜻 보면 2021년에 미국이 헤드라인으로 내세운 성장 수치는 굉장히 멋진 성과처럼 보일 것이다. GDP는 2020년 3.5% 하락한 뒤 거의 6%를 달성하며 지난 50년간의 반등 중 가장 가파른 성장세로 확장 궤도를 되찾았다. 하지만 세부 사항에는 문제가 있다. 인플레이션율이 뛰어올랐고, 기업들이 일할 의향이 있는 노동력을 구하는 데 어려움을 겪으면서 기저귀부터 자동차까지 모든 것이 공급 부족을 겪고 있다. 다가올 해에는 많은 것이 뒤집힐 것이다. 헤드라인 수치는 덜 놀랍겠지만 보닛 밑에 있는 미국의 경제 엔진은 더 건강해질 것이다.

2021년의 큰 반등 이후 2022년의 성장은 분명히 더딜 것이다. 대부분의 분석가들은 대략 4%의 확장을 전망한다. 그리고 매달 전년 대비 수치가 점점 더 평범해짐에 따라 모멘텀이 서서히 사그라들 것이다. 하지만 이것이 더 큰 성과를 달성하는 데 지장을 주지는 않을 것이다. 4%의 성장률은 지난 몇십 년 동안의 기준으로 보았을 때 여전히 탄탄한 수치다. 놀랍게도, 미국 경제의 전체적인 크기는 2019년의 예측치를 거의 정확히 달성하며 한 해를 마무리하게 될 것이다.

2022년 초에는 대부분의 관심이 연준에 쏠릴 것이다. 견고한 경제 환경을 고려했을 때 중앙은행은 팬데믹이 가장 극심했던 시기에 시

손에 쥔 현금

작했던 슈퍼 완화적 통화 정책의 막을 내릴 것이다. 제롬 파월 연준 의장은 테이퍼링(tapering, 채권 및 기타 자산의 월별 매입 규모를 점진적으로 축소해나가는 것)을 2021년 말에 시작해 2022년 중반에 완성할 예정이다. 테이퍼링은 금융 시장에 역풍으로 작용할 것이다. 하지만 연준이 앞으로의 계획에 대한 폭넓은 신호를 보낸 덕분에 투자자들은 충분한 시간을 가지고 테이퍼링을 계산에 포함할 수 있었다.

그러고 나서 관심사는 연준의 금리 인상 시점으로 옮겨갈 것이다. 금리 설정 위원회의 근소한 과반이 2022년이 끝나기 전에 신중한 긴축이 필요하다고 생각한다. 이런 결정은 당연히 경제 상태에 따라 달라질 것이며, 그중에서도 인플레이션의 영향을 특히 더 크게 받을 것이다. 연준은 최근 몇 달 동안의 가격 압박이 일시적이며 세계의 경직된 공급망을 반영한 것이라는 아이디어에 힘을 싣고 있다. 많은 분석가가 이에 동의하며 글로벌 경제가 계속 개방되면서 2022년에는 인플레이션율이 3%로 둔화할 것으로 기대한다. 운이 좋아서 코로나19가 점점 사라진다면 더 많은 미국인이 인력 시장에 재진입하고 경제가 정상화에 한 발짝 가까이 다가서게 될 것이다. 하지만 만약 인플레이션이 더 오래가는 것으로 판명된다면 연준은 금리를 더 신속히 인상하라는 요청과 마주할 것이다.

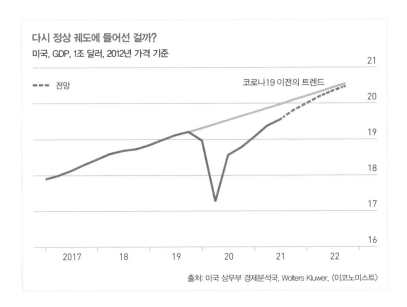

다시 정상 궤도에 들어선 걸까?
미국, GDP, 1조 달러, 2012년 가격 기준

- - - 전망

코로나19 이전의 트렌드

출처: 미국 상무부 경제분석국, Wolters Kluwer, 〈이코노미스트〉

파월 의장은 연준에서 이 모든 결정을 내릴 때 의장직에 남아 있을 까? 파월의 임기는 2월 5일에 끝나는데, 바이든 대통령은 이 기한이 다가오기 훨씬 전에 파월을 두 번째 임기에 재임용할 것으로 기대된 다. 민주당의 진보 진영이 은행을 더 엄하게 다룰 사람을 원하고 있 기는 하지만, 파월은 팬데믹 침체기에 맞서 강력한 통화 대응을 지휘 했으므로 두 번째 기회를 부여받을 만한 자격이 있다.

재정 정책의 측면에서 2022년은 미국에 중요한 전환기가 될 것이 다. 지난 2년간의 거대한 코로나 구호 패키지가 만료되면서 GDP의 대략 13%를 차지했던 연방 재정 적자는 5%로 줄어들 것이다. 보통 의 경우 이것은 급작스러운 재정 긴축으로 여겨질 것이다. 하지만 경 제 활성화를 위해 지급된 수표 덕분에 가구들은 2조 달러 이상의 초 과 저축 위에 앉아 있다. 이에 따라 소비는 단단하게 유지될 것이다.

결정적으로 2022년은 바이든의 '더 나은 재건' 지출이 경제를 강

GDP의 대략 13%를 차지했던 연방 재정 적자는 5%로 줄어들 것이다.

타하는 해가 될 것이다. 바이든의 프로그램에는 두 가지 축이 있다. 하나는 방치된 유형 기반 시설의 재개발, 그리고 나머지 한 축은 아이가 있는 가족에 대한 추가적인 지원을 포함한 사회 안전망의 재건이다. 총 투자 금액은 바이든과 대부분의 민주당원이 초기에 바랐던 것보다 적을 것이다. 하지만 이는 의회를 통한 법률 제정 처리의 현실이다.

그렇다고 하더라도 미국 정부에 장기 우선순위를 위한 자금을 모을 능력이 여전히 남아 있다는 사실은 기운을 돋울 것이다. 만약 민주당이 11월 상원의원 중간 선거에서, 그리고 어쩌면 하원의원 선거에서까지 패배를 맛본다면 다가올 해의 추가적인 야심 찬 계획은 실행될 가망이 없어질 것이다. 바이든 대통령은 확장되는 경제를 통치하면서 축소되는 자신의 정치적 운명의 아이러니를 비통해할 수밖에 없을 것이다.

국경선에서의 무질서

국경선은 정치적 충돌의 시발점으로 남을 것이다

알렉산드라 스위치 배스(Alexandra Suich Bass) 댈러스, 〈이코노미스트〉 정치·기술·사회부 선임통신원

정치에서 예측 가능한 사안은 별로 없지만, 격년으로 진행되는 11월 선거의 또 다른 명칭인 '가을 소동(fall brawl)'은 분명히

미국의 남쪽 국경선에 집중할 것이다. 2016년 선거에서 트럼프가 불법 이민을 정치에 개입시킨 뒤 성공을 거두는 모습을 지켜본 공화당원들은 앙코르 공연을 기획하고 있다. 이들은

2021년 미국에 도착한 이민자의 숫자는 지난 20년 중에서 가장 높았다.

바이든의 '국경선 개방 규정'을 언급할 것이다. 텍사스와 애리조나를 포함한 공화당 지지 주가 국경 강화에 대해 연방정부에 대항해 새로운 법률 전투를 벌일 가능성도 크다.

정치적 미사여구를 차치하고 바이든 정부에서 드러난 가장 뜻밖의 특징 중 하나는 트럼프 전 대통령의 강경한 이민 규정의 일부를 자진해서 또는 강제로 견지한다는 것이었다. 예를 들어 바이든 정부는 이민자들이 이민 판결이 내려질 때까지 멕시코(열악한 환경인 경우가 많다)에서 잔류하도록 규정한 트럼프 전 대통령의 '이민자 보호 의정서(Migrant Protection Protocol, MPP)' 프로그램을 영구적으로 폐지하기 위해 노력했다. 선거 중에 의정서의 폐지를 맹세했음에도 불구하고 법적 논쟁으로 인해 바이든 대통령은 MPP를 끝내지 못했다. 이 법정 싸움은 2022년까지 계속될 예정이다.

논란이 많은 트럼프 시대의 공공 보건 명령인 '타이틀 42(Title 42)'에 대한 법정 싸움도 마찬가지다. 타이틀 42는 바이든 정권에서도 국경에 도달한 수많은 이민자를 공판 한 번 없이 추방하는 데 여전히 사용되고 있다. 바이든 정권은 미국 시민 자유 연합(American Civil Liberties Union, ACLU)을 포함한 이민 지지자들로부터 타이틀 42의 사용을 중단하라는 압박을 받아왔지만, 바이든 대통령이 취임한 이후 국경선을 넘어온 이들의 숫자가 너무 많아졌다는 이유를 일부 근거로 들며 중단하기를 꺼려왔다. 바이든 정권에서 ACLU의 리 겔런트

반대쪽으로 넘어가는 중이다

(Lee Gelernt)가 트럼프의 '가장 극단적인' 이민 규정이라 부른 것을 유지해야 한다고 주장하면서 이 법정 싸움은 다가올 해에도 계속될 예정이다.

미국의 남쪽 경계선에 희망을 품고 도착하는 간절한 사람들의 숫자는 2022년에도 높은 수치를 유지할 가능성이 크다. 2021년 미국에 도착한 이민자의 숫자는 지난 20년 중에서 가장 높았다. 하지만 국경선을 넘은 대부분 이민자가 멕시코인뿐이었던 20년 전과 달리 이제 중미 지역에서도 폭력, 자연재해, 가난에 등이 떠밀린 이민자들이 미국으로 넘어오고 있다.

앞서 미국의 남부 국경으로 이민 오는 비중이 크지 않았던 브라질과 베네수엘라 등의 국가에서도 이민자가 새롭게 유입될 예정이다. 싱크탱크인 이민 정책 연구소(Migration Policy Institute)의 앤드류 실리(Andrew Selee) 소장은 이 모든 요인으로 인해 국경선 문제의 해결이 더 어려워지고 복잡해질 것이라고 예상했다.

바이든이 미국의 국경선을 불법적으로 넘으려고 위험천만한 여

 **WHAT IF?**

2022년 민주당이 하원, 그리고 심지어 상원까지 빼앗기며 전 대통령들의 임기가 2년 지났을 때와 비슷한 정체기가 초래될 것이라는 예측은 당연히 일어날 일로 여겨지고 있다. **만약 민주당이 상원과 하원을 빼앗기지 않고, 더 나아가 다수당의 입지를 지금보다 더 확고하게 다진다면 어떻게 될까?** 그런 상황에서 민주당은 당의 방침을 따르지 않는 두 상원의원, 조 맨친(Joe Manchin)과 키어스틴 시너마(Kyrsten Sinema)에게 덜 의존해도 될 것이다. 행정부가 강화된 사회 복지 및 기후 변화 법안, 그리고 지지층이 요구해온 투표권 법안을 통과시킬지도 모른다.

정을 떠나는 사람의 숫자를 늘리지 않으면서 이민 절차를 어떻게 더 빠르고 공정하게 만들 것인지는 국경선에서 발생하는 무질서를 끝장내는 데 핵심적 역할을 할 중대한 사안이다. 집중해서 작업 중인 분야는 개편된 망명 제도다. 밀린 일이 쌓인 법정이 아니라 망명 담당 공무원에게 망명 신청에 관한 결정 권한을 부여해 사건을 더 빨리 해결하고 사람들이 법의 사각지대에 놓이는 경우를 줄일 수 있다.

2022년 시행될 바이든의 개편된 망명 제도는 왜곡된 제도에 필요한 변화를 대표하기 때문에 자세히 들여다볼 만한 가치가 있다. 미국, 그리고 도피하려는 사람들에게는 예측할 수 있고, 빠르고, 공정한 망명 제도가 필요하다.

학급의 꼴찌

———

공립 학교 등록 수치가 정상을 회복하기는 힘들 것이다

타마라 길크스 보어(Tamara Gilkes Borr) 워싱턴 DC, 〈이코노미스트〉 정책부 통신원

코로나19로 인해 공립 학교 등록 수치는 제2차 세계대전 이래 가장 급격한 감소세를 보였다. 1940년대 초반에는 많은 고등학생이 전쟁터에 참여하기 위해, 또는 일을 하기 위해 학교를 떠났다. 그러나 지금 이 시기에는 사라진 학생들의 일부가 어디로 떠났는지 명확하지 않으며 돌아오지 않는 아이가 많을 것이다.

2020년 초 팬데믹은 하룻밤 만에 전 세계 학교의 문을 강제로 닫았다. 3월 미국에서는 5,000만 명이 넘는 학생이 집으로 돌려보내졌다. 그 당시 학교의 문이 이렇게 오랫동안 닫혀 있을 것이라고 상상한 사람은 거의 없었다. 가을에 교육자들이 학생들을 다시 교실로 불러들이려고 했을 때 2020~2021학년도의 등록 수치는 3% 감소했다. 교사와 행정직원은 학생들을 다시 학교로 데려오려고, 또는 최소한 온라인 수업에 로그인하게 하려고 가족들에게 전화를 걸었고 심지어 학생들의 집까지 찾아갔다.

가장 큰 감소는 어린 학생들 사이에서 나타났다. 5세 어린이를 대상으로 하는 유치원 등록은 9%, 4세 어린이 대상의 예비 유치원 등록은 22% 감소했다. 온라인 수업으로 전환하는 것은 나이가 어린 아이들에게 가장 힘들었다. 어릴 때 받는 수업은 화장실 사용법이나 친구들과 잘 지내는 방법 등 실생활에서 필요한 기술에 집중되는데, 이

런 것들은 줌으로 배우기가 어렵다. 많은 가족이 아이들을 집에 데리고 있기로 했다.

현 학년도(2021~2022)의 예비 등록 수치는 전반적인 감소 추세가 2022년까지 계속될 것임을 시사한다. 몇몇 지역에서는 수치를 내놓았다. 수치를 발표한 몇 안 되는 지역 중 하나인 하와이에서는 학생 수가 줄어들

집에 앉아 있는 것보다 나을까?

었다. 하와이 지역의 학구에는 팬데믹 발생 이전 학년도(2019~2020)에 17만 9,331명의 학생이 등록했다. 팬데믹 학년도(2020~2021)에는 4,627명이 줄어든 숫자를 발표했다. 그리고 2021년 가을에는 전년도 대비 3,104명의 학생이 감소했다. 팬데믹 이전 시기의 등록 수치와 비교했을 때 약 4%가 감소한 것이다.

몇몇 아이는 그냥 자퇴해버렸다. 일부 아이들이 사립 학교에 등록하긴 했지만, 아마 미디어 계정이 말하는 것만큼 수가 많지는 않을 것이다. 학교 대신 집에서 공부하는 홈스쿨링(Home-schooling)의 인기는 더 높아졌다. 미시간의 경우 비대면 수업만 진행하는 지역은 사립 학교 등록이 증가했지만, 대면 수업이 포함된 지역은 홈스쿨링이 많아지는 모습을 보였다. 바이러스에 대한 서로 다른 우려가 각 가족에게 다른 선택을 내리도록 만들었다.

많은 학생이 비전통적인 공립 학교로 떠났다. 작년에 매사추세츠에서는 (온라인 수업만 진행하는) 가상 학교, (독립적으로 운영되는) 차터 학

2022년에도 학습 결손, 그중에서도 특히 어린아이들 사이에서의 학습 결손은 계속 우려될 것이다.

교, (특정 직업에 필요한 교육에 집중하는) 직업 학교의 등록 수치가 증가했다. 마서즈 빈야드(Martha's Vineyard)와 기타 휴양지의 전통적인 공립 학교의 등록 수치도 증가했는데, 아마도 부유한 가족들이 자신들의 휴양용 별장에서 팬데믹을 견뎌내기로 했기 때문일 것이다.

팬데믹이 끝나면 일부 학생들이 전에 다녔던 학교로 돌아가고 수업이 정상으로 회복될 수도 있다. 하지만 몇몇 가족은 아이들이 행복하게 정착한 새로운 학교에서 전학 가기를 바라지 않을 것이다. 사립 및 비전통적 공립 학교 등록 수치는 안정적으로 유지될 것으로 예상한다. 하지만 몇몇 아이는 이제 '사라졌다'. 예를 들어 2020~2021학년도에 하와이의 학교 제도를 떠난 아이 중 일부는 주를 떠나거나 홈스쿨링을 시작했고, 작은 비율은 사립 학교로 떠났다. 하지만 하와이 마노아 대학교(University of Hawaii at Manoa)의 교육학 교수인 마크 머피(Mark Murphy)는 학생 2,665명이 행방불명되었다고 말했다.

2022년에도 학습 결손, 그중에서도 특히 어린아이들 사이에서의 학습 결손은 계속 우려될 것이다. 예비 등록 수치는 작년의 예비 유치원생 중 많은 아이가 유치원 과정을 완전히 건너뛰고 2021년에 1학년을 시작했음을 시사했다(대부분 주에서 유치원은 의무 과정이 아니다). 이것은 아마 오랫동안 영향을 미칠 것이다. 높은 질의 초기 교육은 고등학교 성적, 대학 출석률, 성인의 임금 증가와 관련이 있다. 이 아이들은 앞으로 수년간 학우들에게 뒤처질 수도 있다.

교육 자금 유치도 관심사가 될 것이다. 미국에서 교육 자금은 학생 1명을 기준으로 책정되므로 학생 1명이 감소하면 학교에 지원되는 돈도 감소한다. 플로리다와 같은 일부 주에서는 주에서 분배한 돈을 학생이 사립 또는 공립 학교 어디든 가지고 갈 수 있게 허용한다. 2022년에는 이런 '바우처(voucher)' 제도가 더 폭넓게 논의될 것이다.

자금 부족 현상은 교사의 고용 동결과 교육 자료, 과외 활동, 사회 프로그램과 같은 기타 자원의 규모 축소로 이어질 수 있다. 팬데믹 구호 자금이 아직은 상처에서 흐르는 피를 덮고 있지만 영원히 막을 수는 없을 것이다. 미국에서 2007~2009년 글로벌 금융 위기 이후의 예산 삭감이 시험 성적과 졸업률을 떨어뜨렸듯 코로나19가 교육 부문에 미치는 영향은 팬데믹이 끝나고 난 뒤에도 한동안 남을 것이다.

스탠퍼드 대학교의 **프란시스 후쿠야마**
(Francis Fukuyama) 선임연구원은
미국의 세계적 위상을 위협하는 가장
큰 문제는 국내의 정치적 양극화라고
말했다.

미국 헤게모니의 종말

**미국의 대외적 영향력은
내부 문제를 해결하는
능력에 달려 있다.**

2021년 8월 서구의 지원을 받았던 정부
가 무너지고 다급한 아프가니스탄인
들이 카불을 탈출하려는 끔찍한 장면은 미국이 세
계와 등을 지면서 세계사에 커다란 한 획을 긋는
듯 보였다. 하지만 사실 미국의 시대는 훨씬 오래
전부터 저물고 있었다. 미국이 지닌 약점의 장기적
인 원인은 대외보다 대내적 요인이 더 많다. 미국
은 수년간 거대한 세력으로 남겠지만, 얼마나 큰
영향력을 가질지는 외교 정책보다 내부 문제를 해
결하는 능력에 달려 있다.

미국 헤게모니가 정점을 찍었던 시절은 1989년의
베를린 장벽 붕괴로 시작해 2007~2009년의 금
융 위기로 막을 내리며, 20년을 미처 넘기지 못했
다. 미국은 군사, 경제, 정치, 문화의 다양한 영역
에서 우세했다. 미국의 자만심이 절정에 달했던 시
기는 2003년 미국이 이라크를 점령하면서 이라크
와 (2년 전에 침략한) 아프가니스탄뿐 아니라 중
동 지역 전부를 재건하려 했던 때였다. 미국은 자
국의 자유 시장 경제 모델이 글로벌 금융에 미칠
영향을 과소평가했던 바로 그 순간에 군사 권력이
깊은 정치적 변화를 가져오는 데 미칠 영향력을 과
대평가했다. 이 10년의 기간은 미군이 두 대반란
전쟁에 교착되고 미국 주도의 세계화가 일으킨 불
평등을 두드러지게 한 금융 위기로 끝났다.

마룻장 속 흰개미

이 시기의 단극 체제(unipolarity)는 역사에서 찾아보기 힘든 정도였고, 그 이후로 중국, 러시아, 인도, 유럽과 다른 중심국이 미국에 비례한 권력을 획득하면서 세계는 정상적인 상태의 다극 체제(multipolarity)로 되돌아갔다. 아프가니스탄이 지정학상 미친 궁극적인 효과는 작을 것으로 예상한다. 미국은 앞서 1975년 베트남 철수 때 부끄러운 패배를 겪어야 했지만 10년이 조금 넘는 시일 내에 우세를 되찾아왔다. 미국의 세계적인 위상을 위협하는 더 큰 문제는 국내에 있다.

미국 사회는 뿌리 깊게 양극화되어 있고, 사실상 거의 모든 것에 대해 합의를 이루지 못하고 있다. 이 양극화는 세금이나 낙태와 같은 관습적인 규제 문제로 시작되었지만, 이후 문화적 정체성에 대한 격렬한 싸움으로 전이되었다. 일반적으로 글로벌 팬데믹같이 큰 대외적 위협은 시민들을 공동 대응으로 한데 모이게 하는 사건이 되어야 한다. 하지만 코로나19 사태는 사회적 거리 두기, 마스크 쓰기, 백신 접종 등이 공공 보건 조치가 아니라 정치적 표시로 간주되면서 미국의 분열을 오히려 더 심화시키는 방향으로 작용했다. 이런 갈등은 지지하는 당의 색이 빨간색인지 파란색인지에 따라 구매하는 소비재부터 스포츠까지 삶의 모든 방면으로 퍼져나갔다.

양극화는 외교 정책에도 직접적인 영향을 미쳤다. 오바마 정권기에 공화당원들은 매파적 견해를 밝히며 미국과 러시아의 관계를 개선하려 노력했던 러시안 '리셋(reset)'에 대해 민주당원들을 비난했고, 푸틴에 관해 미숙했다고 단정했다. 트럼프는 푸틴 대통령을 공개적으로 받아들이면서 상황을 뒤집었고, 오늘날 공화당원의 절반가량은 미국인의 삶의 방식에 러시아보다 민주당이 더 큰 위협이라고 생각한다.

중국과 관련된 합의점은 더 명확하다. 공화당과 민주당 모두 중국이 민주주의의 가치에 위협을 준다는 데 동의한다. 하지만 딱 거기까지다. 만약 대만이 중국의 직접적인 공격을 받게 된다면 미국의 외교 정책에 아프가니스탄보다 대만이 더 큰 문제가 될 것이다. 과연 미국은 대만의 독립을 위해 조국의 아들과 딸을 희생할 것인가? 러시아가 우크라이나를 침략한다면 과연 미국은 러시아와의 군사적 마찰을 감수할 것인가? 쉽게 답할 수 없는 심오한 질문이지만, 미국의 국익에 대한 이

성적인 토론은 아마 주로 당파 싸움에 영향을 줄 관점을 통해 진행될 것이다.

바이든 정권이 첫해에 가장 크게 실패한 정책은 아프가니스탄의 급격한 몰락에 대해 충분한 계획을 세우지 못한 것이다. 바이든 대통령은 러시아와 중국에서 생겨난 더 큰 문제에 집중하기 위해 철수가 필요했다고 말했다. 바이든 대통령이 이에 대해 진지하게 생각하고 있길 바란다. 미국이 중동 지역의 대반란에 계속 집중했기 때문에 오바마 대통령은 아시아를 향한 '방향 전환(pivot)'에 매번 실패했다. 2022년 바이든 정권은 지정학적 경쟁자를 저지하고 동맹국과의 관계를 유지하기 위해 자원과 정책 입안자의 관심을 모두 재배치시켜야 한다.

미국은 이전 시대의 패권을 다시 장악할 수 없을 것이며, 다시 장악하려 해서도 안 된다. 미국이 바랄 수 있는 것은 생각이 비슷한 국가들과 함께 민주적 가치에 친화적인 세계 질서를 유지하는 것이다. 그리고 이를 달성하려면 대내적 목적성과 국가적 정체성을 회복해야 할 것이다.

마크롱, 대통령직을 이어갈 수 있을까?

프랑스는 대통령 선거와 의회 선거가 열리는 관계로 정치적 격변의 한 해가 예정되어 있다

소피 페데르(Sophie Pedder) 〈이코노미스트〉 파리 지국장

에마뉘엘 마크롱이 2022년 4월 10일과 24일 두 번에 걸친 투표에서 두 번째 임기를 맡는 데 성공한다면 지난 20년 사이 재선에 성공하는 최초의 프랑스 대통령이 될 것이다. 하지만 재선에 성공하기 위해 그가 해내야만 하는 일이 막중하다.

2021년 프랑스는 전 세계적 팬데믹을 꽤 잘 극복해왔다. 학교는 거의 문을 닫지 않았고, 기업과 임금에 대한 보호도 잘 이뤄졌으며, 백신 역시 널리 보급되었다. 2022년에도 경기 회복은 일자리 창출을 계속 촉진할 것이다. 프랑스는 5년 전보다 세금을 덜 걷었고, 기술적으로 더욱 발전했으며, 기업 친화적으로 변했다. 이론적으로만 보면 모든 것이 마크롱 대통령에게 우호적이다. 하지만 그는 단지 유능할

뿐만 아니라 사람들의 말을 듣는 능력도 있음을 보여줘야 한다.

　대선 레이스는 박빙에 보기 흉하고 분열적일 것이다. 미리 쓰인 각본보다 프랑스인이 더 싫어하는 것은 없다. 유권자의 마음이 라이벌 후보자들 간의 신경전에 따라 변할 것이므로 여론 조사 결과는 출렁댈 것이다. 그들은 마크롱과 마린 르 펜을 서로 맞싸우게 했던 2017년 대통령 선거의 재방영을 원하지 않는다. 국민 연합[National Rally, 이전의 국민 전선(Front National)]의 리더는 반마크롱 움직임인 '질레 존느(Gilets jaunes, 노란 조끼)'에 호소할 것이다. 이 극우 지도자는 더 이상 프렉시트(Frexit)를 요구하거나 유로존 탈퇴를 주장하지 않겠지만, '통제권 환수'와 같은 브렉시트 구호를 빌려와 사용할 것이다. 하지만 세 번째로 대통령 선거에 도전하는 그녀에게서 더는 참신함을 찾기 어려울 것 같다.

　정당보다는 사람과 여론 조사가 더 중요할 것이다. 미국이나 브렉시트의 영국, 브라질에서 보았듯 한 분열적인 포퓰리스트로 인해 의외의 결과가 나오는 상황도 배제하지 말아야 한다. 프랑스의 경우에는 63세의 반이민 논객인 에릭 젬무어(Eric Zemmour)가 그런 경우일 수 있는데, 그는 르 펜이 너무 부드럽다고 주장하며 토론을 좀 더 해로운 곳으로 끌고 갈 것이다. 그는 우파 진영의 투표를 분열시킬 수 있고 그녀의 결선 투표행을 막을 수도 있다.

만약 라이벌 후보들이 한 명의 후보자를 중심으로 결집한다면 중도 우파 공화당은 마크롱을 상대로 가장 강력한 주류 정치적 대안을 제공할 것이다. 그들은 2021년 12월 4일에 후보를 결정할 예정이다. 세 명의 후보자를 눈여겨볼 필요가 있다. 북부 오드프랑스(Hauts-de-France) 지역 광역의회 의장인 자비에 베트랑(Xavier Bertrand)은 마크롱 대통령에 대항해 '파리(Paris) 중심주의'에 반대하는 중도적 해결사로서 자신을 내세우겠지만, 당내에서 신임을 얻지 못하고 있다. 파리 주변 일드프랑스(Ile-de-France) 지역 의장인 발레리 페크레스(Valerie Pecresse)는 정책 중심적인 팀 플레이어에 가깝지만 우아한 상류층의 모습을 보인다는 이유로 조롱받고 있다. 유럽연합의 전 브렉시트 협상가인 미셸 바니에(Michel Barnier)는 프랑스보다는 영국에서 더 잘 알려졌지만, 당원들이 선호하는 인물이다. 만약 베트랑이 후보 선출 선거에서 진다면 결과에 승복하지 않고 단독 출마할 가능성도 있다. 모두가 프랑스를 더욱 '존중'하겠다고 약속할 것이다. 다시 말해 마크롱의 오만함을 물고 늘어지겠다는 생각이다.

반면 좌파의 경우 여러 경쟁자가 단일 후보로 단결하지 않는 한 전망이 희박해 보인다. 사회당의 안 이달고(Anne Hidalgo, 파리 시장)와 녹색당의 야닉 자도(Yannick Jadot)는 자전거를 타는 도시 유권자에게 호소하지만, 넓은 범위에서의 호소력은 부족하다. 장 뤽 멜랑숑(Jean-Luc Melenchon)을 포함한 강경 좌파 후보들은 더더욱 유권자의 투표를 분열시킬 것이다.

프랑스는 1월부터 6개월 동안 유럽연합 이사회 의장직을 맡는다. 이것은 유럽이 마크롱 대통령 선거 운동의 중심을 차지하게 된다는 것을 의미한다. 마크롱 대통령은 부상하는 중국과 개입하지 않으려는 미국에 대한 대응으로서 '유럽 주권'을 밀어붙일 거로 예상된다. 인도·태평양 지역에서 미국과 영국, 호주에 상처를 받은 마크롱 대통령은 프랑스의 전략적 연결점들을 강화하고, 메르켈 시대 이후의 유럽에서 지배적인 목소리를 내는 데 그 어느 때보다 열성적으로 임할 것이다.

마크롱의 승리가 점쳐진다. 그러나 그의 중도 우파 적수가 특히 강력한 걸림돌로 작용할 수 있다. 그가 당선되더라도 6월에 있을 총선에서 과반수 확보에 어려움을 겪을 수 있다. 그는 자신의 전 총리인 에두아르 필리프(Edouard Philippe)의 도움이 필요할 것이다. 그가 의석과 영향력을 얻기 위해 자신의 신당인 오리종(Horizons)을 활용할 수 있을 것이기 때문이다. 새 정부는 팬데믹 때문에 폭증한 공공 지출을 억제하고, 정년을 연장하려고 할 것이다. 이것은 성난 항의와 파업을 촉발할 것이다. 재선되더라도 마크롱 대통령은 과열된 격변의 한 해를 지난 후 생겨난 분열을 수리하기 위해 애써야 할 것이다.

드라기 총리의 선택

이탈리아 총리는 자리를 유지할 것인가,
아니면 대통령직에 도전할 것인가?

존 후퍼(John Hooper) 로마, 〈이코노미스트〉 이탈리아 및 로마교황청 통신원

이탈리아는 2022년에 적어도 한 번(두 번이 될 수도 있다)의 중요한 선거를 치를 것이다. 반드시 치러야 할 선거는 2월 2일 임기가 만료되는 세르조 마타렐라(Sergio Mattarella) 대통령의 후임을 뽑는 선거다. 이탈리아 대통령은 리본을 자르고, 상을 수여하고, 지루한 연설을 하는 데 많은 시간을 보낸다. 그러나 그는(이탈리아는 여성 대통령을 가진 적이 한 번도 없다) 막강한 권력을 갖고 있기도 하다. 국회를 해산하고 총리를 임명하는 것은 대통령이다. 그리고 관계자들의 말에 따르면 현 총리인 마리오 드라기(Mario Draghi, 사진 참조)는 대통령이 되고 싶어 한다.

많은 이탈리아인은 그가 총리직에 그대로 남기를 바란다. 이탈리아는 유럽연합의 '팬데믹 이후 복구 기금'에서 나온 2,000억 유로(2,320억 달러) 이상의 자금을 현명하게 그리고 속도감 있게 써야 하는 벅찬 과제에 직면해 있다. 유럽중앙은행 총재를 역임한 바 있는 드라기 총리보다 이 과정을 더 잘 관장할 사람이 누가 있겠는가?

2021년 2월 급진 좌파에서 포퓰리즘 우파까지 아우르는, 존재하기 힘든 이질적인 연합체의 지도자로 취임한 이후, 감정을 드러내지 않으면서도 직설적으로 말하는 드라기 총리는 이탈리아에서 가장 인기 있는 정치인이 되었다.

그가 총리직에 그대로 남아야 한다고 주장하는 사람들 가운데 대

포커 페이스

표 주자는 엔리코 레타(Enrico Letta)다. 전 총리였던 레타는 자발적인 유배를 떠나 있다가 현 정부가 들어선 직후 중도 좌파 민주당(Democratic Party, PD)의 대표로 복귀했다. 드라기 총리가 2023년 3월까지는 치러져야 하는 차기 총선까지 그대로 총리직에 남는다면, 그것은 좀 더 오랫동안 국정이 안정되는 것을 의미할 뿐만 아니라 레타로서도 민주당의 명운을 회복할 수 있는 더 많은 시간을 갖는 것을 의미한다. 그가 민주당 대표로 취임했을 당시 여론 조사에서 민주당 지지율은 겨우 17%에 불과했다. 그러나 2021년 10월 지방 선거에서는 중도 좌파의 시장 후보들이 이탈리아의 대도시 대부분에서 승리했다.

그때까지 드라기 총리의 대통령 취임을 요구하는 가장 큰 목소리는 우파 진영에서 나왔다. 바로 포퓰리즘을 표방하는 북부 동맹당의 마테오 살비니(Matteo Salvini)와 극우 성향 이탈리아 형제당의 조르지아 멜로니(Giorgia Meloni)였다(아이러니한 것은 그녀의 당은 야당이다). 그러나 그들의 지지는 조건이 있었고, 그것은 드라기 총리가 대통령으로 취임하는 대신 조기 총선이 있어야 한다는 것이었다. 두 당의 합

산 지지율이 40%에 달하는 상황에서 그들은 승리를 확신했었고, 한때 강력했던 실비오 베를루스코니(Silvio Berlusconi)의 포르차 이탈리아(Forza Italia)당이 힘을 보탠다면 의회에서 과반수 의석도 차지할 수 있을 것으로 생각했다. 드라기 총리가 총리직을 유지하기로 하더라도 이탈리아 정치인들의 겨울 선거 운동에 대한 거부감을 감안할 때 선거는 가을에 치러지는 쪽으로 조정될 가능성이 크다.

내려와요, 올라프

새로운 연합 정부가 안착을 위해 애쓸 것이다

톰 누탈(Tom Nuttall) 〈이코노미스트〉 베를린 지국장

20 22년 독일은 정부의 혁신에 착수할 것이다. 이것은 16년 만에 앙겔라 메르켈(Angela Merkel)이 아닌 다른 사람이 정부를 책임지기 때문만은 아니다. 60년 이상 독일은 일련의 양방향 연합에 의해 운영되었다. 메르켈 총리가 세 번의 임기를 역임하는 동안 메르켈 총리가 속한 보수 기독민주연합(CDU/CSU)은 사회민주당(SPD)과의 중도적 '대연합'을 이끌었다. 그러나 독일의 유권자는 분열되어 있고, 결국 2021년 9월 선거의 결과로 모습을 드러내는 정부

는 세 정당으로 구성될 가능성이 매우 크다. 그것은 녹색당과 친기업 성향의 자유민주당(FDP)을 파트너로 삼는 사회민주당 주도의 '삼색 신호등' 연합이 될 것이다(신호등이라는 말은 각 정당을 대표하는 색깔에서 착안한 것으로, 사회민주당은 빨간색이고 자유민주당은 노란색이다).

세 정당으로 구성된 연합체 실험은 성공할 것인가? 낙관론자들은 그런 연합체가 부분들의 합을 능가할 수 있기를 희망한다. 녹색당은 기후 변화에 대한 행동을 위한 추진력을 제공할 수 있다. 자유민주당은 관료적 형식주의 축소와 디지털화에 추진력을 제공할 수 있다. 두 소규모 정당은 함께 마리화나 합법화와 독일의 오래된 시민권법 개정과 같은 시민 자유 프로젝트를 위한 공통 기반을 찾을 수도 있을 것이다. 한편 사회민주당 대표가 될 올라프 숄츠(Olaf Scholz)는 독일의 산업 전환을 위한 다음 단계의 방향을 잡는 데 도움을 주고 독일의 유럽 파트너들에게 메르켈 총리가 보여준 합의 본능을 자신도 유지할 것임을 보여주기 위해 영향력을 행사할 것이다. 메르켈 총리가 여러 해 동안 지속해온 관리주의 이후, 정당들은 자신들이 현대화를 위한 집단적인 힘이라는 점을 내세우기 위해 노력할 것이다.

그러나 정당 간의 상호 불신은 비일관성과 마비 가능성도 똑같이 크다는 것을 의미한다. 예를 들어 부채를 싫어하는 자유민주당이 재무부 장관 자리를 확보하려는 열망을 충족하게 된다면, 녹색당은 그들의 지출 욕구가 매번 좌절되지 않을 거라는 확신이 필요할 것이다. 정당들은 유럽연합의 재정 규칙과 부채로 마련되는 경기 회복 지출에 대해 서로 다른 견해를 갖고 있다. 그러한 우려는 정부의 유연성을 제한하는, 지나치게 상세한 연합체 협약으로 이어질 것이다. 그리고 재정 문제와 관련해서 그 연합체는 과반수를 차지하지 못하는 연방 상원에서 장애물에 직면할 수 있다.

서로 뜻이 맞지 않는 정부는 독일이 직면한 도전들에 잘 대응하지 못할 수도 있다. 그러한 도전에는 곧 줄어들 예정인 노동력에 대한 대처, 빠듯한 탄소 배출량 감축 목표를 위한 계획, 미국이 독일에 배치하고 있는 핵무기를 운반할 때 사용하는 노후화한 토네이도 항공기(Tornado aircraft) 편대를 교체할지를 두고 곧 내려야 하는 결정 등이 포함된다. 무엇보다도 가장 큰 일은 수천억 유로의 가치를 지닌 기후와 디지털 투자 필요성을 해결하는 것이다. 독일 헌법에 따른 채무 상한선은 차입을 제한하는데, 이것은 새 정부가 예산 외의 묘책을 고안해내야 한다는 것을 의미한다.

그것은 여러 해 동안 지속한 재정 완화에 뒤이은 재정 긴축으로 더욱 어려운 일이 될 것이다. 독일은 팬데믹 동안 4,000억 유로(4,650억

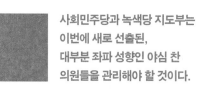

달러)의 새로운 부채를 떠안았고, 자유민주당은 세금 인상에 찬성하거나 채무 상한선을 수정하는 것을 꺼리고 있다. 이것은 감축 압력이 있을 거라는 것을 의미한다. 북대서양조약기구(NATO) 동맹국들과의 관계에서 오랫동안 민감한 사안이 되어온, 적은 국방 예산이 취약해 보인다.

독일 정치는 좀 더 활기찬 모습을 띨 것이다. 독일의 새 의회는 이전 의회보다 젊고 더 다채로워질 것이고, 여기에는 좌파 성향의 야심 찬 사회민주당과 녹색당 의원들이 포함된다. 2022년 독일 4개 주의 유권자들은 투표로 독일의 새로운 정치 지형에 대한 자신들의 뜻을 전할 것이다. 여기에는 가장 큰 주인 노르트라인베스트팔렌이 포함된다. 5월에 있을 이곳에서의 선거는 모든 주요 정당들에 첫 번째 가장 큰 시험이 될 것이다.

이것은 2005년 이후 처음으로 야당이 된 기독민주연합에도 해당된다. 당은 메르켈 이후의 시대에 어떻게 해야 위치를 재정비할 수 있을지를 두고 내부 투쟁에 돌입할 수도 있다. 외교 전문가인 노르베르트 로트겐(Norbert Rottgen)과 당 우파 진영의 총아인 프리드리히 메르츠(Friedrich Merz)를 포함하는 당 거물들은 9월 선거 패배 이후 상처를 앓고 있는 정당을 재창조할 기회를 놓고 경쟁할 것이다. 메르켈 총리의 오랜 통치가 끝난 후 기독민주연합이 야당으로서 하게 되는 경험은 그들만의 정치적 실험에 해당할 것이다.

전략적인 무엇?

유럽연합은 '전략적 자율성'이 실제로 무엇을 의미하는지,
그리고 누가 책임자인지 알아내야 할 것이다

던컨 로빈슨(Duncan Robinson) 〈이코노미스트〉 브뤼셀 지국장 겸 샤를마뉴 칼럼니스트

유럽연합 관계자를 인터뷰하는 것은 때때로 험프티 덤프티(Humpty-Dumpty)와 문답을 하는 일처럼 느껴진다. 《이상한 나라의 앨리스》에 나오는 지독하게도 서투른 달걀인 험프티 덤프티는 이렇게 설명한 바 있다. "내가 어떤 단어를 쓰면 그 단어는 내가 선택한 의미만 띄게 되는 거야. 더도 말고 덜도 말고." 유럽연합 관료들도 인정할 것이다. 신뢰할 수 없는 미국과 부상하는 중국 사이에서 나아갈 길을 찾기 위해 유럽연합은 새로운 지침을 요약해주는 문구를 찾아냈다. 그것은 바로 전략적 자율성이다. 불행하게도 그것이 무엇을 의미하는지에 대한 합의는 이뤄진 바가 없다. 그것의 진정한 정의를 알아내는 것이 2022년의 과제가 될 것이다.

부분적으로 그것은 경제적 노력이며, 이 분야에서는 유럽연합 정부들 사이에 상대적인 의견 접근이 있을 것이다. 마이크로 칩과 같은 것에 대한 유럽연합의 자급도를 높이는 것은 네덜란드나 덴마크와 같은 자유 무역 국가는 썩 내켜 하지 않더라도 전체적인 지지를 받고 있다. 공급망이 취약할 수 있음을 팬데믹이 드러냈기 때문이다.

유럽 기업들은 중국에서 회사를 운영하다 지적 재산권을 도둑맞는 결과와 함께 화를 입었다. 이 정책이 완고한 유럽 기업들에 돈을 퍼붓기 위한 책략이라는 것이 드러나지 않는 한, 자유주의 국가들은

자율적인 지역

이에 동조할 것이다. 그 결과는 더 폐쇄된 유럽 경제가 될 것이다.

전략적 자율성의 또 다른 측면인 방위와 안보는 좀 더 논란거리가 될 것이다. 유럽연합은 방위에 관한 한 분열되어 있다. 군사력은 어려운 주제이며 그 결과 유럽연합 차원에서 통상 무시되는 주제다. 유럽 위원회가 후원하고 프랑스가 주도하는 국방 관련 정상 회담이 2022년 상반기에 개최될 예정인데, 이 주제가 전면에 나설 것이다.

미국을 어떻게 대할 것인가를 결정하는 것이 논쟁의 주요 쟁점이 될 것이다. 프랑스에 있어서 미국은 아프가니스탄에서 사전 통보도 없이 동맹국들을 포기하고, 잠수함 계약을 가로채는 신뢰할 수 없는 친구다. 폴란드와 미국의 동유럽 동맹국들에 있어서 미국은 러시아의 침략에 대항하기 위한 효과적인 유일한 방어벽이다. 방위 분야에서의 유럽 통합을 더욱 심화하면서 미국에는 도망갈 변명거리를 제공하지 않는 것이 한 가지 가능한 타협안이다.

좀 더 가능성이 있는 선택지는 조금 더 제한적인 '의지 연합체'다. 그것은 자주 예견됐지만, 한 번도 실현된 적이 없는 유럽연합 군대를 구성하는 데까지는 가지 않으면서, 일부 국가들이 그들의 군대를 좀 더 통합하는 데 동의하는 방안이다.

프랑스는 유럽연합에서 가장 영향력 있는 정부로서 자신의 역할을 강화할 것이다. 메르켈 총리의 퇴진은 유럽연합 최고위층 내 권력 공백을 남길 것이고, 프랑스 정부는 기꺼이 그 공백을 메우려고 할 것이다. 프랑스는 2022년의 첫 6개월 동안 순회 의장직을 맡을 예정이므로, 유럽연합의 입법 의제를 형성할 기회를 가질 것이다(사실 프랑스는 가능한 한 많은 유럽연합 일을 프랑스어로 하겠다고 공언한 바 있다).

불행하게도, 전략적 자율성이 무엇을 의미하는지에 대한 합의는 이뤄진 바가 없다.

유럽의 전략적 자율성을 가장 강력하게 옹호하는 마크롱은 재선하는 프랑스 대통령이 되어 유럽 대륙의 가장 중요한 리더로서 자신을 확고히 할 기회를 얻었다. 마크롱 정부 하에서 프랑스는 유럽 무대에서 영향력을 꾸준히 늘려왔지만 '최고점의 프랑스'로부터는 여전히 거리가 있어 보인다.

프랑스의 영향력을 시험해볼 시금석은 곧 있게 될 유럽연합의 안정 성장 협약(SGP) 개혁이 될 것이다. 정부가 얼마나 많은 돈을 쓸 수 있는지를 규정하는 규칙을 재설정하는 것이 2022년의 주요 재정 전쟁이 될 것이다. 프랑스, 이탈리아, 스페인은 오랫동안 규칙 완화를 요구해왔다. 독일과 네덜란드는 현재 상태로도 모든 것이 완벽하게 잘 작동한다고 주장한다.

정부 지출에 관한 규정을 정리하는 것이 2022년 유럽연합 지도자들이 내릴 가장 중요한 결정이 될 것이다. 한편 험프티 덤프티의 말장난과 같은 반전이 있었는데, 이 협약은 안정도 성장도 제공하지 못했기 때문이다. 지난 20년 동안 북유럽과 남유럽 사이에 큰 성장 격차가 발생했고, 뒤이어 정치적 반발로 이어졌다. 유럽연합의 힘은 경제적 영향력에서 나온다. 역외에서의 영향력을 높이려는 모든 시도에도 불구하고 전략적 자율성은 역내 상황을 바로잡는 데 달려 있다.

돈을 따라가기

유럽연합은 경제 규칙을 개정하는 데 애를 먹을 것이다

톰 누탈

2010~2012년 동안의 금융 위기에 계속되는 실책으로 대응했다. 유로존은 구제책의 대가로 혹독한 긴축에 합의했고, 유럽중앙은행은 최악의 순간에 금리를 인상했다. 그 결과 더블딥 경기 위축과 급격한 투자 감소가 발생했고, 일부 국가에서는 매우 높은 실업률이 나타났다. 특히 청년 실업률이 높았다. 이번에는 대응이 좀 더 똑똑해졌다. 코로나19가 발생하자 유럽중앙은행은 채권 매입을 늘렸고, 유럽연합은 각국 정부가 일시적 해고와 여타 지원 계획에 자유롭게 지출할 수 있도록 재정 규칙의 적용을 중단했다.

2022년은 얼마나 많은 것이 변했는지를 시험하는 한 해가 될 것이다. 2022년 상반기에는 유럽연합의 재정 규칙서인 안정 성장 협약(SGP)을 놓고 유럽연합 정부들 사이에 치열한 싸움이 벌어질 것이다. 심지어 코로나19 이전에도 1990년대에 작성된 이 규칙은 저금리와 긴급한 투자 요구가 있는 세상과는 어울리지 않는 것처럼 보였다. 끝없는 개정으로 인해 지금으로서는 오직 전문가들만 이해할 수 있는 규제 뭉치로 남았다. 이제 이탈리아 같은 국가는 GDP의 160%에 가까운 부채를 떠안고 있다. 2023년이면 다시 원래대로 돌아가기 때문에 기존 규칙에 따르면 이론적으로 이탈리아는 매년 5%포인트씩 재정 흑자를 달성해야 한다. 이것은 상식을 거부하는 가혹한 긴축의 한 형태다.

각국 정부는 공통점을 찾아내야 하지만 안정 성장 협약에 대한 개혁과 관련해서는 여전히 의견이 엇갈린다. 정부의 재정 적자와 부채 총량을 각각 GDP의 3%와 60%로 제한하는 것을 목표로 하는 이 협약의 기준 수치를 수정하기 위해 유럽연합 조약을 개정하는 것은 옵션이 아니다. 프랑스나 이탈리아와 같이 변화를 추구하는 정부들은 법적 우회로를 찾으려 할 것이다. 예를 들어 부채가 많은 회원국의 채무 조정 경로를 완화하는 게 한 가지 방안인데, 이를 위해서는 아마도 각국 정부가 스스로 부채 비율을 정하도록 해야 한다. 유럽연합 탄소 감축 입법안('Fit for 55') 목표를 달성하기 위해 몇몇 정부들은 많은 나라는 친환경 관련 지출을 적자 계산에서 제외하는 '황금률'을 요구할 것이다.

유럽연합의 지지부진한 입법 절차에 미뤄볼 때 2023년에 대비해 규정을 바꿀 수 있을 정도로 제때 입법 절차가 가동되지는 않을 것이다. 그동안 각국 정부는 자신들이 제안한 예산이 승인받을 수 있을지를 두고 유럽연합 집행부로부터 지침을 받고자 할 것이다. 이어서 유럽 위원회는 규칙을 어기는 회원국들을 못 본 척하면 북유럽 정부들이 반발하지 않을지 알아내야 할 것이다. 하지만 덴마크와 네덜란드와 같은 국가들은 이미 강경한 태도를 보이겠다고 선언했다. 독일의 새 연합 정부는 남유럽 회원국들과 제휴하는 것을 꺼리지 않

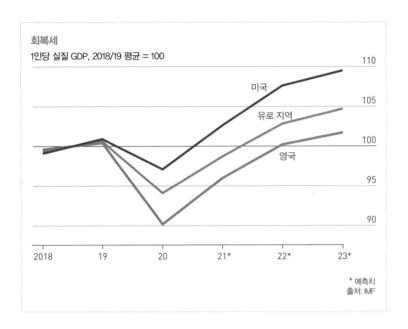

회복세
1인당 실질 GDP, 2018/19 평균 = 100

미국

유로 지역

영국

110
105
100
95
90

2018 19 20 21* 22* 23*

* 예측치
출처: IMF

을 것이다.

논의는 경기 회복에 대한 위험 속에서 이뤄질 것이다. 여기에는 독일과 같은 대규모 제조 부문을 가진 국가들이 취약한, 계속되는 공급망 붕괴가 포함된다. 팬데믹과 관련한 여행과 접촉의 제한은 성장을 더욱 억누를 수 있다. 한편 유럽중앙은행은 경기 부양책의 일부를 2022년에 점점 감축할 것이다.

유럽연합의 8,000억 유로(9,300억 달러) 규모에 달하는 부채 조달 투자 계획인 차세대 유럽연합 프로그램(NGEU)이 일부 부담을 완화할 것이다. 유럽 위원회는 2022년 약 550억 유로를 보조금으로 지출할 것이다. 특히 이탈리아와 스페인에 많은 액수가 지원된다. 2023년과 2024년에는 더 많은 액수가 지원될 것이다. 부채를 상환하기 위해 회원국 정부들은 유럽연합의 '자체 재원'(공통 세금)을 늘리는 것을 검토할 것이다. 이것은 아마도 탄소 가격 책정이 없는 국가로부터 들어오는 수입품에 대한 부담금을 부과하거나 유럽연합의 자체 배출량 거래 제도를 개정하는 방식이

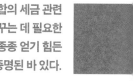

될 것이다. 그러나 그러한 변화를 만드는 데 필요한 만장일치는 종종 얻기 힘든 것임이 증명된 바 있다. 논의는 2022년에 본격적으로 시작될 것이다.

또 다른 논의도 있을 것이다. 유럽연합은 폴란드와 헝가리를 포함해 유럽연합의 법적 질서를 해친다고 생각하는 회원국 정부에 대응하기 위해 오랫동안 고심해왔다. NGEU 프로그램이나 심지어는 유럽연합의 정규 예산에서 지급되는 재원 지원을 보류함으로써 압박을 강화할 것이다. 그것은 유럽연합 관료들을 불한당으로 여기는 정부들과 유럽연합 단결을 걱정하는 리더들을 짜증 나게 하겠지만, 다른 곳의 납세 회원국들에는 그들의 돈이 연합체를 내부에서 약화하게 하는 데 쓰이지 않는다는 사실을 확신시켜줄 것이다.

 WHAT IF?

러시아의 가장 유명한 야당 지도자가 독일에서 러시아로 귀국한 후 열린 여론 조작용 재판이 끝난 2021년 2월부터 보안이 삼엄한 감옥에 갇혀 있다. 그는 신경제를 사용한 암살 시도를 당한 후 독일에서 치료를 받았다. 그는 단식 투쟁을 벌였고, 건강이 좋지 않은 상태다. **만약 알렉세이 나발니(Alexei Navalny)가 감옥에서 죽는다면 무슨 일이 벌어질까?** 아마도 그의 지지자들은 그가 2011년 푸틴에 반대하는 시위를 조직했을 때 볼 수 있었던 규모로 시위를 할 것이다. 러시아 정부는 그런 일이 일어나는 것을 원치 않을 것이고, 그래서 죄수를 예의 주시할 것이다.

모두를 잡아들이는 한 명의 경찰

———

유럽연합의 새 검찰총장은 사기꾼들에 대한 기소를 시작할 것이다

맷 스타인글라스(Matt Steinglass) 암스테르담, 〈이코노미스트〉 유럽 통신원

20 21년 유럽연합은 그들이 몹시도 필요로 했던 것, 다시 말해 돈을 훔치는 사람들을 뒤쫓는 기관을 얻었다. 새로운 유럽연합 검찰청(European Public Prosecutor's Office, EPPO)은 10만 유로(11만 6,000달러) 이상의 유럽연합 기금 남용에 연루된 모든 사람을 기소할 수 있다. 유럽연합에는 오랫동안 사기 사건을 조사하기 위한 조직(European Anti-Fraud Office, OLAF)이 있었지만 기소를 위해서는 사건을 개별 회원국에 넘겨줘야 했고, 회원국들은 보통 기소를 포기했다. 유럽연합 검찰청은 처음 몇 달 동안 총 45억 유로의 피해를 포함한 300건 이상의 사건에 착수했다. 2022년에 유럽연합 검찰청은 관련자들을 기소하고 유죄 판결을 얻어낼 것으로 예상한다.

유럽연합 검찰청의 많은 조사는 유럽연합의 보조금과 계약과 관련한 횡령이나 뇌물을 타깃으로 삼는다. 첫 번째 사례는 한 크로아티아 시장이 재활용 센터를 위해 56만 2,000유로의 계약을 체결할 때 뇌물을 받은 것으로 알려진 사건이었다. 다른 사례들은 유럽연합이 관리하는 관세와 부가가치세와 관련된 것이다. 2021년 9월 유럽연합 검찰청은 수입된 코로나19 보호 장비에 대한 부가가치세를 회피하려는 시도를 이탈리아 당국에 보고했다. 이탈리아 당국은 피소된 회사의 소유주들로부터 1,100만 유로를 압수했다. 무역 수치상 들어맞지

않는 것들은 유럽연합 내 부가
가치세 사기가 연간 수백억 유
로에 이를 수 있음을 시사한다.

  가짜 계약자와 세금 사기꾼
들을 적발하는 것은 유럽연합
검찰청의 기본 업무다. 그러
나 그들에게 가장 복잡한 업무
는 유럽연합의 자금을 빼돌리
거나 주변 사람들에게 보상을
주는 데 사용하는 부패한 정치
인들을 상대하는 일이다. 이러
한 제도적 부패는 특히 헝가리
나 불가리아와 같은 나라에서
흔하게 볼 수 있는데, 이런 국가들에서는 정부가 사법 제도를 통제하
고 있다. 유럽연합 검찰청 소속 검사들은 독립적이지만 그들은 회원
국의 법정에서 사건을 다뤄야 한다. 유럽연합의 27개 회원국 가운데
4개국은 유럽연합 검찰청에 가입할 계획이 없다(스웨덴은 2022년에 가
입할 예정이다). 여기에는 유럽연합 자금과 관련된 사기가 가장 많이 발
생하고 있는 헝가리가 포함된다.

  2022년에 지켜봐야 할 한 가지 사례는 체코 총리이기도 한 억만장
자 안드레이 바비시(Andrej Babis) 사건이다. 그가 이전에 소유했던 회
사들이 받은 수천만 유로의 유럽연합 보조금과 관련해 그를 기소하
기 위한 이해 상충 사건은 수년 동안 체코의 치안 판사들의 법정에서
진행이 지지부진한 상태다. 그들은 이제 사건을 유럽연합 검찰청에

넘겼다. 이와는 별개로, '판도라 페이퍼스(Pandora Papers)' 조사는 바비시가 프랑스 칸에 있는 빌라를 비밀리에 사기 위해 유령 회사를 통해 2,200만 달러를 빼돌렸다고 주장했다. 그는 어떠한 부정행위도 부인하고 있다.

유럽연합의 예산이 급격히 증가하고 있으므로 유럽연합 검찰청의 역할이 특히 중요하다. 유럽연합의 코로나 복구 기금을 통해 2027년 이전에 8,000억 유로가 지원될 예정이다. 이것은 큰 경제적 기회를 창출할 뿐만 아니라 사기꾼들에게도 새로운 기회가 될 것이다. 유럽연합 검찰청의 한 가지 목표는 유럽연합의 기부 회원국들에 그들이 내는 돈이 적절하게 사용될 것이라는 확신을 주는 것이다.

러시아의 전쟁터

선거와 인터넷의 통제가 새로운 초점이다

아르카디 오스트로브스키(Arkady Ostrovsky) 〈이코노미스트〉 러시아 담당 편집자

러시아 야당 지도자인 알렉세이 나발니에 대한 2020년 독살 시도와 2021년 투옥은 푸틴 정권이 합의제적 독재주의 국가에서 소수의 사람들이 법적 또는 헌법상의 제약 없이 권력을 행사하는 독재주의 국가로 변했음을 의미한다. 러시아 정부가 이러한 변화를 강화하는 가운데 1990년대 러시아 민주주의의 두 잔재가 그 길을 가로막고 있다. 하나는 선거이고, 다른 하나는 인터넷의 자유다. 둘 다

지금은 강압적인 분위기로 몰리고 있다.

선거부터 알아보자. 2021년 푸틴 대통령은 자신이 2024년에 대통령 자리에서 물러나게 되어 있는 헌법상의 제한을 없앴다. 그는 이제 적어도 2036년까지(그리고 아마도 그 이후까지도) 통치할 수 있지만, 여전히 선거라는 겉치레를 통해 자신의 권력 장악력을 보여줄 필요가 있다. 하지만 2021년 9월 실시된 국회의원 선거가 보여줬듯 푸틴 정권에 대한 지지도 하락은 승리에 장애가 되지 않는다.

데이터 분석가인 세르게이 슈필킨(Sergey Shpilkin)에 따르면, 만약 결과가 조작되지 않았다면 여당인 통합러시아당은 공식적으로 발표된, 의회에서의 압도적인 득표율 대신 약 30%의 득표율을 얻었을 것이다. 대신에 통합러시아당은 거의 50%의 득표율을 얻었고, 의회(Duma)에서도 압도적인 다수를 차지했다. 러시아 정부는 나발니를 투옥하고, 그의 동료들을 국외로 쫓아내고, 그를 지지하는 사람들을 단속함으로써 사실상 참여 정치를 금지했다. 목적은 선거를 유지하되 푸틴 대통령의 통치에 대한 어떠한 대안도 있을 수 없도록 하는 것이다.

그러나 그의 정적들에 대한 신체적 억압은 더는 충분하지 않다. 러시아 정부에 대한 가장 큰 도전은 인터넷에서 나온다. 그것은 나발니를 국민 다수가 인정하는 국가적 정치 지도자로 인정받게 했고 시민사회가 스스로 조직화할 수 있게 해줬다.

최근까지 러시아의 인터넷은 비교적 자유로웠다. 푸틴 대통령은 TV를 통해 권력을 잡았고 인터넷을 그다지 중요하게 여기지 않았다 (그는 인터넷에 접속하지 않고, 컴퓨터를 사용하지 않거나 휴대폰을 갖지 않는 것을 자랑하길 좋아한다).

러시아 정부에 대한 가장 큰 도전은 인터넷에서 나온다.

그러나 지난 10년 동안 인터넷의 확산은 러시아 정부가 TV를 독점하는 것을 무용지물로 만들었다. 모든 정보원에서 인터넷과 소셜 미디어가 차지하는 비율은 2013년에서 2015년 사이 18%에서 2021년 45%로 증가했다. 나발니는 국영 TV 채널에 나오지 못하게 되어 있지만 그의 유튜브 시청자 수는 국영 TV 뉴스 프로그램의 시청자와 비슷한 규모다.

러시아 정부는 나발니와 연결된 모든 웹사이트를 '극단주의적'이라며 금지했다. 그들은 관련 장비를 설치했고 서비스 제공업자들에게 사진과 영상이 업로드되지 않도록 트위터 접속을 방해하도록 강요했다. 구글과 애플의 러시아 직원들을 범죄 혐의로 기소하겠다고 협박해 나발니의 앱을 구글과 애플 스토어에서 삭제하게 했다. 언론 단체와 언론인들은 '외국 비밀 요원'으로 간주해 러시아에서 거의 활동하지 못하도록 만들었다.

하지만 가장 큰 문제는 구글의 영상 플랫폼인 유튜브다. 비록 구글이 콘텐츠를 삭제하라는 러시아 정부의 요구에 점점 더 순응하고 있지만, 수천만 건의 조회 수를 기록하는 나발니의 영상에 대해서는 업로드를 계속 허용하고 있다. 유튜브를 차단하는 것은 문제의 소지가 있다. 이 서비스는 정치에 거의 관심이 없지만 이용할 수 없다는 것에 분노할 수도 있는 수백만 명의 러시아인이 사용하고 있다.

러시아 정부는 자신들의 요구에 순응하도록 만들기 위해 구글에 대한 압력을 더욱 강화할 것이다. 검색 엔진이 느려지게 만들고 벌금을 부과할 수도 있다. 그리고 자체 영상 플랫폼인 류튜브(RuTube) 개발을 이어갈 것이다. 인기 있는 콘텐츠를 그쪽으로 옮기고 필요하다면 유튜브를 차단할 수도 있다. 정보에 대한 독점권을 회복하는 것이 푸틴 대통령 권력의 핵심이다. 인터넷을 둘러싼 전쟁은 러시아의 가까운 미래를 규정할 것이다.

빅토르, 패배자?

강력한 총리가 투표로 자리에서 물러날 수도 있다

벤델린 폰브레도(Vendeline von bredow) 베를린, 〈이코노미스트〉 유럽 기업 및 재정 통신원

2022년 4월 헝가리 총선을 앞두고 전개 상황이 예상 밖으로 흥미롭다. 2021년 초만 해도 빅토르 오르반(Viktor Orban) 총리가 의회에서 3분의 2에 달하는 압도적 과반수를 유지하지 못하는 것이 거의 불가능해 보였지만, 한 해 동안 상황은 바뀌었다. 각양각색의 6개 야당이 가까스로 연합해 오르반과 싸울 단일 후보를 선출했다. 또한 그들은 헝가리 의회 의석의 절반을 위한 공동 후보자들을 선발했다. 오르반 총리는 2010년에 총리직으로 돌아온 이후 처음으로 정말로 선거에서 패배할 수도 있다는 전망에 직면해 있다.

오르반을 자리에서 물러나게 하겠다는 생각은 모멘텀(Momentum)과 같은 좌파 및 진보 정당에서부터 과거 극우 정당이었다가 좀 더 온건해진 요비크(Jobbik)에 이르기까지 여러 정당을 하나로 통합하는 강력한 역할을 해낼 수 있음이 입증되었다. 2021년 10월 중순에 있었던, 연합체 대표를 뽑기 위한 예비 경선 결선 투표는 유럽 의회 부

왕관이 흔들린다

의장인 클라라 도브레브(Klara Dobrev)와 부다페스트 시장인 커라초니 게르게이(Karacsony Gergely), 동남부 도시 호드메죄바샤르헤이의 시장인 피테르 마르키자이(Peter Marki-Zay) 사이에 있었다. 게르게이는 첫 라운드에서 이긴 도브레브가 두 번째 라운드에서 이기는 것을 막기 위해 자이를 지지하며 사퇴했다. 그와 다른 많은 사람은 도브레브가 페렌츠 주르차니(Ferenc Gyurcsany)와 결혼한 사이이기 때문에 오르반 총리를 이길 수 없다고 믿었다. 주르차니는 전 총리로서 경제 상황에 대해 반복해서 거짓말을 했다고 고백한 후 일어난 2006년 폭동으로 오점을 남겼다.

게르게이의 사심 없는 계산은 통했다. 무소속에 소도시 보수주의자인 자이가 결선 투표에서 도브레브를 이겼다. 하지만 가톨릭 신자로서 일곱 명의 자녀를 둔 49세의 자이가 오르반 총리를 이길 수 있을까? 2018년 자이가 오르반 총리 소속당인 피데스(Fidesz)의 텃밭인 호드메죄바샤르헤이 시장직에 당선되었을 때 전문가들과 여론 조사 기관들은 깜짝 놀랐다. 그리고 요비크당 후보인 페테르 야카브(Peter Jakab)를 예비 선거 1차 라운드에서 물리치고 3위를 차지해 결선에 오름으로써 또 한 번 관계자들을 놀라게 했다.

그렇긴 해도 오르반 총리는 상대편을 이기기 위해 자신이 가진 모든 무기를 사용할 것이다. 2021년 가을, 그는 2022년 초에 20억 달러 가량을 소득세 형태로 모든 가구에 환급해주는 정책을 발표했다. 그는 최저임금 인상, 11월의 연금 수급자에 대한 특별 지급, 1월 2주간의 추가 국가 연금 지급을 약속했다. 그리고 도브레브가 자신의 적수가 될 것 같았을 때 그랬던 것처럼 그는 자이에 대한 인신공격을 시도할 것이다.

자이와 그의 동맹군들은 총리직 승리는 오르반 총리가 10년 이상 구축해온 권력 구조를 바꾸기 위한 첫 단계일 뿐이라는 것을 알고 있다. 그리고 승리하더라도 6개 야당이 단결된 모습을 보이지 못할 수도 있다. 그러나 1년 전만 해도 상상할 수 없을 것 같았던 것이 현실적인 시나리오가 되었고, 이는 헝가리가 더 이상 권위주의적 체제로 빠져드는 것을 막으려는 사람들에게는 진전을 알리는 희망의 신호다.

THE WORLD AHEAD 2022

국가의 상태

2022년의 축하 행사는 영국의 과거와
불확실한 미래를 두드러지게 할 것이다

매튜 홀하우스(Matthew Holehouse) 〈이코노미스트〉 영국 정치 부문 통신원

브렉시트의 정치적 격동과 코로나19의 오랜 고통을 겪고 난 영국인들은 2022년에 기운 낼 만한 일이 있길 바랄 것이다. 왕실은 의무를 다할 것이다. 2월 6일에 엘리자베스 2세(Elizabeth II) 여왕은 70년 동안 통치를 한 최초의 영국 군주가 될 것이다. 플래티넘 주빌리 행사는 왕실 가족 구성원이 1년간 영국을 여행하는 일정을 포함할 것이다(평소에 진행되었던 개관식 일정 대부분은 팬데믹으로 인해 생략되었다). 6월에는 추가 공휴일이 지정되어 4일간의 주빌리 주말이 생기며 축하 행사의 백미를 장식할 예정이다. 행사 일정에는 버킹엄궁에서의 팝 콘서트, 가장 행렬, 군대 열병식이 계획되어 있다. 빨간색 튜닉과 곰 가죽 군모, 머리 위에서 굉음을 내며 비행하는 제트기, 발코

니에서 손 흔들기, 유명인 손님, 이슬비 내리는 영국 하늘 아래 끝없이 휘날리는 깃발……. TV 시청자들이 1977년 실버 주빌리 이후 왕실 결혼식과 주빌리에서 주기적으로 경험해온 것과 비슷한 광경이 펼쳐질 것이다. 이런 행사가 있는 시기에 더 몰(the Mall) 대로에 서 있으면 음악 업계의 작품에 버금가는 완벽한 TV 전용 제작물을 감상할 수 있다. 그 결과는 친근하면서도 범접할 수 없는 절대 군주제다.

하지만 2022년의 축제에는 우울감이 돌 것이다. 여왕은 4월에 96세가 될 것이다. 여왕의 건강 상태는 전반적으로 좋지만, 가끔 경미하게 휘청거렸고 집에서 이를 지켜보는 시청자들은 이 행사가 여왕의 통치기에 볼 수 있는 마지막 성대한 장관이 될지도 모른다고 생각할 것이다. 몇몇 TV 평론가들이 그녀의 건강 상태를 계속 관찰할 것이다.

대중은 근위병의 행진을 보며 여왕이 어느 날 남겨두고 떠날 군주제 상태에 대해 생각할지도 모른다. 어쩌면 영국의 군주제는 지금만큼의 애정이나 권위를 누리지 못할지도 모른다. 여왕의 후계자인 찰스(Charles) 왕세자는 어머니만큼의 인기를 얻지 못했다. 물론 왕세자가 취임하고 하룻밤 만에 상황이 바뀔 수도 있기는 하다. 엘리자베스 2세는 뚜렷한 정치적 성향을 내비치지 않았으며 도덕적인 측면에서 주도면밀했다. 찰스 왕세자는 온갖 종류의 주제에 대한 자신의 의견을 널리 알렸으며, 그의 결혼 생활은 공개적으로 해부되었다. 다이애나(Diana) 왕세자비와 찰스 왕세자의 이혼을 다룬 넷플릭스 시리즈 〈더 크라운(The Crown)〉의 다섯 번째 시즌은 2022년에 방영할 예정이다. 지금까지 이 시리즈에서 왕세자의 모습은 용서하기 힘든 사람으로 묘사되었다.

또한 영국인들은 1924년부터 1951년까지 총리직을 수행한 클레멘트 애틀리(Clement Attlee) 전 총리가 '새로운 엘리자베스 시대(new Elizabethan age)'라 불렀던, 제트 엔진, TV, 피임약으로 대표되는 자신들의 시대가 저물고 있는 것에 대해 생각할 것이다. 2022년, 그중에서도 특히 정부가 주최하는 문화 페스티벌 '언박스드(Unboxed)'에는 과거와 비슷한 일이 잔뜩 일어날 것이다. 1951년 개최된 '페스티벌 오브 브리튼(Festival of Britain)'처럼 '언박스드'는 과학, 수학, 공학 기술 분야의 국가적 정수를 뽑아낼 것이다. 냉소적인 의견도 있을 것이다. 앞선 시대처럼 2022년의 영국은 양당이 주도하는 안정적인 시기를 맞이해 더 나은 학교와 병원, 주거에 대한 강렬한 수요를 충족시키려고 노력할 것이며, 국제 협상 테이블에서 영국의 자리에 대한 불안감이 조성되면서 그때의 정치적 상황도 재발할 것이다.

왕위를 향한 충성이 정치적 정체성의 핵심인 북아일랜드의 연합주의자만큼 주빌리를 힘차게 축하할 사람들은 없을 것이다. 하지만 축하 행사에는 염려가 깃들어 있을 것이다. 2022년 5월 시행되어야 하는 북아일랜드의 자치정부 선거에서 최대 규모의 공화주의 정당인 신페인(Sinn Fein)당이 자치정부 행정 수반의 자리를 차지할 가능성이 크다. 오랫동안 아일랜드공화국군(Irish Republican Army)의 정치적 집단으로 알려진 정당이 자신들이 없애려는 관할 구역의 최고 정무직을 차지하는 그 순간은 매우 주목할 만할 것이며, 극심하게 불안정한 상태로 치달을 것이다.

최대 규모의 연합주의 정당인 민주 연합당(Democratic Unionist Party)은 아일랜드해에 새로운 무역 경계선을 그은 영국 정부의 브렉시트 협의를 무효로 만들고 싶어 한다. 이에 따라 민주 연합당이 제1부 장관직을 거부하고 북아일랜드 자치정부를 뒷받침하는 권력 분담 합의를 무산시키는 상황이 초래될지도 모른다. 그렇게 된다면 2017년부터 2020년까지 그랬던 것처럼 공무원들이 지방정부를 운영하는 결과가 나타날 수 있다.

2022년에는 북아일랜드에 잘 알려지지 않은 또 하나의 기념일이 있다. 바로 현대 공화국의 전신인 아일랜드자유국의 성립 100주년이다. 1922년에 이집트 역시 영국으로부터 독립했다. 그해는 대영 제국의 절정기이자 수십 년간의 와해가 시작된 시기였다. 단단해 보이던 것이 순식간에 연약한 것으로 판명날 수 있다.

그 사람들은 당신 뒤에 있는 것이 아니다!

정부에 대한 가장 심각한 저항은
토리당의 하원 평의원석에서 나올 것이다

애드리안 울드리지(Adrian Wooldridge) 〈이코노미스트〉 배저트 칼럼니스트

원래 2022년은 보리스 존슨(Boris Johnson) 총리에게 수월한 해가 되어야 한다. 정부는 마거릿 대처(Margaret Thatcher) 시대 이후 최대 규모인 80석 과반수를 차지했다. 내각은 히죽거리는 아첨꾼들로 가득차 있다. 키어 스타머 경(Sir Keir Starmer)은 발길질하며 고함치는 노동당(Labour Party)을 극좌의 황무지 밖으로 끌어내려고 계속 노력하고 있다. 존슨 총리는 유럽에서 국지적, 사회적으로 가장 분열된 국가 중 하나인 곳을 '상향 평준화(levelling-up)'하겠다는 흥미진진하고 도전적인 어젠다를 밝혔다. 그렇지만 스타머 경이 이끄는 야당이 아니라 자기 당의 평의원이 일으킨 문제 때문에 힘든 한 해를 보낼 것이다.

보수당(Conservative Party)은 강성 반대 세력, 지출부터 외교 정책까지 모든 주제에 대한 내부 분열, 다우닝가(Downing Street)의 영향력 약화, 반항하는 습관 등 당의 명목상 주인을 힘들게 할 모든 요소를 다 갖췄다. 당 대표들은 추락하는 신의 덕분에 실질적인 과반수가 80석이 아니라, 빈번한 내부 저항과 모의, 아슬아슬한 표 차이의 연속으로 대표되는 존 메이저(John Major) 총리 시절과 비슷한 20석에 더 가까울 것이라는 계산을 내놓았다.

권력욕이 많기로 유명한 정당이 이렇게 통제가 어려워진 이유는 무엇일까? 한 가지 이유는 2010년 이후로 보수당이 단독 또는 다

른 당과의 연합으로 집권했기 때문이다. 집권한 해마다 [테리사 메이 (Theresa May) 또는 데이비드 데이비스(David Davis)처럼] 의원직에서 전성기를 누리다가 버려진 패가 되었거나, 진급을 아예 포기해 통솔이 어려워진 의원 수가 늘어났다. 또 하나의 이유는 의원들이 정당이라는 기계의 톱니바퀴가 아닌 정치적 사업가로 행동하는 경우가 잦아졌기 때문이다. 그들에게 성공이란 (존슨 총리가 그랬던 것처럼) 미디어에 출연해 개인 브랜드를 구축하는 것이었다.

하지만 가장 큰 이유는 이념적인 것이다. 보수당은 부유한 주 (shire)의 전통적인 지지자와 북부 산업 지대의 새로운 지지자로 갈라섰다. 전통적인 **토리당원(Tory)**은 세금을 올리거나 정부의 권한을 확장하려고 보수당에 가입하는 사람은 없을 것이라고 주장한다. 하지만 브렉시트라는 지각변동은 전통 지지자보다 정부에 더 의존적인 노동자 계층의 지지자를 토리당에 가져다놓았다. 또한 뒤처진 이들을 위해

1922 위원회의 의장이 핵심 인물로 떠오를 것이다.

더 나은 기회를 제공해 (설령 이것이 높은 세금과 느슨한 정책 입안을 의미한다고 해도) 국가를 상향 평준화해야 한다는 새로운 어젠다도 부여했다.

이런 내부 분열은 앞으로 어떤 반항이 일어날지 예측하는 것을 어렵게 만들었다. 일부 의원들은 (유니버설 크레딧 복지 시스템의 축소 등) 정부의 지출 삭감에 반대할 것이며, 또 다른 의원들은 세금 및 지출 확장에 저항할 것이다. 하지만 두 가지는 확실하다. 첫째, 다우닝가와 원내총무실은 (기사 작위 등의) 당근과 채찍을 모두 사용해 정당 규율을 강제하기 위해 고투해야 할 것이다. 둘째, 평의원들의 노동조합인 '1922 위원회(1922 Committee)'의 의장 그레이엄 브래디 경(Sir Graham Brady)이 정치계의 핵심 인물로 떠오르며 당분간 대부분의 장관, 그리고 어쩌면 야당의 공식 대표보다 더 중요한 역할을 할 것이다.

이중고

경제가 팬데믹으로부터 회복하면서
브렉시트의 영향이 더 선명해질 것이다

던컨 웰던(Duncan Weldon) 〈이코노미스트〉 영국 경제 부문 통신원

코 로나19 팬데믹과 브렉시트의 영향을 구분하기는 쉽지 않다. 영국은 2021년 1월 마침내 유럽 단일 시장 및 관세 동맹의

인력 시장?

과도기적 멤버십으로부터 최종 탈퇴했다. 유럽연합과의 수출입은 예상대로 무너졌다. 하지만 영국이 국가 차원의 봉쇄를 세 번째로 시행했던 때였으므로 어떤 요인이 더 큰 역할을 했는지는 집어내기 어렵다. 운이 따라준다면 2022년 팬데믹의 영향력은 미미해지기 시작할 것이다. 하지만 브렉시트가 미친 영향은 계속 남아 있을 것이다.

2021년 하반기에 영국의 거시 경제적 일대기는 평소와 달리 명확했다. 경제적 수요는 공급보다 빠른 속도로 회복되었고, 이로 인해 물품 부족과 병목 현상, 인플레이션이 나타났다. 소매 업체와 제조 업체의 재고 수준은 수십 년 이래 최저 수준으로 떨어졌고 다양한 산업의 기업에서 인력 부족을 호소했다. 이 중 일부 현상은 팬데믹이 전 세계에 미친 악영향을 반영했다. 전 세계적으로 소비자의 수요가 서비스에서 상품으로 이동한 것에 배송 지연 및 봉쇄령, 인력 부족으로 발생한 공급 충격이 더해져 수많은 부유한 국가에 물품 부족 현상이 나타났다. 다른 곳에서는 이런 제한이 완화되고 있지만, 영국에는 그 영향이 더 오래 머무를 것이다.

2020년 말 유럽연합과 타결한 무역 협정은 기업과 소비자가 물품에 대한 관세와 할당량을 면제받을 수 있게 해줬지만, 지금껏 매우 평온했던 국경에 새로운 마찰을 만들었다. 특히 일반 위생 및 식물

위생 검수 대상은 유럽으로 들어가는 식료품에 한정되어 있지만, 잠재적인 세관 통과 지연은 모든 물품에 적용된다. 영국은 2021년 말까지 수입품에 대한 전면 검수 적용 시점을 연기하기로 했지만 2022년부터 발목이 잡히기 시작할 것이다. 유럽의 몇몇 중소기업은 이미 영국으로의 수출이 그 번거로움을 감내할 만큼의 가치가 없다고 판단했다. 영국 소매상들은 공급 부족이 2022년 하반기까지 이어질 것으로 예상한다.

인력 부족이 해결되기까지 더 오랜 시간이 걸릴지도 모른다. 2021년 말 인력난은 물품 부족과 마찬가지로 영국에서만 발생하는 특수한 현상이 아니었다. 하지만 이 경우에도 브렉시트로 인해 영국은 더 오랫동안 영향을 받을 것이다. 화물 수송, 호스피탈리티, 식품 가공과 같이 유럽연합 노동자에게 지나치게 의존했던 산업의 기업은 특히 더 심한 타격을 받았다. 이론적으로 이전에 영국에 거주하면서 안정적인 지위를 획득한 유럽연합 노동자들은 복귀를 환영받아야 하지만 몇 명이 돌아올지는 미지수다. 새로운 유럽연합 노동자들은 저임금 분야에서 취업 비자를 받기 위해 고군분투할 것이다. 높은 임금은 궁극적으로 화물차 운전과 같은 업무에 더 많은 영국인을 끌어오겠지만, 인력 부족 현상이 2022년까지 늘어지면서 정부는 결국 '인력난을 겪는 직업 리스트(shortage occupation list)'에 더 많은 직업을 추가하며 공백을 메꿔줄 이민자들에게 문을 열어줘야 할 것이다.

인플레이션율은 2022년에 잉글랜드은행의 목표치인 2%를 웃돌겠지만 금리 인상은 천천히 이뤄질 것이다. 팬데믹 이후 회복 속도가 느려지고 긴축된 재정 정책이 시행되면서 가격 상승에 대한 압박은 하반기가 되어서야 누그러지기 시작할 것이다.

정부의 경제 예보를 담당하고 있는 예산 책임청(Office for Budget Responsibility)은 장기적으로 브렉시트의 경제적 영향이 다른 경우보다 4% 적게 나타날 것이라고 예상했다. 이는 인력 공급의 감소와 새롭게 등장한 무역 마찰로 인해 경쟁이 줄어들고 생산성 성장의 속도가 느려졌기 때문이다. 반면 잉글랜드은행은 코로나19의 장기적 영향력이 GDP의 1% 정도 될 것이라고 예상한다. 2022년 말에는 코로나19가 아닌 브렉시트가 정책 입안자들에게 가장 큰 골칫거리를 제공할 것이다.

방송 우울증

영국 정부와 미국의 스트리머 모두 BBC를 주시하고 있다

톰 웨인라이트

1922년 11월 14일, 당시 명칭이었던 영국 브로드캐스팅 컴퍼니(British Broadcasting Company)로 첫 라디오 방송이 발신되었다. "2LO, 마코니하우스(Marconi House), 런던, 호출합니다." 호출 신호였던 2LO(LO는 런던의 축약형이다)는 우체국에서 지정해준 방송 수신 번호였다. BBC에서 프로그램 감독을 맡았던 아서 버로우스(Arthur Burrows)가 뉴스와 날씨를 두 차례에 걸쳐 낭독했다. 한 번은 빨리, 두 번째는 필기하는 사람들을 위해 천천히 읽었다.

100년 뒤 '코퍼레이션(Corpo-ration)'으로 개명한 BBC는 8개의 국내 TV 채널, 50개가 넘는 라디오 방송국, 제멋대로 뻗어 나가는 웹사이트 하나와 어플리케이션 세트, 43개 국어로 방송되는 월드 서비스(World Service)를 운영하며 연간 51억 파운드(70억 달러)를 움직이는 기업이 되었다. 하지만 100주년을 맞이하

여기서도 넷플릭스가 되나?

는 해에 BBC는 국내와 해외 모두에서 악전고투할 것이다.

국내부터 살펴보자. BBC 본사에서 남쪽으로 지하철 두 정거장을 내려가면 다우닝가 10번지가 있는데, 이곳의 현주인 존슨 총리는 일명 '브렉시트 공격(일부 잔류파는 공격이 불충분하다고 말하지만) 코퍼레이션(Brexit-Bashing Corporation)' 길들이기에 열중하고 있다. 정부는 모든 가정에 부과되어 BBC의 수입 대부분을 차지하는 수신료를 깎아내리겠다는 의지를 밝혔다. 그리고 다음의 정부 친화적 인물들을 취임시켰다. BBC 회장 리처드 샤프(Richard Sharp)는 보수당 기부자이자 브렉시트 지지자이고, 정부가 가장 최근에 BBC 이사회에 임명한 로비 깁 경(Sir Robbie Gibb)은 테리사 메이 정권의 통신 책임자였다. 신임 문화부장관으로 발탁된 나딘 도리스(Nadine Dorries)는 언젠가 수신료를 '구소련 스타일의 국가에 어울릴 만한 것'이라고 묘사했다.

다가올 한 해에는 BBC의 가치관을 빚어낼 기회가 더 많이 제공될 예정이다. 방송 규제 기관인 오프콤(Ofcom)의 회장직이 비어 있다.

존슨 총리는 BBC가 '문화적 마르크스주의'를 이행하고 있다고 고발한 〈데일리 메일(Daily Mail)〉의 전 편집장 폴 데이커(Paul Dacre)를 아주 좋아한다. 2021년 독립 심사위원이 데이커를 탈락시킨 이후 정부는 선발 과정을 재개했다. 1월에는 프랜 언스워스(Fran Unsworth)가 BBC 보도 책임자의 자리에서 물러날 예정이다. 원칙상 편집부 인사는 내부 사안이지만 정부는 정치적 영향력을 행사하며 최근 한 후보자를 다른 BBC 뉴스 직책에 임명하는 것을 반대했다.

1월에는 BBC의 100번째 생일이 되기 몇 주 전에 40주년 기념일을 맞이할 광고 기반 공영 방송국인 채널 4(Channel 4)의 회장직에도 변화가 있을 것이다. 채널 4의 현 회장 찰스 구라사(Charles Gurassa)는 방송국을 사유화하려는 정부의 계획에 반대한다. 오프콤과 정부가 공동 지명할 그의 후임은 아마도 이 아이디어에 더 개방적인 사람이 될 것이다.

다우닝가에도 문제가 있지만 가장 큰 문제는 해외에서 발생할 것이다. 비디오 스트리밍은 BBC가 할리우드 및 실리콘밸리와 직접적인 경쟁 구도를 형성하게 했다. 넷플릭스는 가장 많이 사용되는 스트리밍 서비스였던 BBC 아이플레이어(iPlayer)의 자리를 빼앗았다. 아이플레이어가 모든 수신료 부담자에게 무료로 제공되었다는 점을 고려하면 엄청난 공적이다. 18세 이하 인구에서 넷플릭스가 누리는 인기의 절반밖에 얻지 못한 아이플레이어는 아마존 프라임 비디오(Amazon Prime Video)와 유튜브에도 뒤처지고 있다. 글로벌 스트리밍 플랫폼들은 BBC가 겨룰 수 없는 규모의 경제(economies of scale)를 갖췄다. 아이플레이어는 1만 1,000시간의 콘텐츠를 보유하고 있지만, 넷플릭스와 아마존은 각각 4만 시간의 콘텐츠를 가지고 있다. 게다가 스트리밍 업계에 더 많은 경쟁자가 서서히 모여들고 있다(문화 섹션 참조).

100주년을 맞이하는 해에 BBC는 악전고투할 것이다.

쏟아지는 맹공격 속에서 BBC는 공공 서비스의 역할을 강조하고 있다. 2020년과 2021년의 봉쇄 기간에 넷플릭스와 유튜브가 각각 단순한 흥밋거리나 잘못된 정보를 내놓을 동안 BBC는 발 빠르게 온라인 학습 콘텐츠를 생산했다. BBC는 이 콘텐츠를 학교에 제공하면서, 100주년 기념 행사에서 이러한 자신의 강점을 내세우고 싶어 한다.

채널 4처럼 BBC가 게임에 사용할 또 다른 메인 카드는 영국 내 TV 제작 산업을 육성하는 것이다. 할리우드의 스트리머가 확산하면서 지역 프로그램 제작 회사들이 영국 방송국에 점점 덜 의존하게 되었다(넷플릭스는 이제 대본이 있는 신규 유럽 콘텐츠의 최대 책임자다). 하지만 스트리머들은 글로벌 시청자의 입맛에 맞는 콘텐츠만 제작하고, 영국 특유의 창작품에는 관심이 없다. 여기에는 BBC의 아일랜드어 채널인 알바(Alba) 같은 유익한 서비스와 채널 4의 시끌벅적한 히트작 〈데리 걸스(Derry Girls)〉도 포함된다.

위와 같은 사례에서 다루기 힘든 영국 국가들을 하나의 공통된 문화로 묶어준다는 공공 방송국의 또 다른 강점이 드러난다. BBC의 초대 사장 존 리스(John Reith)는 방송이 어떻게 '국가를 하나로 만드는지'에 대해 이야기했다. 닳아 해어지고 있는 연합을 단결시키려는 존슨 총리가 생각해볼 만한 사항이다.

공사 준비 완료

보리스 존슨 총리의 인프라 계획은 저항을 받을 것이다

엘리엇 카임(Elliot Kime) 〈이코노미스트〉 영국 담당 통신원

존슨 총리는 역사에 마스터 건축가로 남고 싶어 한다. 런던 시장으로 재임했을 당시에도 값비싼 운송 계획을 추진했었는데, 정치적 필요성이 다시 한 번 총리를 그때와 같은 방향으로 밀고 있다. 존슨 총리는 가난한 지역의 연결성을 개선하면서 2019년 노동당에서 가져온 공업 지역의 의석을 잡아두기 위해 영국을 '상향 평준화'하겠다고 약속했다. 그리고 영국을 더 친환경적인 나라로 만들겠다고 맹세했다. 하지만 상향 평준화가 현실이 되려면 2022년부터 땅을 파기 시작해야 할 것이다. 총리의 계획은 환경주의자, 그리고 무엇보다 자신의 재무부로부터 저항을 받고 있다.

팬데믹 기간 동안 늘어난 지출이 재무부의 추가 지출을 꺼리게 하면서 존슨 총리는 북아일랜드와 스코틀랜드 간 터널 건설 등 상대적으로 도전적인 계획들을 어쩔 수 없이 보류해야 했다. 'HS2'라 알려진 고속철도(High-speed rail link)를 버밍엄(Birmingham)과 리즈(Leeds)까지 연장하는 데 드는 예상 비용이 2012년 330억 파운드(450억 달러)에서 최소 1,080억 파운드로 상승하면서 계획을 연기해야 할지도 모른다. 북부의 토리당 의원들이 이 계획으로 이전에 노동당에서 가져온 의석을 더 확고히 붙들어두려 했기에, 계획의 보류는 정치적인 골칫거리를 양산할 것이다. 고가의 신규 도로 프로젝트인 스톤헨지 터

널과 템스강 하류 건널목 건설을 포함한 일련의 도로 건설과 에너지 프로젝트는 계속 진행될 것이다. 새로운 전기 자동차 충전 네트워크 작업이 계속될 것이다. 서픽(Suffolk)의 원자력 발전소인 사이즈웰(Sizewell) C의 건설은 계획이 허가된다면 2022년에 시작될 것이다. 기업들은 2030년을 목표로 산업 및 가정용 난방으로 사용될 5GW 저탄소수소 생산 능력을 확보하겠다는 정부의 새로운 수소 펀드에 입찰을 시작할 수 있다.

팬데믹 기간 동안 늘어난 지출이 재무부의 추가 지출을 꺼리게 했다.

활동가들이 2050년까지 '순배출량 제로(net-zero emissions)'를 달성하겠다는 정부의 목표에 달려들면서 일부 프로젝트에는 시위대가 따라붙을 것이다. 런던에서는 시위가 비일비재하게 일어나지만 2022년에는 더 넓게 확산할 것이다. 마스터 건축가에게는 늘 비판자가 따르기 마련이다.

신이시여, 저에게 더 가까이 오십시오

신이 더 관대해지고 있는 이유

캐서린 닉시(Catherine Nixey) 〈이코노미스트〉 영국 담당 통신원

예전에 천벌을 내리는 것은 간단했다. 신이 천벌을 내리면 사람들은 벌벌 떨었고 가끔 죽기도 했다. 신은 반역한 이스라엘인(수만 명이 죽었다), 첫째로 태어난 이집트인(전부 죽었다), 필리스티아인(치질에 걸렸다)

나는 스스로 있는 자니라

에게 천벌을 내렸다. 소돔인은 특히 더 충격적인 천벌을 받았다. 창세기에 따르면 소돔의 남자들이 '주님 앞에서 엄청난 죄를 짓고 사악한 짓'을 했기 때문에 신이

소돔에 '유황과 불'을 내렸다고 한다. 유황은 수 세기 동안 들끓었고, '남색(sodomy)'이라는 단어는 통속적인 표현이 되어 영국 법률서에도 기재되었다. 영국에서 동성애적 행위는 1967년까지 범죄 행위로 유지되었다.

오늘날 영국에서 천벌을 내리는 전지전능한 신을 기리는 사람은 별로 없다. 캔터베리 대주교(Archbishop of Canterbury)가 최근에 말했던 것처럼 신은 '사랑이다'. 그리고 이제 동성애를 혐오하는 신을 기리는 사람도 별로 없다. 2021년 6월 감리교 신자들은 '신앙심이 가득한 고민'을 한 뒤에 동성애 결혼을 허용하겠다고 투표했다. 9월 웨일스 교회(Church of Wales)는 투표를 통해 동성애 관계를 축복하는 것을 허용하기로 했다. 2022년 잉글랜드 교회(Church of England, C of E)는 비슷한 질문에 대해 고민할 예정이다. 분위기가 좋다. 최근 잉글랜드 교회는 레위기(Leviticus)와 혼동할 수 없는 어조로 '우리는 다 함께 동성애 혐오를 반대한다'라고 표현했다. 증거는 확실하다. 신이 더 관대해지고 있다.

이론적으로 이것은 일어날 수 없는 일이다. 이따금 치질을 창조하

기도 하는 신은 사랑임과 동시에 영원해야
만 한다. 어제, 오늘, 그리고 영원히 똑같아
야 한다. 하지만 지난 수 세기 동안 비평가
들이 주장해왔듯 '그(He)'는 명백히 그렇지

않다. 사학자들은 무슨 일이 벌어지고 있는지 설명하는 이론을 가지
고 있다. 기독교 기도문에서는 '하늘에서 이룬 것이 땅에서도 이뤄지
리라'라고 한다. '정치 사상(politicomorphism)'이라 불리는 개념은 명
령의 신성한 사슬이 반대 방향으로 운행된다고 주장한다. 즉 땅에서
이룬 것이 하늘에서 이뤄진다는 것이다. 민주주의와 진보주의를 수
호하는 국가들은 민주적이고 진보적인 신을, 민주주의와 진보주의를
반대하는 국가들은 그에 반하는 성향의 신을 갖게 된다. 아프가니스
탄인에게 물어보면 알 수 있을 것이다.

트윅커넘(Twickenham) 지역의 세인트메리 대학교(St. Mary's Uni-
versity)에 재직 중인 제임스 크로슬리(James Crossley) 교수는 기민한 정
치인들이 이 사실을 오래전부터 알아왔다고 말한다. 신은 노예 제도
의 옹호와 폐지, 여성 탄압과 해방은 물론 수많은 전쟁을 정당화하는
데 활용되어왔다. 크로슬리 교수는 다음과 같이 덧붙였다. "좌, 우, 중
도……. '그'는 당신이 원하는 권력이다." 신은 "복잡한 분"이다.

신이 조금 더 복잡해지려 하는 것 같다. "너는 여자와 동침하듯 남
자와 동침하지 마라. 이는 가증한 일이니라"라고 말했던 신이 2022
년 잉글랜드 교회에서 동성애 축복을 정당화하는 데 활용될지도 모
른다. 전통주의자들은 더 많은 변화에 대비해야 할 것이다.

모든 대명사가 그러하듯 신을 의미하는 대명사 역시 일부 사람들
이 '그(Him)'를 '그녀(Her)'라고 지칭하며 논쟁을 일으키고 있다. 늘

그렇듯 이 주장을 정당화하는 듯한 무명의 역사적 문서가 있다. 고대 시리아의 기독교인들은 성령을 '그녀(She)'라고 지칭했다. 그러므로 지금 '그(He)'가 복잡해 보일지라도, 후일 될 수도 있는 '그/그녀(He/She)'에 비교하면 아무것도 아니다.

스코틀랜드의 새로운 권위주의

**스코틀랜드의 새로운 혐오 범죄법은
표현의 자유를 얼어붙게 할 것이다**

헬렌 조이스(Helen Joyce) 〈이코노미스트〉 영국 담당 편집자

역사상 표현의 자유를 가장 잘 대변한 저서 《자유론》에서 스코틀랜드 철학자 겸 경제학자의 아들 존 스튜어트 밀(John Stuart Mill)은 '무결성에 대한 가정(assumption of infallibility)'을 비난했다. 무결성에 대한 가정이란 자기 생각이 옳다는 확신을 기반으로 다른 사람 모두가 '반대 견해에 귀 기울이지 못하게 하면서' 대신 문제를 해결하겠다는 의무감을 가지는 것이다. 오늘날의 스코틀랜드 정치인들이 새겨들어야 할 내용이다. 2022년에 시행될 것으로 기대되는 스코틀랜드의 새로운 혐오 범죄법(Hate Crime Act)은 특정한 정치적 주장에 대해 최대 징역 7년형을 선고할 수 있게 할 것이다. 이 법은 혐오 '부추기기(stirring up)'를 위법 행위로 규정하고, 특별한 행동을 조장할 의도가 없고 실제로 해를 입히지 않더라도 선동적이거나 모욕적이라 판단되는 발언을 불법화한다. 게다가 집 안에서 이뤄지

는 사적인 대화까지 포함한다.

법안이 통과되는 동안 스코틀랜드 의회에서 있었던 논쟁을 살펴보면 이 법안의 주된 목적은 한쪽 성별만을 위한 공간과 서비스에 대한 접근권이 스스로 주장하는 성 정체성이 아니라 생물학적인 성별을 기준으로 주어져야 한다고 반박하는 여성을 침묵하게 만들기 위함이 분명하다. 성전환자(출생 시 성별을 인정하지 않는 사람)에게 모욕감을 준다고 판단되는 표현은 불법이지만 성별 때문에 학대당하는 경우는 범죄가 아니다. 인간이 생물학적 성별을 바꿀 수 없다는 사실적 진술을 보호하려는 시도는 실패했다.

잉글랜드와 웨일스에서 인종, 종교, 성 차별적 혐오 '부추기기'에 대한 위법 행위는 제한적으로 다뤄지며 드물게 사용된다. 반면 스코틀랜드에서 새롭게 규정된 범죄는 열띠게 처벌될 것으로 보인다. 2021년에 페미니스트 단체인 포 위먼 스코틀랜드(For Women Scotland)의 마리온 밀러(Marion Millar)는 트위터에 성전환에 대한 혐오를 표현했다고 기소당한 뒤, 현재 제정된 법에 따라 처벌받고 있다. 한 트윗에는 #WomenWontWheesht('여성들은 침묵하지 않을 것이다'라는 뜻) 슬로건과 여성 참정권 운동자를 대표하는 색상을 띠고 올가미를 연상시킨다고 추정되는 매듭이 있었다. 사건은 궁극적으로 취하되었지만 엄청난 비용과 스트레스를 초래했다. 새로운 법안은 이와 같은 기소가 더 쉽고 빈번히 이뤄지게 할 것이다.

해당 법안의 통과는 지난 10년 동안 스코틀랜드 의회를 장악한 스코틀랜드 국민당(Scottish National Party, SNP)이 가장 최근에 이행한 권위주의적 움직임이다. 비평가들은 국민당이 스코틀랜드인의 독립에

> 혐오 '부추기기'에 대해 새롭게 규정된 위법 행위는 집 안에서 이뤄지는 사적인 대화까지 포함한다.

집중한 덕분에 투표장에서 영구적인 과반수를 받을 수 있었지만, 일관된 정치 철학을 제시하거나 비판을 경청하지 않고 넘어갔다고 말했다. 2012년에 국민당은 축구 경기에서 종파적 구호(sectarian chant)를 외치는 것을 범죄화하는 법을 통과시켰지만, 인권 문제로 인해 2018년에 폐지되었다. 2019년에는 아동과 청소년 전원에게 개별적으로 특정 공공 부문의 인력을 지정해 책임을 부여하는 '지정 보호자(named persons)' 제도를 추진했으나, 영국 대법원에서 제도가 사생활을 침해한다는 판결이 나옴에 따라 강제로 중단해야 했다. 3월에 통과된 최신 법안의 시행이 지연된 것은 우려감을 시사한다. 웨스트민스터의 왕실 고문(Queen's Counsel, QC)이자 마리온 밀러 양의 변호를

WHAT IF?

2022년에 북아일랜드와 아일랜드공화국에서 선거가 치러질지도 모른다. 아일랜드공화국군의 정치적 계승자인 신페인당(Sinn Fein)은 선거에 앞서 섬을 통일시키겠다며 잔혹한 전쟁을 벌이고 있다. **만약 신페인당이 양쪽 선거에서 모두 승리한다면 어떻게 될까?** 남부에서는 다른 정당들이 연합에 합류하기를 거부하면서 정부로부터 여전히 고립될지도 모른다. 하지만 예전만큼 단언할 수 없다. 지역 정치 상황이 결과에 반영되긴 하겠지만, 통일의 가능성을 높이기만 할 것이다.

맡은 조아나 체리(Joanna Cherry)는 (국민당에 소속되어 있음에도 불구하고) 법안이 개정되지 않는다면 법적인 문제를 피할 수 없을 것이라고 말했다.

미디어법을 전문으로 다루는 법정 변호사 베스 그로스만(Beth Grossman)은 혐오 범죄법이 종종 소수자들, 그러니까 애초 법안 제정을 통해 보호하려 했던 이들부터 더 넓게는 당국과 충돌하는 모든 이들까지 범인으로 취급하기에 이른다고 말했다. 그리고 사람들이 (어쩌면 악의적인 의도로) 신고당할 것을 두려워하며 자기 검열을 하면서 표현의 자유를 '얼어붙게 만드는 효과(chilling effect)'가 있을 것이라고 덧붙였다. 존 스튜어트 밀의 표현을 빌려오자면, "우세한 의견 편에 선 지나친 혹평은 실제로 사람들이 반대 견해를 제시하거나 반대하는 이들의 말에 귀 기울일 수 없게 만든다".

브리스톨의 **마빈 리스(Marvin Rees)**
시장은 기후 변화 및 기타 이슈와의 싸움
에 시정부가 앞장서야 한다고 주장한다.

시장들이
세계를
구할 방법

**도시는 국가 및
글로벌 거버넌스의 빠진
퍼즐 조각이다.**

2022년에는 중앙 정부에 과하게 의존
했던 글로벌 거버넌스의 무능함이 탄
로가 나면서 도시의 지도자들이 중요한 역할을 맡
게 될 것이다. COP26의 결과로서 각국 대표들의
실패가 드러날 것이다. 그들은 세간의 이목을 집중
시키는 약속에서 더 나아가, 실행에 필요한 확실한
타임라인과 적합한 자금 운용이 포함된 명확하고
측정 가능한 계획을 제시하지 못했다.

기후 변화와의 전쟁은 이제 세계 인구의 절반이
넘는 사람들이 거주하는 도시에서 승리하고 패배
할 것이다. 도시들은 전 세계 에너지 소비량의 약
70%를 소비하고 탄소 배출량의 4분의 3을 생산
한다. 앞으로 2050년까지 도시권에 약 68%의 인
구가 살게 될 것이라 예측되는데, 이 비율은 도시
가 성장하면서 더 증가할 것이다.

이와 동시에 도시에서는 지속 가능한 생활 방식
이 더 많이 제공된다. 인구 밀도가 높은 곳에서 생
활하면 탄소 발자국을 줄일 수 있다. 도시 이동 수
단과 에너지 시스템의 탈탄소화는 순배출량 제로
를 달성하는 데 중요한 역할을 할 것이다. 열파가
도심부에 거주하는 사람들을 위협하고, 해수면 상
승과 극심한 폭우가 급작스러운 홍수를 일으키면
서 대부분의 사람들이 기후 변화의 영향을 받는 곳
은 도시일 것이다. 우리는 2022년에 이런 기상 사
태가 더 많이 일어날 것에 대비해야 한다는 사실을
인지하고 있다.

내가 시장으로 재임하고 있는 도시 브리스톨은 영

국에서 가장 큰 11개의 도심 지역으로 구성된 '코어 시티즈(Core Cities)' 네트워크의 회원이다. 이 네트워크에 속한 회원 도시에 총 2,000만 명의 인구가 거주하고 있으며 국내 경제 생산량의 26%를 담당한다. 하지만 탈탄소화에 대한 일관된 계획을 세울 수 있도록 이 네트워크를 소집하려는 정부의 노력은 없었다. 인류에게 실수가 용납되지 않는 바로 이 순간에 비능률에 다가서는 지름길을 걷고 있다. 자꾸 되풀이되는 실수이기도 하다.

COP26 합의서의 허점은 도시 거버넌스의 발흥을 촉발할 것이다. 하지만 글로벌 정책 입안 부문에서 영향력의 재정립이 필요한 주제는 기후에 한정되지 않는다. 이민부터 도심 안보, 팬데믹, 기업에 대한 세금 부과까지 우리가 오늘날 마주하는 핵심 문제들은 점점 더 국가의 경계를 넘어서고 있다. 국가 정부가 단독으로 손을 뻗어서 해결할 수 있는 범위를 벗어났다. 브리스톨에서 우리는 의회의 무익한 논쟁에서 나온 팬데믹 정책이 가정, 학교, 일터에서 사람들의 삶에 어떤 방식으로 침투하는지 볼 수 있었다. 우리는 웨스트민스터 정치의 산물인 브렉시트가 우리의 사회 복지 부문과 식량 공급에 영향을 주고 있으며 2022년에도 계속 문제를 일으킬 것이라는 사실을 알고 있다.

도시들은 자발적으로 조직을 형성하고 있다. 이미 300개 이상의 글로벌 도시 네트워크가 탄생했다. 일부는 코어 시티즈, 유로 시티즈(Eurocities), 미국의 시장단 회담(Conference of Mayors)과 같이 지리적 조건을 기반으로 조직되었다. 시장단 이주 문제 협의회(Mayors Migration Council), C40 도시 기후 리더십 그룹(C40 Cities Climate Leadership Group)과 같이 공통된 주제로 모인 조직도 있다. 세계 시장 의회(Global Parliament of Mayors) 등의 조직은 국가 및 글로벌 거버넌스 구조 안에서 도시의 역할을 강화하기 위해 노력하고 있다.

나는 2018년 유엔이 글로벌 이주 협약(Global Compact on Migration)에 대한 최종 협상을 할 당시 연단에 올랐다. 연설자로 초대받은 최초의 시장으로서 나는 이주 정책을 설계할 때 도시에 더 강력하고 공식적인 역할이 부여되어야 한다고 주장했다. 대부분의 이주자에게 브리스톨과 같은 도시는 출발하고, 환승하고, 여행하고, 되돌아오는 곳이다. 기후 문제처럼 이주 정책에 대해서도 도시들은 리더십과 전문성을 제공할 수 있다. 유엔의 협약은 브리스톨에 거주하는 사람들에게 직접적인 영향을 줬고, 영향을 받는 이들 중 대부분은 나와 같은 1세대 또는 2세대 이주자다.

2016년 처음 당선되었을 당시 나는 시장의 역할에 글로벌 리더십이 얼마나 중요한 자리를 차지하게 될지 예상하지 못했다. 하지만 이는 개별 도시에 더 많은 권력을 이양해야 한다는 주장에서 자연스럽게 연장된다. 도시 안에서 벌어지는 일의 형체를 잡는 것만으로는 부족하다. 브리스톨을 위해 일한다는 것은 도시 안에서의 삶에 영향을 주는 외부 사정과 세력을 고려하고 형성하는 데 도움을 주는 것을 뜻한다.

이로써 국가 정부의 종말을 예견하려는 것은 전혀 아니다. 오히려 국가 및 글로벌 거버넌스에 빠진 퍼즐 한 조각을 찾으려는 것이다. 국가 정부는 공간을 만들어야 하고, 국제 조직은 에너지와 재정이 도시를 향하도록 방향을 전환해야 한다. 세계 경제 포럼 글로벌 미래 협의회(World Economic Forum Global Future Councils)에 소속된 학자이자 작가인 내 동료 그레그 클라크(Greg Clark)는 우리가 도시의 시대에 살고 있다고 말한다. 우리 모두를 위해서 국가 및 글로벌 거버넌스가 이 사실을 따라잡는 것은 매우 중요하다. 국내 외 정책을 수립할 때 도시의 지도자들을 동등한 파트너로 삼으면 우리 시대의 주요 문제들을 해결할 가능성을 최대치로 끌어올릴 수 있을 것이다.

중차대한 시기

대통령 선거가 브라질 제도들의 시험대가 된다

사라 매슬린(Sarah Maslin) 〈이코노미스트〉 브라질 지국장

20 22년 브라질은 본격적으로 선거 국면에 들어간다. 이는 10월 대선을 앞두고 1,000개 이상의 입회 및 행정부 선거에서 30개 이상의 정당이 유리한 고지를 선점하기 위해 치열한 경쟁을 벌이고 수개월 동안 여론 조사 결과에 촉각을 곤두세우게 됨을 의미한다. 브라질 정부는 사면초가에 몰린 우파 포퓰리스트 대통령 자이르 보우소나루의 득표를 위해 사회 복지비 지출을 늘리려고 할 것이다. 하지만 이것만으로는 충분하지 않을 수 있다.

2021년 말 브라질 경제 전망이 점점 더 암울해지면서 보우소나루의 지지율은 30% 아래로 떨어졌다. 1분기에 1.2% 성장한 GDP는 2분기에 0.1% 감소했다. 최악의 코로나19 확진자 급증은 새로운 봉

쇄, 의료용 산소 부족으로 이어지고 한때 하루 사망자가 3,000명을 넘어섰다.

개혁과 민영화는 선거에 뒷전으로 밀릴 것이다. 파울루 게지스 (Paulo Guedes) 경제부장관을 지지하던 투자자들은 그가 친기업적 과제를 실천하리라는 믿음을 잃어버릴 수도 있다. 2021년 말 의회에서 완화된 세제 개혁 법안이 거의 통과될 뻔했다. 하지만 더 중요한 공공 부문 개혁은 전망이 어두워 보였다. 가뭄이 계속되고 공공 부채가 GDP의 거의 100%에 달하는 가운데 시장은 2020년보다 너그럽지 않을 것이다. 9월 전년 대비 물가 상승률과 기준금리는 각각 10.25% 와 6.25%로 계속 오를 가능성이 있다. 브라질 국민의 14% 이상이 실직 상태다. 예상 GDP 성장률은 1%에 불과해서 대부분은 2022년에도 실직 상태를 면하지 못할 것이다.

많은 사람이 2021년 초 정부가 경기 부양금을 삭감하면서 자신들의 불행이 시작되었다고 보우소나루를 비난할 것이다. 상원 조사 결과 보우소나루 대통령이 화이자 측의 제안을 여섯 차례나 묵살했으며 일단 계약이 성사된 후 부패를 보고도 못 본 체한 것으로 드러나면서 불만은 더욱더 커졌다(그는 잘못을 부인한다). 팬데믹이 시작된 이후 처음으로 거리로 나섰던 반정부 시위대는 2022년에도 다시 거리로 나설 것이다. 지금까지 139건에 달하는 보우소나루에 대한 탄핵청원서는 계속 늘어날 것이다.

하지만 보우소나루를 탄핵하려는 노력은 성공할 것 같지 않다. 탄핵 절차를 개시할 책임이 있는 하원의장이 보우소나루의 정치적 협력자이기 때문이다. 2021년 말 여론 조사에 따르면 만약 선거가 이때 이뤄졌다면 보우소나루의 주요 도전자인 루이스 이나시우 룰라다 시우바(Luiz Inácio Lula da Silva) 전 대통령이 승리했을 것이라고 한다. 하지만 자신이 속한 좌파 노동자당이 대규모 부패 스캔들과 극심한 불경기를 지켜본 다 시우바 전 대통령 역시 인기가 없다.

브라질 국민의 4분의 1은 어느 쪽에도 투표하지 않으려 한다. 중도주의 정당들은 덜 양극화된 대안을 제시하려고 노력할 것이다. 여기에는 주앙 도리아(Joao Doria) 상파울루 주지사, 루이스 엔히크 만데타(Luiz Henrique Mandetta) 전 보건부장관, 그리고 2018년 3위를 차지한 시루 고메스(Ciro Gomes) 전 주지사 등이 포함된다. 하지만 대부분 분석가는 이런 중도주의자들이 2018년처럼 표를 분산시켜 다 시우바와 보우소나루의 결선투표로 이어질 것으로 예측한다.

선거 운동은 긴장감이 돌 것이다. 보우소나루는 결과에 불복할 근거를 마련하기 시작했다. "오직 신만이 나를 제거할 수 있을 것이다." 2021년 9월에 열린 한 집회에서 그가 한 말이다. 보우소나루 지지자들은 브라질의 현행 전자 투표 시스템에 종이 증명서를 추가할 것(보우소나루는 근거도 없이 전자 투표 시스템에 사기 행위가 만연하다고 주장한다)과 보우소나루와 그의 정치인 아들들에 대한 조사를 명령한 대법원을 폐쇄하기 위한 '군의 개입'을 요구했다. 친정부 시위는 2022년에도 계속될 것이다. 이는 보우소나루에게 얼마 남아 있지 않은 무기의 하나다. 그는 또한 극빈층에 현금을 지원하는 사회 복지 프로그램인 보우사 파밀리아(Bolsa Família)를 확대해 유권자들의 지지를 회복하려 노력할 것이다. 그가 선거에서 지면 권력을 고수하려 할 수도 있다. 11월 결선 투표의 여파는 브라질 제도의 힘을 시험하게 될 것이다.

2022년 9월 7일 브라질은 포르투갈로부터 독립한 200주년을 기념한다. 의회는 대학 입시에 도입한 인종 할당제 연장 여부를 결정하게 되고 대법원은 브라질 전역의 원주민 토착지에 영향을 미칠 판결을 내릴 수도 있다. 하지만 브라질의 미래는 선거 결과에 가장 크게 달려 있다. 대부분 브라질 국민은 자신들의 경제 사정에 따라 투표하겠지만 지금 브라질 민주주의의 운명은 투표로 보우소나루를 물러나게 하느냐 마느냐에 달려 있다.

앞날을 알 수 없는 아마존

브라질 선거가 열대우림에 희망을 준다

사라 매슬린

2022년 대통령 선거는 브라질 정부가 지구 기후 변화의 한 원인이 되어온 정책을 뒤집는 기회가 될 수 있다. 역사적으로 중요한 탄소 흡수원이던 아마존 열대우림의 60%가 브라질에 속한다. 하지만 2021년 〈네이처〉에 실린 한 염려스러운 연구 결과에 따르면 지난 10년 동안 아마존은 거꾸로 탄소 배출원이 되었다. 2019년 포퓰리스트 보우소나루가 취임한 이후 40% 이상 급증한 삼림 벌채와 산불이 그 주범이다.

산불로 가옥들이 무너져 내리고 있다

보우소나루 집권 기간에 환경 관련 법 집행과 벌금이 사상 최저 수준으로 떨어졌다. 이것이 불법 벌목과 채굴, 가축 목축, 토지 수탈을 부추겼다고 환경 운동가들은 말한다. 2021년 6월 히카르두 살레스(Ricardo Salles) 환경부장관은 연방 경찰이 아마존 목재 밀반출에 가담한 혐의로 자신을 조사하기 시작하자 사임해야 했다(그는 잘못을 부인한다).

환경 친화적인 대통령이 당선되면 이런 범죄를 단속하려 할 것이다. 여론 조사에 따르면 보우소나루는 선거에서 질 것 같다. 보우소나루 후임자는 노르웨이와 독일이 아마존 펀드 동결을 해제하도록 설득할 수 있다. 아마존 펀드는 지속 가능한 개발을 강제하기 위한 자금으로 2019년 보우소나루의 정책에 대한 우려 속에 철회된 바가 있다. 새 대통령은 또한 브라질이 성과를 보이면 200억 달러의 열대 우림 기금을 조성하겠다고 제안한 바이든 대통령과의 회담을 재개할 수 있을 것이다.

브라질은 2030년까지 탄소 배출량 감축 목표를 개선하지 않은

지난 10년 동안 아마존은 탄소 흡수원에서 탄소 배출원으로 변했다.

몇 안 되는 나라 중 하나다. 11월 영국 글래스고에서 열리는 유엔 기후 회담을 앞두고 브라질 정부가 이른바 '이중 계산(double-counting)' 요구를 포기할지는 불확실했다. 이 역사에 남을 요구는 다른 나라에 판 탄소 배출권도 자국 배출량 감축 기록에 포함해야 한다는 주장이다. 브라질이 이런 입장을 철회하고 회담에서 세계 시장이 출현한다면 브라질은 수십억 달러를 받아 탄소 배출권으로 판매하는 열대우림 일부를 보존할 수 있을 것이다. 자발적인 탄소 배출권 시장은 최근 몇 년간 호황을 누리고 있다.

하지만 개화한 대통령이라도 열대우림과 주민을 위협하는 여러 법안을 고려하고 있는 농민 친화적인 의회와 싸워야 한다. 여기에는 '토지 수탈법'이라는 별명이 붙은 토지 정규화 법안과 원주민 토착지에서의 불법 채굴을 합법화하는 법안이 포함된다. 8월 대법원에서 원주민 토착지를 1988년 신 헌법이 통과될 당시 점유지로 제한하는 사안을 논의하는 동안 수천 명의 원주민이 수도 브라질리아에 진을 쳤다. 대법원에서 결정을 미뤘지만 의회는 같은 효과를 발휘하는 법안을 고려하고 있다.

콜롬비아 등 다른 아마존 국가는 상업적 이해관계의 압력에 직면할지라도 삼림 벌채와 싸우려는 의지를 더 많이 보여줬다. 브라질에서 더 나은 지도력을 갖추게 되면 법 집행력을 강화하고 열대우림 주민을 위해 삼림 벌채에 대한 지속 가능한 대안을 찾는 지역적 노력을 불러일으킬 수 있을 것이다. 하지만 보우소나루가 다시 승리한다면 숲을 도로와 댐, 광산으로 가득 메우겠다는 그의 결심이 브라질 국경 너머 훨씬 더 먼 곳의 파괴를 불러올 수 있다.

위태로운 멕시코 민주주의

오브라도르는 계속 멕시코 민주주의를 훼손할 것이다

사라 버크(Sarah Birke) 〈이코노미스트〉 멕시코 지국장

지난 20년 동안 멕시코는 민주화의 중요한 예였다. 멕시코 민주주의는 부패와 폭력, 열악한 통치 방식으로 얼룩진 결함 있는 민주주의다. 하지만 성공적인 선거, 정당 간의 평화적인 정권 교체, 상당히 양호한 권력 분립, 불완전하기는 하지만 독립적인 제도의 역사를 지닌 똑같은 민주주의로 인정할 만하다. 2022년은 안드레스 마누엘 로페스 오브라도르(Andrés Manuel López Obrador) 대통령이 이런 시스템을 얼마나 계속 훼손하느냐가 관건일 것이다.

오브라도르는 대중영합주의 정당 모레나(Morena) 당수로 2018년 선거에서 압승을 거뒀다. 멕시코를 좀 더 민주적으로 만들고 오랫동안 엘리트들에게 무시당한 대다수 멕시코인을 위해 일하겠다는 그의 약속에 끌린 평범한 사람들이 그를 뽑았다. 이런 그의 약속은 그때나 지금이나 칭찬할 만한 목표다. 멕시코 제도혁명당(PRI)은 2000년까지 71년 연속, 그리고 2012년부터 2018년까지 다시 멕시코를 통치했으며, 그사이에 보수 성향의 국민행동당(PAN)이 두 번 집권했었다. 제도혁명당은 군대에 힘을 실어주고 어떤 때에는 충성파들로 자율적인 기관들을 채우려고 하면서 특히 자신들의 구미에 맞게 정권을 운영했다.

하지만 오브라도르의 포퓰리즘 통치는 멕시코의 민주주의를 강화

인기가 여전하다

하기보다는 약하게 하고 있다. 처음 3년 동안 그는 매우 개인주의적이고 중앙집권적인 통치 방식을 선호했다. 그는 제도화된 계획보다 자신이 좋아하는 프로젝트를 우선시했다. 이를테면 매우 성공적인 현금 이전 프로그램을 폐지하고, 대신에 잘못 선정한 대상에 현금을 지원하면서 대통령의 개인적인 선물로 홍보하는 식이다.

오브라도르는 매일 긴 회의에서 자신을 지지하는 사람들에게 직접 말하고 기자와 NGO 등 자신을 지지하지 않는 사람들을 비난한다. 그는 공개적인 (그리고 종종 법적으로 문제의 소지가 있는) '논의' 또는 국민투표를 통해 문제를 결정하기를 좋아한다. 예컨대 멕시코시티에 반쯤 진행된 공항 건설을 취소할지(취소됨)와 다섯 명의 전임자들을 기소할지(기소하기에는 혐의 사실이 너무 미미했다)와 같은 문제다. 그는 일부 기관을 없애버리거나 자금 지원을 줄이겠다고 협박하거나, 법원에 대해 했던 것처럼 충성파들로 채워서 정부 기관들의 질을 떨어뜨렸다.

2024년에 임기가 끝나는 오브라도르가 2022년에도 공세를 누그러뜨릴 것 같지 않다. 그는 언론인과 지식인을 계속해서 비난할 것이다. 지켜봐야 할 가장 중요한 기관 중 하나는 그가 개혁을 약속했던 멕시코 중앙 선거 관리 위원회(INE)가 될 것이다. INE는 2021년 펜데믹 기간에 멕시코 역대 최대 중간 선거를 성공적으로 치렀지만 계속

해서 대통령 분노의 표적이 되어왔다. INE는
또한 2002년 상반기에 실시될 오브라도르가
임기 말까지 대통령직을 계속 유지해야 하는
지를 묻는 국민 소환 투표(오브라도르의 아이디어

임) 관리도 맡고 있다. 오브라도르 대통령은 또한 멕시코의 투명성을
높인 개인 정보 보호 감독 기관인 INAI에도 압력을 가했다. 그는 자
칭 '부패 없는' 정부에서는 이 기관이 너무 비용이 많이 들고 불필요
하다고 말한다.

또 다른 관심사는 오브라도르 대통령이 군에 얼마나 더 큰 힘을 실
어주느냐 하는 것이다. 지난 3년 동안 그는 투명성과 책임성 부족, 그
리고 군을 통제하겠다는 이전 약속에도 불구하고 군의 역할을 급격
히 확대해왔다. 군은 이제 미국과의 국경 통제, 폐기된 공항 건설 계
획을 대체할 멕시코시티 신 공항 건설과 같은 기반 시설 구축 프로젝
트에 더해 범죄와의 전쟁 등에도 훨씬 더 관여하고 있다.

문제는 야당을 지지하는 유권자가 거의 없다는 점이다. 과거와 다
른 통치 방법에 대한 새로운 생각이 거의 없는 탓이다. 따라서 그의
모든 실정에도 불구하고 오브라도르는 여전히 인기를 유지하고 국민
소환 투표에서 승리할 가능성이 크다. 중요한 것은 멕시코 공공 기관
들이 독립성을 유지할 수 있느냐. 여론 조사에 따르면 멕시코에서
가장 신뢰받는 민간 기관은 INE이며 많은 멕시코인이 지지한다(군도
신뢰받는 기관이지만 대부분의 사람은 거리에서 군인을 보고 싶어 하지 않는다). 멕
시코는 젊고 불완전한 민주주의 국가일지 모르지만 멕시코 기관에
대한 대중의 지지는 강력하다.

라틴아메리카의 민주주의 시험

폭력 사태 격화 또는 실용주의 노선 확대?

마이클 리드(Michael Reid) 〈이코노미스트〉 벨로 칼럼니스트

20 22년 라틴아메리카인들의 가장 큰 걱정은 팬데믹이 수그러들면서 '올드 노멀(old normal)'로 돌아가는 것이다. 이는 경기 침체와 사회적 불만을 낳고 민주주의 정치에 대한 신임을 떨어뜨렸기 때문이다. 팬데믹을 계기로 이런 병폐들은 2021년 몇몇 국가에서 대중의 분노를 일으켰다. 이런 분노는 긴급 원조와 재정 및 통화 부양책으로 일부 수그러들었다. 그 결과 2021년에 이 지역에서는 2020년에 잃었던 생산량의 대부분을 회복했다. 2022년에는 회복세가 둔화할 것이다. 인플레이션 증가가 각국 중앙은행들이 금리를 인상하도록 압박하고 있지만, 많은 정부가 이미 제한된 재정 능력을 소진한 상황이다. 그 결과 2022년 라틴아메리카 경제는 전체적으로 운좋게 3% 이상 성장할 전망이다.

현직 정치인들을 투표로 몰아내는 데 찬동하는 정서가 최근 라틴아메리카 선거의 결정적인 특징이었다. 브라질에서는 이런 정서가 여전할 것 같다. 가장 큰 문제는 분노가 바뀌어 경제 성장과 사회 보호라는 기본에 실용적인 초점을 맞추기 시작할 것인가다. 2022년에 칠레와 콜롬비아가 그 주요 시험대가 될 것이다.

칠레는 복잡한 한 해를 맞이한다. 2021년 말에 치러질 대통령 선거는 모든 가능성에 활짝 열려 있다. 가장 유력한 결과는 극좌파 가

브리엘 보리치(Gabriel Boric)와 극우파 호세 안토니오 카스트 (José Antonio Kast)의 결선 투표 다. 새 대통령과 의회는 처음에는 성공적인 자유 시장 경제에 대한 의문이 제기되었던 2019 년 말 사회적 분노 폭발 이후 정치인들이 합의한 신 헌법 제

이 또한 양극화되었다

정을 위한 협약을 존중할 것이다. 이 신 헌법 제정을 위한 협의회 위원 155명을 선출하는 대회에서 극좌파는 예상외로 선전했다. 이 협의회는 7월까지 국민투표에 부쳐질 신 헌법 초안에 합의해야 한다. 신 헌법은 의료와 연금에 국가가 더 많이 지원하도록 요구할 것이 확실하며, 많은 라틴아메리카인이 갈망하는 새로운 사회 계약에 대한 청사진을 제공할 것이다. 신 헌법에서는 또한 채굴 규제와 돈이 많이 드는 사회 권리 목록 등 훨씬 더 급진적인 좌경화로 흐를 수 있다. 하지만 폭넓은 협상 그룹이 권리와 재정 책임을 절충한 문안을 만들 수 있다.

최근 선거에서 라틴아메리카의 정치적 중도파는 양극화로 인해 세력이 약해졌다. 중도파가 지지 후보를 단일화할 수 있다면 5월 콜롬비아 선거에서 중도파가 부활할 수 있다. 두 명의 강력한 경쟁자가 있다. 2018년 대선에서 아슬아슬하게 결선을 통과하지 못했지만, 콜롬비아 안티오키아주의 주도인 메데인(Medellín)시의 부흥을 시작한 세르지오 파하르도(Sergio Fajardo) 전 메데인 시장과 경제학자이자 성공적인 작가, 암을 극복한 사람으로 설득력 있는 이야기가 있는 알레

한드로 가비리아(Alejandro Gaviria) 전 보
건부장관이다. 3월 경선에서 누가 이기
든 포퓰리스트 좌파인 구스타보 페트로
(Gustavo Petro)와 맞붙게 된다. 놀랍게도 그가 대통령이 된다면 콜롬
비아 첫 좌파 대통령이 될 것이다. 우파는 실망스러운 이반 두케(Ivan
Duque) 대통령의 임기 만료 이후 시들해질 수 있다.

코스타리카도 2월에 선거, 5월에 결선 투표가 있다. 혼전 속에
서 중도 성향의 전 대통령 호세 마리아 피게레스(José María Figueres)
와 복음주의 목사이자 보수적인 포퓰리스트인 파브리시오 알바라도
(Fabricio Alvarado)가 맞붙게 될지도 모른다. 이 지역의 조용한 성공 사
례로 남으려면 세금을 인상하고 지출을 더 효율적으로 하도록 국가
를 개혁해야 한다.

이는 이 지역 전체에 적용된다. 라틴아메리카 사람들은 일반적으
로 정부가 의료와 공공 서비스에 더 많이 지출하기를 원한다. 하지만
지난 2년간 더 늘어난 재정 적자로 인해 이 지역의 공공 부채는 GDP
의 70%를 넘어섰다. 금리가 오르기 시작하면서 서비스 비용이 더 많
이 든다. 하지만 특히 이 지역은 뒤처진 민간 투자를 촉진하기 위한
인센티브를 제공할 필요가 있기 때문에 세금 인상은 정치적으로 어
려운 일이다.

이런 지긋지긋한 균형 유지 조처에 실패하면 민주주의는 쿠바, 베
네수엘라, 니카라과에서 오랫동안 자리 잡고 있던 은밀한 권위주의
의 희생양이 될 위험이 있다. 2021년 엘살바도르의 인기 있는 젊은
대통령 나비브 부켈레(Nabib Bukele)는 가장 최근에 독재 정권을 수립
한 선출된 지도자가 되었다. 그는 사법부를 장악하고, 독립적인 언론

WHAT IF?

브라질 대통령의 지지율이 30% 아래로 떨어졌고 국민들은 그의 탄핵을 요구하며 거리로 나오고 있다. **보우소나루가 2022년에 후보로 출마하지 않기로 한다면 어떻게 될까?** 그는 이미 대법원의 조사를 받고 있다. 의회 일부의 지지가 있으면 그는 퇴임 후 조사를 피하기 위해 물러날 수 있다. 이렇게 되면 선거는 모든 가능성에 활짝 열리게 되고, 이는 보우소나루 거부 정서에 의존하고 있는 다 시우바 전 대통령에게는 타격이 될 것이다. 하지만 브라질 민주주의에는 좋은 일일 것이다. 선거 결과가 자신에게 불리하면 불복하겠다고 보우소나루가 말했기 때문이다.

인을 탄압하고, 자신의 재선을 승인했다. 지금까지 이 네 나라는 예외였다. 하지만 특히 보우소나루가 2022년 브라질 선거판 뒤엎기에 성공하고 멕시코의 오브라도르가 국민 소환 투표에서 승리할 가능성을 이용해서 독립적인 선거 당국과 사법부 포위를 강화한다면 바뀔 수 있다. 여론 조사는 라틴아메리카에서 민주주의에 대한 지지가 서서히, 그리고 걱정스럽게 침식당하고 있음을 계속 보여준다. 민주주의 옹호자들은 지금 경고를 받고 있다.

멕시코시티의 **클라우디아 세인바움 파르도(Claudia Sheinbaum Pardo)** 시장은 팬데믹이 공정하고 지속 가능한 사회 건설의 중요성을 보여준다고 말한다.

위기와 기회

**팬데믹은 누구도
뒤처지게 두지 않겠다는
약속을 실천할 기회였다.**

2021년 12월이면 내가 오브라도르 대통령이 이끄는 정치 운동의 일원으로 멕시코시티 최초의 여성 시장으로 취임한 지 3년이 된다. 30년 동안 실패한 국가 신자유주의 정책과 만연한 부패와 증가하는 불안을 겪은 시민들은 아래로부터 복지 국가를 재건하는 급진적인 변화에 압도적인 찬성표를 던졌다. 나는 양질의 공교육과 의료 서비스, 살만한 주택, 개선된 대중교통과 치안에 대한 보편적인 접근 기회를 개선하겠다고 다짐했다. 그리고 환경적 지속 가능성을 보장하고, 기후 변화에 잘 대처하고, 가장 중요한 부패 종식을 위해 힘쓰겠다고 약속했다.

3년 후 코로나19로 인한 전례 없는 의료 및 경제 위기에도 우리는 공정하고 지속 가능한 도시 비전을 향한 놀라운 진전을 이뤘다. 팬데믹 기간 우리는 보편적 의료 서비스를 효율적으로 제공했다. 의료 서비스 제공자들의 효과적인 조정을 통해 병원 병상 수를 2,000개에서 8,246개로 늘렸다. 우리는 350만 건의 코로나19 테스트를 무료로 제공하고 입원이 필요하지 않은 환자들에게 산소를 무료로 공급했다. 멕시코시티는 세계에서 가장 높은 예방 접종률을 자랑한다. 2021년 9월 말까지 성인의 98.7%가 최소 1회 접종을 했으며 74%가 접종을 마쳤다.

팬데믹 비상사태로 시는 경제 활력을 잃어버렸다. 전문 서비스와 관광, 상업에 크게 의존하는 우리 시는 몇 달씩의 봉쇄로 큰 타격을 받았다. 우리는 사회복지 프로그램의 적용 범위를 확대하고 가장 취약한 가정의 소득을 지원하기 위한 새로운 시스템을 만들어 이들이 기본적인 필요를 채울 수 있도록 했다. 위기의 첫 18개월 동안 약 3억 달러의 소득 지원이 이전되었다.

지원은 공립 학교에 등록된 120만 명의 어린이를 대상으로 하는 보편적 장학 프로그램, 비공식 부문 근로자를 포함한 26만 명의 근로자를 위한 실업 보험 확대, 중소기업에 대한 10만 5,000건의 무이자 대출, 그리고 65세 이상 노인들에 대한 연방 보편적 연금 등을 통해서도 이뤄졌다.

멕시코시티에서 우리의 위기 대응은 누구도 뒤처지게 두지 않겠다는 약속을 실천할 기회였다. 극도로 어려운 시기에 취약한 가정에 건강권과 기본적 소비 권리를 보장하는 것이 우리의 최우선 과제였다.

동시에 우리는 선거 공약을 이행하겠다는 약속도 지켰다. 3년 만에 두 개의 공립 대학을 설립했고, 2024년에 약 4만 1,000명의 학생을 더 수용할 수 있도록 중학교 시스템 수용력을 늘렸으며, 모두 2,190개 공립 학교에 유지 보수 서비스를 제공했다. 그리고 227개(목표는 300개) 커뮤니티 센터를 개설해 소외된 지역 사회 구성원들이 온라인 교육과 기술 개발, 스포츠, 문화 활동에 무료로 접근할 수 있도록 했다. 고속 광섬유 네트워크 확장을 통해 디지털 포용(digital inclusion) 권리를 제공한다. 오늘날 멕시코시티는 세계에서 가장 폭넓은 무료 와이파이 서비스를 제공하고 있다.

인구 2,200만 대도시권의 920만이 모여 사는 도시에서는 빠르고 안전한 이동 능력이 중요하다. 우리 대중교통 확장 계획에는 도시 극빈 지역 주민 수백만 명에게 안전하고 빠른 이동성을 제공하는 혁신적인 교통 시스템인 케이블버스(Cablebus) 두 개 노선 신설, 전기 트롤리버스(trolleybus) 200대와 저공해 버스 300대 추가, 그리고 180km의 자전거 도로 신설 등이 포함된다. 이 모든 조처는 대중교통을 개선하면서 온실가스 배출량을 줄이고 대기 질도 개선한다.

물과 공적 공간에 대한 접근은 환경적 지속 가능성과 공중 보건이 교차하는 다른 두 영역이다. 우리는 일부 70~100년 된 수도 공급 시스템의 현대화 투자를 2배로 늘렸다. 우리는 또한 도시 전역의 강과 습지를 정화했고, 도시 면적의 절반을 차지하는 공원, 농촌 지역, 자연 보호 구역을 복원하는 계획을 시작했다.

모두를 위한 도시

이런 업적들은 지극히 어려운 환경에서도 부패를 근절하고 사람들에게 봉사하려는 정치적 의지만 있다면, 멕시코에서 모두를 포용하는 지속 가능한 사회를 건설하기 위해 얼마나 많은 일을 할 수 있는지 보여준다. 나는 정치 운동에 참여해서 부정 선거와 부패에 맞서 싸워왔다. 2022년과 그 이후에 우리는 민주주의를 강화하고 모든 사람, 우리 아이들과 손자들을 위한 도시와 나라를 건설하는 데 전념할 것을 약속한다.

협상의 가능성은 남아 있는가?

이란과의 교착 상태가 더 나빠질 수 있다

닉 펠햄(Nick Pelham) 〈이코노미스트〉 중동 통신원

이란과 미국은 2021년 내내 대화를 이어갔으나 2018년 트럼프가 파기한 국가 간 핵 합의인 이란 핵 합의(Joint Comprehensive Plan of Action, JCPOA) 부활과 관련된 논의는 지지부진하다. 양측 모두 상대가 먼저 움직인다면 기존 합의 조건으로 돌아갈 뜻이 있다고 밝혔다. 그러나 2018년 이후 세계 정세에는 상당한 변화가 있었고, 2022년 교착 상태가 계속되면서 갈등이 확대될 가능성이 크다.

미국에서는 민주당이 재집권했으나 이란에서는 강경파가 통제권을 장악했다는 것이 가장 큰 변화다. 이란의 새 대통령 에브라힘 라이시(Ebrahim Raisi)는 지금까지 JCPOA를 복구하려는 서구의 노력을 회피해왔다. 불분명한 태도가 몇 달간 지속되면서 세계 지도자들

은 라이시 대통령과 그 측근인 최고 지도자 아야톨라 알리 하메네이 (Ayatollah Ali Khameini)가 정식 핵 합의에 응할 의사가 있는지 의문을 품고 있다.

이란 강경파는 서구가 JCPOA를 이란의 영향력과 미사일 프로그램을 제한하고 인권과 관련된 압박을 행사하는 첫 단계로 삼을 것이라고 우려한다. 또한 서구와의 유대가 강해지면 정권의 핵과 갈등하는 이란 개혁파에 힘이 실리고 지나친 종교 권력에 제동을 걸겠다는 희망도 커질 것이다. 강경파 입장에서 핵 합의를 피하는 것이 최선이라고 판단할 수 있는 이유다. 하메네이는 또한 서구 권력이 최고 지도자직 승계를 무산시키길 원치 않는다. 지금은 아들인 모즈타바 (Mojtaba)에게 자리를 물려줄 예정이다.

그 결과 서구 외교관들은 창의적 대안을 고심하며 2022년 초를 보내게 될 것이다. '더 주고 더 받기' 식으로 기존 합의안보다 무역 제재 등을 더 풀어주는 대신 핵 프로그램 중단 기간을 연장하라고 요구할 수 있다. '덜 주고 덜 받기'는 우라늄 농축을 중단하는 대가로 해외에 동결된 1,000억 달러의 자산을 찔끔찔끔 주는 방향이 될 것이다. 이란은 트럼프 전 대통령이 시행한 제재를 모두 되돌리고 이 합의를 다시는 어기지 않겠다고 약속하라는 요구를 할 것이다. 미국은 이란이 먼저 핵 발전소 가동을 줄여야 한다고 주장할 것이다.

예상대로 교착 상태가 일어나면 테헤란의 강경파에 힘이 실릴 것이다. 이들은 미국이 금융 거래와 석유 무역을 제재하면서 이란의 회복력이 커지고, 화석 연료에서 벗어나 다각화를 추진할 수 있다고 주장할 듯하다. 라이시는 중국과 가까워지고 2021년 가입한 러시아, 중국과 인도를 포함하는 상하이 협력 기구(Shanghai Cooperation Organization)와의 무역 거래를 확장하려 할 것이다. 이란의 대중국 석유 판매는 2021년 2배로 늘었으며 계속 증가할 전망이다. 미국에 대한 이란의 여론은 심지어 더 차가워질 것이다.

시간이 지나면서 서구 세력 또한 JCPOA가 지긋지긋해질 수 있다. 2015년 합의안에는 핵 억제 기간을 제한하는 '일몰 조항(sunset clauses)'이 많았다. 이란에 대한 무기 판매 금지도 이미 만료되었다. 이란 핵 프로그램에 대한 기존 제한은 2024년부터 줄어들어 2031년에 완전히 중단된다. 일부 서구 외교관들은 이 합의가 노력만큼의 가치가 없을 수 있다고 공개적으로 우려를 표했다.

그렇다면 문제가 확대될 가능성이 있다. 첫 번째 대립의 무대는 이란의 핵 개발이다. 2021년 9월 기준 이란은 JCPOA에서 합의한 200kg을 넘어 3.67% 순도의 농축 우라늄 5톤을 보유하고 있다. 게다가 20% 농축 우라늄 85kg, 60% 농축 우라늄 10kg이 있다. 어느 모로 보나 민간 목적의 수준을 훨씬 넘은 것이다. 의회에서는 2021

년 12월 가동을 시작할 차세대 원심분리기를 승인했으며 향후 무기급 순도인 90% 이상으로 농축도를 높일 계획이다.

두 번째 무대는 중동 지역 문제다. 이란은 이스라엘과 긴밀한 군사적 유대를 맺고 있는 아제르바이잔 국경에서 군사력을 과시하려 할 수 있다. 이스라엘 입장에서는 이란의 핵 설치에 대응해 사보타주 작전과 드론 공격을 늘릴 수 있고, 이 경우 국지전 위협이 커진다. 이란은 걸프 지역의 자국 섬을 이용하라고 중국 해군에 제안할 수 있다. 일부 관찰자들은 남중국해가 아니라 오만만에서 중국과 서구의 첫 군사 대결이 일어나리라고 내다봤다.

이러한 시나리오가 두려워서라도 이란과 미국이 벼랑 끝에서 돌아설 수 있다. 누구도 전쟁을 원하지는 않는다. 서구에서는 더 나은 조건을 제시하면서 강경파의 체면을 세워줄 수 있다. 아무리 허세를 떨어도 강경파 역시 경제를 살리길 원한다. 라이시에게는 10년 전 제재 때 이란을 버틸 수 있게 해준 6,000억 달러의 비축금이 없으며 서구에서 일부 풀어준 동결 자산은 전임자가 가져갔다. 달러 대비 리알화 가치는 2015년 이래 10분의 1로 떨어졌다. 임금과 예금액이 타격을 입었다. 쌀과 같은 필수품 가격이 걷잡을 수 없이 올랐고 하메네이가 승계를 준비하는 시점에 전력과 수도 차단이 분노를 부르고 있다. 그러나 하메네이는 서구의 간섭이 없어야 정권이 더 안전하다고 계산할지도 모른다.

벼랑 끝에 선 민주주의

튀니지는 독재의 미래를 향해 가고 있다

로저 맥셰인(Roger McShane) 〈이코노미스트〉 중동 담당 편집자

2021년 7월 총리를 해임하고 국회를 정지하며 행정권을 발동한 지 며칠 만에, 카이스 사이에드(Kais Saied) 튀니지 대통령은 〈뉴욕타임스〉 기자들을 집무실로 소환했다. 반대파는 그가 쿠데타를 저질렀다고 보았으나, 사이에드는 자신이 독재 행위를 했다는 의혹을 전면 거부했다. "왜 내가 67세 나이에 독재자의 길에 들어설 것이라 생각합니까?" 사이에드는 프랑스 정치가 샤를 드골(Charles De Gaulle)이 1958년에 한 말을 인용해 물었다.

63세의 사이에드는 본인에게서 드골과 비슷한 면을 보고 있는 듯하다. 1958년 프랑스가 불안정한 정치 상황으로 고통을 겪으며 내전의 위기에 놓여 있을 때 드골은 프랑스의 정치 제도를 개혁하는 과제를 맡았다. 이는 강력한 대통령을 내세운 제5공화국의 탄생으로 이어졌고 최초로 선출된 사람이 드골이었다.

튀니지 국민들은 2019년 사이에드의 편을 들었고, 거의 4분의 3이 대통령 선거에서 그에게 표를 주었다. 전직 헌법 교수인 사이에드가 시스템을 전면 개편할 정직한 개혁가라고 생각하는 사람이 많았다. 아랍의 봄(Arab spring)의 발생지였던 튀니지는 2011년 아랍 지역을 휩쓸었던 혁명적 저항에서 꽃핀 유일한 성공 스토리로 묘사되곤 한다. 그러나 10년간의 민주주의는 번영을 가져오지 못했고, 튀니지 사

새로운 드골?

람들은 정치에 환멸을 느끼게 됐다.

여기서 사이에드가 등장해 자신의 승리를 '새로운 혁명'이라 칭했다. 2021년이 되어서야 그 혁명이 어떤 모습인지 명확해졌다. 권력을 잡고 두 달 후 사이에드는 헌법을 거치지 않고 칙령 통치를 하겠다고 밝혔다. 궁극적으로는 개정 헌법을 제안하겠다고 했는데, 물론 대통령 권력이 더 강해지는 방향일 것이다. 그의 손에 너무 많은 권력이 집중되는 것을 비판하는 사람이 점점 늘고 있다. 그러나 여론은 민주주의보다 일자리 창출을 더 중요하게 생각한다.

사이에드는 이 기대를 충족하려고 분투할 것이다. 그는 과거 경제 개혁의 노력을 무위로 돌린 정치적 마비 상태를 최소한 일시적으로라도 끝낼 수 있는 수를 둬야 한다. 정치가들은 오랫동안 일부는 대통령제, 일부는 의원내각제라 일을 제대로 해나가기 힘든 이원적인 정치 체계를 불평했다. 이런 면에서 더 직접적인 대통령제로의 개편이 나쁜 것만은 아니다. 그러나 사이에드는 경제 관련 경험이 전혀 없으며, 개발 계획을 시행해본 것도 아니다.

게다가 사이에드의 개혁이 튀니지의 상황을 악화시킬 수도 있다. 그는 전반적으로 명예롭고 부패하지 않은 사람으로 평가되고 있지만 이후 대통령 자리를 노리는 정치인들은 그렇지 않다. 음모론을 퍼뜨리는 포퓰리스트 선동가 아비르 무시(Abir Moussi)만 해도 그렇다. 이런 인물이 대통령이 된다면 튀니지의 민주주의는 지속될 수 없을 것이다. 사이에드가 독재를 원하든 아니든 튀니지 정치인 중에는 기꺼이 독재자 역할을 즐길 사람이 많다.

수도승 같은 사이에드 대통령은 대체로 명예를 중시하는 인물로 평가받는다.

얌전히 굴기

사우디아라비아는 경제적 문제가 심각해지면서 실패한 외교 정책을 멈추려 한다

그레그 칼스트롬(Gregg Carlstrom) 두바이, 〈이코노미스트〉 중동 통신원

무함마드 빈 살만에 관한 한 무소식이 희소식이다. 거의 알려지지 않은 사우디 왕자였던 그가 2015년 실질적인 통치자로 혜성처럼 등장해 지시한 여러 조치는 악랄하고 충동적이라는 평판을 남겼다. 예멘에서의 비참한(아직 끝나지 않은) 전쟁, 카타르 봉쇄, 당시 레바논 총리였던 사드 하리리(Saad Hariri)의 기이한 잠적, 그리고 사우디 저널리스트 자말 카슈끄지 살해까지 수많은 사건이 있었다. 국내에서는 미심쩍은 죄목으로 활동가들을 구금하고 왕자들과 기업들로부터 현금을 갈취하며, 왕족과 유명 기업인들을 리야드 리츠칼튼 호텔에 호화롭게 가둬뒀다.

빈 살만은 사우디 경제의 지나친 석유 의존도를 개선하기 위해 해외 투자를 끌어들이려 했으나 그의 모든 행적이 부정적으로 작용했다. 카슈끄지 살해 사건은 사우디의 유력 국부펀드가 주최하는 투자

왕세자는 적응 중

콘퍼런스가 있기 몇 주 전에 발생했고, 발을 빼는 기업인들이 생겼다. 기업가들을 호화 호텔에 가둬두는 것 역시 기업 환경에 안심되는 신호는 아니다. 해외 직접 투자는 2015년 81억 달러에서 2017년 14억 달러로 급감했다.

2021년에는 충격적인 헤드라인이 훨씬 적었다. 사우디아라비아가 득이 될 것 없는 호전적 해외 정책을 철회했기 때문이다. 카타르 봉쇄는 중요한 합의로 이어지지 않았고, 하리리를 납치해도 레바논 정권은 친사우디로 돌아서지 않았다. 2022년 사우디아라비아는 이란과의 대화를 시작하려 노력할 것이다. 오래된 적 사이에 따뜻한 유대감이 생기지는 않겠지만 이란이 지원한 2019년 사우디 정유 시설 공격과 같은 노골적 갈등의 위험은 줄일 수 있다.

사우디는 오랫동안 국가 안보를 보장해줬던 미국과 서서히 멀어질 것이다. 3대에 걸친 미국 대통령이 그 역할에 불만을 표시했기 때문이다. 사우디 국방장관은 2021년 8월 러시아 국방장관과 군사 협력 조약을 맺었고 앞으로도 관계를 다질 것이다. 그러나 러시아와의 관계는 복잡해서 미국을 자극하는 수단 정도로만 쓰인다. 중국과의 군사적, 경제적 협력이 더욱 중요하다.

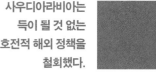

사우디아라비아는 득이 될 것 없는 호전적 해외 정책을 철회했다.

사우디 내에서 옹호자들은 빈 살만이 뜻을 이뤘다고 말한다. 그가 왕좌에 오른다는 것은 1953년부터 초대 국왕 압둘아지즈(Abdulaziz)의 늙어가는 아들들이 차례로 통치하던 사우디아라비아의 세대 교체를 상징한다. 왕족이 마구 늘어난 상황에서 수많은 경쟁자와 억울한 사촌들이 있다는 뜻이다. 여전히 남몰래 불평하는 사람이 있겠지만 왕세자의 자리는 공고해 보인다. 그는 사우디아라비아 종교 세력의 실권을 빼앗아 나라 전체에 활기를 불어넣었기 때문에 자국 내에서 인기가 많다. 하지만 인기를 유지하기 위해서는 일자리를 창출해야 한다. 팬데믹의 영향이 있긴 하지만 실업률은 12%로 높은 상태다. 4월 TV로 방송된 인터뷰에서 그는 고용된 사우디인들의 절반이 제대로 급여를 받지 못하는 '나쁜 일자리'에서 일한다고 말했다.

경제 개혁에 대한 왕세자의 접근은 현재까지 천 송이의 꽃을 피우는 것이었다. (문자 그대로다. 5월 사막에 나무 100억 그루를 심는 계획을 발표했다.) 2022년에도 실속 없는 계획이 있겠지만 성공적인 주변국을 모방하고 이들과 경쟁하려는 실질적인 노력도 있을 것이다.

걸프 지역에서 경제가 가장 다각화된 아랍에미리트의 사업을 훔치는 것이 쉬운 방법이다. 7월에 아랍에미리트 제품에 관세를 새로이 부과하면서 사우디의 수입은 33% 줄었다. 9월에는 두바이에 본사를 둔 사우디 국영 방송국 2곳에 직원들을 리야드로 이동시키라

WHAT IF?

2022년 이란의 최고 지도자 알리 하메네이는 83세가 된다. 그의 건강 상태는 좋지 않다고 한다. **하메네이가 사망하면 어떻게 될까?** 열두 명의 종교 지도자로 이뤄진 국가 지도자 운영 회의(Assembly of Experts)에서 후계자를 선택한다. 유력한 후보들이 이미 그의 자리를 놓고 다투고 있다. 하메네이는 자신의 아들 모즈타바나 현 대통령 에브라힘 라이시를 선호한다는 소문이 있다. 둘 다 보수파에 속한다. 전 대통령 하산 로하니(Hassan Rouhani) 등 중도파가 최고 지도자가 될 가능성은 적다. 이란의 가장 강력한 군대인 혁명수비대(Revolutionary Guards) 역시 발언권을 원한다. 누가 최고 지도자직을 계승하든, 이란은 보수 노선을 걷게 될 확률이 높다.

고 지시했다. 사우디의 다국적 기업도 동일한 압박을 받게 될 것이다. 2022년에는 경쟁이 극심해질 것이다. 그러나 최소한 피가 튀지는 않아야 한다.

베넷 vs 비비

이스라엘 정치에 그늘을 드리우는 라이벌 관계

로저 맥셰인

"기세가 꺾이면 안 됩니다." 2021년 여름 베냐민 네타냐후(Binyamin Netanyahu, 일명 비비)가 지지자들에게 말했다. 최장 기간 재임한 이스라엘 총리 네타냐후가 나프탈리 베넷(Naftali Bennet)이 이끄는 정부에 정권을 이양하기 직전이었다. 네타냐후는 전 보좌관이자 동료였던

지켜보고 있다

베넷이 자신을 밀어내기 위해 좌파 및 아랍 보수파와 손을 잡았다는 사실에 격분했다. 그는 새 정부를 무너뜨리기로 맹세했다. "신이 도우심에 그 일은 생각보다 빨리 일어날 것입니다." 네타냐후의 말이다.

신은 바쁘거나 부재 중이거나 잠든 것 같다. 베넷이 이끄는 정부는 놀라운 회복력을 보여줬다. 네타냐후의 성공을 발판으로 2020년 이스라엘과 관계를 구축한 아랍 국가들과의 유대를 다지며 빠르게 코로나19 부스터샷을 배포하고 있다. 현 정부는 이념적으로 다양하므로 팔레스타인을 어떻게 대할 것인가 등 분열을 초래하는 문제는 접어두고 일상적인 문제에 집중한다. 이스라엘에서 2년 넘게 없었던 예산안 통과를 이뤄낸 베넷은 2022년에도 정권을 유지할 가능성이 굉장히 높아 보인다.

더 큰 문제는 네타냐후가 언제까지 이스라엘 국회에 남아 있을까

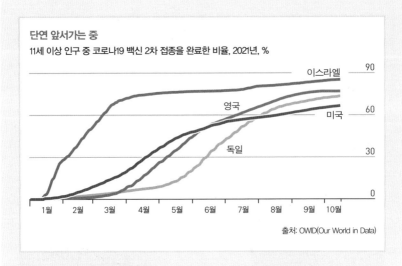

단연 앞서가는 중
11세 이상 인구 중 코로나19 백신 2차 접종을 완료한 비율, 2021년, %

출처: OWID(Our World in Data)

하는 것이다. 네타냐후는 반대파의 리더이며 최대당 리쿠드(Likud)의
대표이고 정권을 회복하려 이를 갈고 있다. 세계 지도자들과 이스라
엘 주요 인사들에게는 여전히 자신이 총리인 것처럼 이야기한다. 그
를 지지하는 국민도 많다. 그러나 대부분의 이스라엘 국민은 그의 복
귀에 환호하지는 않는다. 새로운 지도부가 안착하는 상황에서 더는
대체 불가능한 존재가 아닌 것이다. 본인의 입지가 줄어든 상황을 얼
마나 더 버틸 수 있을까?

네타냐후가 정치에서 멀어질 만한 이유는 또 있다. 돈이다. 국회에
소속되어 있으면 외부에서 보수를 받을 수 없다. 그러나 총리로 재임
하는 동안 네타냐후와 그 가족은 호화로운 생활을 했다. 미용, 아이
스크림, 스타 셰프의 요리, 일등석 여행 등에 소비한 돈에 대해 논란
이 일었던 적도 있다. 정부는 네타냐후의 임기가 끝난 뒤 세계 지도
자들의 선물 수십 개를 반납하라고 요구했다(네타냐후는 가지고 있지 않
다고 했다). 또한 부유한 지지자들의 뇌물을 받은 혐의로 재판에 회부

되어 있다.

국회를 떠난다면 네타냐후는 감시의 눈을 피할 수 있을 것이다. 예를 들면 기술 분야 억만장자인 래리 앨리슨(Larry Ellison)이 소유한 하와이의 개인 섬에서 휴가를 즐기더라도 (2021년 9월의 사례처럼) 누가 무슨 돈을 냈는지에 대한 심문을 받지 않을 것이다. 강의와 컨설팅을 하거나 이사회에서 이사로 재직하며 수백만 달러를 벌어들일 수도 있다. [앨리슨이 자신의 회사 오라클(Oracle)의 이사가 되는 대가로 상당한 금액을 제안했다는 루머가 있다.] 소송 금액을 충당하기 위한 기금을 모금할 수도 있을 것이다. 소송 비용은 점점 높아지고 있다. 네타냐후는 총리 재임 기간의 사기, 배임과 뇌물 수수로 세 건의 소송을 마주했으나 모든 혐의를 부인하고 있다.

돈을 좀 더 벌면서도 정계의 끈을 놓지 않으려 할 수도 있다. 리쿠드에 상당한 영향력을 행사하고 있으므로 국회의원을 사임하고 당 대표직을 유지하며 다음 선거에서 의원직을 되찾는 방법이다.

정부는 기소된 자가 총리직을 맡는 것을 허용하는 법률의 구멍을 막음으로써 그의 복귀를 원천 차단하려 할 수 있다. 그러나 이는 역효과를 낳을지도 모른다. 네타냐후에 대한 견제는 현재 협력하는 여러 정당을 묶어주는 몇 안 되는 고리다. 네타냐후가 권력을 탈환할 위험이 없어지면 당들의 협력이 깨질 가능성이 커진다.

네타냐후에 대한 견제는 현재 협력하는 여러 정당을 묶어주는 몇 안 되는 고리다.

에코피스미들이스트(EcoPeace Middle East) 공동 이사인 이스라엘의 **기돈 브롬버그(Gidon Bromberg)**, 팔레스타인의 **나다 마즈달라니(Nada Majdalani)**, 요르단의 **야나 아부 탈렙(Yana Abu Taleb)**은 기후 위기 대응 노력이 정치 문제를 이길 수 있다고 주장한다.

중동을 위한
'그린-블루 협정'

기후 변화에
공동 대응함으로써
신뢰 기반을 쌓고,
'두 국가 해법'을
유지할 수 있다.

평화를 향한 중동의 여정은 가로막혔지만 2022년 환경 분야에서 진전을 이룸으로써 신뢰를 쌓을 길은 여전히 열려 있다. 이스라엘, 팔레스타인과 요르단은 최후의 기후 변화 전쟁에서 힘을 합쳐 싸울 수 있다.

이를 '그린-블루 협정'이라고 명명하겠다. 기후 변화는 중동에 큰 타격을 주고 있다. 기온이 마구 치솟는다. 1950년대 이래로 동부 지중해 연안의 기온은 2℃가 넘게 올라갔고 21세기가 끝날 때까지 추가로 4℃ 높아질 것으로 예측된다. 그린-블루 협정의 '그린' 부분은 중동의 에너지 공급을 환경 친화적으로 바꿔 기후를 변화시키는 온실가스 배출을 줄이는 것이 목표다.

한편 중동에서 물은 부족하고 그 정도는 점점 더 심해지고 있다. 기후 모델에 의하면 21세기 말까지 강우량은 40% 줄어들 것이다. 그나마 비가 내릴 때는 폭우가 쏟아져 인명과 재산 피해를 내는 홍수로 이어질 수 있다. 그린-블루 협정의 '블루' 부분은 메마른 중동 지역의 안정적인 물 공급을 목표로 한다.

먼저, 상황을 한번 알아보자. 많은 중동 국가에서는 이미 긴 여름 동안 사람들이 야외 활동을 견딜 수 없게 됐다. 다시 기후 모델을 참고하자면 뜨거운 여름날의 일수는 이번 세기 말까지 50% 늘어날 것으로 보인다. 중동 지역 정부들은 이미 여기에 제대로 대처하지 못한다. 가장 기본적인 수도, 전기, 식품 공급이 안 되는 지역이 너무 많다. 중동의 정치적 불안정성을 고려하면 중동 지역의 기후 위기가 갈등에 기름을 붓고 정부 실패를 유발하는 증폭 기제라는 사실을 쉽게 이해할 수 있을 것이다.

그러나 우리는 이러한 위협 가운데 기회가 있다고 본다. 경험을 통해 이러한 환경 문제에 공동으로 맞설 수 있다는 걸 배웠다. 에코피스미들이스트에서는 이스라엘과 팔레스타인, 요르단 국민들이 힘을 합친다. 1994년 설립 이래 요르단강을 복원하는 데 필수적인 투자를 유치하고 있다. 정수를 위한 하수 처리 시스템에 1억 달러 이상의 투자금을 모았으며 갈릴리호의 담수가 다시 요르단강으로 흘러들도록 하는 운동을 주도했다.

청년들이 주축이 된 요르단강 정화 프로젝트에 감명받은 이스라엘, 팔레스타인, 요르단 리더들도 뭉쳤다. 각 지역 사회의 시장들이 수영복을 입은 채 요르단강의 정화된 부분에서 손을 잡고 선 모임은 우리 단체가 가장 자랑스럽게 여기는 순간 중 하나다. 시장들은 친한 사이는 아니었으나 서로 반감을 접어두고 함께 강이 파괴되는 것을 막지 않으면 모두가 패배한다는 사실을 깨달았다.

더 크고 대담한 행동을 취할 때가 왔다. 그래서 우리는 2022년 중동 지역 전체에 걸친 그린-블루 협정을 제안한다. 최근 태양열 에너지와 담수화 분야의 기술적 발전 덕분에 전망은 밝다. 모든 당사자에게 이익이 되는 협정이 가능할 것이다.

사막 지대가 넓은 요르단은 태양열 발전에서 이스라엘과 팔레스타인보다 상대적으로 경쟁력이 높다. 지중해에 접한 이스라엘과 팔레스타인의 경우 담수화를 통한 담수 생산에 요르단보다 경쟁력이 있다. 요르단은 국내의 수요를 충족하고도 남는 태양열 에너지를 이스라엘과 팔레스타인 지역에 판매할 수 있다. 동시에 태양열 전기를 공급받은 이스라엘과 팔레스타인의 담수화 공장은 국내 생산을 늘리면서 요르단의 물 부족 역시 도울 수 있다. 처음으로 당사자 각각 내놓을 것과 받을 것이 있는 협정이 가능하다.

희소한 자원을 놓고 싸우는 대신 담수화에 집중하면 팔레스타인 사람들도 자연수를 공평하게 가져가 생활을 개선할 수 있을 것이다. 팔레스타인과 요르단에 새로운 하수 시설, 태양열 발전소를 짓고 기후 대응 농업 기술을 활용하면 식량 생산량을 극적으로 늘릴 수 있다.

좋은 아이디어에 물을 주자

이 윈윈 협정에는 투자와 협력이 필요하다. 요르단 계곡에서 이룬 발전을 통해 중동이 협력하면 실질적인 해결책으로 나아갈 수 있음을 확인했다. 기후 변화에 공동 대응함으로써 신뢰의 기반을 쌓고 두 국가 해법(two-state solution)을 유지할 수 있다.

우리는 텔아비브와 라말라, 암만에 본부를 두고 라바트에서 테헤란, 베이루트에서 아부다비에 이르는 중동 전역의 사람들, 특히 청년들에게 2022년에는 우리 단체에 합류해 활동하며 중동 정부들에도 책임을 묻자고 촉구하고 있다. 중동 전체의 그린-블루 협정이 필요하다. 우리 모두의 생존이 달려 있다.

석유에 의존하지 않는
작고 민첩한 나라들

경제 규모가 큰 아프리카 국가들은 작은 이웃 나라들이 앞서가는 동안 어려움을 겪을 것이다

킨리 새먼(Kinley Salmon) 〈이코노미스트〉 아프리카 통신원

20 22년 마침내 사하라 이남 아프리카에 좋은 소식이 있을 것 같다. 세계 대부분 지역과는 달리 성장이 빨라질 것으로 예상된다. 한편으로 이는 2021년에 이 지역이 매우 힘들었음을 나타낸다. 세계 많은 나라가 백신 덕분에 코로나19로부터 회복됐지만 10월까지 코로나19 예방 접종을 완료한 아프리카인은 5% 미만에 불과하다. 2022년 대부분 다른 지역은 자연히 성장이 둔화하겠지만, 아프리카는 개선의 여지가 많다.

하지만 IMF는 2022년 사하라 이남 지역 전체 GDP 성장이 겨우 0.1%포인트 상승한 3.8%에 그칠 것으로 예상한다. 게다가 여기에 큰 차이가 숨어 있다. 사하라 이남 아프리카 GDP의 약 3분의 2를 차지

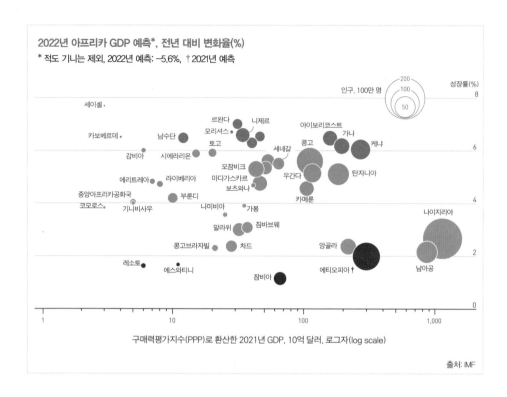

2022년 아프리카 GDP 예측*, 전년 대비 변화율(%)
* 적도 기니는 제외, 2022년 예측: −5.6%, † 2021년 예측

인구, 100만 명

성장률(%)

구매력평가지수(PPP)로 환산한 2021년 GDP, 10억 달러, 로그자(log scale)

출처: IMF

하는 남아프리카공화국, 나이지리아, 앙골라는 코로나19 이전에 심각한 문제에 처해 있었다. 이들 나라의 부진은 2022년에도 계속될 것이다. 그 대신 이 지역 평균 성장률 전망치 3.8%를 훨씬 상회할 것으로 보이는 르완다, 세이셸 같은 상대적으로 경제 규모가 작은 나라와 코트디부아르, 세네갈, 가나 같은 중간 규모 국가는 활기찬 회복세를 보일 것이다.

사하라 이남 아프리카의 큰 나라들은 무엇이 그렇게 잘못되었을까? 나이지리아에서는 거의 모든 것이 잘못되었다고 분노한 현지인들은 한탄한다. 이 지역에서 경제 규모가 가장 큰 나이지리아는 심각한 안보 위기에 시달리고 있다. 보코 하람(Boko Haram)과 기타 이슬람 근본주의 무장 단체들이 북동부 지역을 공포에 떨게 하고 있다. 북서부에서는 무장 강도단이 사람들을 납치하고 농부들이 밭에 접근하는 것을 막으면서 이들을 갈취한다. 나이지리아 정부는 학교와 시장을 폐쇄하고 심지어 북서부 지역의 통신망도 차단하면서 강도들의 은신처에 대한 폭격을 시도하고 있다. 남동부의 분리주의자들은 자주 연방정부에 대항해 재택 시위를 하라고 사람들에게 강요하고 있다. 이 모든 것은 농부와 무역업자, 그리고 사업을 하려는 모든 사람을 혼란스럽게 한다.

나이지리아 경제는 또한 석유에 크게 의존한다. 원유 가격이 급락했던 2015년 이후 매년 그래왔듯 1인당 GDP는 2022년에 다시 하락할 수 있다. 열악한 도로 사정, 정전, 일관성 없는 정책 등이 모두 문제를 악화시킨다. 나이지리아의 낡은 유정이 충분히 퍼 올릴 수 있다면 치솟는 유가가 2022년에 나이지리아를 구제할 수 있을 것이다. 하지만 쉬운 오일 머니의 귀환은 나이지리아 주요 인사들이 자국 경제를 다각화할 필요성을 심각하게 고민해야 하는 압박감을 줄여줄 것이다.

앙골라도 석유에 크게 의존한다. 2017년 취임한 주앙 로렌수(Joao Lourenco) 대통령도 경제 다각화를 원하지만 시간이 걸릴 것이다. 현재로서는 유가 상승이 5년간의 경기 침체 이후 경기 회복을 다지는 데 도움이 될 수 있을 것이다. 하지만 앙골라는 이익을 얻을 만한 석유를 퍼 올리는 데 애를 먹고 있다. 앙골라는 대부분 중국에 진 많은 부채를 떠안고 있다. 그리고 석유 호황기 초기 엘리트들이 샴페인을 마시면서 현금을 벌어들이는 모습을 봤지만 정작 자신들은 거의 얻은 것 없이 고군분투하는 국민들 사이에서 분노가 고조되고 있다.

남아공의 어려움은 석유 탓이 아니다. 대신 패거리 자본주의와 정전, 그리고 빈약한 투자가 팬데믹이 닥치기 2년 전 남아공을 두 번째 불황의 늪에 빠지게 했다. 그 후 코로나 바이러스가 실업률을 30% 이상으로 끌어올렸다. 수십 년간의 부정부패와 경제 실패에 대한 분노가 7월 폭동에 기름을 부었다. 광산업이 크게 발달한 남아공에서 2022년 더 밝은 경제를 바라는 사람들의 희망은 일부 그들이 캐낸 광물의 높은 가격에 달려 있다. 하지만 더 근본적인 문제를 해결하는 데는 더 오랜 시간이 걸릴 것이다.

하지만 좋은 소식도 있다. IMF는 르완다가 2022년 7%의 성장을 이룰 것으로 전망한다. 베냉은 6.5%, 그리고 돌아오는 관광객들을 맞이하는 세이셸은 8%에 이를 수 있다. 가나, 아이보리코스트, 세네갈은 모두 팬데믹 이전의 활발한 성장률에 근접할 것이다. 이런 나라들에는 한 가지 큰 공통점이 있다. 모두 석유나 광산에 의존하지 않는다는 점이다. 또한 최근 도로와 광대역 케이블과 같은 인프라에 대한 투자 실적과 다각화 추진, 민간 부문을 자유화하려는 의지가 있다.

이들 나라도 정치적 갈등에서 증가하는 부채 수준에 이르는 문제를 안고 있다. 그리고 이들 역시 팬데믹의 타격을 받았다. 2021년 가나 재무장관 켄 오포리-아타(Ken Ofori-Atta)는 재정 부족을 메우는 데 도움이 없으면 건강과 교육에 대한 장기적인 피해는 '막대하고 두려울 수 있다'라고 우려한다. 하지만 이 나라들은 적어도 2022년에는 탄탄하게 성장해 부채 관리에서 빈곤 감소에 이르기까지 모든 분야에서 변화를 가져올 것이다.

중상위 소득 국가인 남아공은 때때로 자신을 대륙과 떨어져 있는 것으로 본다. 하지만 이 나라가 마지막으로 6% 성장한 것은 40여 년

전이다. 나이지리아 사람들은 나이지리아의 한 주에 불과한 라고스(Lagos)의 경제 규모가 가나보다 더 크다고 지적하기를 좋아한다. 하지만 IMF는 2021년 나이지리아가 2.6% 성장하는 동안 가나는 4.7% 성장할 것으로 예측한다. 규모가 전부는 아니다. 2022년 이후 이 큰 나라들은 이웃 작은 나라들의 활력과 다각화를 배우는 것이 좋을 것이다.

분쟁 일으키기

전쟁과 내전, 쿠데타로 얼룩진 한 해

조너선 로젠탈(Jonathan Rosenthal) 〈이코노미스트〉 아프리카 담당 편집자

1980년대 중반 한 젊은 국제 구호원이 세계 최초로 TV로 중계된 기근의 고통을 덜어주기 위해 푸드 트럭이 전선을 통과할 수 있도록 에티오피아에서 전쟁 중인 당사자들과 협상을 시도하는 첫 경험을 했다. 이 기근은 주로 마르크스주의 독재 정권인 에티오피아 정부가 농민들을 집단 농장으로 몰아넣어 굶주리게 하고 반군 통제 하에 있는 지역에 대한 식량 공급을 끊었기 때문이다. 이 참사로 인해 40만에서 70만 명이 아사했다.

35년도 더 지나 이 국제 구호원은 베테랑 서방 외교관으로서 100만 명 이상의 사람들에게 영향을 미치는 새로운 기근을 피하고자 내전이 한창인 최전선을 식량이 넘나들 수 있게 하려고 다시 에티오

'더 많이 변할수록 더 그대로인' 변화

피아 정부와 협상을 시도하고 있다. "당시 그 사건이 제 경력의 버팀목이 되었어요." 그의 목소리에서 분명한 고통이 느껴진다. 아프리카에서 가장 빠르게 성장하는 개발도상국에서 내전으로 분열된 나라로 빠르게 몰락한 에티오피아 사례는 이 지역과 서구 간 상호작용의 가장 중요한 특징일 것이다.

기근과 증가하는 잔혹 행위, 소수 민족 인종 청소 등의 와중에 미국과 유럽연합 정부와 반군 티그레이 인민 해방 전선(Tigray People's Liberation Front) 양쪽에, 어느 쪽도 끝내고 싶어 하지 않지만 어느 쪽도 승리할 만큼 강하지도 않은 전쟁을 끝내도록 압력을 가할 것이다. 외교관들은 대화를 촉진하기 위해 경제 제재와 무기 금수 조치 사용을 공개적으로 이야기하고 있다. 개인적으로 이들은 희망을 잃어버리고 전투가 오래 지속할수록 에티오피아는 유고슬라비아처럼 연방을 구성하는 민족 국가들로 분해될 위험이 더 커지게 될 것을 우려한다. 많은 이는 또한 이 분쟁이 국경을 넘어 확산해 수단과 소말리아를 에리트레아로부터 이미 군대를 끌어들인 전쟁으로 몰고 갈 수도 있다고 걱정한다.

에티오피아는 2022년 세계가 아프리카에서 보게 될 유일한 분쟁 지역이 아니다. 미국의 비영리 비정부 연구 및 교육 기관인 평화기금(Fund for Peace)에서 편찬한 보고서 〈취약국가지수(Fragile States

Index))에 따르면 세계에서 가장 취약한 국가 15개 중 4개를 제외한 모두가 사하라 이남 아프리카에 있다. 여기에는 건국 이래 10년 동안 대부분 전쟁을 벌여온 남수단공화국, 주로 유엔 평화 유지군이 결집한 중앙아프리카공화국, 알샤바브(al-Shabab)의 이슬람 근본주의자들이 대부분 농촌 지역을 통제하고 있고, 마하메드 압둘라히 마하메드(Mohamed Abdullahi Mohamed) 대통령 집권으로 15년간의 국가 건설이 무너지고 다시 내전으로 치달을 위험이 있는 소말리아 등 오랫동안 곤경에 처해온 나라들이 포함된다.

걱정하는 대로 사하라 남쪽을 가로지르는 황량한 사막 지대인 사헬(Sahel)의 국가들이 서서히 무너지고, 이슬람 근본주의자들의 세력이 말리(Mali)에서 니제르(Niger)와 부르키나파소(Burkina Faso) 등 이웃 국가로 번지고 있다. 프랑스군이 이슬람 근본주의 지도자들을 제거하는 데 성공했지만, 프랑스는 이 지역 주둔군 수를 줄이기를 원한다. 하지만 말리에서 두 번의 쿠데타, 그리고 인근 기니(Guinea)와 차드(Chad)에서 다른 쿠데타가 있고 난 뒤 사헬 지역의 전망은 여전히 암울하다.

존 맥더모트(John Mcdermott) 〈이코노미스트〉 아프리카 수석통신원

1990년대는 아프리카 민주주의에 좋은 시기였다. 일당 독재 체제를 버리고 다당제 선거를 받아들이는 나라가 속출했다. 2000년까지 거의 모든 나라가 선거제로 갔다. 그 이후로 각국의 정치 발전은 고르지 못했다. 평화적인 권력 이양이 더 흔하지만 국민의 의지가 아니라 지배 엘리트들의 속임수에 따른 경우가 많다. 재임자들은 종종 선거를 조작한다. 대부분 나라에서 많은 사람이 민주주의를 더 원한다고 말하지만 약 25년 전부터 사하라 이남 아프리카인의 절반가량은 자신들의 민주주의에 불만스러워하고 있다.

2022년 아프리카 선거는 상대적으로 드물다. 하지만 앞으로 치러질 몇 안 되는 대통령 선거는 아프리카인들이 민주주의의 약속과 현실 사이의 괴리에 좌절하는 이유를 보여줄 것이다.

말리에서 선거는 2020년 8월과 2021년 5월 쿠데타 이후 민간 통치로 돌아가는 것을 뜻한다. 첫 번째 쿠데타 이후 반란 가담자들은 2022년 2월 말까지 선거를 치를 것이라고 말했다. 두 번째 쿠데타 이후 아시미 고이타(Assimi Goita) 대령이 이끄는 군사 정권도 이 일정을 확언했다. 하지만 말리인들은 한 번의 친위 쿠데타를 돕고 그 결과에 불만을 품고 또 다른 쿠데타를 이끈 자를 좀처럼 신뢰하지 않는다. 말리를 운영하는 군인들은 대부분 말리 북쪽에서 서구의 지원을 받

아 이슬람 근본주의자들과 벌이는 전투 결과로 폭발적으로 증가하는 전시 경제를 이용하는 데 관심이 있는 것 같다. 이들이 선거를 연기한다면 더 큰 불확실성과 취약성으로 이어질 것이다.

다른 인물을 뽑는다

앙골라 선거는 로렌수 대통령 인기에 대한 첫 번째 실제 시험대가 될 것이다. 그는 38년간 권좌를 누리며 자기 가족을 부유하게 했지만 대부분의 앙골라인에게는 거의 도움이 되지 않았던 호세 에두아르두 도스 산토스(José Eduardo dos Santos)를 권좌에서 밀어내고 2017년 앙골라 인민 해방 운동(Popular Movement for the Liberation of Angola, MPLA) 지도자로 임명되었다. 로렌수는 구 정권 하에서 부정부패 혐의를 받는 사람들을 가려내서 추적해왔으며, 아프리카에서 두 번째로 큰 석유 생산국의 경제를 다각화하는 방법을 제안했다. 하지만 저유가와 팬데믹으로 인해 앙골라는 경기 침체에 빠졌고, IMF와의 협정 일환으로 전기, 수도, 교통 보조금 지급을 중단함으로써 많은 앙골라 국민을 더욱 분노하게 했다.

MPLA는 처음으로 연합된 반대를 마주하게 될 것이다. 앙골라 완전 독립 민족 연합(National Union for the Total Independence of Angola, UNITA)의 아달베르토 다 코스타 주니오르(Adalberto da Costa Junior)가 이끄는 애국 전선(Patriotic Front)으로 알려진 새로운 연합은 도시 중산층 유권자들에게 매력적인 것으로 판명될 것이다. 하지만 선거에

아프리카인들은 민주주의의 약속과 현실의 괴리에 좌절하고 있다.

서 이길 것 같지는 않다. MPLA는 1975년 포르투갈로부터 독립한 이래 앙골라를 운영해왔으며 그 지배력을 늦추지 않을 것이다. MPLA는 애국 전선의 후보자 등록을 더 어렵게 만들었고 정부에 개표 통제권을 더 많이 주기 위해 선거법을 개정했다.

케냐에서는 경쟁이 더 치열해질 것이다. 우후루 케냐타(Uhuru Kenyatta)는 두 번째이자 마지막 대통령 임기가 끝나가고 있다. 하지만 누가 그를 대체하게 될지는 불분명하다. 2018년 케냐타는 그의 과거 적수이자 정치적 동료였던 라일라 오딩가(Raila Odinga)와 관계 개선에 합의했다. '가교 이니셔티브(Building Bridges Initiative, BBI)'로 알려진 이 협정은 일련의 헌법 개정을 끌어냈다. 케냐타는 이런 조처들이 승자 독식의 민족 정치를 완화하게 될 것이라고 주장했다. 비평가들은 이를 두고 오딩가가 궁극적으로 대통령이 되고 케냐타가 배후에서 영향력을 행사하게 될 엘리트 협정이라고 말했다.

무엇이 사실이든 간에 이 협정은 2021년 5월 고등법원이 헌법 개정이 불법이라고 했을 때 심각한 타격을 입었다. 이 결정은 나중에 최종심에서 확정되었다. 이는 2010년에 합의된 헌법을 권력 남용에 대한 보루로 보는 것으로 케냐 시민 사회는 환영했다. 윌리엄 루토 부통령도 이 결정을 반겼다. 그는 BBI로부터 구제된 데 대해 용감한 판사가 아니라 신에게 감사한다고 말했다.

루토 부통령은 개헌에 원칙적으로 반대한 것으로 알려지지는 않았지만, 경쟁자인 오딩가와 케냐타가 이 판결로 타격을 입음으로써 반사 이익을 얻었다. 이는 그와 같이 자수성가한 '활동가'가 정치적 '왕조'의 구성원보다 낫다는 최고위직에 대한 자신의 주장에 도움이 될 것이다. 하지만 그가 케냐 정치를 어지럽히는 부패와 후원을 끝내기 위해 많은 일을 할지는 명확하지 않다.

2022년 아프리카의 가장 고무적인 대통령 선거는 공식적으로 국가가 아닌 곳에서 치러질지도 모른다. 소말리아로부터 독립을 주장하는 소말릴란드(Somaliland)의 주권은 어느 나라에서도 인정받지 못하고 있다. 이 나라의 정치는 완벽과는 거리가 멀다. 씨족 충성도가 대부분 사람의 표를 결정하며 여성은 선출되기 어렵다. 하지만 무사 비히 압디(Musa Bihi Abdi)가 재선에 나서게 될 이번 대선은 소말릴란드가 국가 지위를 얻지 못했음에도 아프리카의 다른 지역보다 더 민주적임을 일깨워줄 것이다.

환경 파괴 없이 지속 가능한 세련미

아프리카 패션 디자이너들이 각광받는다

조지아 밴조(Georgia Banjo) 〈이코노미스트〉 국제 관계 통신원

20^{22년 6월 런던의 빅토리아 앨버트(Victoria and Albert, V&A)} 박물관은 독립부터 현재까지 아프리카 패션 역사를 체계적으로 정리하는 프로젝트를 시도한다. 이는 매우 야심 찬 과제다. 지금까지 어떤 전시회도 대륙 전체 패션을 제대로 다룬 적이 없기 때문이다. 하지만 큐레이터들은 250개의 작품을 통해 장식으로 다는 술과 구슬 장식, 왁스 인쇄 이상의 것이 있음을 보여주고자 한다.

검은 표범처럼 당당하게

이 V&A 쇼에서는 세계의 패션 수도에서 점점 더 인정받고 있는 라고스 스페이스 프로그램(Lagos Space Programme)과 같은 아프리카 디자이너들을 집중 조명할 것이다. 아프리카 인재들이 젊은 아티스트들을 위한 루이비통 모에헤네시(LVMH) 상과 같은 업계 최대 규모의 상을 놓고 다투고 있다. 남아공의 테베 마구구(Thebe Magugu)가 이 상의 최근 우승자다. 에마뉘엘 오코로(Emmanuel Okoro)는 서아프리카 직조 기법으로 2021년 9월 파리에서 열린 아프리카 디자이너 패션쇼 '아프리카 패션 업(Africa Fashion Up)'의 첫 수상자가 되었다. 스페인 명품 패션 하우스인 발렌시아가(Balenciaga)가 스폰서를 맡았다. 그리고 동료 나이지리아 디자이너 케네스 이제(Kenneth Ize)가 카를 라거펠트(Karl Lagerfeld)를 위해 만든 캡슐●로 비춰보면 2022년에는 아프리카 디자이너들을 선보이는 더 많은 공동 작업이 있을 것 같다.

많은 아프리카 도시에는 자기들만의 번창하는 다양한 패션 무대가 있다. 매년 가을 남아공의 요하네스버그(Johannesburg)와 세네갈 수도 다카르(Dakar), 나이지리아의 옛 수도 라고스(Lagos)에서 열리는 패션 주간이 기대된다. 콩고 수도 킨샤사(Kinshasa)의 멋진 '사퍼스(sapeurs)'에서부터 요하네스버그의 아프로펑크(Afropunk)●● 무대까지 풍부한 하위 문화가 계속해서 융성할 것이다. 하지만 미국에서는 디자이너들이 아프리카계 스타들에게 옷을 입힘으로써, 예컨대 그래미 시상식에서 아프로비트(Afrobeats) ●●● 가수가 입

많은 아프리카 도시에는 자신들만의 번창하는 다양한 패션 무대가 있다.

을 옷을 디자인하거나 나이지리아 소설가 치마만다 응고지 아디치에(Chimamanda Ngozi Adichie)가 자신의 신작 도서 출판 기념식에서 입은 드레스를 디자인함으로써 팬을 확보할 수 있을 것이다. 가상의 아프리카 왕국을 배경으로 한 할리우드 블록버스터 〈블랙 팬서〉 후속편이 여름에 개봉하면 아프리카 스타일 패션쇼 열풍이 몰아치고 문화 도용이라는 볼멘소리도 나올 것으로 예상된다.

아프리카 패션은 너무 오랫동안 짧은 '순간' 또는 일시적인 유행에 그쳤다. 하지만 신세대 디자이너들은 더 오래가는 힘을 원한다. 아프리카 전통 스타일에 대한 이들의 신선한 해석은 진정성을 찬양하는 시대에 걸맞다. 지역 장인에게서 구한 옷감, 재활용 재료로 만든 장신구 등 지속 가능성에 대한 초점은 향후 10년을 규정할 '느린 패션'에 대한 요구가 증가하는 추세에도 부합한다.

점점 더 많은 디자이너들이 아프리카 기업가들의 후원을 받고 있다. 2021년 10월 가나 여성 기업가 로베르타 아난(Roberta Annan)은 룩셈부르크에 1억 유로(약 1,400억 원)의 기금을 조성해서 아프리카 창작 및 패션 중소기업에 보조금을 지급할 예정이다. 더인터넷(Theinternet)도 이들에게 세계적인 쇼핑 공간을 제공한다. 탄자니아

● 패션 용어로 급변하는 유행에 민감하게 반응하기 위해 제품 종류를 줄여 소규모로 발표하는 컬렉션.

●● 흑인들이 참여하는 펑크 음악.

●●● 서아프리카 전통 음악과 재즈, 펑크 등의 서양 음악이 혼합된 스타일로 흥겨운 사운드와 독특한 리듬이 특징이다.

WHAT IF?

일부 아프리카 지도자들은 아프리카의 하늘을 개방해서 다른 아프리카 나라들의 항공사에서 자유롭게 접근하도록 하는 것을 꿈꿔왔다. 다른 이들은 자국 국적 항공사 보호를 고집하면서 해외 경쟁을 우려해왔다. 2018년 아프리카연합(African Union)은 이 꿈을 실현하는 프로젝트를 시작했다. **아프리카의 하늘이 개방되면 어떨까?** 예컨대 알제리 수도 알제(Algier)에서 나이지리아 라고스(Lagos)까지는 직항으로 5시간도 채 안 걸리지만, 지금은 10시간이 조금 넘게 걸린다. 가장 가까운 경유지가 터키의 이스탄불이기 때문이다. 항공편이 더 늘어나면 관광 산업이 활성화되고, 팬데믹 이후 회복이 빨라지고, 세계에서 가장 큰 자유 무역 지역을 만들려는 아프리카의 계획을 뒷받침할 것이다.

에 기반을 둔 신진 디자이너들의 온라인 카탈로그인 인더스트리 아프리카(Industrie Africa)는 최근 이 사이트에 전자 상거래 플랫폼을 추가했다. 디자이너들이 소비 여력과 사회적 양심이 있는 지구촌 밀레니얼 세대에게 도달하기가 이보다 쉬운 적은 없었다.

난제가 남아 있다. 대부분 디자이너는 아직도 아프리카 무역을 가로막는 물류와 재무적 장애물을 극복하는 데 애를 먹고 있다. 패션 교육을 더 많은 대중에게 확대하려고 시도하지만, 최신 스타일은 대부분 교육을 받고 여행 경험이 많은 엘리트들의 영역으로 남을 것이다. 하지만 아프리카 패션은 앞으로 더 큰 성과를 거둘 것이다. 아프리카 패션이 인기를 얻고 있고, 세계 유수의 패션 하우스들이 이를 다루게 될 것이다.

호메로스의 서사시 《일리아드》는 자연의 힘에 대항하는 인간의 무력함을 완벽하게 묘사한 우화를 담고 있다. 그리스 함대를 작은 연안 항구에 고립시켜 트로이 공격을 혼란에 빠뜨린 것은 인력이나 장비 부족이 아니라 불리한 바람이었다.

금세기 최악의 세계 보건 위기인 코로나19 팬데믹도 우리가 모두 미처 준비하지 못한 사이에 엄습했다. 바람이 고대 그리스인들을 아울리스(Aulis) ● 에 가뒀듯 팬데믹은 빈곤을 종식하고 포용적 경제 성장을 촉진해 불평등을 해소하려는 우리의 계획에 차질을 빚었다.

팬데믹은 세계 경제와 사회의 취약성을 여실히 드러냈다. 팬데믹은 개발도상국들이 겪는 곤경으로부터 자신들을 성공적으로 보호할 수 있으리라는 부유한 나라들의 생각을 무색하게 했다. 코로나 바이러스 백신이 개발되어 지속 가능한 세계 회복의 영역이 넓어졌지만, 이런 백신의 불평등한 분배는 회복이 고르지 못하고 오래가지 못할 것을 의미한다. 2022년 팬데믹을 극복하려면 세계는 백신 차별 정책을 폐지해야 한다.

백신 관련 지적 재산에 대한 좀 더 전향적인 접근이 필요하다. 모두에게 의료 혜택이 골고루 갈 수 있게 하려면 무엇보다도 개발도상국에서 백신을 생산할 수 있게 하고, 이를 확대하는 조처가 필요

● 트로이 원정 군선의 출범지였던 고대 그리스 항구 도시.

남아공 대통령 **시릴 라마포사(Cyril Ramaphosa)**는 모든 국가는 팬데믹을 극복하고 공정하고 포용적인 회복을 이룰 수 있도록 협력해야 한다고 말했다.

세계는 백신 차별 정책을 폐지해야 한다

불평등한 백신 분배는 회복이 고르지 못하고 오래가지 못할 것을 의미한다.

하다. 팬데믹은 전 세계 방대한 지역에 걸쳐 빈곤과 실업, 저개발을 악화시켰다. 효과적으로 대응하려면 의료와 복지에 대한 사회적 지출을 늘리고, 보건 시스템을 강화하며, 대규모 일자리 창출 프로그램을 시행하고, 지역 사회에서 회복력을 만들어야 한다.

저소득국과 중간 소득 국가의 정부는 공격적인 인프라 투자, 산업화 가속화, 성장 촉진 개혁 이행에 앞장서야 한다. 세계 교역 속도가 회복세를 이어가면서 각국과 기업들은 해외 투자와 사업 기회를 모색하게 될 것이다. 개발도상국들, 특히 아프리카 대륙 국가들은 인프라, 광업, 신재생 에너지, 정보기술, 농업 및 녹색 경제 분야에서 새로운 성장의 최전선으로 자리매김할 수 있을 것이다.

아프리카 대륙 자유 무역 지대(African Continental Free Trade Area)●의 실현이 탄력을 받아 세계 최대 자유 무역 지대가 본격 가동될 전망이다. 개발도상국들은 공적 개발 원조가 외국인 직접 투자 증가를 대체할 수 없다는 사례를 계속 만들어낼 것이며, 이는 보다 지속 가능하고 투자자와 피투자국 쌍방에 더 많은 기회를 창출하고 이득을 줄 것이다.

지속 가능한 발전 목표(Sustainable Development Goals)와 가난한 나라들이 이를 달성할 수 있도록 자원을 동원하는 데 새로운 관심이 높아질 것이다. 우리는 기후 변화에 적응하고 그 영향을 누그러뜨리기 위한 노력을 강화할 것이다. 기후 변화에 대한 책임이 가장 적으면서도 가장 취약한 저소득국과 중간 소득 국가를 훨씬 더 많이 지원해야 한다.

상호 의존적인 세계에서 미래 팬데믹에 대한 대비와 조기 경보 체계 확립 관련 남북 협력 강화가 시급하다. 팬데믹은 가난하고 소외되고 억압받는 사람들의 물질적으로 매우 심각한 상태를 드러냈다. 이 위기에서 성공적으로 벗어나기 위해서는 시민과 국가 간의 사회적 협정을 유지하고 심화해야 한다. 팬데믹과 경제 회복을 관리하면서 정부는 그들 자신이 국민의 신뢰와 확신을 받을 가치가 있음을 증명해야 한다.

●   아프리카연합 54개국이 참여하는 아프리카 경제 공동체.

세계적 차원에서는 젠더 폭력, 인종 차별, 외국인 혐오 등 국내와 세계적 과제를 극복하는 데 힘쓰면서 팬데믹 초기 공동체와 사회를 하나로 묶은 이타주의가 더욱더 깊어질 것이다. 우리의 목표를 달성하기 위해서는 사회적 연대가 좁은 사리 사욕을 이겨내야 한다. 이 연대는 나눌 수 없고 무조건적이어야 한다. 이는 상호 존중과 상호 책임에 바탕을 둬야 한다.

연대의 힘

모든 인간이 존엄하고 번영하는 삶을 영위하지 못하게 하는 불평등을 더는 외면해서는 안 된다. 2022년은 우리가 파괴적인 팬데믹을 극복하고 지속할 수 있고 공정하고 포용적인 세계 회복을 달성하는 전환점이 되어야 한다. 연대의 힘을 이용해서 더 평등하고 회복력 있는 미래를 실현하는 한 해가 되도록 하자.

THE WORLD AHEAD 2022

민주주의 박물관?

인도의 상황이 조금씩 나아지면서 야당은
나렌드라 모디 총리를 견제하기 위해
온 힘을 기울일 것이다

맥스 로덴벡(Max Rodenbeck) 〈이코노미스트〉 델리 지국장

75세라는 나이가 사람에게는 꽤 노인 축에 드는 나이로 들리겠지만 한 나라의 나이로는 10대에 지나지 않는다. 2022년 8월 15일 독립 75주년을 맞는 인도는 두말할 나위 없이 아주 오랜 역사를 지닌 나라지만 민주주의만 놓고 보면 아직 풋내기일 뿐이다. 규율이 잡혔다기보다 에너지가 넘치고 세련됨과 미숙함, 수줍음과 대담함 사이를 왔다 갔다 한다. 14억 인구는 성년기를 향해 저돌적으로 뛰어들 때 나타나는 두려움과 조급함이 뒤섞인 불안감을 안고 2022년을 향해 힘겹게 나아가고 있다.

인도인들이 불안감을 갖는 데는 그럴 만한 이유가 몇 가지 있다. 지난 몇 년은 힘든 시기였다. 단지 코로나19 팬데믹과 2021년 봄에

태풍처럼 온 나라를 휩쓴 델타 변이 바이러스 때문만은 아니다. 인도에서 300만~400만 명이 변이 바이러스에 목숨을 잃었고, 이는 엄청난 수치다. 부실한 기록 관리, 지나치게 엄격한 잣대를 들이대는 사망 원인 규정, 위기를 과소평가하는 정치인들 탓에 실제 사망자 수는 누구도 알 수 없을 것이다.

하지만 인도인의 정서적 외상은 가난한 재정 형편 탓에 부유한 나라가 겪는 고통보다 훨씬 더 참혹했다. 봉쇄 조치로 대규모 회사들이 폐쇄됐고 많은 소규모 회사들이 파산했다. 그 결과 경제는 2019년과 같은 수준에 머물렀다. 그해 나렌드라 모디(Narendra Modi) 총리는 5년 안에 GDP를 2배로 올리겠다는 공약을 내걸면서 유권자들의 표를 얻어 두 번째 임기를 맞았다. 하지만 코로나 위기는 수백만 명을 다시 빈곤으로 내몰았고, 투자를 위축시켰으며, 아시아에서 이미 가장 낮은 수치를 기록했던 노동 참여율을 더 떨어뜨렸다. 특히 여성의 경우는 더 심각했다.

인도 경제는 규모가 크고 다각적이며 회복력이 있다. 이제 백신 접종 프로그램이 성공을 거두고 있으므로 2022년에는 강력한 장기 성장 추세로 돌아설 가능성이 크다. 하지만 부유하고 교육 수준이 높은 인도인들은 GDP와 코로나19 걱정보다는 민주주의의 건전성을 더 많이 걱정하고 있다.

인도 정치인들을 쉼 없이 춤추게 하는 지방 선거, 주의회 선거, 전국 선거의 끊임없는 순환 속에서 총리의 힌두 민족주의 정당인 인도 인민당(BJP)은 쉽게 이기는 법을 터득했다. 국민의 14%를 차지하는 소수 이슬람교도에 대해 다수인 힌두교도들의 두려움을 자극하는 것이다. 첫 임기 동안 모디 총리는 종파적 의제를 밀어붙이는 일은 명백히 피했다. 하지만 그의 다수당이 힘을 얻자 힌두 민족주의 신봉자들을 요직으로 밀어넣으려고 조용히 시작한 움직임은 다원적인 국가를 획일적인 힌두 국가로 변신시키려는 대담하고 공공연한 활동으로 바뀌었다. 정부가 뻔뻔하게 국가 권력을 휘두르며 세무 사찰, 허위 소송, 도청 등으로 비판가들을 위협한 탓에 소수 민족, 농민 같은 이익집단뿐 아니라 많은 지지자들도 멀어졌다.

하지만 이 일로 야기된 갈등과 저항은 여론 조사에서 모디 총리에게 불리하게 작용한 것 말고는 별다른 문제를 일으키지 않았다. 인구가 가장 많고 정치적으로 중요한 우타르 프라데시주는 2월 선거를 치른다. 지난 5년 동안 주민 2억 2,000만 명은 모디 총리가 뽑은 맹렬한 힌두 성직자 요기 아디티아나트(Yogi Adityanath)의 통치 아래 있었다. 빈곤과 종파 간 폭력에 시달려온 이 지역은 코로나19가 불러온 타격도 심각했다. 만일 소규모 야당들이 연합해 아디티아나트 주총리를 축출할 수 있다면 2024년 열리는 다음 총선에서 모디 총리에게도 비슷한 패배를 예고할 수 있을 것이다.

하지만 그럴 가능성은 매우 낮아 보인다. 인도의 많은 주에서 지역 야당들이 권력을 쥐고 있긴 하다. 하지만 제1야당인 국민회의당(Congress)은 모디 총리와 싸우기 위해 광범위한 연대를 구성하는 데 실패했을 뿐만 아니라 당 자체가 쉽게 내분에 휘말리며 표류하고 있다. 2022년에도 국민회의당이 결속하지 못한다면 모디 총리의 3선을 막기에 너무 늦을 수 있다. 그러면 모디 총리의 힌두 국가 프로젝트가 힘을 얻고 사법부와 언론처럼 독립적인 기관들은 완전히 전복될 것이다.

2022년이 운명을 가르는 해가 될 수 있다는 점을 강조라도 하듯 모디 총리는 자신이 심혈을 기울인 대규모 프로젝트의 완료 시한을 8월 15일로 정했다. 인도의 수도이자 영국이 설계한 행정 중심지 델리를 개조하는 사업이다. 이 계획 때문에 있던 곳에서 쫓겨난 행정 부처들을 현재 총리와 같은 건물을 쓰고 있다. 상징적인 원형 건물에 있던 545석의 의석은 의원을 888명이나 수용할 수 있는 볼품없는 새로운 삼각형 건물로 옮겼다. 옛 의회 건물은 민주주의 박물관이 되어가고 있지만 그 상징성은 지우기 힘들 것이다.

낯익은 참혹한 이야기

탈레반은 통치가 싸움보다 힘들다는 사실을 알아갈 것이다

벤 파머(Ben Farmer) 이슬라마바드, 〈이코노미스트〉 프리랜서 통신원

오랫동안 고통받고 있는 아프가니스탄 국민들은 새롭지만 안타깝게

도 익숙하고, 또 오래 지속될 혼란 국면으로 접어든 나라에서 2022년 새해를 맞이할 것이다. 미군과 NATO군의 철수는 국제 사회의 지원을 받아온 정부를 충

새로운 유형의 정부 관료

격적으로 붕괴시켰고 탈레반의 복귀와 이슬람 토후국의 재건을 불러 왔다.

탈레반은 승리를 앞두고 자신들이 1990년대 실패했던 탄압적인 정권에서 교훈을 얻었으며 더 이상 그때와 같지 않다고 주장했다. 하지만 초기에 그들이 보여준 행동들은 그런 주장과 달랐다. 탈레반 창단 멤버들이 지휘권을 장악했다. 여성들이 다시 직장에 나오지 못하게 했고 교육받을 기회마저 빼앗았다. 권선징악부도 부활시켰다. 그들은 무력으로 질서를 잡으려 하고 있다.

탈레반의 승리로 매달 수백 명의 목숨을 앗아가던 전쟁은 끝났지만 아프가니스탄은 여전히 위협적인 문제들을 마주하고 있다. 탈레반이 나라를 장악하기 훨씬 전부터 가뭄, 코로나19 팬데믹, 전쟁이 합쳐진 인도주의적 위기가 불거지고 있었다. 이제 그 위기는 탈레반의 승리가 재촉한 경제 붕괴로 인해 빠르게 악화하고 있다. 새 이슬람 토후국은 돈이 없고 돈을 마련할 방법에 대한 진지한 계획조차 없다. 종전 정부는 해외 원조로 예산의 4분의 3을 충당했지만 지금은 모든 지원이 중단됐다. 유엔은 어린이 백만 명이 기아의 위험에 처해 있다고 경고했다.

탈레반은 나라를 완전히 장악하고 있는 것처럼 보이지만 그것은 일시적 현상일 수 있다.

인도주의적 재앙과 시대착오적 사상을 고수하는 탈레반을 마주하고 있는 국제 사회가 할 수 있는 선택은 개입하거나 고립시키는 것이다. 둘 다 위험이 따르는 선택이다. 아프가니스탄을 포기하면 그 나라 국민들은 엄청난 고통을 겪고, 난민이 거대한 물결을 이룰 것이며, 탈레반을 온건한 쪽으로 이끌 수 있는 모든 가능성이 사라질 것이다. 그런데다 탈레반은 통치를 정당화하고 권력을 강화하기 위해 어떤 외부 개입이든 걸고넘어질 것이다.

국제 사회는 또 다른 문제에도 관심을 쏟고 있다. 알카에다 같은 국제 테러 단체들의 복귀 징후를 주시하는 것이다. 첩보 활동 결과들은 국제 테러 단체들이 아프가니스탄을 다시 본거지로 삼는 것을 막겠다는 탈레반의 확언에 의구심을 더하고 있다. 게다가 강대국에 맞선 탈레반의 승리는 전 세계 지하디스트(이슬람 성전주의자)에게 힘을 실어줄 것이다.

탈레반은 통치 초기에 나라를 완전히 장악하고 있는 것처럼 보이지만 그것은 일시적 현상일 수 있다. 그들의 새 정부는 정복자의 정부이며 장기적인 평화에 어울리지 않는다. 종전 정치 집단은 탈레반의 주류를 이루는 파슈툰족을 제외한 다른 종족 집단들과 마찬가지로 완전히 배제되었다.

이런 정권에 맞서 저항이 뿌리 내리고 자라날 가능성이 크다. 게다가 탈레반은 바뀌지 않았을 테지만 그들이 통치하고 있는 나라는 1990년대의 아프가니스탄과 진혀 다르다. 시민, 사회, 어쩌면 군사적 저항마저 통치에 걸림돌이 될 것이다. 그로 인해 탈레반 내부의 균열이 노출될지도 모른다. 카불 함락 후에도 몇 주 지나지 않아 비교적 포용적인 정부를 원하는 온건파와 그에 맞서는 강경파 사이의 내분이 보도됐었다.

2021년 8월 미군의 마지막 수송기가 카불 공항을 이륙해 지평선 너머로 사라지자 워싱턴에서 많은 이들이 전쟁은 곧 끝날 것이라고 발표했다. 하지만 아프가니스탄 사람들에게는 격동과 고난의 새로운 장이 막 열렸을지도 모른다.

뭉쳐야 산다

필리핀 야당은 힘을 합쳐 독재주의를 물리쳐야 한다

도미닉 지글러

이론상 2022년은 필리핀이 두테르테 시대를 끝내는 해다. 필리핀 헌법은 대통령 임기를 6년 단임제로 제한하고 있다. 필리핀 정치 가문 출신인 두테르테 대통령은 2016년 보통 사람의 옹호자를 자처하고 거침없는 막말로 주목받으며 대선에 출마했다. 기반 시설에 돈을 쓰고 성장을 우선시하겠다는 공약을 내걸었다. 수도 마닐라에 집중된 권력을 지방으로 이양하도록 개헌하겠다고 약속했으며, 어떤 강대국에도 굽실거리지 않겠다는 외교 정책도 제시했다. 무엇보다 마약, 범죄, 부패와의 전쟁을 선포했다. 그리고 유권자들에게 "내가 여러분의 마지막 카드다. 약속을 지키기 위해 몸을 낮추고 내

사라가 봉봉의 손을 잡을까?

손에 더러움을 묻히 겠다"고 다짐했다. 두테르테는 '더티 해리'라는 별명에 걸맞게 적어도 이 약속은 지켰다. 하 지만 그가 다바오시 시장으로 있던 20여 년 동안 이미 실전 테스트를 마친 마약

과의 전쟁에서 2만 명 넘는 필리핀 사람들이 살인 청부업자 손에, 때 로는 비번인 경찰관 총에 맞아 죽었다. 다수 희생자들이 그저 풋내기 마약상 또는 어린 아이들이었고 무고한 사람도 많았다.

헌법 개정은 아무런 진전을 보지 못했다. 두테르테 대통령이 시 진핑 주석에게 굽실거린 일도 있었다. 이 일로 남중국해에서 필리 핀의 해양 영유권 주장은 힘을 잃었고 그들이 바라던 중국의 투자 는 거의 이뤄지지 않았다. 필리핀 정부는 팬데믹에 부실하게 대처 했고 가혹한 봉쇄 조치를 취했으며 백신을 충분히 확보하지도 못 했다.

두테르테 대통령은 마약 범죄와 전쟁을 벌이고 정적들을 괴롭히 고 사법부를 농락하면서 자신이 부활시키려 애썼던 페르디난드 마 르코스(Ferdinand Marcos)의 독재 정권 이후 어느 때보다 민주주의를 약화시켰다. 두테르테가 퇴임하고 나면 그와 최측근 인사들은 기 소될 가능성이 크기 때문에 두테르테 왕조를 계속 이어가야 하는

강력한 동기가 된다. 다바오 시장이자 두 테르테 대통령의 딸인 사라 두테르테(Sara Duterte)는 5월에 있을 대선에서 여당의 완

벽한 해법으로 보였다. 그녀는 가장 큰 인기를 끌고 있는 잠재적 후보였다.

하지만 사라 두테르테는 어머니와 가깝고, 부모의 이혼을 아버지 탓으로 여겼기에 아버지와 관계가 서먹하다. 게다가 두테르테 대통령의 심복들을 혐오하기에 그들과 손잡는 것도 꺼린다. 절박해진 여당은 두테르테 대통령을 설득해 부통령 후보로 나서도록 했지만 이는 헌법적으로 모호한 행보였다. 유권자들 사이에서 비난이 일자 그는 출마를 철회했다.

한편 필리핀 정치에서 자유당(노랑)을 지지하는 자칭 엘리트들은 누구를 지지해야 할지 결정하지 못하고 있다. 기득권층의 대표적 인물인 레니 로브레도(Leni Robredo) 부통령은 오랫동안 두테르테 대통령에게 무시당해왔다(필리핀에서 대통령과 부통령은 따로 선출된다). 여성과 짓밟힌 사람들의 권리를 옹호하는 변호사 로브레도 부통령은 대통령 선거에 출마하면서 성모상의 옷 색깔을 본 따 선거 캠페인에서 분홍색을 채택했다. 그녀는 분홍 물결을 일으켜 두테르테 대통령과 국가의 유대를 깨고 싶어 할 것이다.

하지만 로브레도는 공격적인 정치 감각이 부족하다. 그런 정치 감각을 지닌 자유당 후보로는 46세의 마닐라 시장 이스코 모레노(Isko Moreno)가 있다. 대권주자로는 이례적으로 기득권층이 아닌 빈민가 출신이다. 동남아시아 논평가인 카림 라슬란(Karim Raslan)의 말처럼 냉정하고 날카로운 인물인 모레노 시장은 대통령의 팬데믹

대처 능력과 심복들의 탐욕을 비난했다. 로브레도 부통령이 대권 도전을 선언하기 전까지는 자신을 지지하고 있다고 여겼기에 배신감을 느끼며 그녀를 맹렬히 비난하기도 했다. 그 뒤 언론계의 자유당 캠프 측근들은 두테르테 대통령을 내세워 모레노 시장의 뉴스를 가려버렸다.

친민주주의 진영에서 경쟁하는 다른 후보들로는 복싱 영웅이자 두테르테 대통령의 동지인 매니 파퀴아오(Manny Pacquiao)와 냉혹하기로 소문난 판필로 '핑' 락손(Panfilo 'Ping' Lacson) 상원의원이 있다. 분열이 일어나면 독재주의 진영 후보에게 자리를 내줄 수 있다. 사라 두테르테는 자신이 직접 뛰기보다는 이전 독재자의 아들인 '봉봉' 마르코스('Bongbong' Marcos)에게 힘을 실어줄 가능성이 높다. 봉봉 마르코스는 두테르테 대통령의 정중한 버전이다. 필리핀 젊은이들이 대개 마르코스 시대의 탄압을 알지 못하는 게 그에게 득이 됐다. 2022년 초 자유당 캠프가 강력한 후보, 특히 모레노를 중심으로 뭉치지 못하면 봉봉 마르코스는 필리핀을 과거로 되돌릴 것이다.

 WHAT IF?

남한과 북한은 1950년 전쟁을 시작했고 3년 뒤 휴전 협정에 서명하며 전쟁을 끝냈다. 하지만 두 나라는 평화 협정에 서명한 적이 없고, 엄밀히 말해 이는 여전히 전쟁 상태임을 뜻한다. **남북이 공식적으로 종전에 합의하면 어떤 일이 벌어질까?** 한국 문재인 대통령은 오랫동안 종전을 주장해왔다. 남한과 북한, 미국과 중국이 종전에 합의한다면 보다 원만한 관계로 나아가는 중요한 발걸음이 될 것이다. 또 최근 몇 년 동안 회담이 실패로 돌아가면서 서먹해진 북미 관계를 개선하는 발판이 될 수도 있다. 한반도에 영원한 해빙기가 찾아오면 북한도 결국 핵 프로그램을 재고해야 할 것이다.

미얀마의 영혼들을 위한 투쟁

쿠데타가 미얀마를 폭력으로 몰아넣었다
정부군도 저항군도 이기지 못할 것이다

찰리 맥켄(Charlie Mccann) 싱가포르, 〈이코노미스트〉 동남아시아 통신원

평행 세계라는 게 있다면 아웅산 수치(Aung San Suu Kyi) 여사는 그곳에서 미얀마의 국가고문(나라의 실질적인 지도자)으로서 이미 두 번째 임기에 접어들었고, 국민들의 코로나19 백신 접종을 감독하고 국가를 괴롭히는 많은 폭동을 잠재우느라 바쁠 것이다. 하지만 현실에서는 2021년 2월 정권을 잡은 군부가 날조한 범죄 때문에 2022년을 가택 연금 상태로 보낼 것이다.

쿠데타 주역인 민 아웅 흘라잉(Min Aung Hlaing) 최고사령관은 자신의 의사로 결정된 2023년 총선을 앞두고 선거 유세에 나설 것이다. 그의 선거 유세 여정은 짧은 것이다. 공격받을까 두려워하는 그가 수도로 가장한 거대한 벙커인 네피도에서 멀리 벗어날 리 없기 때문이다. 쿠데타로 촉발된 혼란이 계속 미얀마 전역을 지배할 것이다. 성난 시위대에서 게릴라로 변신한 시민들은 폭탄을 설치하고 군인과 군부 관리들을 살해할 것이다. 오랫동안 독립 전쟁을 벌여오면서 더욱 대담해진 소수 민족 민병대는 군대에 대항해 자신들의 이점을 최대한 활용할 것이다. 그 일부는 쿠데타 이후 갑자기 나타난 수백 명의 민병대와 함께 정부군에 대한 공격을 지휘할 것이다. 나라 전체가 내전에 휩싸일 수 있다.

많은 미얀마인들이 더 가난해지고 더 굶주릴 것이다.

미얀마의 투사

흘라잉 최고사령관은 경제 육성을 통해 자신의 정통성을 보여주고 싶어 한다. 하지만 그의 연설문 작성자들은 경제 데이터에서 쓸 만한 자료를 찾지 못할 것이다. 이른바 과도 정부의 내각은 자격을 갖춘 기술 관료가 아니라 군화 신은 남성들로 채워져 있기 때문이다. 그들은 미얀마의 목재, 옥, 희귀 금속을 팔아서 바닥난 정부 금고를 다시 채우려 할 것이며, 그 과정에서 자신들의 호주머니도 채울 것이다. 군부는 군 소유 기업들에 일감을 나눠줄 것이며, 투자자 이탈을 막기 위한 노력은 거의 하지 않을 것이다. 2026년까지 실질 GDP는 팬데믹 이전 수준을 회복하지 못할 것이다. 차트(kyat)는 달러 대비 하락세를 이어갈 것이며 물가는 계속 오를 것이다. 많은 미얀마인들이 더 가난해지고 더 굶주릴 것이다.

미얀마는 민족통합정부(NUG)에서 희망을 찾을 것이다. 수치 여사의 민족주의연맹(NLD) 의원들과, 대부분 쫓겨나고 추방당한 의원들로 구성된 민족통합정부는 민주주의 통치를 회복하고 군대를 굴복시키겠다고 약속한다. 이 망명정부는 대중에게 폭넓은 지지를 얻고 있으며, 유럽연합 의회와 프랑스 상원에서 미얀마의 합법적인 정부로 인정받고 있다. 이 그림자 정부는 쿠데타 이후 물러난 공무원 수백 명의 도움에 힘입어 평행 국가를 건설하고 있는 셈이다. 쿠데타 이후

집을 잃고 떠도는 미얀마인 20만 명에게 인도주의적 지원을 전하려 애쓰고 있다. 투표용지에서 이들을 찾아볼 수 없더라도 그리 놀라운 일은 아니다.

나이 들어가는 나라

'새로운' 성인을 만든다 해서 일본의 가파른 고령화가 역전되지는 않을 것이다

노아 스나이더(Noah Sneider) 〈이코노미스트〉 도쿄 지국장

일본 인구는 계속 나이 들어가지만 2022년 일본 최연소 성인의 나이는 더 낮아질 것이다. 2018년 통과된 민법 개정안에 따라 4월부터 법적 성년 나이가 18세로 낮아진다. 사실상 이 조치로 하룻밤 사이 약 200만 명의 '새로운' 성인이 탄생할 것이다. 이는 1876년 '성인' 기준점이 설정된 이후 첫 번째 변화다. 이에 앞서 2016년 일본의 투표 연령은 20세에서 18세로 낮아졌다.

이 새로운 성인들은 부모의 허락 없이 다양한 어른들의 활동에 참여할 수 있을 것이다. 신용카드와 은행 대출 신청에서부터 아파트 임대 계약과 휴대전화 약정 계약에 이르기까지 많은 일을 할 수 있게 된다. 어쩌면 가장 중요한 변화는 18세의 젊은이들이 부모의 허락 없이 결혼할 수 있게 된다는 점이다. (현재 여성은 16세부터, 남성은 18세부터 결혼할 수 있지만 부모의 동의가 있어야만 가능하다.) 하지만 많은 10대들에게는 아쉽게도 그들의 합법적인 음주나 흡연은 여전히 허용되지 않을

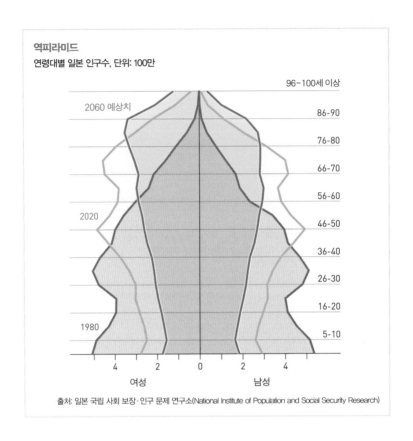

역피라미드
연령대별 일본 인구수, 단위: 100만

2060 예상치

2020

1980

96~100세 이상
86-90
76-80
66-70
56-60
46-50
36-40
26-30
16-20
5-10

4 2 0 2 4
여성   남성

출처: 일본 국립 사회 보장·인구 문제 연구소(National Institute of Population and Social Security Research)

것이며 그 문턱은 20세를 유지할 것이다.

일본 정부는 이 변화로 젊은이들이 사회에서 더욱 적극적으로 활동하길 바라고, 어쩌면 합법적으로 결혼한 배우자들과의 부부 생활도 활발하게 이어가길 바랄 것이다. (일본에서 혼외 관계로 태어난 아동은 2%에 불과하다.) 하지만 이 새로운 성인 집단이 현재 일본의 고령화하는 인구 통계에 실질적인 차이를 만들지는 않을 것이다.

일본은 이미 세계에서 가장 고령화한 나라다. 65세 이상 노인이 차지하는 비율이 전체 인구의 29%를 웃돈다. (두 번째로 고령화한 나라인 이탈리아는 65세 이상 인구 비율이 23%이며, 미국은 17%, 영국은 19%다.) 가장 큰 원인은 나이 들어가는 베이비부머 세대 때문이다. 1947년에서 1949년 사이에 태어난 약 800만 명의 베이비부머 집단이 2022년에 75세에 접어들기 시작한다.

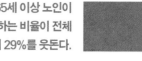

일본에서 65세 이상 노인이 차지하는 비율이 전체 인구의 29%를 웃돈다.

일본에서는 많은 노인이 적극적으로 활동하고 있다. 65~69세 노인의 약 절반과, 70~74세 노인의 3분의 1이 여전히 고용되어 있다. 일본 노인학회는 65~74세 노인을 '미노인(preold)'으로 부르자고 제안하면서 노인의 범위를 재분류하자는 요구까지 했다. 그런데 75세를 넘기면 상황이 크게 달라진다. 75세 이상의 '말기 노년층' 가운데 10%만 일자리를 유지하고 있다. 의료 비용과 장기 요양 비용도 급격히 증가한다. 이미 GDP의 11%를 의료 서비스에 지출하고 있는 나라에서 이는 특히 우려스러운 일이다.

일본 정부는 비용을 줄이기 위해 점진적인 개혁을 꾀해왔다. 2022년 10월부터 연소득이 200만 엔(1만 8,000달러) 넘는 75세 이상 노인은 의료비의 20%를 본인이 부담해야 한다. 이는 현재 부담하는 금액의 2배에 해당한다. 새로운 '초고령' 사회에 대비해 사회 보장 제도를 재정비하기 위해 지금보다 빈틈없는 변화가 뒤따를 것이다. 일본 정부는 침체된 출산율을 끌어올리기 위한 노력도 하고 있다. 2022년 4월부터 공공 의료 보험으로 불임 치료를 지원할 예정이다.

하지만 코로나 팬데믹은 특히 출산율에 악영향을 주고 있다. 2020년 일본에서 출생한 아이는 기록이 시작된 이래 가장 적은 84만 1,000명뿐이었다. 반면 인구는 53만 2,000명이 줄어 사상 최대 감소 폭을 보였다. 결혼 건수는 12% 감소했다. 인구통계학자들은 2022년 발표될 2021년 출생아 수가 77만 명에 그칠 것으로 추정한다. 이는 일본이 15년 뒤에나 있을 법하다고 예상한 수준이다.

팬데믹이 불확실성만 키운 탓에 많은 일본 젊은이가 아이 갖기를 주저하게 되었다. 새로운 성인 집단이 곧 알아갈 어른의 삶은 문제투성이다.

샌드박스 열도

2022년에는 동남아시아 관광 안내 지도가 크게 달라질 것이다

레오 미라니

여행 안내서를 출판하는 론리 플래닛(Lonely Planet)이 팬데믹 이전에 '동남아시아 최고의 장소'를 보고 싶어 하는 여행자에게 제시한 여행 스케줄은 이 지역의 거대 도시, 사원 마을, 정글 속 안식처, 섬 휴양지들을 찾아다니는 8주 동안의 여정이었다. 특히 '코로나 위험이 적은 국가'에서 태어나지 못한 불운한 이들을 위해 2022년에 나올 여행 일정표에는 몇 개의 섬과 색다른 대도시 한 곳만 포함될지도 모른다. 여행객 대다수가 방문할 수 있는 곳이라고는 그게 전부이기 때문이다.

정상적인 여행이 가능했던 마지막 연도인 2019년 관광업은 동남 아시아에서 전체 고용의 13%에 해당하는 4,200만여 개의 일자리를 제공했고, GDP의 12%를 차지했다. 유엔은 2020년 관광객 감소로 인해 이 지역 GDP가 8.4%나 줄었을 것으로 추정한다. 일부 나라들

은 특히 심한 타격을 입었
다. 태국은 관광업이 GDP
의 20%를 차지하며 관광객
은 대부분 해외 방문객이다.
2020년 태국을 찾은 방문객
은 2019년에 비해 83% 줄
었다.

파라다이스에 오신 걸 환영합니다

　팬데믹 첫해를 간신히 넘
긴 많은 비즈니스가 두 번
째 해에 완전히 무너질까봐 우려하던 태국 정부는 2021년 '샌드박스
(The sandbox)' 프로그램을 실험하기 시작했다. 이 프로그램의 개념은
간단하다. 주민들 대다수가 두 차례 백신 접종을 마친 휴양 섬에서
역시 백신 접종을 완료한 관광객들이 자가 격리 없이 휴가를 즐길 수
있게 하는 것이다. 섬에서 바이러스에 감염되지 않고 14일을 보낸 관
광객들은 원한다면 태국의 다른 지역도 여행할 수 있다.

　푸켓은 2021년 7월 1일 샌드박스 프로그램 실시 후 첫 외국인 관
광객을 맞았다. 일주일 뒤 실시한 코로나19 검사에서 그 관광객은 확
진 판정을 받았다. 하지만 태국 정부는 나머지 국토가 델타 변이 확
산으로 크게 타격을 입은 순간에도 인내심을 발휘했다. 2021년 말까
지 여행자들이 격리 없이 방문할 수 있도록 방콕을 포함한 여러 지역
을 추가로 개방했다.

　2022년에는 동남아시아 다른 나라들도 태국의 사례를 어느 정도
따를 것이다. 그들은 방문객들에게 인기 있는 관광 명소만 개방할 것
이며 대상은 일부 국가의 국민들로 제한할 것이다. 인도네시아는 다

다른 나라들도
태국의 사례를 따라
'샌드박스' 여행지
출입을 허용할 것이다.

른 지역에서는 강력한 규제를 유지하면서
도 인기 휴양지인 발리는 해외 방문객이 쉽
게 찾아올 수 있도록 개방할 것이다. 베트남
은 산과 밀림 앞에 길게 펼쳐진 모래 해변으
로 유명한 푸꾸옥 섬에서 방문객을 환영할 것이다. 말레이시아는 열
대섬 랑카위에서 국내 여행객을 대상으로 실시한 실험을 다른 관광
명소로 확대해 해외 관광객도 입국을 허용할 계획이다. 캄보디아 관
광 업계는 여행객이 앙코르와트 사원을 방문할 수 있도록 내륙 깊숙
이 있는 시엠레아프에서 샌드박스 프로그램을 추진하려 하고 있다.

2022년 새로운 변이가 또 나타나지만 않는다면 위의 장소들에서,
그리고 이 지역의 또 다른 길모퉁이에서 누군가가 여행객을 다시 반
갑게 맞아줄 것이라고 기대한다. 꼭 동남아시아 최고의 장소들은 아
니더라도 코로나와 보낸 지난 2년을 생각하면 그렇게 나쁜 출발은
아니다.

더딘 철도 사업

인도는 거의 모든 지역이 철도로 연결될 것이다

톰 이스턴(Tom Easton) 〈이코노미스트〉 뭄바이 지국장

18^{53년 인도 서해안 봄베이 반도 거의 끄트머리 임시 역에}
서 열차 한 대가 출발했다. 영국산 증기기관차는 소형 객

차 14칸을 매달고 타네에 있는 한 교차점을 향해 북쪽으로 달렸다. 34km에 이르는 이 여정은 소달구지로는 며칠 걸릴 거리였다. 불과 몇 년 뒤 이 새로운 철도는 면화를 공급하면서 섬유 산업을 역동적으로 성장시켰다. 하지만 훤히 보이는 이 점에도 불구하고 초기 철도를 건설하는 데 너무 많은 어려움이 따랐기에 노선이 완성된 것

선로 연결 작업

자체가 놀라운 일이었다. 독사가 득실대는 늪지대의 혹독한 더위와 몬순 홍수 속에서 1만 명에 달하는 경험 없는 노동자들이 지반을 안정적으로 다지기 위해 사투를 벌였다.

이것이 그 뒤 수십 년 동안 이어질 국가 철도 사업의 시작이었다. 2022년 철도가 가장 외딴 지역까지 연결되면 인도의 모든 주를 연결하겠다는 목표가 거의 이뤄질 것이다. 마무리 작업은 방글라데시와 미얀마 사이의 인도 북동부에 뚝 떨어져 있는 임팔(마니푸르의 주도)과 아이자울(미조람의 주도)에 역을 세우는 일이 될 것이다. 2022년 12월 체나브강 위로 360m 떠 있는, 세계에서 가장 높은 철교가 개통될 예정이며 이로 인해 카슈미르까지 철도가 이어질 것이다.

그 덕분에 인도 남단 해변에서 도보 가능한 거리에 있는 칸야쿠마리 역에서부터 인도 최북단까지 열차 운행이 가능해진다. 현재 진행 중인 몇 가지 프로젝트가 마무리되면 인도의 29개 주 가운데 2곳만

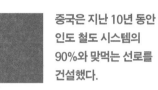

중국은 지난 10년 동안 인도 철도 시스템의 90%와 맞먹는 선로를 건설했다.

빼고 모두 철도망에 연결될 것이다. 철도가 닿지 않는 북동부의 시킴주는 산악 지형이라 접근이 특히 까다롭고, 메갈라야주는 정치적 저항이 끊이지 않아 철도 연결이 힘들어 보인다.

인도 철도 시스템의 성장은 결코 순탄하지 않았다. 20세기 전반부에는 공사에 가속도가 붙어서 선로 길이가 4배 늘어나 약 5만 9,000km가 됐다. 독립 후에는 속도가 늦춰져서 지금 총 선로 길이는 10만km에 못 미친다. 철도망 연결이 지연된 이유는 주정부들의 자치권 때문이다. 주마다 선로 규격이 달라 서로 호환되지 않았으며 유일하게 공유한 부분은 구식 증기 동력뿐이었다. 이후 표준궤간이 채택되자 철도 이용량은 폭발적으로 늘었다. 1950년 한 해 동안 13억 명이었던 열차 이용객은 2018년 84억 명으로, 취급 화물은 7,300만 톤에서 12억 톤으로 늘었다.

철도 시스템의 핵심 구성 요소를 개선하는 작업이 이어지고 있다. 뭄바이와 델리, 콜카타와 펀자브를 잇는 화물 전용 회랑(DFC) 프로젝트가 2006년 시작됐다. 2022년 또는 2023년에 개통되면 극심한 교통 혼잡을 완화할 것이다.

다른 개선 작업들은 진행 속도가 더딘 편이다. (중국은 지난 10년 동안 인도 철도 시스템의 90%와 맞먹는 선로를 건설했으며 대부분 노선은 고속철이다.) 인도의 철도가 더디게 발전하는 데는 몇 가지 이유가 있다. 우선 적합한 지형 확보가 어렵다. 넓은 강이 흐르고 험준한 산들이 이어지는 데다 날씨마저 혹독해서 인도의 지형은 육상 교통에 부적합하다. 최근에는 약 200개의 철도 터널을 뚫는 작업이 진행되고 있다. 체나브 다리는 시속 266km의 바람에 견딜 수 있도록 설계됐다. 긴급한 사안과 이익이 상충하는 요구가 끊이지 않는 가난한 나라에서 이 모든 사업이 국가의 비용 부담을 늘리고 있다.

철학적인 반대도 있다. 간디는 인도 자치에 대한 철학을 밝힌 저서 《힌두 스와라지》에서 철도가 영국의 인도 통치를 지속시키고, 조상 대대로 이어온 (그리고 자신이 옹호한) 자립적인 마을 문화를 해치는 데 기여한다고 봤다. 또 철도가 곡물 수출을 촉진하면서 전염병을 퍼뜨리고 기근을 악화시켰다고 주장했다. 간디는 "선한 것은 달팽이처럼 천천히 나아간다. 그러니 우리에게 철도는 필요 없다"는 말도 남겼다.

간디주의적 정서는 일부 남아 있다. 메갈라야주에 철도가 연결되지 않은 것도 바로 그런 이유 때문일 것이다. 하지만 다른 사상들도 나타나고 있다. 볼티모어의 존스홉킨스 대학교 데베시 카푸르(Devesh Kapur) 교수는 인도 독립을 이끌었던 네루의 사상을 재조명하며 국가의 물류 체력을 강화해야 한다고 주장한다. 이는 도로와 광대역 통신망, 수도관, 특히 철도망 연결의 중요성을 강조하는 것이다.

현재 이런 주장이 폭넓은 지지를 얻고 있다. 과거에 흔히 일어났던 열차 공격은 더 이상 일어나지 않는다. 간디의 사상은 여전히 설득력이 있긴 하지만, 공사 속도가 늦춰진 바람에 인도인들은 간디의 결론을 넘어 철도의 이점을 받아들일 시간을 벌었다. 많은 유권자들이 자주 대립하는 다원주의 국가는 비용이 들더라도 빈틈없이 연결돼 있어야 더 견고해진다는 사실을 많은 이들이 알아가고 있다.

역사학자이자 전기작가인 **라마찬드라 구하(Ramachandra Guha)**는 2022년에 인도 총리에 대한 영웅 숭배가 더욱 깊어질 것이라고 말한다.

모디 숭배를 경계하라

모디 총리는 전임자들이 이룬 경제적, 사회적 진보를 대부분 무효로 만들었다.

인도는 신화와 영웅의 땅이다. 신과 여신, 성인, 전사들에 대한 숭배는 예로부터 인도 문화의 주요 특징이었다. 인도 헌법 제정을 주관한 학자이자 사회 개혁 운동가였던 B. R. 암베드카르(B. R. Ambedkar, 1891~1956)는 그런 영웅 숭배가 민주적 관행에 모순될 수 있음을 일찌감치 깨달았다. 1949년 11월 그는 한 연설에서 "정치에서 바크티(Bhakti, 헌신적 사랑)나 영웅 숭배는 타락과 독재 정권으로 이어지는 확실한 길"이라고 외쳤다. 또 존 스튜어트 밀을 언급하며 "위대한 자가 앞에 있을지라도 그의 발아래 나의 자유를 내려놓지 말고, 나의 제도를 전복시킬 수 있는 힘을 가진 자를 신뢰하지 말라"고 동포들에게 경고했다.

인도인들은 암베드카르의 경고를 두 번이나 무시했다. 먼저 1970년대 파키스탄에 군사적으로 승리한 뒤 총리인 인디라 간디(Indira Gandhi)에 대한 숭배가 시작되는 것을 막지 않았다. 그녀의 인도국민회의 당대표가 "인도가 인디라고, 인디라가 인도다"라고 선언했을 때 인도 국민은 동의하며 고개를 끄덕였다. 인디라 간디의 잘못된 통치에 맞서 민중 운동이 일어나기 시작했을 때 그녀는 비상 사태를 선포하고, 언론을 탄압하고, 야당 하원의원들을 투옥했으며, 온 나라에 자신의 초상화를 도배했다. 일부 인도인들은 공영 방송 '올 인디아 라디오(All India Radio)'를 '올 인디라 라디오'라고 부르기 시작했다.

그때와 지금

인디라 간디의 독재 정권은 2년을 넘기지 못했다. 모디는 총리로 지낸 7년 동안 공식적으로 국가 비상 사태를 선언한 적은 없었다. 아마 그럴 필요가 없었을 것이다. 민주주의 제도를 약화시키기 위해 국가 권력이라는 도구를 무자비하게 휘둘러왔기 때문이다. 언론을 길들였고(현재 인도의 세계 언론 자유 지수 순위는 142위다), 세무 당국의 칼날이 그의 정적들을 겨누게 했으며, 인권 운동가 수십 명을 투옥했다. 군대, 중앙은행, 선거 관리 위원회, 고등 사법부 같은 이전 독립 기관을 장악하려 애썼으며 어느 정도 성공도 했다.

모디 총리는 인도의 민주주의를 도려내는 순간에도 자신을 둘러싼 개인 숭배를 구축하기 위해 부지런히 노력하고 있다. 2021년 2월 독립 투쟁의 위대한 영웅 사르다르 파텔(Sardar Patel)의 이름을 딴 스포츠 경기장 명칭이 나렌드라 모디 경기장으로 바뀌었고, 대통령과 내무장관이 이를 정식으로 발표했다. 행정 명령에 따라 코로나19 백신 접종 증명서마다 모디 총리의 사진이 찍히는 바람에 많은 인도인이 당혹감을 느꼈으며, 곳곳에서 출입국 관리소 관리들이 전율과 공포를 느꼈다.

더 많은 일들(또는 더 나쁜 일)이 일어날 것이다. 2022년 인도는 영국의 식민 통치에서 벗어난 지 75주년 되는 해를 기념할 것이다. 모디 총리는 무굴인들과 영국인들이 델리에 남긴 것보다 더 나은 업적을 남기기 위해 볼품없는 새 건물들을 짓고 직접 개관을 선언하면서 수도를 재단장할 계획이다.

역사적으로 개인 숭배는 전체주의 정권의 특징이었다. 좌파의 예로는 스탈린, 마오, 카스트로 숭배를 떠올릴 수 있고, 우파의 예로는 히틀러, 무솔리니, 페론이 있다. 하지만 인도의 경우는 세계 최대 민주주의 국가에서 개인 숭배가 무르익고 있는 셈이다. 인도의 수많은 인구와 인도 제조업에서 소비하는 많은 자원을 고려할 때, 모디 숭배는 인류에게 알려진 가장 대단한 개인 숭배가 될지도 모른다.

개인 숭배는 그것을 허용하는 나라들에 나쁜 결과를 안겼다는 사실을 역사가 알려주고 있다. 중국, 독일, 이탈리아, 러시아는 한 사람이 국가 전체의 과거, 현재, 미래를 대표하도록 하면서 하나같이 극심한 고통을 겪었다. 인도는 지금 똑같은 길을 걷고 있다. 모디 총리는 전임자들이 이룬 경제적, 사회적 진보를 대부분 무효로 만들었다. 팬데믹 이전부터 성장률은 떨어지고 있었다. 빈곤과 불평등이 걱정스러울 정도로 증가해, 인도는 연간 세계 기아 지수에서 107개국 가운데 101위를 차지했고, 성 평등 지수는 156개국 가운데 140위를 차지했다. 수질은 122개국 가운데 120위, 전반적인 환경 성과 평가에서는 180개국 가운데 177위를 차지하면서 환경적으로 무능한 국가가 됐다.

여당이 인도를 신정주의 힌두 국가로 만들기 위해 종교적 소수 집단을 공격하고 위협하는 가운데 모디 숭배 집단은 교활하게도 다수결주의를 내세우고 있다. 총리 자신은 한 번은 동굴에서 명상을 하는 사진을 찍게 하고, 또 한 번은 사원을 여는 사진을 찍게 하면서 종교적인 이미지로 치장하려 애쓰고 있다. 머리카락과 턱수염을 기른 모디는 선지자, 구루, 왕이 합쳐진 독특한 조합으로 시민-신민들에게 비춰지길 바란다. 암베드카르는 간담이 서늘해졌을 것이다.

시진핑 황제의 즉위

중국은 자국 정치 시스템이 미국보다 우월하다고 과시할 기회를 한껏 누릴 것이다

데이비드 레니(David Rennie) 〈이코노미스트〉 베이징 지국장

중국 공산당의 계획대로 만사가 풀린다면 2022년 미국은 중국과 극명하게 대조되는 모욕적인 상황에 부닥칠 것이다. 중국 지도층은 자유 선거를 질색하지만 여론 조사를 해석할 줄은 안다. 11월에 있을 미국의 중간 선거에서 민주당이 참패할 것이며, 그 결과 미 국회가 양분되면서 불확실성이 커지거나 심지어 완전한 교착 상태에 빠지리라고 예측하는 헤드라인을 중국에서도 주시하고 있다. 선거 결과가 여론 조사대로 나온다면, 중국의 선전 기관으로서는 미국식 민주주의가 제대로 기능하지 못하고 혼란과 후퇴로 이어지는 사이 중국은 단일 정당 규정에 힘입어 질서와 번영을 누리고 있다고 홍보할 새로운 기회를 얻는 셈이다.

미국과는 대조적으로, 베이징의 2022년은 20차 당 대회가 지배할 것이다. 대리석 기둥과 붉은 카펫, 눈부신 샹들리에로 장식된 인민 대회당에서는 당의 권력을 과시하기 위해 모든 것이 주도면밀하게 통제된다. 가을에 열릴 당 대회는 시진핑 주석의 집권 10주년을 기념하는 한편 향후 계획을 드러내는 자리다. 5년 또는 10년 더 주석직을 유지할 것인지, (가능성은 적지만) 일종의 은퇴를 하고 막후에서 지배력을 행사할 것인지 알려질 것이다. 특히 당 대회가 마무리되는 시점에 앞으로의 계획이 가시화될 가능성이 크다. 시진핑이(또는 예상을 깨고 차기 당 대표가) 직책대로 늘어선 새 정치국 상무 위원회를 카펫 깔린 연단으로 이끌 것이냐.

시진핑이 후계자 후보 한두 명을 대동한다면 5년 임기를 한 차례 더 하고 물러나겠다는 신호다. 현재로서는 경험, 나이, 시진핑과의 긴밀한 관계 세 가지를 모두 갖춘 확실한 후보자는 없다. 또는 79세가 되는 2032년 당 대회까지 직위를 유지해야겠다고 판단할 수도 있다. 이 경우에는 2027년에 당 대표 자리를 잇기에는 나이가 많은 오래된 충신이나 빠르게 성장하고 있지만 어린 후배 등, 후계자로 보기는 어려운 검은 양복의 당원들이 뒤따르는 가운데 연단에 오를 것이다.

당 대회는 5년마다 열린다. 현대에 들어 당 대회는 당 대표의 평화로운 세대 교체를 알리는 역할을 했다. 당 지도부의 변화는 5년 일찍 신호하는 것이 관례다. 시진핑은 이미 2017년 당 대회에서 후계자 지명을 거부함으로써 최근의 선례와 선을 그었다. 마오쩌둥 사망 이후 한 지도자가 너무 큰 권력을 갖거나 자리에 오래 있어서는 안 된다는 합의가 이뤄졌는데, 시진핑은 이에 도전한 셈이다.

2018년 중국 헌법을 개정해 주석의 임기 제한을 없앤 것도 역시 기존 합의에 대한 공격이다. 시진핑은 주석, 공산당 총서기, 중앙 군사 위원회 위원장이라는 세 가지 강력한 직책을 갖고 있으며, 2018년까지 주석직은 그중 유일하게 임기 2회라는 제약이 있었다. 시진핑 지지자들은 중요 개혁을 단행하기에 필요한 만큼 정권을 유지해야 한다고 주장한다. 1인 독재를 견제할 수 있는 제도들이 위험할 정도로 약해지는 오늘날의 중국에서 시진핑 반대파는 말없이 두려움에 빠져 있다.

시진핑이 어떤 길을 택하든, 다음 당 대회는 공산당에서 여는 대관식이나 마찬가지일 것이다. 중국 지도부는 그 어느 때보다 중국 정치 체제의 장점에 자신을 갖게 되었다. 최근까지 정치 모델에 대해 방어적인 태도를 보인 것과는 사뭇 다르다. 이전에 유엔이나 WTO 등 국제 기구에서 일하는 중국 외교관들이 국제적 규범이나 법률을 살짝 비틀어 세계가 중국의 국가자본주의와 독재를 받아들이게 하려 했다면, 오늘날 중국의 대사들은 공격 태세를 취하고 있다. 서구의 까다로운 개인주의보다 중국 모델이 더 많은 사람에게 더 나은 결과를 가져다줬다고 홍보할 준비가 된 것이다.

동시에 베이징 고위 공무원들은 언제나 위협을 느낀다. 미국과 그 동맹국들이 중국을 찍어 누르려고 혈안이 되어 있다고 믿는다. 외국인의 비판을 참지 못하며 서구 정부가 자신들의 실책에는 눈감고 중국을 책망한다고 주장한다. 현재 베이징에는 자신감, 자만심과 피해망상이 이상하게 섞인 묘한 기운이 감돈다. 이것이 시진핑에게 힘을 보탠다. 그는 현재 세계 질서를 설명하면서 "100년 만의 큰 변화"를 자주 입에 올린다. 공산당에서는 이런 중요한 순간 최고 수뇌부가 그대로 유지되는 것이 가장 안전한 길이라고 생각한다. 미국과 중국의 상황은 한동안 다른 방향으로 전개되었고 11월이면 그 차이는 놀랄 만큼 벌어질 것이다.

얼어붙은 겨울

중국은 해외 관객 유입을 금지해 올림픽 보이콧을 피할 것이다

개디 엡스타인(Gady Epstein) 〈이코노미스트〉 중국 담당 편집자

2022년 2월에 열릴 베이징 동계 올림픽에 누가 참가할 것인지 한동

안은 확실하지 않았다. 위구르족에 대한 반인류적 범죄(대규모 억류, 강제 노동, 가족 분리와 강제 불임 시술)가 알려지면서 올림픽을 취소하거나 다른 나라에서 하라는 요구가 빗발쳤다. 운동가들은 후원 기업에 후원을 철회하라고 로비했고, 인

만석입니다

권 단체는 베이징 동계 올림픽을 '집단 학살 올림픽'이라 불렀다. 전 세계 활동가들과 선출직 공무원들은 올림픽 보이콧을 논의했다.

그러나 참가 허가가 나지 않은 행사를 보이콧할 수는 없다. 2021년 9월 조직 위원회는 중국 외 지역에서 오는 관객을 받지 않을 것이며, 도쿄 하계 올림픽 때보다 더 엄격한 코로나19 '버블' 안에서 경기가 진행될 것이라고 못 박았다. 주최국이 초대한 세계 지도자들과 승인받은 해외 언론에는 이러한 제한이 적용되지 않으며, 이에 해당하는 사람의 수도 적지는 않다. 그러나 사실상 베이징 동계 올림픽은 극도로 통제된 중국 국내 행사가 될 것이다.

베이징 당국은 '폐쇄된 관리 시스템'을 통해 활동가들이 중국에 선사하려 했던 정치적 악몽을 방지할 수 있을 것이다. 표면상으로 주최국은 국제 올림픽 위원회(IOC)와의 계약을 통해 자유롭고 개방적인 올림픽 환경 조성에 합의한다. 저널리스트는 인터넷 접속 제한 없이 자유롭게 활동할 수 있어야 하고, 차별이 없어야 하며, 자유로운 집회

**참가 허가가
나지 않은 행사를
보이콧할 수는 없다.**

와 저항의 권리가 있어야 한다. 그러나 이 약속은 거의 의미가 없다.

공식적으로 차별이 없는 올림픽에 위구르족이 참가하는 것을 중국이 막는다면, IOC가 이를 제재할 수는 없다. 해외 언론은 인권 문제에 주목하겠지만, 중국이 경기가 열리는 버블 밖에서 서양 기자들에게 비자를 내줄 가능성은 낮다.

구소련이 아프가니스탄을 침공한 후 미국이 1980년 모스크바 올림픽을 보이콧한 사례처럼(이어 구소련 국가들은 보복으로 1984년 로스앤젤레스 올림픽을 보이콧) 특정 국가가 의도적으로 불참한다는 소식은 없다. 위구르족에 대한 중국의 태도를 어떻게 생각하는지 질문받는 IOC 후원사들은 기업으로서 올림픽 자체를 후원할 뿐이라며 직접적인 답변을 피하고 있다.

바이든 미 대통령을 포함해 일부 세계 지도자들은 불참으로 의사를 표시할 듯하다. 그러나 중국의 엄격한 팬데믹 관련 규제 때문에 타격은 크지 않을 것이다. 그렇다면 가장 중요한 관련자인 참가 선수들이 남는다. 선수들이 인상적인 모습을 보여줄 가능성이 가장 크다. 용감한 금메달리스트가 중국 공산당의 분노를 무릅쓰고 시상대에서 상징적인 저항의 몸짓을 보여도 너무 놀라지 말자.

무기한 폐쇄

중국이 2022년 다시 국경을 개방할 가능성은 크지 않다

수-린 왕(Sue-Lin Wong) 홍콩, 〈이코노미스트〉 중국 통신원

20 21년 6월 중국에서 가장 존경받는 과학자 중 한 명이 2022년에는 제로 코로나 정책을 완화하는 것이 좋겠다고 조심스럽게 제안했다. 냉철하고 과학적인 분석으로 조 바이든 대통령의 최고 의학 자문관인 전염병학자 앤서니 파우치(Anthony Fauci)와 어깨를 나란히 하던 장웬훙(Zhang Wenhong)은 온라인에서 강력한 비판을 받았다. 국영 언론에서는 (재무 경력을 가진) 전 보건부장관이 통제 완화라는 제안에 '경악'을 표시하는 기사를 내보냈다. 공산당은 코로나19 감염을 완전히 없앤다는 목표를 최우선으로 하고 있다. 중국은 제로 코로나 정책을 아직도 고수하는 세계 최후의 큰 나라다.

확진이 한 건만 발생해도 도시 전체가 봉쇄되고 검사를 받아야 한다. 지방정부 공무원들은 담당 지역에서 발생한 몇 안 되는 확진자 때문에 파면당했다. 외국인 입국은 거의 불가능하며, 입국 허가를 받아도 최소 14일의 엄격한 호텔 격리를 거쳐야 한다.

많은 중국인은 제로 코로나를 옹호한다. 그래서 당 입장에서는 국경을 다시 열기 힘들다. 지도부는 다른 나라에서 델타 변이가 창궐하는 것을 보고 '위드 코로나'는 재앙을 부르는 길이라는 믿음을 굳게 다졌다. 중국 선전 기관은 몇 달간 중국 권위주의 체제가 얼마나 훌륭하게 전염병을 막고 있는지 자랑하느라 여념이 없다.

여전히 소독 중

중국 최고의 과학자 몇몇이 조심스럽게 중국의 제로 코로나 정책이 얼마나 더 지속될지 의문을 가졌지만, 중국 정부가 물러설 조짐은 전혀 보이지 않는다.

정부가 입장을 바꾸려면 시간이 걸리고 난감하기도 할 것이다. 바이러스와 함께 사는 것이 정부가 전에 말한 것만큼 위험하지는 않다고 국민을 설득하기도 힘들다. 게다가 중국은 다른 나라에 비해 폐쇄가 쉬운 입장이다. 수출은 거의 영향을 받지 않았으며 해외 직접 투자는 팬데믹 이전보다도 늘어났다.

그러므로 엄격한 검역 규정은 2022년 내내 지속될 것이다. 중국 항공사들은 국제선에 대한 철저한 제한이 2022년 상반기까지 연장될 것으로 보고 있다. 정부에서는 코로나19의 발발로 중요한 행사가 방해받기를 원하지 않는다. 2월에는 베이징을 거점으로 동계 올림픽이 개최되며, 이후 이름뿐이지만 연례 정기 국회도 있다. 5년 만에 열리는 2022년 말의 당 대회는 시진핑이 최소 5년 더 주석직을 유지하겠다는 뜻을 전하는 자리다. 미국의 싱크탱크인 미국 외교 협회(Council for Foreign Relations)의 황옌중(Huang Yanzhong)에 따르면, 심지어 중국은 2023년 3월 연례 정기 국회까지 국경 개방을 미룰지도 모른다.

백신 정치는 더욱 복잡한 문제다. 중국은 2021년 말까지 백신 접종률 80%를 목표로 하고 있다. 그러나 해외 백신은 승인이 나지 않았으며 시노팜(Sinopharm)과 시노백(Sinovac)을 포함한 중국 백신은 델타 변이에 그다지 효과가 없다. 그렇다고 해도 이론적으로 백신은 코로나19가 중증으로 진행되는 것을 막아 건강 보험 시스템의 부담을 줄인다. 그러나 중국에서는 경증에 그치는 환자도 입원 치료를 받는다. 그러므로 국경을 열면, 특히 시골 지역의 의료 체계에 문제가 생길 수 있다. 중국 기업들은 mRNA를 기반으로 한 새로운 백신을 개발하고 있지만 그 효능에 대해서는 밝혀진 바가 없다.

아마 홍콩이 지표가 될 것이다. 홍콩 정부로서는 중국 본토와의 국경을 여는 일이 시급하다. 홍콩에는 최근 몇 달간 확진자가 거의 발생하지 않았으나 중국 본토 당국은 국경 개방을 거부해왔다. 홍콩이

 WHAT IF?

중국이 대만과 가까운 국제공역에 군사 출격을 늘리면서 대만군 전투기가 긴급 이륙하거나 경보를 발령하는 사태가 일어나고 있다. 현재까지 충돌은 없었으나, **중국이 대만 영공에 전투기를 파견한다면 어떻게 될까?** 대만은 이를 선전포고로 받아들이겠지만 중국 전투기를 격추하면 중국의 민심에 불을 붙여 보복을 당할 위험이 있다. 공중에서의 충돌이 사고를 유발해 사태가 피할 수 없이 커질 수도 있다. 미국은 개입 여부를 고민하며 신중하게 지켜볼 것이다.

중국 정부의 마음을 바꾼다면 중국이 드디어 제로 코로나 정책을 포기할 준비가 되었다는 신호일 것이다.

테크붐에서 테크래시로

시진핑의 빅테크 탄압이 계속되면서 산업군이 전면 개편될 것이다

돈 웨인랜드

중국 정부가 2021년 봄과 여름에 걸쳐 중국 기술 기업에 무지막지한 공격을 퍼부으면서 분석가들과 투자자들은 의문을 품게 되었다. 그 끝은 어디일까? 게임 및 SNS 거대 기업 텐센트(Tencent), 중국의 전자 상거래 대기업 알리바바(Alibaba) 등 세계 최대 인터넷 기업들의 시가총액이 총 1조 달러 이상 날아갔다. 온라인 강의 등 여러 비즈니스 모델은 초토화되었다. 투자자들은 이쯤에서 끝날 기미가 보인다는 소식을 원했을 것이다. 그러나 8월 8일 정부는 중국 기술 산업을 새로이 형성하는 5개년 계획을 발표했다. 아무리 낙관적인 분석가도 이 시점에는 2022년에도 강력한 개혁이 이어지리라 확신할 수밖에 없었다.

새해가 밝으면서 중국 경제는 규제와 엄중 단속으로 대규모 타격을 입을 것이다. 시진핑 중국 주석은 국가 경제가 작동하는 방식, 기술 기업이 입수한 데이터를 다루는 방식을 완전히 바꾸고 있다. 알리바바의 창업자 마윈(Jack Ma)과 같은 중국 최대 거물조차 쓰러졌고,

우리 모두 다 같이 손뼉을

승차 호출 대기업인 디디글로벌(DiDi Global) 등 많은 기업이 철퇴를 맞았다. 개혁의 속도를 보면 수익을 내고 데이터를 취급하는 방식을 재고해야 할 분야는 첨단 기술 제공, 전자 상거래, 자율 주행, SNS, 비디오 게임 등 매우 광범위하다.

이에 따라 2022년에는 두 가지 큰 변화가 있을 것이다. 첫 번째는 중국 기술 분야의 수익성 하락이다. 중국의 인터넷과 전자 상거래 대기업은 몇 년간 투자자들에게 금광과 같았다. 그러나 2021년 도입된 개혁의 영향이 반영되며 2022년 수익 성장은 둔화될 것이다. 모든 분야가 똑같은 조치를 당한 것은 아니다. 한쪽 극단을 보면 온라인으로 방과 후 수업을 제공하는 기업은 어쩔 수 없이 비영리 단체로 전환해야 했다. 비디오 게임 역시 계속 타격을 입고 있다. 규제 당국은 2021년 9월 텐센트를 포함한 게임 기업에 수익에만 집중하지 말

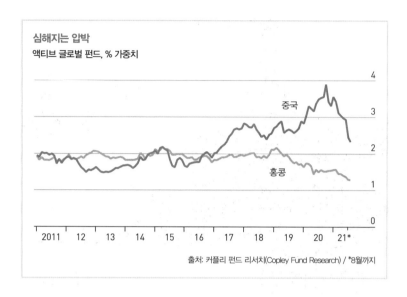

심해지는 압박
액티브 글로벌 펀드, % 가중치

출처: 커플리 펀드 리서치(Copley Fund Research) / *8월까지

고 청소년 게임 중독을 줄이는 데 주의를 기울이라고 요청했다. 바이트댄스(ByteDance), 콰이쇼우(Kuaishou), 빌리빌리(Bilibili) 등의 기업이 지배하는 숏 비디오 시장 역시 비슷한 요구를 받을 수 있다. 해당 분야의 기업은 2022년 수익률이 형편없을 듯하다.

한편 중국 최대 전자 상거래 기업 알리바바, 핀듀오듀오(Pinduo-duo), JD닷컴(JD.com)은 과거에 이들의 수익성을 올려준 독점적 사업 관행을 바꿀 수밖에 없을 것이다. 식품 배달을 중점적으로 하는 슈퍼 앱 메이투안(Meituan)은 배송 기사들에게 더 나은 수익을 보장하라는 명령을 받았다. 이 변화로 기업 수익이 줄어들고 주가도 영향을 받을 것이다. 증권사 번스타인(Bernstein)에 따르면 2020년 32였던 텐센트의 주가 수익 비율은 2022년에 약 24로 떨어질 전망이다.

두 번째 변화는 중국 기술 기업이 자본을 모으는 방식이다. 중국에서도 미국에서도, 규제 기관은 중국 기업이 뉴욕에서 상장하기를 원치 않는다. 홍콩에서의 기업 공개만으로도 새로운 차원의 리스크가 발생했다. 중국 규제 기관은 기술 기업의 '무분별한 자본 확대'에 반대하고 있다. 주요 의사 결정자들은 2021년 8월 30일 회의를 통해 1차 규제가 성공의 조짐을 보인다고 결론 내렸다. 미국 투자자들은 2022년에 고평가된 중국 기술 기업에 투자하려 하지 않을 가능성이 크다. 그러나 일부 대기업들은 홍콩에서 낮은 밸류에이션으로라도 기업 공개를 단행하리라 예측된다.

중국 주석은 국가 경제가 작동하는 방식을 완전히 바꾸고 있다.

모건 스탠리 투자은행의 말을 빌리면, 이것은 전체 산업군의 '리셋'이다. 중국 기술 기업들이 엄격한 정부 규제의 현실에 적응하는 사이 투자자들이 보는 이들 기업의 가치가 낮아지는 것은 피할 수 없다.

IPE의 창립이사 **마 준(Ma Jun)**은 중국과 서구가 힘을 합쳐 기후 변화에 대응할 수 있다고 주장한다.

기후 변화는 국제 협력을 필요로 한다

글로벌 공급망을 환경 친화적으로 바꾸면 중국과 서구의 시너지가 발생할 것이다.

2021년 8월 유엔 사무총장은 기후 변화에 관한 정부 간 협의체(Intergovernmental Panel on Climate Change, IPCC)의 여섯 번째 평가 보고서를 일러 '인류의 코드 레드(code red)'라고 했다. 세계적 기후 재앙을 막기 위해 120개국이 무공해(zero emission)를 향한 여정에 동참했다. 현재 세계 최대의 온실가스 배출국인 중국도 여기 포함되어 있다. 중국은 다양한 지역과 산업군에 적용될 국가적인 탄소량 제한과 탄소 중립 가이드라인, 계획표와 로드맵을 작성하고 있다.

2022년은 세계적으로 기후 관련 목표를 행동으로 옮기는 실질적인 전환점이 될 것이라는 희망의 목소리가 높았다. 그러나 예측하지 못했던 세력 다툼으로 인해 가까운 시일에 온실가스 배출 저감이 이뤄질 전망은 어두워졌다. 지난 몇 달간 극적으로 치솟은 천연가스와 석탄 가격은 화석 연료 수요가 부활하고 있다는 명확한 신호다. 여전히 세계의 공장인 중국은 10년 만에 최악의 전력 부족을 겪고 있다. 대대적인 전기 배급제가 시행되고 심지어 예고 없이 전기가 끊기는 경우까지 생겼다.

세계적인 기후 야망은 심각한 시험에 들었다. 영국은 석탄 발전소를 재가동했고, 미국은 석유 생산량을 늘리고 있다. 중국은 석탄 생산을 늘리면서 석탄과 천연가스 수입을 위해 노력하고 있다. 이러한 움직임은 2022년에도 계속될 전망이다. 세계 기후 문제를 생각하면 당장 화석 연료 사용량을 극적으로 줄여야 하는 지금, 이 모든 상황은 부정적으로 작용한다.

데이터를 기반으로 온실가스 배출에 대응하기

COP26이 기후 대응에 실질적인 진전을 이룰 수 있을지 이목이 쏠린 지금, 우리는 힘을 합쳐 움직여야 한다. IPE(Institute of Public & Environment Affairs, 베이징 공공 및 환경 기관)는 지역별로 환경오염에 대응한 경험이 기후 변화와의 싸움에 도움이 된다고 믿는다. 블루 맵(Blue Map) 환경오염 데이터베이스를 개발한 뒤, 환경 정보가 투명하게 공개되면 이해 당사자들이 이에 힘입어 대기와 수질을 개선하기 위한 행동을 취한다는 사실을 확인했다. 실제로 중국의 대기오염 수준은 단 8년 만에 절반 이상 낮아졌다. 지구 온난화를 1.5℃ 선으로 제한하기 위해 세계적인 탄소 배출을 절반으로 줄여야 하는 기간이 이 정도다.

2022년 우리는 블루 맵 제로 카본(Blue Map for Zero Carbon)을 만들어 비슷한 방식으로 기후 변화에 접근하고자 한다. 여러 지역과 산업군의 오염 데이터베이스를 만들었듯 온실가스 배출 정보를 데이터베이스화하는 것이다. 또한 시각화와 도표화를 통해 온실가스 배출 데이터에 쉽게 접근하고 이해할 수 있도록 하고, 중국 환경 과학 아카데미(Chinese Academy of Environmental Science)와 함께 지역별 기후 변화 관련 실행 지수를 개발해 중국 주요 지역과 도시의 기후 목표와 성취도, 탈탄소 추세를 추적하고 평가할 것이다. 그러면 에너지 사용과 탄소 배출의 중심지를 파악하기 쉬워지고, 따라서 전국적인 에너지 보존과 탄소 배출 저감에 가장 효과적인 방법을 알아낼 수 있을 것이다.

동시에 전 세계 다국적 기업의 야심 찬 탄소 배출 저감 서약의 질과 진정성을 평가할 것이다. 기업 기후 변화 대응 시행 지수(Corporate Climate Action Index)를 통해 어떤 기업이 앞서가고 뒤처지는지 파악할 수 있다. 다국적 기업이 가장 큰 탄소 발자국을 발생시키는 부분은 공급망의 일부인 중국 공장이다. 이들 공장은 중국이 줄이기로 한 탄소 배출량에서도 큰 부분을 차지한다. 글로벌 공급망을 환경 친화적으로 바꾸면 중국과 서구의 시너지가 발생할 것이다.

이 작업을 통해서 우리는 산업군이 자체적으로 탄소 배출을 측정, 보고, 입증할 능력이 없다는 문제를 파악했다. 이에 따라 협력 기업들과 함께 기업이 탄소 배출을 추적, 측정 및 저감할 수 있는 디지털 플랫폼을 만들었다. 일부 대형 브랜드는 이미 이 툴을 받아들여 공급자들의 탄소 배출 기여량을 계산 및 보고하고 있다. 중국 최대 국영 은행 중 하나에서는 정부의 녹색 금융 정책에 따르기 위해 잠재 차용인의 탄소 발자국을 측정할 때 해당 툴을 시범적으로 활용한다.

글로벌 팬데믹과 전력 부족으로 인해 어려움이 있었지만 2022년 이후로 더 많은 기업, 은행과 투자자들이 우리의 블루 맵 시스템을 활용하길 바란다. 블루 맵은 이미 자원 조달과 투자 과정에서 환경 친화적인 결정을 내리기 위해 노력하는 1,000만 개 기업의 환경 성과를 추적하고 있다. 낭비할 시간이 없다. 앞으로의 10년은 인류의 미래를 위해 역사상 가장 중대한 시간이 될 것이다.

2022년 국가별 주요 지표

별도 표시가 없는 수치는 모두 2022년 전망치다.
달러 GDP는 2022년 예상 달러 환율로 계산했다.
괄호 안은 구매력평가(PPP) 환산 GDP다. 모든 수치는 반올림했다.

출처: 이코노미스트 인텔리전스(ECONOMIST INTELLIGENCE)

세계 경제 대국들이 코로나19의 충격에서 헤어나기 위해 애쓰는 가운데, 2022년 가장 빠르게 성장하는 국가들은 모두 작은 나라들이다. 사실 이들 상위 10위권 국가들의 경제 규모를 합쳐도 이라크와 쿠웨이트 사이인 세계 66위에 불과하다.

상위 10위권 국가들은 규모가 아주 작거나 팬데믹보다 훨씬 더 심각한 위기에서 회복 중인 나라들이다. 예컨대 이 그룹에서 가장 큰 나라인 베네수엘라는 만성적으로 부실한 경제 관리로부터, 리비아는 심각한 내분으로부터 회복하고 있다. 가장 빠른 성장세를 보이는 마카오는 2020년 코로나19로 인해 관광과 도박 산업이 황폐화하면서 경제가 반토막난 위기에서 회복하고 있다. 중국 정부의 규제에도 불구하고 돌아오는 도박꾼의 대부분은 중국인일 것이다. 중국인이 아닌 사람들은 2023년까지 대거 돌아오지 않을 것이다.

세 번째로 크고 아홉 번째로 빠르게 성장하는 캄보디아는 새로운 역내 무역협정으로, 가이아나는 석유로 인한 뜻밖의 횡재로 활력을 되찾게 될 것이다. 몰디브, 아루바, 세인트루시아, 퀴라소, 앵귈라는 돌아오는 관광객의 덕을 볼 것이다.

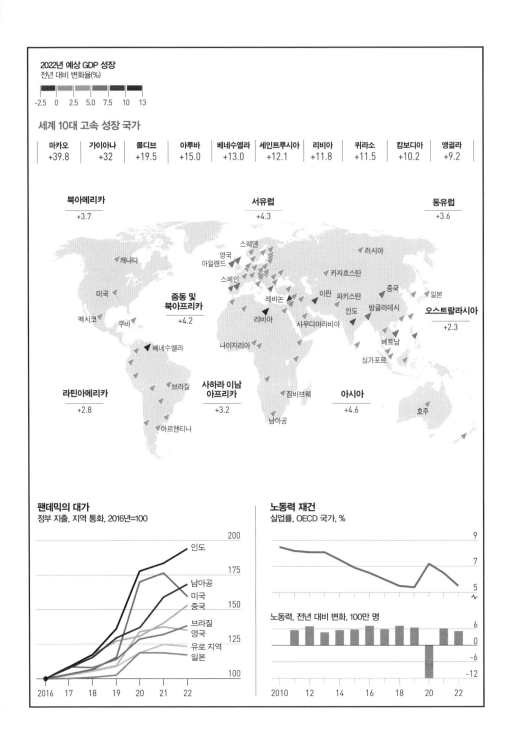

2022년 예상 GDP 성장
전년 대비 변화율(%)

-2.5　0　2.5　5.0　7.5　10　13

세계 10대 고속 성장 국가

마카오	가이아나	몰디브	아루바	베네수엘라	세인트루시아	리비아	퀴라소	캄보디아	앵귈라
+39.8	+32	+19.5	+15.0	+13.0	+12.1	+11.8	+11.5	+10.2	+9.2

북아메리카
+3.7

서유럽
+4.3

동유럽
+3.6

스웨덴
영국
아일랜드
캐나다
스페인
러시아
카자흐스탄
중국
일본
미국
중동 및 북아프리카
+4.2
레바논
이란
파키스탄
멕시코
쿠바
리비아
인도
방글라데시
오스트랄라시아
+2.3
사우디아라비아
베트남
베네수엘라
나이지리아
싱가포르
라틴아메리카
+2.8
브라질
사하라 이남 아프리카
+3.2
짐바브웨
아시아
+4.6
호주
아르헨티나
남아공

팬데믹의 대가
정부 지출, 지역 통화, 2016년=100

인도
남아공
미국
중국
브라질
영국
유로 지역
일본

200
175
150
125
100

2016　17　18　19　20　21　22

노동력 재건
실업률, OECD 국가, %

9
7
5

노동력, 전년 대비 변화, 100만 명

6
0
-6
-12

2010　12　14　16　18　20　22

유럽

오스트리아

GDP 성장률: 4.7%

1인당 GDP: 5만 7,740달러(PPP: 6만 3,870달러)

인플레이션: 1.8%

재정수지(GDP 대비, %): −6.2

인구: 870만 명

제바스티안 쿠르츠(Sebastian Kurz) 총리는 부패 스캔들 이후 2021년 10월에 총리직을 물러났지만, 후임자인 알렉산더 샬렌베르크(Alexander Schallenberg)는 그의 협력자이고 쿠르츠는 국민당(People's Party)의 대표로 남을 것이다. 유럽 최초로 중도 우파와 환경주의 정당이 연합한 연립정부는 전임자의 관대한 팬데믹 대응 덕분에 이 스캔들에서 살아남아 경제 회복을 이끌 것이다. 덴마크, 네덜란드, 스웨덴을 포함하는 재정적으로 보수적인 태도를 견지하는 유럽연합 '프루갈 4(Frugal Four)'의 하나인 오스트리아는 코로나19 위기 상황에서 발행했던 유럽연합 공통 채권을 더 많이 발행하자는 남부 유럽연합 회원국들의 요구에 반대할 것이다. 고령화하는 노동력으로 인해 외국인 노동자가 필요한 오스트리아이지만, 이민 정책을 완화하라는 유럽연합의 요구에는 반대할 것이다.

벨기에

GDP 성장률: 3.5%

1인당 GDP: 5만 5,054달러(PPP: 5만 8,190달러)

인플레이션: 1.8%

재정수지(GDP 대비, %): −5.4

인구: 1,170만 명

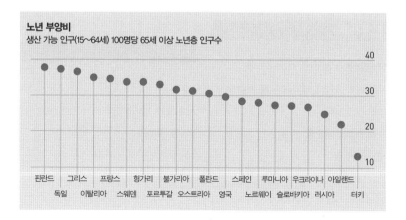

노년 부양비
생산 가능 인구(15~64세) 100명당 65세 이상 노년층 인구수

495일간의 마라톤협상 끝에 7개 정당으로 구성된 연립정부가 탄생했지만, 2019년 선거에서 가장 많은 표를 얻은 분리주의 신플람스 연맹(New-Flemish Alliance)은 제외됐다. 벨기에 정부는 이제 이데올로기 경쟁 속에서 머리를 맞댈 것이다. 알렉산더 데 크루(Alexander De Croo) 총리가 이끄는 벨기에는 수년 내에 들어오기로 되어 있는 '유럽연합 복구와 복원(EU Recovery and Resilience)' 자금 60억 유로(70억 달러)의 대부분을 인프라 구축에 쓰고, 지속적인 공공 투자 적자를 만회할 것이다. 벨기에 경제는 팬데믹 이전 규모로 돌아갈 것이다.

볼거리: 쾅, 두구두구 둥둥(Boom, drum & Bas). 벨기에의 붐(Boom)에서는 7월에 세계에서 가장 큰 전자 음악 축제인 투모로우랜드(Tomorrowland)가 열린다.

불가리아

GDP 성장률: 4.1%

1인당 GDP: 1만 2,000달러(PPP: 2만 7,610달러)

인플레이션: 2.3%

재정수지(GDP 대비, %): -2.3

인구: 680만 명

불가리아는 TV 스타이자 신생 반체제

정당 '이런 사람들(There Are Such People)'의 지도자인 슬라비 트리포노프(Slavi Trifonov)가 소수 정부에 필요한 지지를 확보하지 못하면서 2021년 말 세 번째 선거를 치르게 됐다. 새 행정부가 어떻게 구성이 되든 불가리아는 향후 몇 년 동안 유럽연합 보조금과 차관 약 100억 유로(117억 달러)의 혜택을 받게 된다. 하지만 불안한 정부 기관과 정부에 순종적인 사법부가 정부 지출의 효과성을 떨어뜨릴 것이다. 강력한 유럽연합과의 무역 연계가 팬데믹의 경제적 영향을 심화시켰지만, 회복에도 도움이 될 것이다.

볼거리: 가면의 역설(The irony of it). 매년 1월 불가리아 페르니크(Pernik)에서 열리는 불가리아 국제 가면 축제(Bulgarian International Festival of Masquerade Games)가 2년간의 공백을 깨고 전 세계에서 가면을 쓴 참가자들을 끌어들인다.

크로아티아

GDP 성장률: 4.2%

1인당 GDP: 1만 6,420달러(PPP: 3만 990달러)

인플레이션: 1.7%

재정수지(GDP 대비, %): -3.9

인구: 410만 명

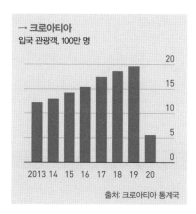

→ 크로아티아
입국 관광객, 100만 명

출처: 크로아티아 통계국

집권 2기 총리 안드레이 플렌코비치 (Andrej Plenkovic) 하의 중도 우파 크로아티아 민주연합(Croatian Democratic Union)이 주도하는 연립 정부는 의회에서 3석 차이로 다수를 차지하지만, 앞으로 최소한 1, 2년 정도는 안정세를 유지할 것이다. 가장 시급한 과제는 백신 배포와 팬데믹 영향으로부터 회복 강화가 될 것이다. 고령화와 같은 장기적인 과제는 기다려야 할 것이다. 경제 성장은 2021년보다는 낮지만, 팬데믹으로 인한 불황으로부터 완전히 회복할 것이다. 소비와 기업 투자 등 국내 지출이 되살아나고 중요한 관광 산업이 점차 활기를 되찾을 것이다.

체코

GDP 성장률: 4.0%

1인당 GDP: 2만 8,640달러(PPP: 4만 7,410달러)

인플레이션: 2.6%

재정수지(GDP 대비, %): -5.3

인구: 1,070만 명

집권당인 ANO(불만스러운 시민 행동)당은 2021년 10월 선거에서 근소한 차이로 패배했다. 중도 우파 다함께 (Together) 연합이 가장 많은 표를 얻었으며, 해적당(Pirates), 시장과 독립 (Mayors) 등과 함께 새 정부를 구성할 것이다. 다 함께 연합의 리더인 페트르 피알라(Petr Fiala)가 1순위 총리 후보다. 정부 내부의 이념적 차이로 인해 혼란스러운 시기가 될 것이다. 공급 측면의 차질이 완화되면서 2022년에는 경제가 회복될 것이다.

볼거리: 대망(Enlarged ambition). 체코는 7월에 번갈아 맡는 유럽연합 이사회 의장국을 맡아 이 지위를 활용해서 유럽연합을 서부 발칸 반도 국가까지 확대하는 방안을 추진할 것이다.

덴마크

GDP 성장률: 3.0%

1인당 GDP: 6만 9,700달러(PPP: 6만 7,000달러)

인플레이션: 1.6%

재정수지(GDP 대비, %): -0.2

인구: 580만 명

중도 좌파인 사회민주당(Social De-mocrat) 정부는 다수 의석 확보에 실패했지만, 중도 좌파 연합의 지지와 분열된 야당 덕분에 정권을 유지할 것이다. 코로나19를 억제하는 데 역점을 두겠지만, 장기적인 이슈들이 터져 나올 것이다. 사회민주당이 우파의 압력을 줄이려는 태도를 강화하면서 이민 정책에 대한 의견 불일치로 의회 협력 세력들과 마찰을 빚을 것이다. 팬데믹이 수그러들면 경제는 활기를 되찾을 것이다.

에스토니아

GDP 성장률: 4.2%

1인당 GDP: 2만 8,340달러(PPP: 4만 4,730달러)

인플레이션: 2.6%

재정수지(GDP 대비, %): -1.8

인구: 130만 명

카자 칼라스(Kaja Kallas) 총리가 이끄는 중도 우파 개혁당(Reform Party)은 중앙당(Centre Party)과 연립정부를 구성하고 있다. 하지만 이 연합은 이념 차이 때문에 유대가 약해서 2년 만에 무너진 전 정부의 전철을 밟을 수도 있다. 코로나19 비상사태가 진정되면서 정책 초점은 국민적 합의를 이룬 시장 친화적 개혁 옹호와 유럽연합 및 NATO와의 꾸준한 통합으로 돌아갈 것이다. 에스토니아의 수출품에서 차지하는 수입 원자재 비중이 높아서 무역 회복이 경기 부양에 거의 도움이 되지 못한다.

핀란드

GDP 성장률: 2.6%

1인당 GDP: 5만 3,820달러(PPP: 5만 5,270달러)

인플레이션: 1.5%

재정수지(GDP 대비, %): -2.4

인구: 560만 명

이민과 같은 문제들이 유권자들을 분열시키고, 특히 아프가니스탄에서 새로운 난민 물결이 밀어닥칠 경우 극우파에 도움을 주겠지만, 산나 마린(Sanna Marin) 총리가 이끄는 중도 좌파 집권 연합은 대중의 강력한 지지를 받고 있다. 팬데믹이 수그러들면서 정부는 사회 복지 개혁과 공공 재정 강화에 초점을 맞출 것이다. 핀란드 경제는 첨단 기술과 제조업 수출이 회복되면서 활기를 띨 것이다.

프랑스

GDP 성장률: 4.0%

1인당 GDP: 4만 6,170달러(PPP: 5만 4,960달러)

인플레이션: 1.3%

재정수지(GDP 대비, %): -6.2

인구: 6,560만 명

에마뉘엘 마크롱 대통령은 다수 의석이 줄어서 운신의 폭이 좁아지겠지만, 4월에 전진하는 공화국당(La Republique en Marche) 당수 연임에 성공하기에 좋은 위치에 있다. 마크롱 정부는 프랑스 국가 경제를 장기적으로 더 생산적인 기반 위에 두기 위해 고안된 1,000억 유로(1,170억 달러) 규모의 공급 측면 회복 프로그램을 추진할 것이다. 단기적인 경기 회복을 뒷받침하기 위해 고안된 재정 부양책은 이미 유로존에서 5번째로 큰 GDP 대비 부채 비율을 높일 것이다. 인기 없는 연금과 실업 수당 개혁은 적어도 두 번째 임기가 시작되기 전까지는 지지 부진할 것이다. 2022년에 팬데믹으로 인한 공백을 메우는 데 많은 시간이 걸릴 것이다.

독일

GDP 성장률: 4.2%

1인당 GDP: 5만 3,200달러(PPP: 6만 1,000달러)

인플레이션: 1.5%

재정수지(GDP 대비, %): -2.1

인구: 8,290만 명

독일은 2021년 9월 선거 이후 16년 만에 처음으로 앙겔라 메르켈 총리 없는 삶을 경험할 것이다. 이 선거는 기독민주연합에 대한 사회민주당의 근소한 우세로 끝났다. 정부를 구성하기 위해서는 연정 협상이 필요하며 시간이 걸릴 수 있다. 올라프 숄츠 총리와 사회민주당이 주도하는 녹색당(the Greens)과 자유민주당(the Free Democrats)의 3당 연합정부가 예상된다. 팬데믹 이후 정책은 전기 자동차를 필두로 하는 친환경 쪽으로 기울 것이다. 대규모 제조업 부문 덕분에 코로나19로 인한 침체는 제한적이었다. 독일 경제는 대부분 유럽연합 국가보다 더 빨리 회복할 것이다.

그리스

GDP 성장률: 5.0%

1인당 GDP: 2만 960달러(PPP: 3만 4,550달러)

인플레이션: 1.7%

재정수지(GDP 대비, %): -3.7

인구: 1,030만 명

팬데믹은 10년 전 국가채무 위기로 인한 재난으로부터 서서히 벗어나던 그리스 경제 회복을 가로막았다. 하지만 유럽연합의 회복 자금으로 소비가 진작되면서 경제가 활력을 찾을 것이다.

이런 회복에서도 팬데믹의 영향이 나타날 것이다. 서비스 집약적인 그리스 경제의 핵심인 관광과 해운이 여행과 무역에 대한 새로운 제한에 취약하기 때문이다.

헝가리

GDP 성장률: 4.7%

1인당 GDP: 2만 170달러(PPP: 3만 9,290달러)

인플레이션: 3.5%

재정수지(GDP 대비, %): -4.3

인구: 960만 명

피데스당이 집권한 2010년 선거 이래 가장 치열한 선거가 2022년 4월로 예정되어 있다. 피데스당은 그 이후 두 차례 재선했고 야권 통합에도 불구하고 다시 승리할 수 있을 것이다. 빅토르 오르반 총리가 이끄는 정부는 언론과 사법부를 길들이면서 반대 목소리를 억누르고 있다. 유럽연합은 이런 헝가리 정부의 조처에 반대해왔지만, 자금 지원을 제한하겠다는 위협을 관철하지는 않을 것이다. 경제는 2021년의 큰 반등 후에 번영할 것이다.

볼거리: 자부심 투표(Pride Poll). 헝가리 정부는 2022년 초 동성애와 트랜스젠더 문제에 대한 학교 교육을 강화하는 새로운 규정에 대한 국민투표를 시행할 계획이다.

아일랜드

GDP 성장률: 5.5%

1인당 GDP: 10만 7,490달러(PPP: 11만 5,480달러)

인플레이션: 2.2%

재정수지(GDP 대비, %): -2.1

인구: 500만 명

팬데믹 기간에 성장하는 몇 안 되는 나라 중 하나인 아일랜드는 코로나 이후에도 계속 호황을 누릴 것이다. 이런 성장의 원천은 낮은 세금에 끌린 다국적 기업의 존재다. 하지만 이는 예정된 국제 조세 조약의 위협을 받게 될 것이다. 라이벌인 피너 게일(Fine Gael)과 피어너 팔(Fianna Fail), 그리고 녹색당의 연정을 이끄는 미하일 마틴(Micheal Martin) 총리 정부는 점점

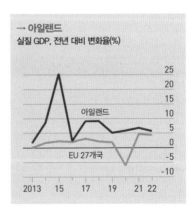

→ 아일랜드
실질 GDP, 전년 대비 변화율(%)

더 통제가 어려워질 것이다. 이 연정이 2022년에 지속할 수도 있지만, 그리 오래가지는 않을 것이다.

볼거리: 거래소(Trading places). 피너 게일의 리더이자 전임 총리인 레오 바라드카르(Leo Varadkar)는 연정 교대 협정에 따라 2022년 미하일 마틴 총리로부터 그 자리를 물려받을 것이다.

이탈리아

GDP 성장률: 4.4%

1인당 GDP: 3만 6,330달러(PPP: 4만 7,760달러)

인플레이션: 1.2%

재정수지(GDP 대비, %): −6.1

인구: 6,030만 명

마리오 드라기 총리가 이끄는 국민통합 정부는 의회에서 극우 정당인 이탈리아 형제당(Brothers of Italy)을 제외한 모든 정당의 지지를 받을 것이며 2023년에 임기를 마무리할 예정이다. 하지만 드라기 총리가 제안한 경제 구조 혁신은 내부 분열로 인해 지연될 것이다. 이탈리아는 팬데믹으로 큰 타격을 입었고 이탈리아 경제는 탈세와 노령화와 같은 오랜 문제들로 인해 방해받고 있다. 그런데도 2022년에 팬데믹 이전의 규모를 되찾을 것이다.

볼거리: 상연권(Stage right). 이탈리아는 2020년에 행사가 취소되고 2021년에는 참석이 제한되었던 유럽 최대 팝 콘테스트인 유로비전(Eurovision)을 만원 관객 앞에서 연다.

라트비아

GDP 성장률: 4.5%

1인당 GDP: 2만 260달러(PPP: 2만 5,410달러)

인플레이션: 1.3%

재정수지(GDP 대비, %): −2.3

인구: 190만 명

크리스야니스 카린스(Krisjanis Karins) 총리가 이끄는 4당 연립정부는 본질적으로 불안정하다. 그가 속한 신통합당(New Unity)은 의회 100석 중 겨우 8석밖에 안 되는 소수 정당으로 팬데믹이 수그러들면서 증가하는 압력에 직면하게 될 것이다. 2022년 10월의 선거는 또 다른 혼란스러운 연정을 낳게 될 것이다. 정책은 1991년 독립 이후 이 나라를 지배해온 시장 친화적이고 재정적으로 신중한 합의를 따를 것이다.

리투아니아

GDP 성장률: 3.9%

극우 정당인 이탈리아 형제당은 권력에서 벗어나 과거 3개 정부 구성에 반대하며 성공을 누려왔다. 하지만 곧 바뀔 수도 있다. 형제당은 2018년 총선 이후 지지율을 거의 4배로 끌어올리며 우파 북부 동맹(Northern League)을 제치고 이탈리아에서 가장 인기 있는 정당이 되었다. 형제당의 리더 **조르지아 멜로니**는 15세에 네오파시스트(neo-facist) 이탈리아 사회운동당(Italian Social Movement)에 합류해서 2014년 형제당의 대표가 되었으며, 이제 이탈리아 우파의 수장 지위를 확고히 할 수 있는 기회를 얻게 되었다. 멜로니는 북부 동맹의 리더인 마테오 살비니의 구애를 받겠지만, 2023년 6월에 있을 선거 전에 능수능란한 계책으로 그를 무색하게 만들 좋은 위치에 있다. 멜로니는 이탈리아 최초의 여성 총리가 될 수 있다.

1인당 GDP: 2만 5,020달러(PPP: 4만 6,080달러)	
인플레이션: 2.3%	
재정수지(GDP 대비, %): -2.7	
인구: 270만 명	

보수 성향의 조국연합-리투아니아 기독교 민주당(Homeland Union-Lithuanian Christian Democrats)과 두 진보적인 파트너가 연합한 연립정부는 교육 제도 개혁과 부유한 유럽 국가들과의 격차 해소를 위해 고안된 다른 변화를 지지한다. 리투아니아 경제는 팬데믹을 비교적 잘 견뎌냈다. 러시아, 폴란드와의 강력한 연계가 더 큰 영향을 받는 유럽 지역으로부터 오는 영향을 차단하는 절연재 역할을 했기 때문이다.

볼거리: 철조망(The Wire). 벨라루스 알렉산드르 루카셴코(Alexander Lukashenko) 대통령의 독재 통치에서 탈출하는 이주자들이 늘어나면서 이를 막기 위해 벨라루스와의 국경 480km를 따라 울타리를 친다.

네덜란드

GDP 성장률: 3.9%	
1인당 GDP: 5만 8,050달러(PPP: 6만 6,810달러)	
인플레이션: 2.1%	
재정수지(GDP 대비, %): -2.7	
인구: 1,750만 명	

2021년 선거에서 가장 많은 표를 얻은 두 정당인 중도 우파 자유민주국민당(People's Party for Freedom and Democracy, VVD)과 중도 좌파 민주66(Democrats 66)은 연정 파트너를 선정하기 위해 고군분투했지만, 현재 네 번째 임기인 VVD의 마르크 뤼터(Mark Rutte) 총리의 임시정부 하

에서 2022년을 맞이할 수도 있다. 연정이 더 빨리 구성되더라도 취약해서 2022년을 버티지 못할 것이다.

노르웨이

GDP 성장률: 2.9%

1인당 GDP: 8만 5,420달러(PPP: 6만 8,560달러)

인플레이션: 2.6%

재정수지(GDP 대비, %): -2.5

인구: 550만 명

중도 좌파인 노동당(Labour Party)은 2021년 말 총선 이후 반이민주의 보수 정당인 중앙당(Centre Party)과 연합하여 집권할 만반의 태세를 갖췄다. 노동당은 세금을 통한 소득재분배 정책과 의료 지출을 더 많이 요구할 것이고, 중앙당은 이민을 더 엄격하게 제한하는 것을 목표로 할 것이다. 증가하는 국내외 지출이 가벼운 코로나19 경기 침체에서 완전히 회복하는 결과를 가져왔으며, 2022년 노르웨이 경제는 원래의 추세 성장으로 돌아갈 것이다.

폴란드

GDP 성장률: 4.9%

1인당 GDP: 1만 9,400달러(PPP: 3만 9,880달러)

인플레이션: 3.6%

재정수지(GDP 대비, %): -3.9

인구: 3,770만 명

연정을 이끄는 법과 정의당(PIS)은 2021년 보수 정당인 동맹당(Agreement)이 연정에서 탈퇴한 이후 군소 정당들의 압력에 시달리고 있다. PIS와 PIS의 야로슬라프 카친스키(Jaroslaw Kaczynski) 의장은 애국주의 정책이 순조롭게 진행되도록 특단의 협상을 모색할 것이다. 하지만 이 정부는 임기를 다 채우지 못할 것이다. 대신에 PIS는 보수 야당이 다시 부상할 위험을 내포하고 있지만, 여론 추이가 유리하다고 판단될 때 불시에 선거를 치를 구실을 만들 것이다. 폴란드 경제는 2021년에 가벼운 경기 침체를 겪은 후 피치를 올릴 것이다.

볼거리: 뉴튜브(Newtube). 노르웨이에서 가스를 수송하는 관로가 본격적으로 가동하면서 폴란드의 러시아 의존도가 낮아진다.

포르투갈

GDP 성장률: 5.1%

1인당 GDP: 2만 5,730달러(PPP: 3만 9,220달러)

인플레이션: 0.9%

재정수지(GDP 내비, %): -1.8

인구: 1,030만 명

집권 2기 총리 안토니우 코스타(Anto-nio Costa)가 이끄는 사회당(PS) 소수 정부는 유럽연합 복구와 회복 프로그램의 보조금과 차관을 효율적으로 사용해서 경기 활성화를 도모할 것이다. 포르투갈은 팬데믹 초기에 높은 감염률과 관광 의존도 때문에 큰 타격을 받았다. 관광 산업은 2022년에도 활기를 찾지 못할 것이다. 지속해서 낮은 생산성과 같은 구조적 문제들이 회복에 더욱 부담을 줄 것이다.

볼거리: 때 이른 선거(Premature Poll). 사회당 2기 정부는 연정 파트너의 공식적인 지지 없이 통치하고 있어서 신임 투표에 취약하다. 선거가 곧 닥칠 수 있다.

루마니아

GDP 성장률: 4.7%

1인당 GDP: 1만 5,580달러(PPP: 3만 7,930달러)

인플레이션: 3.2%

재정수지(GDP 대비, %): -6.2

인구: 1,900만 명

플로린 시투(Florin Citu) 총리가 이끄는 국민자유당(PNL) 중도 우파 연립정부는 2021년 10월 불신임 투표에서 패배하면서 무너졌다. 2021년 말에 PNL이 주도하는 새 정부가 정해져

야 한다. 이 위기는 정부의 재정 적자 억제 노력을 위태롭게 할 것이다. 높은 유가와 회복을 촉진하기 위한 수입 어음 상승의 결과로 경상 계정 수지도 심각한 적자를 보이고 있다. 이 쌍둥이 적자가 성장을 억제할 것이다. 그렇지만 루마니아 경제는 팬데믹 기간에 잃었던 기반을 완전히 회복했다.

러시아

GDP 성장률: 2.7%

1인당 GDP: 1만 2,310달러(PPP: 3만 840달러)

인플레이션: 4.7%

재정수지(GDP 대비, %): -1.2

인구: 1억 4,880만 명

서방의 제재와 세계 석유 시장의 변동성에 시달린 러시아 정부는 외부 충격으로부터 스스로를 보호하기 위해 노력해왔다. 이는 친성장 개혁이 외화 보유액 관리와 같은 방어적 조처에 뒷전으로 밀릴 것임을 의미한다. 헌법 개정으로 블라디미르 푸틴 대통령은 2036년까지 권력을 유지할 수 있게 되었다. 하지만 통제권을 유지하려면 내부의 반대 목소리를 옥죄고 실제 또는 조작된 외부의 적을 끊임없이 공격해야 할 것이다. 팬데믹 이후 반짝 회복세를 보이던 러시아 경제는 다시

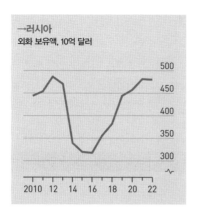

─러시아
외화 보유액, 10억 달러

속도를 잃고 이전의 활기 없는 추세로 돌아갈 것이다.

볼거리: 연착(Late arrival). 루나 25호 착륙선은 계획보다 7개월 늦은 2022년 5월에 달 남극 지역에 착륙할 것이다.

슬로바키아

GDP 성장률: 3.8%

1인당 GDP: 2만 2,170달러(PPP: 3만 6,020달러)

인플레이션: 2.0%

재정수지(GDP 대비, %): -4.9

인구: 550만 명

2021년 반부패주의 표로 들어선 각기 다른 4당 연합은 팬데믹 기간에 휘청거렸고 계속 불안정하겠지만, 장기 집권했던 슬로비키아 사회민주당(Smer-SD) 주도의 직전 정부가 복귀하지 못할 정도로만 단결할 것이다. 백신 접종 캠페인 부진으로 팬데믹 진척이 늦어졌지만, 강력한 제조업 부문이 주도하는 슬로바키아 경제는 2022년에 완전히 회복할 것이다(슬로바키아는 1인당 세계 최대 자동차 생산국이다). 슬로바키아 정부는 외국인 투자 유치에 주력할 것이다.

슬로베니아

GDP 성장률: 4.1%

1인당 GDP: 2만 9,170달러(PPP: 4만 4,130달러)

인플레이션: 1.7%

재정수지(GDP 대비, %): -4.3

인구: 210만 명

2020년 무너진 중도 좌파 연정을 이어받은 야네스 얀샤(Janez Jansa) 총리 하의 중도 우파 4당 연정은 대중 시위와 야당의 결집 속에 2022년 6월에 있을 선거를 향해 맥없이 나아갈 것이다. 특히 언론과 사법 독립에 역행하는 움직임 등 자유를 제한하는 정부의 성향에 대한 불만이 있다. 얀샤 총리의 슬로베니아 민주당(Slovenian Democratic Party)이 여론 조사에서 앞서고 있지만, 선거는 지루한 흥정과 또 다른 불안정한 연합을 가져올 것이다. 활기를 되찾는 독일 경제와의 연결

고리는 슬로베니아 경제의 회복을 촉진하겠지만, 느린 관광 산업 회복의 역풍을 맞을 것이다.

볼거리: 의기투합(Like-minded). 슬로베니아 수도 류블랴나(Ljubljana)에서는 2022년 7월에 제17차 유럽 심리학 회의(European Congress of Psychology)가 열린다.

스페인

GDP 성장률: 5.9%

1인당 GDP: 3만 2,430달러(PPP: 4만 5,280달러)

인플레이션: 1.4%

재정수지(GDP 대비, %): -5.7

인구: 4,670만 명

유럽에서 가장 심각한 팬데믹 경기 침체를 겪은 나라 중 하나인 스페인은 단기 계약 노동력과 관광 수입에 대한 의존 등 구조적인 문제들로 인해 회복에 어려움을 겪을 것이다. 금융 위기 이후 10년 동안 아직도 회복 국면에 있던 고용 시장은 팬데믹 기간에 어려움을 겪었지만, 2022년 실업률은 다시 하락세로 돌아설 것으로 보인다. 페드로 산체스(Pedro Sanchez) 총리와 그의 스페인 최초 중도 좌파 연립정부는 건강 위기에서 벗어나고 유럽연합의 회복 자금을 받아들이는 데 초점을 맞출 것이다.

볼거리: 카탈루냐 활력소(Catalonian fillip). 스페인 소수 정부는 2017년 허가되지 않은 독립 국민투표 후원자들을 사면한 후 카탈루냐 분리주의자들의 지지 입장에 고무될 것이다.

스웨덴

GDP 성장률: 2.9%

1인당 GDP: 6만 1,690달러(PPP: 6만 1,920달러)

인플레이션: 1.7%

재정수지(GDP 대비, %): -0.6

인구: 1,030만 명

네 개의 좌파 정당과 한 명의 무소속 의원으로 이루어진 통제하기 힘든 소수 연립정부는 2022년 9월 임기 말까지 비틀거리며 실속 있는 성과를 거의 내지 못할 것이다. 민족주의와 반이민주의를 표방하는 스웨덴 민주당(Sweden Democrats)을 포함한 중도 우파 연합이 가장 유력한 선거 결과지만, 과반수에는 못 미칠 것이다. 중도 우파 연합의 의제에는 더 엄격한 이민 통제와 과열되고 있는 주택 시장을 진정시키기 위한 조처가 포함될 것이다.

스위스

GDP 성장률: 2.9%

1인당 GDP: 8만 7,880달러(PPP: 7만 9,230달러)

인플레이션: 0.8%

재정수지(GDP 대비, %): 0.1

인구: 880만 명

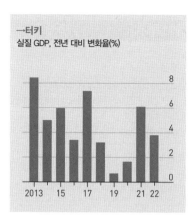

→터키
실질 GDP, 전년 대비 변화율(%)

2021년에 7년간의 협상이 결렬된 후 유럽연합과의 관계가 크게 드러날 것이다. 정당들은 2023년에 있을 선거 준비에 들어간다. 가장 많은 의석을 차지하고 있는 우파 정당인 스위스 인민당(Swiss People's Party)은 자주권을 강조하고, 노조와 좌파는 이동의 자유와 노동자의 권리를 강조할 것이다. 7석인 연방 평의회의 몫은 두 번의 연속 선거에서의 득표율에 따라 배분되기 때문에 2019년 선거에서 스타 플레이어였던 녹색당은 재선 운동을 벌일 것이다. 스위스 경제 성장은 2021년보다는 낮지만, 추세보다 높을 것이다.

터키

GDP 성장률: 3.6%

1인당 GDP: 8,180달러(PPP: 3만 4,570달러)

인플레이션: 14.1%

재정수지(GDP 대비, %): -3.3

인구: 8,560만 명

레제프 타이이프 에르도안(Recep Ta-yyip Erdogan) 대통령과 보수당인 정의개발당(Justice and Development Party)은 증가하는 경제 문제와 악화 일로에 있는 외교 관계에도 불구하고 향후 몇 년 동안 야당의 성공적인 도전 가망성이 거의 없는 가운데 집권 21년차를 시작한다. 터키 경제도 팬데믹 기간에 성장이 둔화하기는 했지만, 일부 정부 정책에 순응하는 중앙은행의 관대한 통화 정책 덕분에 여전히 성장을 이어갔다. 성장은 2021년에 반등했고, 2022년에는 인플레이션과 불안한 통화 문제만 허락한다면 더욱 지속 가능한 길로 들어설 것이다.

볼거리: 무한 임기(Term unlimited). 예상대로 에르도안 대통령이 2023년에 재선된다고 가정할 때 2028년 이후에도 권력을 유지할 수 있게 하는 새로운 헌법에 대한 논의가 시작됐다.

우크라이나

GDP 성장률: 4.1%

1인당 GDP: 4,970달러(PPP: 1만 4,760달러)

인플레이션: 7.2%

재정수지(GDP 대비, %): -3.8

인구: 4,160만 명

볼로디미르 젤렌스키(Volodymyr Ze-lensky) 대통령과 그의 인민의 일꾼당(Servant of the People)에 대해 타올랐던 초기 인기는 시들해졌고, 팬데믹이 수그러들면서 다시 나타나는 내부 분열이 정부를 더욱 약하게 만들 것이다. 서방 동맹국들은 걸림돌이 되는 편향된 사법부를 더 철저히 개혁할 것을 촉구하겠지만, 진전은 일시적일 것이다. 경제는 불황에서 서서히 회복되겠지만, 성장은 2004~2005년 오렌지 혁명의 여파로 달성한 속도보다 훨씬 낮은 수준에 머물 것이다.

영국

GDP 성장률: 5.6%

1인당 GDP: 5만 590달러(PPP: 5만 1,050달러)

인플레이션: 2.5%

재정수지(GDP 대비, %): -6.3

인구: 6,850만 명

보리스 존슨 총리의 보수당 정부는 초점을 보건 위기에서 브렉시트 이후 유럽연합과의 거래 조건과 '더 나은 재건'이라는 이 정부의 국내 의제로 돌릴 것이다. 존슨 총리는 스코틀랜드 지도자들의 독립에 대한 국민투표 요구를 막아내겠지만, 브렉시트 이후 북아일랜드의 지위와 관련한 갈등은 계속될 것이다. 정부는 조기 선거를 허용하는 규칙을 재정립하는 것을 목표로 하고 급작스러운 선거를 요구할 수도 있지만, 적어도 2022년은 아니다. 코로나19와 브렉시트의 여파는 상품 교역을 방해할 것이다. 영국 경제는 불경기로부터 완전히 회복될 것이다.

아시아

호주

GDP 성장률: 2.2%

1인당 GDP: 6만 2,910달러(PPP: 5만 7,530달러)

인플레이션: 1.9%

재정수지(GDP 대비, %): -4.9

인구: 2,590만 명

스콧 모리슨(Scott Morrison) 총리는 자유당-국민당(Liberal-National) 연

광범위한 예방접종 달성 예상 일정*

2021	2022		2023	2024	2025
3/4분기	1/4분기	2/4분기	2/4분기	4/4분기	이후
● 부탄	호주	브루나이	인도네시아	아프가니스탄	미얀마
● 몽고	일본	캄보디아	4/4분기	라오스	북한
중국	마카오	인도	방글라데시	바누아투	파푸아뉴기니
몰디브	뉴질랜드	뉴칼레도니아	네팔		솔로몬제도
싱가포르	한국	사모아	파키스탄		
4/4분기	대만	통가	필리핀		
홍콩		3/4분기	스리랑카		
말레이시아		태국	동티모르		
피지		4/4분기			
		베트남			

● 광범위한 예방접종 달성

* 인구의 60% 이상
2021년 10월 11일 기준 예측

정의 인기가 식어가고 있지만, 여전히 야당인 노동당(Labor Party)보다 선호되는 가운데 2022년 5월에 치러질 선거에서 정권을 유지하려고 고군분투할 것이다. 특히 정부 내 성적 비위 의혹에 대한 대응에 불만인 여성들 사이에서 지지가 줄어들 것이다. 정부는 또한 시작은 잘했지만, 나중에 지나쳤던 팬데믹 대응에 대한 반발에 직면할 수 있다. 경제는 강력한 회복 후에 추세 성장으로 돌아갈 것이다.

방글라데시

GDP 성장률: 5.7%

1인당 GDP: 2,360달러(PPP: 5,850달러)

인플레이션: 5.6%

재정수지(GDP 대비, %): −5.9

인구: 1억 6,790만 명

셰이크 하시나 와제드(Sheikh Hasina Wajed) 총리가 이끄는 아와미 연맹(Awami League) 정부는 후원 네트워크와 충성스러운 군부의 지원을 받아 집권 3기 마지막 해를 시작한다. 하지만 야당, 특히 방글라데시 국민당(Bangladesh Nationalist Party)의 시위가 늘어날 것이다. 활기를 되찾고 있는 서방 국가들에 거주하는 국외 이주 노동자들이 보내오는 돈이 경제를 끌어올릴 것이다. 의류 노동자들은 접종 우선순위를 받게 되겠지만, 백신 접종 노력은 2023년까지 늘어질 전망이다.

중국

GDP 성장률: 5.3%

1인당 GDP: 1만 2,460달러(PPP: 2만 280달러)

인플레이션: 2.7%

재정수지(GDP 대비, %): -4.6

인구: 14억 3,000만 명

시진핑 국가주석은 2022년 가을에 개최되는 제20차 당 대회에서 통상적인 임기 10년을 넘어 권력 장악력을 강화할 것이며, 이 대회에서는 또 6세대 당 지도부가 공산당 중앙위원에 임명된다. 중국 정부는 서방 강대국들과의 관계 악화에 따라 농업에서 마이크로칩에 이르는 분야에서 자립을 추구할 것이다. 외국 정부들과 대기업들은 편짜기를 강요당할 것이다. 팬데믹 기간에 경제는 둔화했지만 축소되지는 않았고, 2021년에 급격한 반등 후에 추세 성장으로 돌아갈 것이다.

볼거리: 기정사실(Done deal). 아시아 태평양 15개국이 참여하는 무역 협정인 역내 포괄적 경제 동반자 협정(Regional Comprehensive Economic Partnership)이 2022년 상반기에 발효될 것이다.

홍콩

GDP 성장률: 3.1%

1인당 GDP: 5만 1,790달러(PPP: 6만 6,670달러)

인플레이션: 2.1%

재정수지(GDP 대비, %): -0.8

인구: 750만 명

홍콩은 2021년 12월 선거 이후 새로운 입법회(Legislative Council) 아래 새해를 시작하게 된다. 새로운 국가보안법이 대중 시위를 잠재우고 새로운 선거법이 야당의 출현을 막음에 따라 중국이 승인한 정부에 대한 광범위한 반감을 발산할 수단이 거의 없게 된다. 시민 자유에 대한 공격으로 국제 관계는 악화하겠지만, 중국 최대 경제 중심지인 주장강 삼각주(Pearl river delta)와의 긴밀한 관계, 그리고 정치적 안정과 규제 완화는 금융 중심지로서의 홍콩의 역할을 보존할 것이다.

볼거리: 그럴 줄 알았다(You don't say). 중국 지도자들이 반대 의견을 억누르면서 정치적 담론에 대한 자기 검열을 포함한 검열이 더욱 널리 퍼질 것이다.

인도

GDP 성장률: 7.8%

1인당 GDP: 2,270달러(PPP: 7,750달러)

인플레이션: 5.0%

재정수지(GDP 대비, %): -5.9

인구: 14억 1,000만 명

팬데믹에 대한 미온적 대응으로 인해 나렌드라 모디 총리 하의 집권 2기 인도 인민당 정부는 인기에 손상을 입었다. 이는 2022년으로 예정된 7개 주의회 선거 결과에 영향을 미쳐 상원에서 정부 입지에 불리하게 작용할 것이다. 농업 개혁에 반대하는 대중 시위도 정부에 부담을 줄 것이다. 중국과의 관계 악화는 미국, 호주, 일본과의 4자 간 안보 협의체인 '쿼드(QUAD)'에서 인도의 입지를 강화할 테지만, 인도의 전통적인 비동맹 입장은 협력의 깊이를 제한할 것이다. 2021년 강력한 반등 이후 경제 활동은 약간 둔화하겠지만, 정부의 자본 지출 추진과 민간 투자 공제에 대한 더 용이한 접근으로 경제는 추세보다 높은 성장을 유지할 것이다.

인도네시아

GDP 성장률: 5.0%

1인당 GDP: 4,220달러(PPP: 1만 3,710달러)

인플레이션: 3.8%

재정수지(GDP 대비, %): -5.0

인구: 2억 7,200만 명

사회적 거리 두기 제한은 산발적인 코로나19 발생에 대응해서 2022년까지 요구될 것이며, 느린 백신 접종 속도는 2023년까지 소비자와 기업 활동에 부담이 될 것이다. 조코 위도도(Joko Widodo) 대통령은 부패 척결 운동 재개를 통해 정부의 허술한 팬데믹 대응

으로부터 주의를 돌리려 할 것이다. 공공 인프라 투자와 원자재에 대한 해외 수요 회복이 내수 부진을 만회하고 경제를 부양할 것이다.

볼거리: 이제 끝(End of days). 헌법에서 위도도 대통령의 3선을 금하고 있다. 2024년 선거를 앞두고 후계자 지망자들이 낚시질을 시작할 것이다.

일본

GDP 성장률: 3.0%

1인당 GDP: 4만 1,360달러(PPP: 4만 5,800달러)

인플레이션: 1.6%

재정수지(GDP 대비, %): -7.0

인구: 1억 2,560만 명

스가 요시히데(Suga Yoshihide) 총리 퇴진으로 기시다 후미오 전 외상이 총리직을 맡게 됐다. 그는 2021년 9월 집

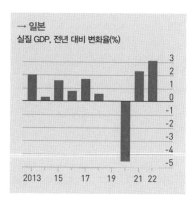

→ 일본
실질 GDP, 전년 대비 변화율(%)

권 자민당 대표 경선에서 승리했지만, 총리직을 거의 확신하지 못했다. 기시다 총리는 아베 신조 전 총리의 충성파들로 내각을 구성했다. 관대한 공공 지출 정책이 예상된다. 2022년에 참의원 의석 절반을 선출하게 되는데 연립여당이 과반수를 유지할 것이다. 집단 예방접종(mass vaccination)은 2022년 초에 이루어질 것이다.

카자흐스탄

GDP 성장률: 4.2%

1인당 GDP: 1만 1,230달러(PPP: 2만 9,220달러)

인플레이션: 6.1%

재정수지(GDP 대비, %): -2.7

인구: 1,920만 명

카심-조마르트 토카예프(Kassym-Jomart Tokayev) 대통령은 2019년 물러나면서 실권을 쥐었던 그의 80대 전임자인 누르술탄 나자르바예프(Nursultan Nazarbayev)의 감시 하에 통치권을 유지할 것이다. 소수당인 아크 졸(Ak Zhol) 당이 의회에서 새로 야당 역할을 하겠지만, 이 당은 정부를 지지하기 때문에 실제 반대는 미미할 것이다. 풍부한 국부펀드가 많은 지출에 자금을 댄다.

볼거리: 전구의 순간(Lightbulb moment).

라이트&사운드 카자흐스탄(Light & Sound Kazakhstan)사는 2022년 5월부터 6월까지 카자흐스탄 최대 도시인 알마티(Almaty)에서 전 세계의 전문적인 조명과 음향 장비를 전시할 예정이다.

말레이시아

GDP 성장률: 4.0%

1인당 GDP: 1만 1,780달러(PPP: 3만 690달러)

인플레이션: 1.9%

재정수지(GDP 대비, %): -5.4

인구: 3,320만 명

전임자가 통합 말레이 국민조직(United Malays National Organisa-tion, UMNO)에 소속된 일부 국회의원의 지지를 잃어버린 후, 2021년 8월 총리직에 임명된 UMNO의 이스마일 사브리 야콥(Ismail Sabri Yaakob) 총리는 더 안정적인 과반수를 확보하기 위해 예정보다 빠른 선거를 공표할 것이다. 선거에 앞서 총리는 부진한 백신 캠페인을 가속하여 코로나19 사태를 진정시키려고 노력할 것이다. 정치적 불안정성은 지역 파트너들과의 무역 협상 인가와 같은 폭넓은 정책 목표를 지연시킬 것이다. 경제 활동은 개선되며 팬데믹으로 인해 발생했던 경기 침체가 완전히 회복될 것이다.

부유한 나라들이 취약한 사람들에게 코로나19 세 번째 백신을 제공하기 때문에 가난한 나라의 많은 사람이 아직도 첫 번째 백신을 기다리고 있다. 이들이 언제 백신을 맞을지는 인도 혈청 연구소(SII) CEO인 **아다르 푸나왈라(Adar Poonawalla)**에게 달려 있다. 백신 부국과 빈국으로 나뉘는 세계에서 인도는 두 진영에 모두 발을 들여놓고 있다. 인도는 2021년 10월 초까지 전체 국민의 20% 미만이 백신을 접종했고, 2022년 중반 이전에는 접종률이 60%에 이를 것 같지 않아 백신 접종이 느린 국가 중 하나다. 하지만 SII는 세계에서 가장 큰 백신 생산자이며, 가난한 나라들을 위한 백신 프로그램인 코백스(COVAX)에 10억 회 투여량 이상을 약속했다. 공급망 문제와 수출 금지 조처가 예방접종 캠페인을 제한했지만, 2022년에는 백신 접종이 속도를 낼 것이다.

볼거리: 사기꾼들. 1957년 독립 이후 처음으로, 2018년에 UMNO를 권력에서 물러나게 만든 비리 추문 관련 인사들의 재판이 예정대로 진행될 것이다.

뉴질랜드

GDP 성장률: 2.9%

1인당 GDP: 5만 200달러(PPP: 4만 9,680달러)

인플레이션: 2.6%

재정수지(GDP 대비, %): −3.8

인구: 510만 명

저신다 아던(Jacinda Ardern) 총리는 델타 변이를 박멸할 수 없다는 사실이 드러나자 코로나 바이러스 퇴치 전략의 방향을 전환하고 있다. 이에 따라 뉴질랜드의 문은 백신 접종률이 세계 최고 수준인 인구의 90%를 달성하면 다시 개방될 것이다. 목표치는 2022년 초반에 달성할 수 있을 것이다. 2021년 경제가 뜨겁게 불타오를 수 있었던 것에 짧았던 바이러스 락다운 기간도 한몫했다. 중앙은행에서 금리를 정기적으로 올리는 동안 규제 기관은 주택 시장도 눈여겨봐야 할 것이다.

파키스탄

GDP 성장률: 3.2%

1인당 GDP: 1,340달러(PPP: 5,190달러)

인플레이션: 7.0%

재정수지(GDP 대비, %): −6.4

인구: 2억 2,950만 명

파키스탄은 이웃 나라 아프가니스탄에서 2021년 8월 서구 군대들이 긴급 철수하면서 등장한 새로운 탈레반 체제에 대한 국제적 대응의 조직화에 앞장설 것이다. 파키스탄의 지도자들은 탈

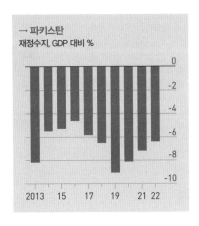

→ 파키스탄
재정수지, GDP 대비 %

2013 15 17 19 21 22

레반에 대해 전반적으로 우호적이기는 하지만 이슬라마바드(Islamadad)에 있는 정부를 반대하는 동맹 단체 테리키-탈레반 파키스탄(Tehrik-i-Taliban Pakistan)을 지원하기가 조심스러울 것이다. 코로나19의 파도가 경제 회복을 저해할 것이며, 예산 정책의 긴축이 그 영향을 증폭시킬 것이다.

필리핀

GDP 성장률: 5.1%

1인당 GDP: 3,580달러(PPP: 9,360달러)

인플레이션: 3.8%

재정수지(GDP 대비, %): -6.9

인구: 1억 1,250만 명

지지율이 높으나 임기가 제한된 로드리고 두테르테 대통령은 정치계에서의 은퇴를 선언했지만, 현재 다바오시의 시장이자 아직 대선 출마 선언을 하지 않은 그의 딸 사라 두테르테의 막후 세력으로 5월 선거 이후에도 권력을 이어가려고 할지도 모른다. 후임 대통령이 얼마나 순응적인지에 많은 것이 달려 있다. 더딘 백신 접종 진행 상황은 경제의 발목을 잡을 것이다.

볼거리: 주먹 싸움. 은퇴한 권투 선수 매니 파퀴아오가 두테르테 대통령의 챔피언에게 KO 당할 위험을 감수하고 대통령 출마 계획을 발표했다.

싱가포르

GDP 성장률: 3.7%

1인당 GDP: 7만 340달러(PPP: 11만 1,540달러)

인플레이션: 1.3%

재정수지(GDP 대비, %): -2.2

인구: 570만 명

이 도시국가(city-state)는 중국이 홍콩에 도입한 제한 정책에 긴장한 테크 기업들을 끌어들이려고 하겠지만, 싱가포르의 또 다른 목표인 선진 제조사들은 높은 운영비 때문에 망설일 것이다. 오랫동안 집권해온 인민행동당(People's Action Party)의 중앙 간부 위원회 선거는 현직의 리셴룽(Lee Hsien Loong) 총리를 대체할 소위 '4

세대' 출신의 희망자들에게 쇼케이스를 제공할 것이다.

볼거리: 환영합니다. 싱가포르는 홍콩보다 더 이른 시기인 2022년 중반까지 대부분의 해외여행 제한을 해제할 것이다.

대한민국

GDP 성장률: 2.7%

1인당 GDP: 3만 6,340달러(PPP: 4만 8,680달러)

인플레이션: 1.8%

재정수지(GDP 대비, %): -3.5

인구: 5,130만 명

진보주의 성향의 더불어민주당은 대통령직과 의회의 압도적 과반수를 확보했지만, 3월 선거에서 보수당 국민의힘 후보로 나설 윤석열이 현 정부의 부진한 백신 보급률에 대한 대중적 불만

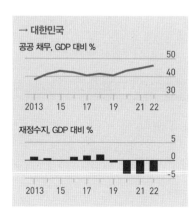

→ 대한민국
공공 채무, GDP 대비 %

의 혜택을 받으면서 청와대의 자리를 빼앗을 것이다. 확장적 예산을 선호하는 더불어민주당과 국민의힘이 내세우는 재정보수주의 간 갈등이 정책의 진행을 지연시킬 것이다. 경제 성장률은 2021년에 완전히 회복한 후 둔화하겠지만, 추세를 상회할 것이다.

스리랑카

GDP 성장률: 4.1%

1인당 GDP: 3,930달러(PPP: 1만 5,000달러)

인플레이션: 5.7%

재정수지(GDP 대비, %): -9.2

인구: 2,160만 명

스리랑카 포두자나 페라무나당(Sri Lanka Podujana Peramuna)은 의회를 장악하고, 고타바야 라자팍사(Go-tabaya Rajapaksa)가 대통령직, 대통령의 형 마힌다 라자팍사(Mahinda Rajapaksa)가 수상직을 차지하며 반대파에서 권위주의를 향한 움직임을 저지할 여지를 거의 남겨두지 않았다. 소수 민족 및 종교 집단은 다수 집단인 신할라 불교(Sinhalese Buddhist)와의 평등을 요구하겠지만 아무런 효과가 없을 것이다. 코로나19가 스리랑카 역대 최악의 침체기를 촉발했지만, 국내 수요가 개선되고 여행 제한이 완화

됨에 따라 관광업이 활기를 찾으면서 경제는 살아날 것이다.

대만

GDP 성장률: 3.2%

1인당 GDP: 3만 3,530달러(PPP: 6만 6,360달러)

인플레이션: 2.3%

재정수지(GDP 대비, %): -0.6

인구: 2,350만 명

전염병의 재유행이 집권당인 민주진보당(Democratic Progressive Party, DPP)과 차이잉원(Tsai Ing-wen) 총통의 인기에 타격을 입혔다. 야당인 국민당(Kuomintang)은 2022년 11월에 있을 지역 선거에 앞서 의사 진행 방해에 박차를 가할 예정이다. 2021년 12월에 있을 총선거의 결과에 따라 DPP의 힘이 더 약해질 수 있다. 대만의 정치적 지위는 미국과 중국 간 군사적 긴장감의 초점이 될 것이다. 감염이 급증했음에도 경제는 코로나19에 빼앗겼던 자리를 회복했다.

볼거리: 행복한 귀환. 생산량을 중국 본토에서 자국으로 다시 이전하는 국내 기업에 대한 회유 정책으로 정부가 제시한 3개년 프로그램이 연장되어 네 번째 해를 맞이할 것이다.

태국

GDP 성장률: 3.1%

1인당 GDP: 7,840달러(PPP: 1만 9,810달러)

인플레이션: 1.0%

재정수지(GDP 대비, %): -6.1

인구: 7,010만 명

이전에 쿠데타 주동자로 활동했었던 쁘라윳 짠오차(Prayuth Chan-ocha) 총리는 왕정주의자들과 군대로부터 지지를 받겠지만, 전 국왕에 대한 국민의 경외심은 부재가 잦은 그의 아들 마하 와치랄롱꼰 왕(King Maha Vajiralongkorn)이 왕위를 승계하며 약화했다. 그 결과 군사적 총괄권에 대한 적법성도 약화할 것이다. 2023년에 임기가 끝날 정부에 대한 즉각적인 위협은 없지만, 정권 계승에 영향력을 행사하려는 다툼은 정치에 지장을 줄 것이다. 팬데믹으로 발생한 깊은 침체기로부터의 경제 회복은 미완성된 상태를 유지할 것이다.

우즈베키스탄

GDP 성장률: 5.8%

1인당 GDP: 2,060달러(PPP: 9,910달러)

인플레이션: 9.6%

재정수지(GDP 대비, %): -3.0

인구: 3,440만 명

2021년 10월 샤브카트 미르지요예프(Shavkat Mirziyoyev) 대통령은 5년 전의 첫 임기 때와 마찬가지로 자유롭지도, 공정하지도 않았던 선거에서 압도적인 승리를 거두며 2022년을 들뜬 채로 시작할 것이다. 정치적 자유를 계속 옥죄면서 민간 자본을 유치하기 위해 국유 사업 및 은행의 처분 등 진보적인 경제 개혁을 밀어붙일 예정이다. 천연자원 부문은 번창할 것이고, 팬데믹 기간 동안 침체를 모면한 경제는 글로벌 경제 회복의 혜택을 입을 것이다.

베트남

GDP 성장률: 6.6%

1인당 GDP: 3,180달러(PPP: 9,700달러)

인플레이션: 3.1%

재정수지(GDP 대비, %): -3.6

인구: 9,900만 명

2021년 응우옌 푸 쫑(Nguyen Phu Trong)은 베트남 공산당(Communist Party of Vietnam)의 서기장직에 임명되며 미증유의 세 번째 연임을 하게 되었고, 그의 개인적인 권위와 정당의 우위는 여전히 군건하다. 정부는 끓어오르는 대중의 불만을 가라앉히기 위

해 부패에 맞선 캠페인을 벌일 예정이다. 저렴한 노동력과 정부 인센티브 및 탄탄한 무역 관계는 노동 집약적인 제조업 분야에 외국 투자를 끌어당기면서 지속적인 경제 성장을 뒷받침할 것이다.

북아메리카

캐나다

GDP 성장률: 4.2%

1인당 GDP: 5만 2,670달러(PPP: 5만 4,600달러)

인플레이션: 2.2%

재정수지(GDP 대비, %): -6.7

인구: 3,840만 명

2021년 9월 쥐스탱 트뤼도(Justin Trudeau) 총리의 자유당(Liberal Party) 정권은 예정보다 빠르게 치러진 선거에서 재선출되었지만, 이번에도 국회에서의 다수는 차지하지 못했다. 야당인 보수당(Conservatives)이 부동층의 지지를 얻으려고 평소답지 않게 확장적 정부 지출을 약속했지만, 결과에 영향을 미치지 못했다. 팬데믹이 들끓는 동안 선거를 치르겠다는 트뤼도 총리의 결정은 환영받지 못했고, 이로 인해 그

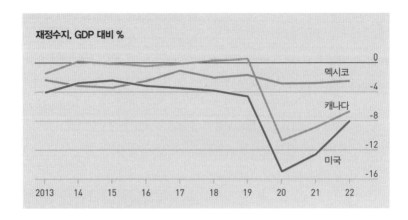

재정수지, GDP 대비 %

멕시코

캐나다

미국

2013　14　15　16　17　18　19　20　21　22

의 권위가 추락했다. 정부는 기후 변화에 맞서고, 육아 비용을 절반으로 줄이려고 노력하는 등 진보적인 사회 프로그램을 계속 추진할 것이다.

멕시코

GDP 성장률: 2.8%

1인당 GDP: 1만 180달러(PPP: 2만 1,020달러)

인플레이션: 3.8%

재정수지(GDP 대비, %): -2.5

인구: 1억 3,160만 명

소비자와 기업의 지출은 팬데믹에 대한 제한적인 재정적 대응과 완만한 백신 접종 속도를 반영하면서 서서히 회복될 수밖에 없겠지만, 경제는 코로나바이러스 사태 이전 수준으로 반등할 것이다. 좌파 모레나당(Morena) 출신 오브라도르 대통령의 부패 척결 및 재분배 의제는 매우 더디게 진행되겠지만 주요 반대 세력에 불만이 쌓인 유권자들은 이해해줄 것이다. 상하원에서 과반수를 차지한 강력한 친정부 세력은 대통령의 권한을 강화할 것이다. 경제 성장은 2021년 반등 이후 동향에 더 가까울 것이다.

볼거리: 부족한 에너지. 오브라도르 대통령은 권력을 더 중앙화하겠지만, 그가 바라왔던 에너지 재국유화 정책을 겨냥한 헌법 개정은 일어나지 않을 것이다.

미국

GDP 성장률: 3.8%

1인당 GDP: 7만 3,110달러(PPP: 7만 3,110달러)

인플레이션: 3.2%

재정수지(GDP 대비, %): -8.0

인구: 3억 3,480만 명

2022년 11월 국회의원 선거는 조 바이든 대통령이 이끄는 민주당 정권 임기의 첫 2년과 추가적인 트럼프식 정책에 대한 국민적 욕구를 평가하는 총투표가 될 것이다. 선거 준비 기간은 힘겨울 것이다. 여당이 의석을 잃는 경우가 많은 중간 선거는 바이든 대통령에게 심각한 타격을 줄 수 있다. 경제는 강력한 재정 지원과 막대한 인프라 프로그램에 힘입어 2021년의 급격하고 완전한 회복 이후의 성장 추세를 상회할 것이다.

라틴아메리카

아르헨티나

GDP 성장률: 2.9%

1인당 GDP: 9,840달러(PPP: 2만 2,310달러)

인플레이션: 46.9%

재정수지(GDP 대비, %): -3.4

인구: 4,600만 명

알베르토 페르난데스(Alberto Fernández) 대통령의 좌파 연합 정부는 비효율적인 팬데믹 대응으로 인해 세력이 약화하여 2021년 11월 국회의원 선거에서 갈망하는 다수당의 입지를 확보하지 못할 것으로 보인다. 포퓰리즘 쪽으로 방향을 틀었던 정책은 조금 더 중도적인 성향으로 되돌아갈 것이고, 정부는 국제 수지 위기가 발생하는 것을 막기 위해 IMF와 새로운 협정을 체결하려고 노력할 것이다. 하지만 대중을 만족시키는 술책의 유혹이 협정 조항에 대한 집중력을 흐리면서 경제적 변동성과 사회적 불안을 일으킬 것이다.

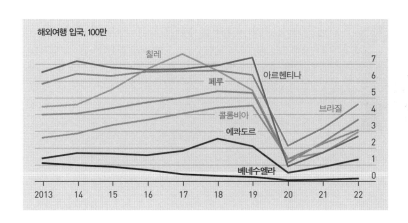

해외여행 입국, 100만

칠레

페루

아르헨티나

콜롬비아

에콰도르

브라질

베네수엘라

2013　14　15　16　17　18　19　20　21　22

볼리비아

GDP 성장률: 2.2%

1인당 GDP: 3,420달러(PPP: 8,600달러)

인플레이션: 3.5%

재정수지(GDP 대비, %): -5.0

인구: 1,200만 명

가스 산출량의 구조적 감소 등 장기적인 문제는 성장을 저해하는 코로나19 사태의 단기적인 영향력을 배가시킬 것이다. 루이스 아르세(Luis Arce) 대통령의 좌파 정부는 과반의 의석을 차지했지만, 반대 견해를 가진 지역 및 도시 행정의 저항을 받을 것이다. 정부가 재정 긴축을 추진하면서 선거의 기반을 구성했던 사회적 움직임이 신뢰를 잃기 시작할 것이다.

브라질

GDP 성장률: 1.8%

1인당 GDP: 8,120달러(PPP: 1만 6,470달러)

인플레이션: 5.0%

재정수지(GDP 대비, %): -6.0

인구: 2억 1,480만

2022년 10월 선거에서 우익 포퓰리스트 대통령인 자이르 보우소나루 대통령이 두 번째 임기에 도전할 때, 그의 주요 경쟁자 좌익 노동자당(Worker's Party)의 루이스 이나시우 룰라 다 시우바는 세 번째 임기를 노릴 것이다 (2022년의 인물 참고). 보우소나루 대통령은 자신이 승리하지 않는다면 결과를 받아들이지 않겠다는 의지를 밝혔다. 투표 준비 기간에는 긴장감이 높게 유지될 것이다. 재임 중인 대통령이 복

2022년의 인물

브라질의 **루이스 이나시우 룰라 다 시우바** 전 대통령은 당선된 횟수보다 부정부패 판결을 받은 횟수가 더 많지만, 2021년에 주요 판결이 뒤집히면서 대통령직을 되찾을 수 있을 것으로 보인다. 그는 현직의 자이르 보우소나루 대통령과 맞설 예정인데, 만약 조기 여론 조사와 같은 결과가 나온다면 승리를 거둘 것이다. 대기업들은 그가 소속된 노동당을 경계하고 있지만, 전 노조 지도자로서 앞선 세 번의 선거에서 극좌의 노선을 달리다가 대통령직을 놓친 그는 2002년 선거에서의 첫 당선 이후 실용주의적 면모를 보이며 빈곤층에게 돈이 흘러들어가게 하면서 경제를 부양시켰다. 그가 투옥 생활을 하는 동안 노동당이 좌파적 성향을 굳혔지만, 만약 세 번째 임기가 허락된다면 당을 다시 가운데로 끌고 올 것이다.

지 혜택으로 유권자들에게 지지를 호소하면서 친시장적인 개혁은 지지부진할 것이고, 2021년의 반등 이후 경제는 완만한 성장세로 돌아갈 예정이다.

볼거리: 플러그 뽑기. 2022년 상반기에 국영 전력 회사 일렉트로브라스(Electrobras)가 민영화될 것이다. 국가는 소수의 지분만 보유할 것이다.

칠레

GDP 성장률: 3.3%

1인당 GDP: 1만 5,760달러(PPP: 2만 8,900달러)

인플레이션: 3.4%

재정수지(GDP 대비, %): -5.7

인구: 1,930만 명

극좌 세력이 장악한 의회가 2021년에 내놓은 새 헌법 초안을 반영하여 오랜 세월 유지되어온 전통적인 정책 합의가 무너질 것이다. 2021년 11월 예정된 총선에서 좌측으로 이동할 가능성 역시 뚜렷해지고 있다. 백신 접종에 발 빠르게 앞장선 칠레는 견고해지는 국내 소비와 수출품에 대한 중국의 강력한 수요가 팬데믹의 흔적을 빠르게 지워나가면서 지역 평균을 능가한 경제 성과를 거둘 것이다.

볼거리: 초안의 포용성. 2022년 하반기에 헌법 초안이 총투표에 부쳐질 것이다.

콜롬비아

GDP 성장률: 3.8%

1인당 GDP: 6,530달러(PPP: 1만 6,820달러)

인플레이션: 3.5%

재정수지(GDP 대비, %): -4.8

인구: 5,150만 명

시위대와 차기 대통령직을 차지하려는 자들의 의욕에 맞서느라 힘이 빠진 우파 민주중도당(Democratic Centre Party)의 이반 두케 대통령은 5월 선거가 가까워지면서 경제 프로그램을 시행하는 데 어려움을 겪을 것이며, 좌파 진영에서 출마한 후보에게 자리를 빼앗길지도 모른다. 해체된 FARC(콜롬비아무장혁명군)와 맺은 평화 협정은 서서히 시행될 것이다. 남은 좌익 게릴라와의 갈등은 불안정성을 심화할 것이다.

볼거리: 정착민과의 분쟁 해결. 약 100만 명의 베네수엘라인 이민자들에 대해 합법적 신분을 부여하겠다는 정부안은 사회적 분열을 악화시킬 것이다.

쿠바

GDP 성장률: 4.0%

1인당 GDP: 2,760달러(PPP: 1만 3,770달러)

인플레이션: 32.3%

재정수지(GDP 대비, %): -13.2

인구: 1,130만 명

소기업 및 자영업자 대상 법안이 개혁된 이후에 민간 부문 활동이 서서히 증가하면서 생산성이 개선되고 2021년에 길거리에서 분출된 분노를 조금 누그러뜨릴 것이다. 경제가 트럼프 시대 제재의 효과와 코로나19의 영향으로부터 천천히 회복됨과 동시에, 2021년 이중 화폐의 통합으로 발생한 불안정한 인플레이션이 생활 수준에 영향을 줄 것이다. 혁명 이후 처음 카스트로 출신이 아닌 대통령으로 선출된 미겔 디아스카넬(Miguel Díaz-Canel)

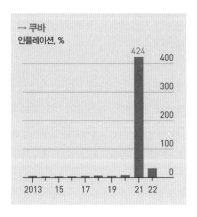

→ 쿠바
인플레이션, %

은 자신의 개인적인 권위가 떨어지면 억압적 조처를 할 것이다.

에콰도르

GDP 성장률: 4.1%

1인당 GDP: 5,870달러(PPP: 1만 1,900달러)

인플레이션: 1.2%

재정수지(GDP 대비, %): -0.2

인구: 1,800만 명

중도 우파 기회창출당(Creating Opportunities Party)의 기예르모 라소(Guillermo Lasso) 대통령은 IMF에서 승인받은 친시장적인 경제 프로그램을 추진하겠지만, 의회에서의 약한 입지와 최근 발생한 심각한 사회적 불안은 주의를 요구할 것이다. 만약 의회에서 이의를 제기한다면 정부가 경제 패키지를 총투표에 부칠 수도 있다. 경제 계획은 세금 및 노동 개혁을 우선순위로 두고 있으며, 국영 사업과 자본 시장에 대한 변화도 포함하고 있다. 무기력했던 2021년 이후에 경기는 반등할 것이다.

파라과이

GDP 성장률: 4.2%

1인당 GDP: 5,780달러(PPP: 1만 4,540달러)

인플레이션: 5.1%

재정수지(GDP 대비, %): -3.2

인구: 730만 명

최근 코로나19 감염이 급증하며 마리오 압도 베니테스(Mario Abdo Benítez) 대통령의 대중적 지지 기반을 약화했다. 조달 지연으로 인해 백신 접종 캠페인이 지체되면서 불만이 들끓었고 압도 대통령이 의회에서 압도적인 다수를 차지하고 있기는 하지만, 민심은 점점 더 그에게서 멀어질 것이다. 점점 거세지는 파라과이 인민군(Paraguayan People's Army)의 마르크스주의 반란이 스트레스를 가중할 것이다.

페루

GDP 성장률: 3.0%

1인당 GDP: 6,870달러(PPP: 1만 3,740달러)

인플레이션: 3.2%

재정수지(GDP 대비, %): -4.4

인구: 3,350만 명

극좌 대통령인 페드로 카스티요(Pedro Castillo)의 자유페루당(Free Peru Party)은 단원제 의회에서 가장 규모가 큰 단체이지만, 130석 중 37석밖에 차지하지 못했으며 두 갈래(대통령의 탄핵, 또는 의회에 저항하는 '친위 쿠데타') 사이에서 충돌이 발생할 것 같

다. 헌법 개정과 주요 추출 부문의 국유화라는 두 가지 핵심 정책 강령은 지체되겠지만 정부는 더 높은 세금과 추가적인 공공 지출을 속행할 것이다.

우루과이

GDP 성장률: 3.3%

1인당 GDP: 1만 8,120달러(PPP: 2만 4,620달러)

인플레이션: 6.6%

재정수지(GDP 대비, %): -4.1

인구: 350만 명

루이스 라카예 포우(Luis Lacalle Pou) 대통령은 친시장적 개혁의 큰 부분을 총투표로 폐지하려는 반대파의 노력에 맞설 것이며, 승리해야만 한다. 정책은 사회 보장 제도의 개혁과 재정 적자의 축소에 집중할 것이다. 노동자들이 팬데믹 기간 동안 잃어버렸던 입지를 되찾으려고 하면서 노조와의 대화는 까다로워질 것이며, 파업은 불가피하다.

베네수엘라

GDP 성장률: 13.0%

1인당 GDP: 2,000달러(PPP: 5,250달러)

인플레이션: 1,069%

재정수지(GDP 대비, %): -5.8

인구: 2,880만 명

니콜라스 마두로(Nicolás Maduro) 대통령은 권력을 계속 잡아두기 위해 안보 기관에 의존하며 그를 비판하는 사람들에게 중요한 권한을 이양하지 않을 것이다. 석유 생산량이 회복되기 시작하면서 경제가 마침내 활기를 되찾겠지만, 13%의 성장률에는 오해의 소지가 있다. 베네수엘라는 2016~2020년의 절망적인 경제적 붕괴로부터 회복하지 못할 것이다.

중동과 아프리카

알제리

GDP 성장률: 3.3%

1인당 GDP: 3,310달러(PPP: 1만 1,990달러)

인플레이션: 6.1%

재정수지(GDP 대비, %): -7.7

인구: 4,610만 명

오랜 세월 쌓인 불만이 분출되는 공공 집회가 코로나19의 도움을 받아 가라앉았지만, 이동 봉쇄 조치가 풀리고 집회가 재개되면서 기업 환경을 악화할 것이다. 압델마드지드 테분(Abdelmadjid Tebboune) 대통령 정권은 대통령이 군대의 지원을 누리는 한 바뀌지 않을 것이며, 바꿀 수 없을 것이다. 대중의 불만은 급등하는 인플레이션, 제한된 예산, 끝나지 않는 실업 등 경제 전망이 악화함에 따라 가중될 것이다.

앙골라

GDP 성장률: 2.4%

1인당 GDP: 2,410달러(PPP: 6,460달러)

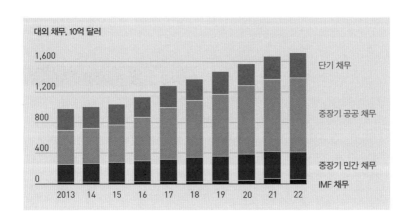

대외 채무, 10억 달러

단기 채무

중장기 공공 채무

중장기 민간 채무

IMF 채무

인플레이션: 17.0%

재정수지(GDP 대비, %): 2.4

인구: 3,500만 명

약 90%의 수출 이익을 구성하는 석유 산업이 활기를 찾으면서 6년간 수축하였던 경제가 성장을 재개할 것이다. 하지만 빈약한 사업 환경을 개선하려는 움직임은 나타나지 않을 것이다. 주앙 로렌수 대통령의 정부와 대통령이 소속된 MLPA(앙골라 해방운동당)은 순조롭게 작동하는 억압 체제를 기반으로 권력을 유지할 것이다. 대통령이 약속한 공무상 부패의 근절은 아무런 성과를 보지 못할 것이다. IMF와 새롭게 맺은 3개년 협정은 앙골라가 곤경에서 빠져나오는 데 도움을 줄 것이다.

카메룬

GDP 성장률: 3.5%

1인당 GDP: 1,710달러(PPP: 3,960달러)

인플레이션: 2.6%

재정수지(GDP 대비, %): -3.8

인구: 2,790만 명

팬데믹에 대한 형편없는 대응과 관련 자금을 남용했다는 혐의는 대중적 반발에 불을 지피겠지만, 폴 비야(Paul Biya) 대통령은 흔들리지 않는 권력을 손에 꽉 쥔 채 일곱 번째 7년 임기의 중반을 보낼 것이다. 서부 앵글로폰(Anglophone) 지역의 분리주의자들과 북부의 이슬람 과격 단체들은 접전지에서 정부의 영향력을 약화하려고 노력할 것이다. 석유 산업 기반의 경제는 예전의 활기를 일부 되찾을 것이다.

볼거리: 늦은 개최. 일정이 미뤄진 2021년 아프리카네이션스컵(2021 Africa Cup of Nations) 축구 대회가 1월과 2월에 주최될 것이다.

이집트

GDP 성장률: 4.4%

1인당 GDP: 4,150달러(PPP: 1만 3,900달러)

인플레이션: 5.5%

재정수지(GDP 대비, %): -7.1

인구: 1억 430만 명

압델 파타 엘시시(Abdul Fatah el-Sisi) 대통령이 집권 연장에 대한 근거를 확립하면서 자신의 권력을 강화하는 동안 정치적 격변에 지친 대중과 군사적 지원이 그를 지탱할 것이다. 경제는 평균보다 전염병을 잘 견뎌냈고 코로나 바이러스 사태 이전의 성장 추세를 재개할 것이다. 이집트는 생산성 증대를 위한 인프라 투자에 자금을 제공하는 막대한 외부의 금융적 지원을 누릴 것이다. 증가하는 채무가 타격을 주는 날이 언젠가 오겠지만, 2022년은 아닐 것이다.

에티오피아

GDP 성장률: 4.6%

1인당 GDP: 880달러(PPP: 2,610달러)

인플레이션: 24.3%

재정수지(GDP 대비, %): −3.4

인구: 1억 2,080만 명

남부의 티그라이(Tigray) 지역을 중심으로 발생하고 있는 정치적 불안정성과 민족 갈등은 외국 투자자들에게 겁을 주고, 아비 아머드(Abiy Ahmed) 총리의 정부가 최근 몇 해 동안 유지해온 탄탄한 성장 경로를 이탈하게 할 거라고 위협하고 있다. 이것은 코로나19와 파멸적인 메뚜기 떼가 준 피해를 가중할 것이다. 경제는 글로벌 상품 가격의 상승과 수출 파트너들 사이에서 회복된 수요의 혜택을 받겠지만, 황홀했던 코로나 바이러스 사태 이전의 추세는 이제 지나간 일이다.

볼거리: 항공사와 방송사. 두 개의 주요 관심사, 에티오피아 항공과 에티오피아 텔레콤의 민영화는 반가운 외국 자본을 주입해줄 것이다.

이란

GDP 성장률: 8.8%

1인당 GDP: 3,710달러(PPP: 1만 5,710달러)

인플레이션: 23.5%

재정수지(GDP 대비, %): −5.4

인구: 8,600만 명

강경파들이 권력 구조를 점령했지만, 불어나는 대중의 환멸이 곧 길거리에서 표출될 것이다. 2021년 낮은 투표율 가운데 당선된 강경파 종교 지도자 에브라힘 라이시 대통령의 정권이 핵에 대한 포부와 관련하여 서구와 새로운 협정을 맺는다면 일부 반대를 잠재울 수 있겠지만, 양측에서 양보를 요구할 것이다. 경제 정책은 국내 생산을 북돋는 데 집중될 것이다.

볼거리: 지도자 승계. 이란의 최고 지도자 아야톨라 알리 하메네이의 나이가 많아지면서 불확실한 승계에 대한 추측에 속도가 붙을 것이다.

이라크

GDP 성장률: 3.6%

1인당 GDP: 4,480달러(PPP: 1만 190달러)

인플레이션: 5.4%

재정수지(GDP 대비, %): 5.8

인구: 4,060만 명

2021년 10월 선거 이후 영향력 있는 시아파 종교 지도자 무크타다 알 사드르(Muqtada al-Sadr)와 누리 알말리키(Nuri al-Maliki) 전 총리가 지휘하는 연합체가 입법부 최대 규모 단체의 지위를 유지했다. 하지만 투표율은 낮았고, 환멸감은 컸다. 정부 수립은 몇 개월 걸릴 것이고, 제안된 개혁은 모두 궁극적으로 차단당할 것이다. 경제는 석유의 수요 증가에 힘입어 가속화될 것이다.

이스라엘

GDP 성장률: 4.2%

1인당 GDP: 5만 1,120달러(PPP: 4만 6,630달러)

인플레이션: 2.2%

재정수지(GDP 대비, %): -4.3

인구: 960만 명

2023년 말, 극우파 야미나당(Yamina Party)의 나프탈리 베네트(Naftali Bennett) 총리는 중도 우파 예시 아티드당(Yesh Atid)의 야이르 라피드(Yair Lapid)에게 정권을 넘겨줄 예정이지만, 여덟 개 정당으로 구성된 연정이 그때까지 집권을 지속할 수 있을지는 미지수다. 이스라엘에서 자주 일어나는 격변이지만, 친시장적이고 검소한 재정 합의는 남을 것이다. 백신의 조기 공급에 성공하면서 경제에 박차가 가해졌지만, 더 치명적인 코로나19의 델타 변이에 백신이 예상했던 것보다 취약한 방어막이었다는 사실이 드러났다. 그렇기는 하지만 회복되는 소매와 여가, 관광 산업이 경제 회복의 엔진을 작동시킬 것이다.

요르단

GDP 성장률: 1.9%

1인당 GDP: 4,120달러(PPP: 9,610달러)

인플레이션: 2.3%

재정수지(GDP 대비, %): -7.4

인구: 1,120만 명

압둘라 일 빈 알후세인(Abdullah Il bin al-Hussein) 왕과 그의 충직한 군대는 정권에 위협이 되기 오래전부터 경기 침체로 인한 사회적 불안을 진압하면서 다루기 까다로운 국민 위에 군림할 것이다. 상대적으로 수축이 약했던 경제는 관광업의 매출과 국외 송금이 증가하면서 팬데믹으로부터의 회복을 완성할 것이다.

케냐

GDP 성장률: 4.3%

1인당 GDP: 2,030달러(PPP: 4,930달러)

인플레이션: 6.0%

재정수지(GDP 대비, %): -7.7

인구: 5,620만 명

레바논

GDP 성장률: -3.1%

1인당 GDP: 4,560달러(PPP: 1만 1,280달러)

인플레이션: 127%

재정수지(GDP 대비, %): -2.3

인구: 660만 명

8월 선거에 앞서 여당인 주빌리당(Jubilee Party)은 우후루 케냐타와 윌리엄 루토에게 충성하는 당파로 갈릴 것이다. 케냐타 대통령은 오렌지 민주화운동(Orange Democratic Movement, ODM)의 대표 라일라 오딩가를 자신의 후계자로 지지할 것이다(2022년의 인물 참고). 대통령의 지지는 오딩가 대표가 승리하는 데 도움을 주겠지만, 두 번의 출마가 필요할 수도 있다. 긴축 재정이 시행되면서 공공 투자가 감소할 것이다.

억만장자 나지브 미카티(Najib Mikati) 총리의 과도 정부는 새로운 정부의 출범에 앞서 장기간의 빈틈없는 교섭 기간을 거친 뒤 5월 선거에 순조롭게 출마하는 것에 집중할 것이다. 정권은 2020년 8월에 베이루트 항구를 파괴하면서 기본 상품의 수입에 지장을 주었던 폭발과 코로나19가 망가뜨린 경제를 재건하기 위해 노력할 것이다. 좋은 소식은 경제가 2020년과 2021년보다 덜 위축될 것이라는 사실이다.

2022년의 인물

국회의원과 장관, 총리직까지 수행했지만, 정상에 오르는 데는 매번 실패한 케냐의 **라일라 오딩가**는 대통령직에 내민 네 번째 도전장마저 실패로 돌아가자 2018년에 그의 오랜 숙적인 현직 대통령 우후루 케냐타와 운명을 같이하기로 했다. 오딩가는 이 동맹이 케냐타에게 버림받은 윌리엄 루토 부통령과 겨루게 될 8월 선거에서 자신을 대통령직으로 밀어 올려주길 바라고 있다. 유권자들이 케냐타 대통령과 오딩가 대표가 실패한 헌법 날조에 맞서는 루토 부통령의 공적을 인정해줄지도 모르지만, 규모가 작은 부족들의 연합체인 칼렌진족(Kalenjin)의 일원인 루토 부통령은 다수민족 키쿠유족(Kikuyu)의 권세와 충돌할 것이다. 오딩가 대표가 마침내 왕좌에 한 손을 얹었다.

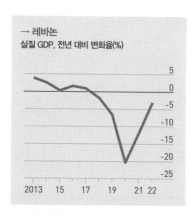

→ 레바논
실질 GDP, 전년 대비 변화율(%)

5
0
-5
-10
-15
-20
-25

2013   15   17   19   21 22

리비아

GDP 성장률: 11.8%

1인당 GDP: 2,670달러(PPP: 1만 5,490달러)

인플레이션: 19.2%

재정수지(GDP 대비, %): 10.3

인구: 710만 명

리비아는 터키가 주도하는 연합의 지원을 받으며 유엔이 인정한 서부 정부와 러시아가 배후에 있는 동부 반대 세력 간의 교착 상태를 해결해야 한다. 선거는 2021년 12월로 예정되어 있지만, 2022년까지 연기될지도 모른다.

모로코

GDP 성장률: 3.8%

1인당 GDP: 3,530달러(PPP: 8,400달러)

인플레이션: 1.4%

재정수지(GDP 대비, %): -5.7

인구: 3,780만 명

신임 총리로 지명된 비종교적 중도주의 국민독립당(National Rally of Independents)의 아지즈 아카누치(Aziz Akhannouch) 총리는 2021년 선거에서 온건파 이슬람주의 정의개발당(Justice and Development Party)의 10년 통치가 막을 내린 뒤 새로운 정치적 방향성의 획을 그었다. 왕과 의견을 같이하는 아카누치 총리는 확실히 시장 친화적인 인물이다.

나이지리아

GDP 성장률: 3.3%

1인당 GDP: 2,290달러(PPP: 5,400달러)

인플레이션: 13.3%

재정수지(GDP 대비, %): -3.4

인구: 2억 1,670만 명

높은 인플레이션과 대규모 실업, 분리주의 및 종파 간의 무지막지한 폭력을 마주한 무하마두 부하리(Mu-hammadu Buhari) 대통령은 안정과 성장을 확보하기 위해 고군분투할 것이다. 2023년 선거에서 앞서려는 다툼이 정치를 장악할 것이다. 활기를 찾은 석유 가격이 수출에 도움을 줄 것이다.

사우디아라비아

GDP 성장률: 3.6%

1인당 GDP: 2만 2,780달러(PPP: 4만 8,980달러)

인플레이션: 1.9%

재정수지(GDP 대비, %): 1.4

인구: 3,670만 명

사우디아라비아의 실질적인 통치자 무함마드 빈 살만 왕세자는 대규모 건축 프로젝트 등 석유로부터 경제를 다각화할 계획을 우선순위로 둘 것이다. 예멘에서 이란의 배후 세력과의 쇠잔해가는 대리전을 끝낼 방법을 찾으려 노력하는 동시에 집안(대중과 가족 구성원)의 불화를 잠재우려고 할 것이다. 석유 생산량의 증가가 성장을 끌어올릴 것이다.

남아프리카공화국

GDP 성장률: 2.4%

1인당 GDP: 7,000달러(PPP: 1만 4,930달러)

인플레이션: 4.8%

재정수지(GDP 대비, %): -7.2

인구: 6,080만 명

시릴 라마포사 대통령과 그의 아프리카민족회의(African National Congress, ANC)는 백신 접종을 계속 진행하면서 뒤죽박죽인 전력 네트워크와 뿌리 깊은 부패에 관심을 되돌릴 것이다. 뇌물수수 방지 캠페인은 라마포사 대통령이 ANC 소속 경쟁자들의 출마를 막는 데 도움을 줄 것이다. 2021년에 경제가 반등하긴 했지만, 성장은 둔화할 것이다.

시리아

GDP 성장률: 1.9%

1인당 GDP: 1,330달러(PPP: 3,770달러)

인플레이션: 49.2%

재정수지(GDP 대비, %): -5.3

인구: 1,660만 명

바샤르 알 아사드(Bashar al-Assad) 대통령은 자신이 강세인 지역 덕분에 7년 임기를 네 번째로 수행하게 됐지만, 약세 지역에서 발생하는 갈등으로 고통받을 것이다. 터키가 북부에 안전지대를 세우는 동안 러시아와 이란이 정권에 힘을 실어줄 것이다. 약해진 경제는 성장세를 회복할 것이다.

짐바브웨

GDP 성장률: 3.5%

1인당 GDP: 1,020달러(PPP: 3,150달러)

인플레이션: 19.0%

재정수지(GDP 대비, %): −2.5

인구: 1,530만 명

팬데믹을 겪은 경제는 성장하겠지만, 끔찍한 생활 수준에 대한 반발을 누그러뜨릴 만큼의 충분한 성장을 달성하지는 못할 것이다. 에머슨 음낭가과(Emmerson Mnangagwa) 대통령은 무장 세력이 지원 대가로 제시한 수치를 충족시키지 못하면 대통령직에서 물러나야 할 수도 있다. 투자 증가와 수출 주도형 성장에 대한 환상은 몽상이다.

THE WORLD AHEAD 2022

2022년 산업별 주요 지표

특별한 표시가 없는 수치는 모두 2022년 예상치다.
세계 총계는 60개 국가를 기준으로 했으며, 이 국가들이 세계 GDP의 95%를 차지한다.

출처: london@eiu.com　ECONOMIST INTELLIGENCE

2022년 10대 비즈니스 트렌드

01
초완화 통화 정책이 후퇴 중이다. 미국 연방준비은행은 국채매입 규모를 줄이고 2022년 말쯤 금리를 소폭 올릴 것이다.

연방 자금 금리, 연말, %

2.38 / 1.63 / 0.13 / 0.13 / 0.63
2018　19　20　21　22

02
코로나19가 의료 체계에 혼란을 초래하고 새로운 변이를 낳는다. 그러나 다행히도 백신 생산량은 다섯 배 늘어 220억 회분이 될 것이다.

03
소매 판매에서 온라인이 차지하는 비중은 2019년 10%에서 2022년 17%까지 증가할 것이다. 그러나 바이러스 관련 제한이 풀리고 소비자들이 오프라인 매장으로 향하면서 전자상거래의 성장이 주춤할 듯하다.

04
관광업은 이번에도 힘든 한 해를 보낼 전망이다. 국제선 출항은 50% 이상 늘겠지만 코로나19 상황에 따라 여행 금지 조치가 변동되어 2019년 수준을 회복하지는 못할 것이다.

05
OPEC플러스 석유 카르텔이 생산량을 늘리겠지만, 유가는 2022년 평균 10% 정도 인상될 것이다. 천연가스 가격은 특히 유럽에서 높게 유지될 듯하다.

06
이코노미스트 인텔리전스 유닛(Economist Intelligence Unit, EIU)의 원자재 지수가 소폭 떨어질 것이다. 그러나 고정적인 수요로 인해 팬데믹 이전 수준은 충분히 상회할 것이다.

원자재 지수

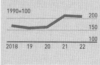

1990=100
200 / 150 / 100
2018　19　20　21　22

07
5G 통신은 2022년 초 규모 순 60개국 시장 중 41개국에 진입할 것이다. 라틴 아메리카와 아시아는 주파수 경매에 나설 듯하다. 미국은 6G 시범 운영을 계획하고 있다.

08
조 바이든은 1조 달러 인프라 법안에 따라 건설에 막대한 자금을 투자할 것이다. 중국 역시 예산을 늘릴 듯하다. 인프라 관련 지출은 세계적으로 5% 늘어 25조 달러에 이를 전망이다.

09
NATO가 아시아로 관심을 돌린다. 방위 관련 지출이 가장 많은 미국은 국방 예산을 1.6% 증액한다. 거의 7%를 증액한 중국에 대응하기 위해서다.

10
오랫동안 기다렸던 할리우드 영화들이 소비자들을 다시 영화관으로 유혹할 것이다. 미국은 90억 달러에 달하는 박스오피스 1위의 영광을 되찾고 중국의 추격을 따돌릴 것이다.

기업 환경

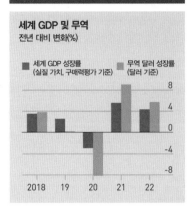

세계 GDP 및 무역
전년 대비 변화(%)

■ 세계 GDP 성장률
(실질 가치, 구매력평가 기준)
■ 무역 달러 성장률
(달러 기준)

세계 GDP는 2022년 4.4% 성장하겠지만 지역 간 불균형이 예상된다. 아시아와 북아메리카는 2019년과 비슷하거나 더 나은 수준으로 2022년을 시작하겠지만, 유럽과 라틴아메리카, 중동, 아프리카는 2022년 후반이 되어야 2019년 수준을 회복할 것이다. 정부와 중앙은행에서 경기 부양책을 중단하면서 달러가 오르고 물가 상승이 완화될 듯하다. 일부 중앙은행은 금리를 더 올리기 시작할 것이다.

자동차

2022년 신차 판매는 팬데믹 이전(즉, 2019년) 수준을 회복하지 못할 것이다. 신차 판매는 6%, 영업용 차량 판매는 7% 증가할 것으로 보인다. 서유럽의 회복세가 가장 극적이고, 남미와 북미가 그 뒤를 바짝 따를 것이다. 회복의 여지가 적은 아시아 시상은 선 세계 시장의 거의 절반을 차지하며 순항을 이어갈 듯하다. 미중 기술 전쟁에 불이 붙고, 반도체 공급 부족으로 차량 공급이 제한될 것이다.

가장 주목해야 할 부분은 온실가스 감축 기준과 정부 보조금에 힘입은 전기차의 부상이다. 미국은 전기차에 1,740억 달러를 쏟아붓겠지만, 560만 대의 판매량 중 400만 대는 유럽과 중국이 차지할 것이다. 전기차의 수요가 증가하면서 2019년에는 4%였던 신차 중 전기차 비율은 2022년 9%까지 상승할 전망이다. 일본의 도요타(Toyota)는 최초의 완전 전기차를 출시할 것이다. 포드의 F150 픽업트럭과 같은 대형 차량이 빠르게 확산될 것이다. 베트남의 빈패스트(Vinfast)와 알리바바가 지원하는 즈지(Zhiji)도 새로이 시장에 진입한다. 제조사들은 생산 시설에 큰 예산을 들일 것이다. 르노(Renault)의 일렉트리시티(Electricity) 프랑스 공장, 건설이 지연되고 있는 테슬라의 베를린 공장, 현대자동차의 인도네시아 공장 등이 있다. 충전 시설과 배터리 생산에도 투자가 이뤄질 것이다. 그러나 원자재 수급난으로 배터리 공급은 원활하지 않을 듯하다.

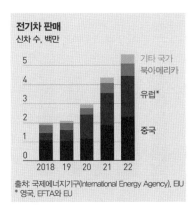

전기차 판매
신차 수, 백만

기타 국가
북아메리카
유럽*
중국

2018 19 20 21 22

출처: 국제에너지기구(International Energy Agency), EIU
* 영국, EFTA와 EU

자율주행차 역시 서서히 한 단계 나아 갈 것이다. 폭스바겐(Volkswagen)은 자율주행차 프로젝트의 일환으로 소프트웨어를 업그레이드한다. 중국의 포니ai(Pony.ai)는 웨이모(Waymo), 크루즈(Cruise)와 더불어 캘리포니아에서 무인 로보택시(robotaxi)를 운행할 것이다. 카타르는 자율주행 대중교통을 도입할 예정이다. 한편 유럽연합은 자율주행 기계를 불안해하는 사람들을 안심시키기 위해 도로교통법을 엄격하게 조일 것이다.

방위 및 항공우주

상업용 항공우주 산업은 2022년 공항이 다시 채워지기 시작하며 서서히 회복될 것이다. 에어버스(Airbus)와 보잉(Boeing)은 협폭동체 항공기에 집중하여 생산을 늘릴 것이다. 비행이 금지됐던 보잉의 737맥스는 정상 운행을 재개할 예정이다. 이러한 단거리 항공기는 광폭동체 항공기보다 전망이 밝다. 팬데믹이 유발한 장거리 여행의 어려움은 계속될 것이다. 신용평가사 무디스에 따르면 상업용 항공기는 2024~2025년까지 2019년 수준을 회복하기 어려울 것이다.

반대로 방위 시장은 성장세를 보일 듯하다. 아프가니스탄에서 손을 뗀 NATO는 중국으로 초점을 돌리면서 목적과 목표를 진술한 '전략적 콘셉트(strategic concept)'를 10년 만에 바꿀 것이다. 현재까지 방위 관련 지출이 가장 많은 미국은 중국과의 경쟁에 대응하기 위해 예산을 늘리겠지만 그 규모는 1.6%에 불과하다. 다른 NATO 회원국들은 방위 관련 지출을 3~10% 늘릴 것이다. 일본은 자국 방위를 강화하겠다는 미국과의 약속을 지키면서 GDP의 1%라는 군 관련 지출 제한을 넘어설 예정이다. 한편 중국은 방위 예산을 거의 7% 확장할 것이다.

사우디아라비아는 자국 군사력 증강을 위한 노력의 일환으로 제1회 세계 방위 산업 전시회를 개최할 것이다. 사우디아라비아는 인권 문제를 경계하는 해외 권력이 무기 공급을 제한할까봐 우려하고 있다.

주목할 점: 전파 방해 해결하기. 방위 기업들은 사이버 공격에 대한 각국 정부의 우려를 성장의 기회로 심을 것이다. 미국은 보잉의 도움을 받아 사이버 공격으로부터 군사 위성을 방어할 계획이다. 영국의 BAE 시스템즈(BAE Systems)는 군사 GPS 시스템에 전파 방해 방지 기술을 도입하려 한다.

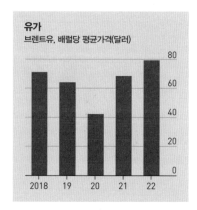

유가
브렌트유, 배럴당 평균가격(달러)

에너지

2021년 에너지 가격은 특히 유럽에서 급등했으며 단기간 내에 가격이 하락할 조짐은 보이지 않는다. 공급은 여전히 부진한 반면 경제 활동이 재개된 국가에서 에너지 수요가 갑자기 늘면서 가격이 치솟았다. 글로벌 유가 기준인 브렌트유(Brent blend) 가격은 2022년 전년도보다 10% 올라 79달러가 되리라 전망된다. OPEC플러스와 기타 생산자들이 서서히 생산량을 늘리면서 상황이 더 악화되지는 않을 듯하다. 천연가스는 이야기가 다르다. 2021년 유럽에서 천연가스는 역대 최고가를 기록했고, 2022년 평균 가격은 다소 내리겠지만 여전히 2019년보다 두세 배 비쌀 것이다. 날씨가 추우면 가격이 더 상승하며 상황은 더 나빠질 것이다.

산유국들은 환경오염을 발생시키는 석탄 연료로부터 다각화를 꾀하고 있다. 그러나 역설적이게도 이러한 전환의 자금은 석탄 연료로 벌어들일 수 있는 현금을 쥐어짜서 댈 계획이다. 팬데믹의 정점에서 떨어졌던 세계 석유 및 석탄 소비는 2022년 다시 증가해서 탄소 배출을 증가시킬 것이다. 역대 최고로 저렴해진 재생 에너지의 선호도가 높아지고 있다.

물론 조 바이든의 지휘 하에 경제 규모가 세계 최대인 미국은 환경 친화적인 방향으로 움직일 것이다. 새로운 태양 전지판과 풍력발전 터빈에 힘입어 미국의 재생 에너지 소비는 팬데믹 이전보다 11% 증가하여, 석유 2억 톤에 해당하는 양을 넘어설 것이다. 그러나 재생 에너지는 2022년 미국 에너지 수요의 10%도 채 충족하지 못한다. 경제 규모가 2위인 중국에서도 상황은 비슷할 것이다. 환경 친화적인 구역이 늘어나는 한편 오염을 유발하는 에너지원이 여전히 지배적으로 사용될 것이다. 토탈에너지스(TotalEnergies)와 같은 세계적인 석유 기업조차 환경을 고려하는 것은 고무적인 신호다. (2022년 토탈에너지스는 이라크 곳곳에 태양열 공장을 짓기로 했다.) 그러나 이 모든 노력도 가파른 기온 상승을 막기에는 역부족일지 모른다.

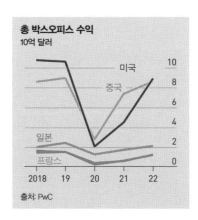

총 박스오피스 수익
10억 달러

출처: PwC

주목할 점: 더 뜨겁게. 핵융합은 예전부터 지속 가능한 에너지의 중요한 희망이었다. 엄청난 양의 에너지를 방출하지만, 천문학적인 압력과 온도가 필요하기 때문에 소모되는 에너지도 엄청나다. 그러나 최근의 성과가 다시금 관심을 모으고 있다. 2022년 미국의 기업 헬리온에너지(Helion Energy)는 일곱 번째 시험 발전소 '폴라리스(Polaris)'를 완공할 계획이다. 헬리온에너지는 이미 핵융합 상용화를 위한 중요한 기준점인 1억℃를 달성했다고 주장한다.

엔터테인먼트

2020년과 2021년 중국에 밀렸던 미국은 2022년 다시 세계 최대의 박스오피스 시장 자리를 되찾을 것이다. 컨설팅사 PwC는 백신이 공급되고 〈배트맨〉처럼 기대를 모았던 할리우드 영화가 관객들을 소파에서 일으키면서 글로벌 박스오피스 수익이 58% 급등할 것이라고 예측한다. 그러나 매출액은 2019년과 비교했을 때 10% 정도 낮을 것이다. 이는 영화들이 극장과 스트리밍 서비스에서 동시 개봉되기 때문이기도 하다. 세계적으로 상영관 수는 팬데믹 이전의 최고치를 회복하지는 못할 것이다.

스트리밍 서비스에서는 2022년 오리지널 콘텐츠 제작에 거액을 투자할 계획이다. 넷플릭스에서만 170억 달러다. 각 지역의 취향에 맞춘 콘텐츠가 늘어날 것이다. 대규모 자금 투자로 제작한 미국 영화가 부족한 상황이라 특히 아시아(특히 일본과 한국)에서 이런 경향이 생겼다. 스트리밍 기업들은 미국과 같은 성숙 시장에서 다른 레저 활동이 재개되는 가운데 신규 고객 유치에 실패한 것을 상쇄할 수 있길 바란다. 시청자들이 작품 수가 많은 스트리밍 서비스를 케이블TV보다 선호하면서, 케이블의 점유율은 줄어들 것이다. 반대로 비디오게임은 상승세다. 중국에서 어린이 게임이 공식적인 규제를 받고 있음에도, 게임 수익은 2019년보다 32% 많은 1,680억 달러까지 늘어날 것이다. 아마존, 애플, 구글, 마이크로소프트, 소니, 텐센트 등 기술 대기업들의 패권 경쟁에 불이 붙을 것이다.

넷플릭스도 구독자들에게 비디오게임을 제공하며 경쟁에 뛰어든다. 그러나 네티즌들이 일하고, 쇼핑하고, 놀 수 있는 가상세계, 페이스북의 '메타버스(metaverse)'가 확장되는 것은 모두들 두려워할 것이다.

주목할 점: 스트리밍 산업. 대형 합병이 성사되면서 스트리밍 산업의 지각 변동이 예

 WHAT IF?

모든 바이러스는 변하며, 유독 빠르게 변이가 일어나는 종도 있다. 다행히 코로나19의 변이 속도는 독감의 절반 정도이고, 대부분의 변이는 사라진다. 그러나 전염성이 높은 변이 코로나 바이러스가 빠르게 확산될 수 있다. 델타 변이는 2021년 초 두 달 만에 전 세계를 휩쓸었다. 그리고 코로나19는 독감보다 치사율이 높다는 악명을 떨친다. **전염성이 매우 높고 현재의 백신을 피해 갈 수 있는 변이 코로나 바이러스가 나타난다면 어떨까?** 콜롬비아에서 발생한 뮤(Mu)는 백신이 효과가 없는 변이 바이러스다. 여전히 요주의 상태지만 뮤는 전염 속도가 더 빠른 델타에 밀려났다. 그러나 뮤와 델타 모두 두 가지 조건을 다 충족하는 바이러스에 자리를 내줄 수도 있다. 그러한 문제가 발생하면 백신 제조사에서는 백신을 보완해야 할 것이다. 기업에서는 이미 변이 바이러스에 대응하기 위해 만들어진 백신을 시험 중이다. 규제 기관 역시 백신이 무용지물이 될까 심각하게 우려한다. 유럽의약청(European Medicines Agency)은 완전한 임상실험을 거치지 않았더라도 승인된 백신의 업데이트를 통과시킬 준비가 되어 있다. 최초 백신 또는 부스터샷을 위한 업데이트된 백신의 배포는 시간 싸움이다. 독감의 경우 연간 최대 15억 회분이 지배적 균주에 맞게 조정된다. 매년 모든 15세 이상 인구를 커버하기 위해 필요한 코로나 백신은 120억 회분이다. 백신 업데이트에 100일 정도가 걸리며, 세계적으로 생산을 시작하려면 몇 달이 걸린다. 그러면 그전에 생산했던 백신은 어떻게 될까? 백신 저항성이 있는 새로운 변이가 퍼지지 않는다고 해도 많은 아프리카 사람들은 2023년까지 백신을 맞지 못할 것이다. 과학자들이 모든 코로나 바이러스를 한 번에 예방할 수 있는 백신 개발을 위해 노력하는 것도 당연하다. 성공하면 이번 팬데믹을 끝내고 미래의 비슷한 사태를 예방하기 위한 큰 진전을 이루는 셈이다.

상된다. 디스커버리와 워너미디어가 손잡고 새로운 거대 스트리밍 플랫폼을 만들 것이다. 아마존은 85억 달러에 MGM을 인수하여 콘텐츠 제작에 박차를 가한다. 디즈니, 훌루, 넷플릭스는 긴장해야 한다.

금융 서비스

각국 정부가 코로나 관련 지원을 줄이면서 금융 기업들은 2022년 재무 상태를 면밀히 점검해야 할 것이다. 인플레이션이 계속되면 금리가 오를 수 있다. 취약한 채무자와 관련된 리스크도 높아진다. 최악의 경우, 유럽의 악성 부채는 1조 4,000억 유로(1조 6,000억 달러)에 달하고 인도의 악성 부채는 자산의 11%를 넘길 수 있다. 최선의 경우에 각국 정부는 지원을 서서히 줄일 것이고, 세계의 은행 자산은 총 6% 증가하여 187조 달러가 될 것이다. 은행들은 리보(LIBOR) 스캔들 이후의 새로운 규제를 대부분 피해 갈 것이다. 규제 당국에서는 핀테크 붐을 따라잡으려고 노력하며 금융 기술에 주목할 전망이다. 중국 정부가 새로운 재무 건전성 규정을 적용하면서 앤트그룹(Ant Group)과 같은 온라인 대출 기관은 신용평가를 다시 받아야 할 것이다. 유럽연합과 일본은 디지털 데이터 수집을 제한하고, 미국은 온라인 거래를 규제할 것이다. 중국, 유럽연합, 일본, 미국 모두 디지털 화폐, 특히 스테이블코인(stable coin, 기존 화폐에 연동된 가상화폐)을 겨냥할 것이다. 가상화폐가 금융 안정성을 위태롭게 할 것이라는 우려가 큰 상태다.

그렇다고 해도, 각국 정부는 인터넷 은행 허가를 발급하면서 다시 통제력을 행사할 기회를 잡을 것이다. 중앙은행들은 각자 자체 가상화폐를 개발하여 스테이블코인을 방어할 것이다. 민간 핀테크 붐 역시 계속될 듯하다. '슈퍼 앱(Super-apps)'이 확장되어 소비자들은 하나의 플랫폼에서 화폐를 관리할 수 있을 것이다. '선구매 후지불(Buy now, pay later)' 서비스는 온라인에서 신용카드를 대신하게 될 것이다.

핀테크 붐의 자금줄은 주식 시장 상장이다. 홍콩은 간결한 처리 시스템으로 미국에서 외면당한 중국 기업을 끌어들이고, 일본과 싱가포르는 행동에 나서려는 기업인수목적회사를 주시할 것이다. 유럽연합을 벗어나 자신의 길을 가는 영국 역시 핀테크와 녹색 금융에 뛰어들려 한다.

주목할 점: 앱에 주목하기. 슈퍼 앱은 중국에서 규제 대상이지만 나머지 아시아 국가에서 부상하고 있다. 2022년 한국의 토스는

투자를 통해 확장을 꾀한다. 이때쯤 싱가포르의 그랩(Grab)은 미국 나스닥 증권거래소에서 시가총액 400억 달러를 넘길지도 모른다. 인도네시아의 고투(GoTo)는 자국과 미국에서 상장을 준비하고 있다.

식품 및 농업

이코노미스트 인텔리전스 유닛의 식품, 사료 및 음료 가격 지수는 2022년 1% 하락하겠지만 팬데믹 이전 수준보다 높을 것이다. 가축 사료 수요가 많고 일부 지역에서 재배 환경이 나빠지며 2021년 지방 종자와 곡물, 설탕 가격이 급등했다. 경기 성장이 느린 가운데 시장이 수급 안정화에 반응하면서 가격 상승 폭은 줄어들 것이다. 곡물 중 옥수수의 재고가 쌓이면서 가격이 5% 정도 하락하겠지만, 여전히 2019년 수준보다는 45% 높은 가격이다.

식품 가격의 변동성은 때로 엄청나다. 지방 종자 가격은 2021년 43% 상승했다가 생산량이 늘며 3% 하락할 것이다. 대두 역시 비슷한 흐름을 보일 것이다. 돼지콜레라로 타격을 입었던 중국의 양돈업자(대두 수요의 3분의 1을 차지)들이 다시 돼지를 기르기 시작했다. 2021~2022 수확년도에 세계 대두 수요를 3% 늘리는 데 배고픈 돼지들

도 한몫할 듯하다.

차는 (물을 제외하면) 세계에서 가장 많이 소비되는 음료지만, 그 맛이 변하고 있다. 홍차의 대체재(과일차나 루이보스)는 건강상 이점을 내세우며 마케팅의 힘으로 홍차를 따라잡을 것이다. 2022년 세계 차 소비가 4% 늘고 가격은 8% 상승할 전망이다. 커피 가격은 주요 커피 재배지인 브라질의 기후가 2021년 이상하게도 영국과 비슷하게 변하면서 5분의 1 이상 치솟았다. 2022년의 맑은 하늘 아래, 가격은 다시 하락할 것이다. 세계 기후가 변하면서 익숙한 곡물이 익숙하지 않은 지역에서 자라곤 한다. 이탈리아에서 아보카도를 재배하는 광경을 볼 수 있을 것이다.

주목할 점: 식품 업사이클. 유엔에 따르면 매년 세계적으로 16억 톤, 7,500억 달러에 해당하는 식품이 버려진다. 주로 미국에 있는 스타트업 몇 군데가 네슬레(Nestlé)와 같은 대기업과의 협업으로 이 문제를 해결하기 위해 노력하고 있다. 식품 업사이클이란 시스템 중에 떨어져나온 부분으로 새로운 상품을 만드는 것이다. 새로운 업사이클 상품은 양조 후 곡물로 만들어진 우유 대체재부터 헤이즐넛 껍질에서 추출한 향신료까지 다양하다.

추가적인 코로나19의 창궐은 보건 시스템을 위협하고 신종 변이 발생의 위험을 높인다. (WHAT IF? 참고.) 선진국에서 부스터샷을 배포하는 동안 빈국에서는 간신히 취약 계층의 접종을 해나갈 듯하다. 그러나 생산 능력이 다섯 배인 220억 회분으로 늘면서 백신 부족은 완화될 것이다. 아시아는 백신 접종이 가속화되면서 '코로나 제로' 정책을 철회할 것이다. 예방접종이 이뤄지고 치료가 가능해지며 코로나로 인한 사망자 수는 줄어들 것이다.

코로나 바이러스 외에도 우려되는 점이 있다. 병원이 밀려드는 코로나 환자 때문에 어려움을 겪으면서 암 사망률이 높아질 것이다. 고관절 대치술 등 밀려 있는 선택적 수술을 해결하기가 어려워질 수 있다. 사람들이 코로나19의 후유증을 앓으면서 정신건강 관리의 필요성도 커질 것이다. 기술은 아주 중요하다. 알고리즘은 환자들의 우선순위를 정하고, 액체 생검은 혈액 검사를 통해 초기 암을 발견할 수 있다. 규제 기관에서 부정직한 서비스와 사기를 예방해야겠지만, 원격 의료는 일상적인 관리를 지원할 것이다.

환자들은 팬데믹이 의료 체계의 일부 측면을 개선했다고 느끼게 될 것이다.

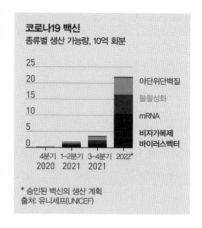

코로나19 백신
종류별 생산 가능량, 10억 회분

아단위단백질
불활성화
mRNA
비자가복제
바이러스벡터

4분기 2020 / 1–2분기 2021 / 3–4분기 2021 / 2022*

* 승인된 백신의 생산 계획
출처: 유니세프(UNICEF)

임상시험은 더 많은 참가자로 더 나은 답을 찾는 방식으로 바뀔 것이다. 일부 코로나 백신 이면의 기술인 지질 나노입자(lipid nanoparticles)와 mRNA는 암을 비롯한 다른 질병의 치료에도 도입될 수 있다. 백신의 종추적(track-and-trace)에서 얻은 결과를 항생제에 적용할 수도 있을 것이다. (유럽연합은 동물에 대한 항생제 투약을 금지하고 있다.)

의료 수요가 많은 상황에서 세계적인 보건 관련 지출은 미국 달러 기준 5% 늘어날 것이다. 연방 팬데믹 지원책으로 보장 범위가 넓어진 미국의 지출은 더 빠르게 증가할 전망이다. 모든 주에서 참여한다면, 취약층을 위한 건강보험 프로그램인 메디케이드(Medicaid)에 700만 명이 추가 등록하게 된다.

기반 시설

조 바이든의 1조 달러 인프라 계획이 2022년 미국의 경기 부양책이다. 정부는 교통에 2,690억 달러, 청정에너지와 전기차 충전에 730억 달러, 광대역에 650억 달러를 투자할 예정이다. 인프라 관련 지출 대신이라고 할 수 있는 2022년의 첫 자금 투자로 미국의 총 고정 투자는 4.3% 늘어난 4조 달러가 될 것이다. 세계적으로 인프라 투자는 6% 증가하여 25조 달러가 될 것이다.

그중 12조 달러는 아시아에서 발생한다. 중국은 도시 클러스터 세 곳(남부, 동부, 북부에 각각 하나)의 개발과 2022 베이징 동계 올림픽 준비에 집중할 것이다. 중국의 신 실크로드 전략(Belt and Road Initiative)은 G7의 세계를 위한 더 나은 재건 계획과 경쟁하게 될 것이다. 양측 모두 지속 가능한 투자와 정치적 영향력을 증대하길 원한다. 또한 전기통신 네트워크, 물류와 청정에너지에도 자금이 모일 것이다. 인도는 화물 철도 건설을 마무리하겠

 WHAT IF?

중국의 리더들은 어떤 대가를 치르든 '제로 코로나' 정책을 포기할 생각이 전혀 없다. 세계에서 세 번째로 붐비는 닝보-조산항(Ningbo-Zhoushan port)의 노동자 한 명이 2021년 8월 코로나에 걸렸을 때, 정부는 즉시 중요 터미널을 닫았다. 이 사건과 다른 도시에서의 코로나 관련 제한으로 중국의 건설 및 서비스 분야는 2020년 2월 이래 최악의 상황을 맞았다. **2022년 광범위한 코로나 바이러스 발발로 인해 중국에서 엄격한 전국적 봉쇄를 진행한다면?** 2월 베이징 동계 올림픽이 감염의 중심지가 되고 효과가 다소 떨어지는 중국 백신이 확산을 막지 못한다면 이 시나리오가 현실이 될지도 모른다. 이에 따른 피해는 전 세계로 퍼질 것이다. 2020년 중국의 억제 조치는 정도가 심하지 않았는데도 1분기 경기가 전년 대비 6.8% 후퇴했다. 이와 비슷한 사태가 또 발생한다면 다른 국가에서의 매출 부진을 상쇄하기 위해 중국 소비자에게 의존하는 소매 기업(이름만 들으면 아는 해외 명품 브랜드)들은 큰 타격을 입을 것이다. 여러 기업이 2021년의 공급 문제를 극복하고 나아가길 바라는 현 시점에서 중국에서의 제조업 중단은 장난감부터 컴퓨터 칩까지 세계적인 공급 부족 사태를 부를 수 있다. 물류 통제의 경제적 영향은 엄청날 것이다. 이로 인해 미국 소비자 물가는 EIU가 예측한 3% 상승률 이상으로 올라서 2021년의 인플레이션이 일시적인 것이라는 광범위한 기대가 무너질 것이다. 금리 인상이 뒤따르면서 사업 투자가 부진해지고, 결과적으로 세계 경기 회복이 둔화될 것이다.

지만, 철도 계획의 열기는 식을 듯하다. 팬데믹 이후 이동 양식이 변하면서 교통 인프라의 불안정성이 높아질 것이다. 런던의 크로스레일, 리스본의 새 공항, 홍콩의 세 번째 활주로 등 과거 프로젝트는 끝나겠지만 새 프로젝트의 진행은 시들할 것 같다. 유럽은 그린딜(Green Deal)에 의존하여 지출을 유도할 것이다. 유럽연합이 1조 달러 이상 가치의 녹색 채권(Green Bond) 시장을 지배하며, 새로운 발트해 파이프라인 구축도 이뤄질 것이다.

주목할 점: 신기루가 아니다. 2022년 사우디아라비아의 공공투자기금(Public Investment Fund)은 자국 내 '기가 프로젝트(giga-project)'에 1조 달러의 지원금을 지급할 것이다. 벨기에 크기의 호화 리조트 홍해 프로젝트(Red Sea Project)가 첫 호텔의 문을 열고, 북서부의 차량이 없는 지속 가능 미래 도시 네옴(Neom)도 공개된다.

IT

이전까지 IT 투자의 엄청난 중요성을 인정하지 않았던 기업이라도 팬데믹을 거치며 완전히 생각이 바뀌었을 것이다. 기업들은 원격 근무 지원부터 해외 배송 추적까지 다양한 기술에 투자할 수밖에 없게 됐다.

2022년 IT 시장은 4% 성장이 예상된다. 2021년 재택근무자들을 위한 새로운 장비에 크게 지출한 기업들은 하드웨어 지출을 제한하겠지만, 소프트웨어가 빠르게 확장될 것이다. 리서치 기업 가트너(Gartner)는 기업 대상 소프트웨어가 거의 12%로 가장 높은 성장률을 보이리라 예측한다. 재택 혼합형 근무가 늘어나면서 기업들은 효율적이고 안전하게 일할 수 있는 기술을 원하고 있다. 사이버 테러를 우려하는 각국 정부에서도 지출을 늘릴 것이다. 미국은 2022년 사이버 안보에 98억 달러를 배정했다.

곡물을 관리하는 드론부터 제품 출처를 기록하는 블록체인에 이르기까지 신기술에 힘을 보태는 것은 초고속 5G 네트워크다. 대형 공장, 창고와 항만에서 인터넷에 연결된 장비의 수가 엄청나게 늘어나고 보안이 개선됐다. 말만 무성하던 '사물 인터넷(internet of things)'은 이제 선진국 정부의 호응을 얻을 것이다. 교통 관리 개선에서부터 자연재해 대처까지 원격 감시 데이터의 수집과 분석을 통해 무엇이든 할 수 있다. 가트너는 2022년 세계적으로 사물 인터넷에 대한 정부 지출을 213억 달러로 예측하고 있다.

미디어

코로나19가 광고계에 미친 악영향은 많은 이들이 우려한 것보다 적었다. 일본의 미디어 대기업 덴쓰(Dentsu)는 2021년에 2019년 수준을 회복한 광고 수익이 2022년에는 7% 성장할 것으로 보고 있다. 2022년 기업들이 고객을 되찾으려 노력하면서 거대 소비 시장(미국, 영국, 인도, 러시아)에서는 가파른 성장이 일어날 것이다. 광고 지출은 북미에서 8%, 아시아태평양 지역에서는 중국에서의 고성과에 힘입어 6% 성장할 것이다. 그러나 2021년 도쿄 올림픽의 실망스러운 시청률로 인해 광고주들은 베이징 동계 올림픽에 지출하는 것을 꺼릴 듯하다.

옥외광고는 팬데믹으로 큰 타격을 받았다. 그러나 컨설팅사 PwC는 백신 접종자들이 2022년 집 밖으로 나오면서 광고판, 포스터 등에 대한 지출이 19% 증가할 것이라고 예측한다. 세련되게 이목을 끌고 싶어 하는 기업들 덕에 이러한 광고의 3분의 1은 디지털일 것이다. 또한 디지털 광고를 통해 기업이 마케팅을 개선할 데이터를 얻을 수도 있다. 덴쓰는 전체 광고 지출의 51%가 디지털 관련일 것이라고 예측한다.

판매자들이 온라인 쇼핑과 SNS를 활용하면서 모바일 광고는 인터넷 광고 지출의 64% 이상을 차지하고, 기술 대기업의 지갑은 두둑해질 것이다. 이마케터(e-Marketer)에 따르면 2020년 미국 디지털 광고 시장의 10%를 통제했던 아마존은 점유율을 더 높이려 할 것이다. 라이벌인 월마트도 마찬가지다. 월마트는 빠르게 성장하는 광고 사업을 발전시키고 있다. 인쇄 미디어 기업은 디지털로의 전환을 그다지 환영하지 않는다. 여전히 신문과 잡지 광고에 지출하는 광고주들도 디지털 버전을 더 선호할 것이다.

주목할 점: 핫한 움직임. 바이트댄스는 중국의 대형 디지털 광고 기업 중 유일하게 대규모 서양 시청자를 확보하고 있다. 바이트댄스의 숏비디오 플랫폼 틱톡은 십대들의 관심을 놓고 스냅챗(Smapchat)과 경쟁한다. 최근에 게임 스튜디오와 세계 3위 VR 헤드셋 제조사를 인수하면서 바이트댄스는 날개를 단 셈이다. 2022년에는 홍콩에서 주식을 상장할 가능성이 있다.

금속 및 광업

2021년 산업 원자재가는 10년 만에 최고의 상승폭을 보이며 거의 40% 뛰어올랐다. 2022년 세계적으로 성장세가 둔화되고 팬데믹과 관련된 공급 제한이 풀리면서 가격이 다소 내려가겠지만, 개별 원자재에 따라 상황이 다를 것이다. 금속 가격은 겨우 1.1% 오르겠지만 철강을 포함하여 일부 자재의 가격은 팬데믹 이후의 호황이 동력을 잃으며 떨어질 것이다.

중국 경제가 많은 금속 시장을 좌우할 것이다. 녹색화와 도시화를 동시에 추구하면서 구리와 알루미늄 수요가 늘어날 듯하다. 그러나 환경오염 문제를 해결하려는 정부의 의지 때문에 알루미늄과 철강 생산이 어려워질 수도 있다. 알루미늄 제련에 대한 전기세는 이미 올랐다. 그럼에도 불구하고 1톤당 이산화탄소 2.3톤을 배출하는 철강에 비해 16.5톤을 배출하는 알루미늄 생산은 세계적으로 증가할 것이다.

구리 생산량도 마찬가지다. 페루에서 영미권과 일본의 미쓰비시(Mitsubishi) 소유의 연간 40만 톤을 생산하는 퀘야베코(Quellaveco) 광산이 문을 연다. 페루는 연간 금속 580만 톤을 생산하는 칠레에 이어 240만 톤을 생산하는 세계 2위 생산국이다. 그러나 외부적인 리스크가 있다. 대통령 페드로 카스티요는 광물 자원을 국유화하고 광산세를 올리겠다고 공언했다. 이미 세계적으로 구리 가격이 높아져 있으나 전기차 생산 등 청정에너지에 대한 투자가 커지면서 추가로 4% 상승할 것이다. 구리는 배터리의 주요 원료다.

주목할 점: 환경 친화적 알루미늄 생산. 투자자들과 규제 기관들은 원자재 기업에 환경 친화적 운영을 요구하고 있다. 2022년 세계 2위 알루미늄 제조사 루살(Rusal)은 가장 더러운 자산을 분리할 것이다. 러시아 대기업 루살은 이산화탄소가 아닌 산소를 배출하는 양극(anode)으로 제련한 저탄소 알루미늄에 집중할 것이다. 루살은 성장하는 저탄소 알루미늄 시장에서 알코아(Alcoa), 리오 틴토(Rio Tinto)와 경쟁하게 될 것이다.

부동산

글로벌 부동산 시장은 팬데믹을 잘 헤쳐나갔으나 2022년 각국 정부는 부동산 업계에 유리했던 정책들을 철회할 것이다. 임대료와 세금 감면은 끝나고, 퇴거 요청이 도착한다. 많은 근로자들이 통근을 내키지 않아 하면서 기업들은 사무실 크기를 줄이고, 온라인 판매가 늘어나서 매장 문이 닫힐 것이다. 금리 인상으로 대출이 줄어들 것이다. 중국은 신용대부를 제한할 예정이지만 에버그란데(Evergrande) 등 일부 부동산 개발 대기업은 위험할 정도로 확장되어 있다. 영국은 인지세를 재도입하여 주택 가격이 떨어질 것이다. 영국과 미국에서 부유한 부동산 매입자들은 양도소득세를 내야 할 것이다. 스페인과 캐나다에서는 부유세를 내야 한다. 스코틀랜드와 미국 일부는 에어비앤비(Airbnb)류의 임대를 제한하면서 투자 의욕이 한풀 꺾일 것이다.

우선순위가 변하면서 기회가 보일 것이다. 바하마(Bahama)에서 모리셔스(Mauritius)에 이르는 리조트에 샌프란시스코 기술자들을 포함한 재택근무자들이 모여들 수 있다. 백신 접종률이 높고 인프라가 좋은 런던, 프랑크푸르트, 싱가포르 등의 도시와 중국 도시는 괜찮은 투자처가 될 것이다. 부동산 컨설팅사 세빌스(Savills)는 금융 시장이 부동산 투자신탁을 선호하면서 해외 투자자들이 이들 도시의 임대 시장에서 차지하는 비율이 47%로 늘어날 것이라고 예측한다. 2022년 말을 향해 가면서 까다로운 기업들은 더 멋지고 환경 친화적인 부지를 구할 것이고, 사무실 공실률은 떨어지고 가격은 오를 것이다.

온라인 소매업자들은 매장이 필요 없지만 창고 공간은 필요하다. 유럽만 해도 창고가 400만 제곱미터 늘어났다. 무역이 회복되면서 아시아는 물류의 중심이 되고, 데이터 센터가 늘어날 것이다. 도시계획법은 변화하는 상황에 적응하여 도시에 주거 공간과 그린벨트를 더 늘릴 것이다.

주목할 점: 유기농 식품 먹기. 프랑스 정부는 토지를 보다 지속 가능하게 사용하기 위한 계획을 도입한다. 2022년부터 새로운 공공 건물은 나무 또는 기타 천연 재료를 반드시 절반 이상 사용해야 한다. 또한 실제 농부가 운영하는 백 개의 도시 농장 계획을 발표했다.

소매업

총 판매에서 온라인 소매가 차지하는 비중은 2019년 10%에서 2022년 17% 이상으로 또 올라갈 것이다. 그러나 정부에서 시민들의 이동에 대한 규제를 풀면서 전년 대비 성장률은 13%로 둔화될 것이다.

규제 기관에서는 반경쟁 행위와 부당한 데이터 사용에 대해 온라인 대기업을 규제할 것이다. 그러나 온라인 판매자들이 국경을 초월하는 경우가 많아지면서, 국제 판매는 아시아가 선두에 선 가운데 2022년까지 전자 상거래의 22%를 차지할 것이다. 물류의 어려움이 점점 심해져 대형 소매 기업이 상업용 드론으로 제품을 배송하는 일이 늘

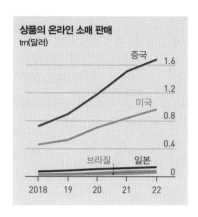

상품의 온라인 소매 판매
trn(달러)

이다. 중고 상품 온라인 판매 기업 스레드업(thredUp)은 2022년 기업 가치가 200억 달러로 2019년에 비해 가치가 2배 이상 상승할 것이라고 기대한다. 심지어 명품 브랜드도 젊은 세대를 끌어들이기 위해 중고 시장을 수용할 것이다. 또한 청년 세대의 취향이 바뀌면서 오프라인 및 온라인 매장에서 암호화폐로 가격을 지불할 수 있게 될 것이다.

어날 것이다. 독일의 헬만(Hellmann) 물류사는 2022년 드론 배송을 도입할 예정이다.

유럽에서는 전자 상거래를 아시아나 미국만큼 적극적으로 받아들이지 않았지만, 팬데믹으로 인해 특히 식료품 배달 기업이 유럽에 많이 진출했다. 유럽에 집중하는 이들 소매 기업은 초기 시장 진입의 혼란에 이어 2022년에 합병을 진행하기도 하고 일부는 해외로 눈을 돌릴 것이다. 유럽 전역에서 빠른 식료품 배송 서비스를 확장한 터키의 게티르(Getir)는 미국 시장을 노리고 있다. 미국 기업들 역시 유럽에서 기회를 노린다. 고퍼프(Gopuff)는 2021년 영국 배달 스타트업을 인수했고 추가 인수 기회를 보고 있다.

부유한 밀레니얼 세대는 이전 세대에 비해 지속 가능성에 신경을 많이 쓰기 때문에 우수한 중고 상품이 유행할 것

주목할 점: 유행이 지나다. 중국의 14억 소비자들은 2022년 의류와 신발에 4,370억 달러를 소비할 것이다. 그러나 서양 브랜드는 중국 기업 쉬인(패스트패션)이나 리닝(Li-Ning, 스포츠웨어) 등에 자리를 내주고 있다. 해외 기업은 강제 노동으로 생산되었을지도 모른다는 이유로 신장(Xinjiang)에서 생산된 면을 공급망에서 제외하기를 원한다. 중국의 국수주의적 청년들은 베이징 동계 올림픽 보이콧을 외치는 인권 단체와 서구 정치인들에게도 분노할 것이다.

통신

5G 네트워크의 통신 가능 구역은 빠르게 넓어질 것이다. 2022년 초까지는 규모 순 60개국 시장 중 41개국에 도달할 것이다. 주로 라틴아메리카와

아시아 개발도상국인 추가 13개국도 서둘러 5G 주파수를 차지하려 할 것이다. 인도의 부진이 눈에 띄는데, 코로나 바이러스에 대응하느라 최소한 2분기까지는 주파수 경매를 열지 않을 것이다. 반면 중국은 선진국에 비해서 5G 경쟁에서 유리한 고지를 점했다. 세계 최대 통신 시장인 중국은 인공지능, 클라우드 컴퓨팅과 반도체 제조의 기술 진보를 희망하며 2022년에 가동될 5G 기지국을 60만 곳 추가할 예정이다.

미국은 뒤처지지 않기 위해 노력하며 시범적으로 6G를 시작할 것이다. 선진국 고객들은 빠르게 5G 서비스를 이용할 것이며, 새로운 5G 가능 장비로 무장할 것이다. 리서치 기업 카날리스(Canalys)는 2022년 배송되는 스마트폰 전체의 절반 이상이 5G 가능 장비일 것이라고 예측한다. 그러나 2022년 중반 이후까지 지속될 글로벌 반도체 공급 부족으로 인해 기기 가격이 상승하고 도입이 지연될 수 있다. 한편 라틴아메리카와 북아프리카의 각국 정부가 경기 부양을 위해 노력하면서 이동 및 고정 광대역 가입자는 늘어날 것이다.

주목할 점: 스마트한 베팅. 애플은 스마트폰 시장에서 아시아 기업에 밀려 인기가 떨어졌으나 웨어러블에서는 여전히 앞서갈 것이다. 2020년 웨어러블과 관련된 아이템 중 가장 잘 팔리는 생산 라인은 매출액이 310억 달러였다. 2015년보나 세 배 늘었다. 스마트워치는 스마트폰이 잃어버린 참신함의 가치를 갖고 있고, 건강에 관심이 많아 체온이나 혈압을 확인하고 싶어 하는 소비자들을 끌어들일 수 있다. 애플은 더 많은 아이폰 사용자들이 애플워치를 사게 만들기 위해 노력할 것이다.

여행 및 관광

2022년에도 코로나19 상황에 따라 여행 금지 조치가 변동되면서 관광업은 완전히 회복되기 어려울 것이다. 국제 관광객은 50% 이상 늘어 11억 명에 달하겠지만 2019년의 15억 명 수준에는 못 미칠 전망이다. 한때 여행객이 가장 많았던 중국은 미국에 밀려나고, 홍콩과 마카오에만 국경을 열 것이다. 기업들이 비용과 탄소 배출을 줄이기 위해 화상 회의를 택하면서 국제적인 사업 출장은 줄어들 것이다.

현금이 고갈된 항공사들은 손해를 만회하기 위해 가격을 올리고, 합병을 택하는 기업도 있을 것이다[저가항공사 노스아틀랜틱(Norse Atlantic)이 드물게 시장에 새로 진입한 기업이다]. 모두가 국제항공 탄소 감축 제도

(Carbon Offsetting and Reduction Scheme) 하에서 오염을 줄이라는 압박도 심해지겠지만, 팬데믹으로 인한 불황을 반영하여 목표가 다소 완화됐다. 일부 선박 또한 4월부터 새로운 탄소 배출 규제를 적용받을 것이다.

전망이 어두운 가운데 희망적인 부분도 있다. 일정이 변동된 두바이 엑스포에 관광객들이 모일 것이다. 사우디아라비아는 새로운 리조트를 짓고 메카를 순례하러 오는 백신 접종자들을 받을 것이다. 뉴질랜드도 국민들의 백신 접종이 늘면서 국경을 개방할 예정이다. 호주 역시 백신 접종률이 80%를 넘어가면 출입국 제한을 풀 것이다. 미국과 기타 국가에서는 국내 관광객이 손실을 일부 메워줄 듯하다. 호텔과 레스토랑은 호캉스와 높은 가격 덕분에 2019년에 비해 3% 더 소비를 이끌어낼 수 있겠지만, 해외 관광객 수익은 제한적일 것이다.

주목할 점: 버블 안에서. 코로나19로 인해 수천 명의 낯선 사람들과 함께 하는 크루즈 여행은 그 매력을 잃었다. 그러나 2022년 크루즈 라인들은 백신을 맞은 관광객을 대상으로 450개 선박이 거대한 버블처럼 운영하려 한다. 3,170만 명의 예약을 받는다고 하는데, 2019년 승객보다 많은 숫자다. 심지어 북극도 다시 열릴 것이다.

THE WORLD AHEAD 2022

재에서 재로

2022년은 석탄이 영국인의 난로에서 불타는 마지막 해다

앤 로(Anne Wroe) 〈이코노미스트〉 부고 편집자

그리 오래되지 않은 얼마 전까지만 해도 영국의 도시와 교외에 사는 사람들은 겨울에 수탉 울음소리나 휴대전화 알림 소리가 아니라 난로의 부지깽이나 보일러, 쇠살대가 내는 요란한 소리에 잠에서 깨어나곤 했다. 그것들에서 떨어진 재는 나무 재처럼 부드럽고 희지 않았고, 한때 석탄이었다가 떨어져 나온 회색 클링커였다.

겨울에는 석탄이 집의 왕이었다. 매년 가을 석탄을 들여오는 일은 일종의 의식이었고, 뭉툭한 자루들은 납작모자를 쓰고 먼지가 뺨에 묻은 힘쓰는 남자들의 어깨에 실린 채 큰 트럭을 빠져나왔다. 지하실이나 정원 벙커에다 석탄을 쏟으면, 우렁찬 소리와 함께 그을음이 구름처럼 피어올랐다. 그런 다음 문은 다시 닫혔다. 문 너머로 석탄이

마치 사람이라도 되는 양 골똘히 생각하며 기다리고 있는 모습이 또렷이 떠올랐다. 석탄은 오래되고 기이한 연료였다. 냄새로 치자면 깊은 흙에서 나는 것처럼 짜고 약간 매운 향이 났다. 그것은 석탄기와 페름기에 형성된 층에서 나온 것으로서 반쯤 알몸으로 지하에서 땀 흘리며 일한 광부들이 파낸 것이었다. 그것은 거대한 습지 양치류와 우뚝 솟은, 이름을 알 수 없는 나무들이 압축된 것으로, 너무 오랫동안 세게 눌려져 돌같이 된 상태였다. 석탄을 쓰는 사람들은 오래된 나무를 톱으로 잘라낸 통나무가 아니라 공룡이 돌아다니던 선사 시대 숲을 태워서 몸을 데우는 것이었다.

석탄은 당당하고 광택이 나며 날카롭게 절단된 무연탄에서 발전 소용으로 남겨둔 나쁜 상태의 갈탄에 이르기까지 등급이 다양했다. 어떤 종류의 석탄을 태우든, 나무를 태우는 것과는 사뭇 달랐다. 장작불은 활기차고 불꽃이 튀고 생동감이 넘쳤다. 석탄은 시간이 걸렸고, 불쏘시개용 석탄과 뭉쳐진 신문을 천천히 소화해가며 가스와 타르 연기를 내뿜었다. '바싹 말랐을' 때만 열의 심장부를 열어 보이며 마그마로 된 진홍색 호수와 빛을 내는 광석의 노두를 드러냈다. 소설가 로버트 루이스 스티븐슨(Robert Louis Stevenson)은 거기서 군대를 보았다. 어린아이라면 그 누구라도 붉은 산이 서서히 용암과 재의 평원으로 가라앉는 이 전쟁과 같은 풍경에서 군대를 상상할 수 있었다.

석탄을 쓰는 사람들은 공룡이 돌아다니던 선사 시대 숲을 태워서 몸을 데우는 것이었다.

다른 면에서는 석탄 난로가 좀 더 평화로웠다. 부지깽이로 흐트러트리지 않는 한 불꽃이 일지 않았다. 대신에 살아 있음을 보여주려는 듯 작고, 푸르고, 신비로운 가닥들을 피워올렸다. 그리고 탁탁하는 소리를 내거나 노래를 부르지 않았다. 대신 그것은 이따금 내뱉는 한숨 그리고 내려앉음과 함께 천천히, 곰곰이 생각하듯 타올랐다. 그것은 생각에 도움이 되었다. 베이커가 221b에서 자신이 가장 좋아하는 안락의자에 앉은 셜록 홈스(Sherlock Holmes)는 때때로 "범죄 기록을 상호 참조하는 작업을 하며 벽난로 한쪽에 침울하게 있곤" 했다. 그는 이따금 자신이 시가를 보관하는 석탄통으로 손을 뻗었고, 석탄을 옮기는 일은 한 의문에서 다른 의문으로 옮겨가는 행위에 대한 기록이었다.

홈스의 시대는 영국에서 석탄 사용량이 정점에 달했던 시기였다. 1913년 영국은 산업용과 가정용을 합쳐 2억 8,700만 톤의 석탄을 태웠고, 그것들 대부분은 1,300개 이상의 깊은 광산에서 나온 것이었다. 그때까지 런던, 웨일스 남부 및 북부 도시의 모든 굴뚝은 수십 년 동안 석탄 먼지를 내뿜고 있었다. 소설《황폐한 집》의 비할 데 없이 훌륭한 첫 번째 장에서 찰스 디킨스(Charles Dickens)가 설명했듯 석탄은 날씨를 구성했다.

사방에 연무. 작은 섬과 초원 사이로 흐르는 강에도 연무가 자욱하다. 강을 따라 내려가는 연무는 줄지어 선 선박과 거대한 (그리고 더러운) 도시의 강변 오염물 사이로 줄지어 흐른다…… 에식스 습지에도, 켄트 주 고지대에도 연무가 흐른다…… 병동의 난로에서도 쌕쌕거리는 소리 가 나며, 그리니치의 나이 든 연금 수급자의 눈과 목에도 연무가 낀다.

석탄은 거의 수입되지 않았다. 영국에는 쉽게 접근할 수 있는 매장지 가 있어서 영국을 침략한 로마인들이 석탄으로 무기를 만들 수 있을 정도였기 때문이다. 그들은 땅 표면을 곡괭이로만 쪼기만 하면 되었 다. 영국의 매장량은 너무나 풍부해 다른 나라보다 훨씬 앞서 산업화 했다. 엘리자베스 1세 여왕은 이미 "역청탄의 맛과 연기에 크게 슬퍼 하고 짜증을 냈다". 1666년에 도입된 석탄에 대한 세금은 크리스토 퍼 렌(Christopher Wren)의 우아한 신축 런던 교회들에 들어가는 비용 의 3분의 2를 충당할 만큼 아주 많았다.

1888년에는 한 가족이 일주일 동안 버틸 수 있는 100웨이트(51kg) 의 석탄 가격이 1실링 2펜스였다. 이는 일주일간 밀가루나 과일에 드 는 비용보다 적은 것이었다. 하지만 거기엔 파우스트식 거래가 포함 되어 있었다. 많은 양의 석탄을 태움으로써(중국, 인도, 미국에서는 앞으로 도 그럴 것이다) 현대 생활이 의존하는 값싼 에너지가 생산되었다. 그것 은 또한 공기를 오염시키고 기후를 교란했다. 광부가 부르는 노래의 감미로움이 치명적인 검은 먼지를 통과해 흘러나왔던 것처럼, 무수 히 많은 난로의 위로하는 듯한 따스함은 그만큼의 피할 수 없는 오염 과 항상 균형을 이뤘다.

WHAT NEXT?

2022년 주목해야 할 22가지 신기술

〈이코노미스트〉 과학 · 기술 통신원

코로나 바이러스 백신이 순식간에 개발되고 출시되면서 세계를 변화시키는 과학·기술의 힘이 다시 주목받고 있다. mRNA 기술을 토대로 한 백신은 하루아침에 만들어진 것처럼 보이지만 사실은 1970년대부터 수십 년 동안 이뤄진 연구가 한데 모인 결과물이다. 기술 업계서 흔히 말하듯이 하룻밤 새 성공이 이뤄지기까지는 오랜 시간의 노력이 필요하다. 또 어떤 기술이 갑자기 나타나 세상을 놀라게 할까? 2022년 눈여겨볼 만한 22가지 신기술 트렌드를 소개한다.

태양 지구공학

아이디어는 매우 단순해 보인다. 세상이 너무 뜨거워지고 있다면 그늘을 만들어주면 어떨까? 화산이 폭발할 때 상층 대기로 날아간 먼지와 화산재는 지구를 냉각시키는 효과를 낸다고 알려져 있다. 1991년 필리핀 피나투보 화산이 폭발한 뒤 지구 온도는 4년 동안 0.5°C까지 낮아졌었다. 태양 복사 관리(solar radiation management)라고도 알려진 태양 지구공학(solar geoengineering)은 인위적으로 그와 같은 효과를 내려는 것이다.

이 계획은 큰 논란을 불러일으켰다. 과연 효과가 있을까? 강우와 기후 패턴에는 어떤 영향을 미칠까? 온실가스 배출을 억제하려는 세계의 노력을 수포로 만들지 않을까? 이 아이디어를 실험하려는 노력은 정치인들과 환경 운동가들의 격렬한 반대에 부딪혔다. 하지만 하버드 대학교 연구팀은 오랫동안 미뤄진 '성층권통제섭동실험(SCoPEx)' 프로젝트를 2022년 실행할 예정이다. 이 실험은 성층권으로 풍선을 올려 보내 미세 입자(아마도 탄산칼슘) 2kg을 방출한 뒤 입자가 어떻게 퍼지고 어떤 반응을 일으키는지, 태양 에너지를 어떻게 흐트러뜨리는지 측정하려는 것이다.

이 프로젝트를 지지하는 이들은 세계가 탄소 배출을 줄이는 데 시간이 더 필요한 경우에 대비해 이 기술을 제대로 이해하는 게 중요하다고 주장한

다. 하버드 대학교 연구팀은 독립적인 자문위원회를 꾸려 도덕적, 정치적 파장을 검토하고 있다. 실험을 강행하든 취소하든 논란이 예상된다.

열펌프

겨우내 건물 난방에 쓰이는 에너지는 전 세계 에너지 소비량의 약 4분의 1을 차지한다. 난방은 대개 석탄이나 가스, 석유를 태우는 방식에 의존한다. 전 세계가 기후 변화 억제 목표를 달성하려면 이 방식은 바뀌어야 한다. 가장 유망한 대안은 열펌프를 사용하는 것이다. 기본적으로 열펌프는 냉장고와 반대 원리로 작동한다.

냉방은 실내의 열을 밖으로 퍼내는 원리지만, 열펌프는 외부의 열을 강제로 들여보내 실내를 데우는 방식이다. 이미 존재하는 열을 이동시키기만 하는 것이므로 매우 효율적일 수 있다. 전력 1kw를 소비할 때마다 열펌프는 3kw의 열을 전달하므로 전열 난방기보다 비용이 적게 든다. 게다가 열펌프를 반대로 작동시키면 집이 시원해진다.

샌프란시스코에 본사를 둔 그레이디언트(Gradient)는 난방과 냉방 기능을 모두 갖춘 열펌프를 만드는 회사다. 편평한 새들백 모양의 이 제품은 기존 에어컨처럼 창문에 고정시킬 수 있으며 2022년부터 판매될 예정이다.

수소 비행기

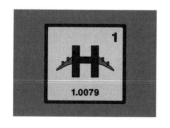

전기 자동차와 전기 비행기 개발은 성격이 퍽 다르다. 배터리가 공급하는 전력으로는 소형 비행기의 단거리 비행만 가능하다. 하지만 물만 배출하는 수소 연료 전지로 전력을 공급하면 결과가 달라질 수 있다. 네덜란드 델프트 공과대학교는 2인승 수소 연료 전지 비행기를 제작하고 있으며, 2022년 시험 비행할 예정이다. 캘리포니아에 있는 제로에이비아(ZeroAvia)는 20인승 수소 비행기를 시험 비행할 계획이다. 2022년 말까지 수소 추진 시스템 인증을 목표로 하고 있다. 캘리포니아의 또 다른 기업 유니버설 하이드로젠(Universal Hydrogen)은 2022년 9월 40석 규모의 수소 비행기를 이륙시키는 게 목표다.

이산화탄소 직접 포집

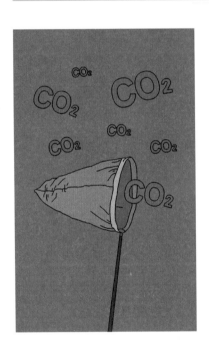

대기 속 이산화탄소는 지구 온난화를 일으킨다. 기계로 이산화탄소를 빨아들이면 어떻게 될까? 여러 스타트업이 대기에서 이산화탄소를 직접 포집하는 기술(DAC)을 연구하고 있다. 캐나다의 카본 엔지니어링(Carbon Engineering)은 2022년 텍사스에 세계 최대 DAC 시설을 착공할 것이다. 이곳에서 매년 이산화탄소 100만 톤을 포집할 수 있다. 스위스의 클라임웍스(ClimeWorks)는 2021년 아이슬란드에서 DAC 공장을 가동하기 시작했다. 이 공장은 연간 4,000톤의 이산화탄소를 포집해 광물 형태로 만들어 매장한다. 미국의 글로벌 서모스탯(Global Thermostat)은 시범 공장 2곳을 운영하고 있다. DAC는 기후 변화에 맞선 싸움에서 꼭 필요한 기술일 수 있다. 비용을 낮추고 기술력을 높이기 위한 경쟁이 진행 중이다.

수직 농업

새로운 방식의 농업이 성장하고 있다. 수직 농장(Vertical farm)에서는 밀폐되고 통제된 환경에서 작물을 심은 선반을 수직으로 쌓아 올려 식물을 키운다. 효율적인 LED 조명으로 재배 비용이 줄긴 했지만 에너지 비용은 여전히 부담이 크다. 수직 농장은 소비자 가까이에서 재배가 가능하므로 운송 비용과 탄소 배출을 줄일 수 있다. 물 사용을 최소화하고 해충을 막아서 살충제도 필요 없다.

영국의 존스 푸드 컴퍼니(Jones Food Company)는 2022년 1만 3,750㎡ 규모의 세계 최대 수직 농장을 열 것이다. 미국의 에어로팜(AeroFarms)은 버지니아주 데인빌에 자사 최대 규모 수직 농장을 만들고 있다. 다른 회사들도 사업 확장을 추진하고 있다. 노르딕 하베스트(Nordic Harvest)는 코펜하겐 외곽에 시설을 늘리고 스톡홀름에 새로운 시설을 지을 예정이다. 캘리포니아의 플렌티(Plenty)는 로스앤젤레스 인근에 새로운 실내 농장을 열 것이다. 수직 농장은 주로 고가의 잎채소나 허브 등을 재배하지만 일부 농장은 토마토, 고추, 베리류 등으로 영역을 넓히고 있다. 당장 풀어야 할 과제는 수익성을 챙기는 것이다.

돛 달린 컨테이너선

선박은 온실가스 배출량의 3%를 뿜어낸다. 선박용 연료인 벙커유는 산성비의 원인이 되기도 한다. 돛을 단 배를 타고 항해하던 시대에는 이런 문제가 전혀 없었다. 그런 까닭에 돛이 첨단 기술과 손잡고 다시 인기를 끌고 있다. 비용과 탄소 배출을 줄이기 위해서다.

프랑스의 미쉐린(Michelin)은 2022년 화물선에 팽창식 돛을 달아 연료 소비를 20% 줄이려고 한다. 일본 해운 회사 미쓰이 OSK 해운(MOL)은 2022년 8월 다단으로 접히는 단단한 돛을 배에 장착할 계획이다. 이탈리아 나오스 디자인(Naos Design)은 회전하고 접는 방식의 '날개 돛'을 선박 8척에 달기로 했다. 그 밖에 팬과 회전하는 거대한 원통 모양의 로터 돛이 달린 '흡입 날개'와 연을 이용한 방식도 있다. 국제풍력선박협회(International Windship Association)에 따르면 2022년 말에는 다양한 형태의 돛을 단 대형 화물선 수가 지금보다 4배 늘어 40척에 이를 것이다. 유럽연합이 2022년 계획대로 탄소 배출권 거래 제도를 선박에도 적용한다면 첨단 기술을 두루 갖춘 돛은 더욱 힘차게 나아갈 것이다.

가상현실 운동

현대인은 대체로 운동량이 적다. 많은 이들이 운동하고 싶어 하지만 동기가 부족하다. 가상현실(VR) 헤드셋은 게임하면서 칼로리를 태울 수 있게 해준다. 게임 중에 다가오는 물체를 주먹으로 치거나 칼로 벨 때, 장애물을 피하기 위해 쪼그려 앉고 몸을 흔들 때 칼로리가 소모된다. VR 운동은 팬데믹 기간 동안 더욱 인기를 끌었다. 봉쇄 조치로 체육 시설이 문을 닫고, 성

능이 뛰어나고 저렴한 VR 헤드셋 오큘러스 퀘스트 2가 출시됐기 때문이다. 2022년 기능이 향상되고 새로운 운동 기능이 추가된 모델이 출시될 예정이다. 호평받고 있는 VR 운동 앱 슈퍼내추럴(Supernatural)은 현재 북미에서만 이용할 수 있지만 곧 유럽에서도 출시될 것이다. VR 운동 앱이 체력 단련 수단이 될 수 있을까?

에이즈와 말라리아 백신

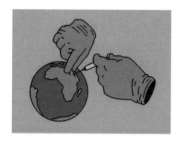

mRNA에 기초한 코로나 바이러스 백신의 놀라운 성공은 백신 개발의 황금기를 예고한다. 모더나는 코로나 바이러스 백신에 적용된 mRNA 기술을 토대로 에이즈 백신을 개발하고 있다. 이 백신은 2021년 초기 단계 임상시험에 착수했고 2022년 예비 결과가 나올 것이다. 화이자와 공동으로 백신을 개발한 바이오엔텍(BioNTech)은 mRNA 기술을 적용해 말라리아 백신을 개발하고 있으며 2022년 임상시험에 들어갈 예정이다. 옥스퍼드 대학교 연구팀이 개발한 에이즈, 말라리아 백신은 mRNA 방식은 아니지만 역시 가능성을 보여주고 있다.

이식용 3D 프린팅 뼈

수년 동안 연구자들은 생물학적 소재를 이용한 3D 프린팅으로 인공 장기를 만드는 기술을 연구해왔다. 궁극적인 목표는 환자의 세포를 소량 채취해 완벽한 이식용 장기를 만드는 것이다. 그렇게 되면 오랫동안 대기자 명단에 올라 있지 않아도 되고 적합성 검사와 거부 반응 위험도 사라질 것이다.

몸속 장기에는 아직 먼 이야기다. 하지만 뼈는 그보다 덜 까다롭다. 스타트업 파티클3D(Particle3D)와 애덤(ADAM)은 2022년 인간에게 이식할 수 있는 3D 프린팅 뼈를 만들기 위해 노력하고 있다. 두 회사 모두 칼슘 기반 미네랄을 사용해 뼈를 프린트한다. 뼈의 크기는 환자의 CT 스캔을 토대로 측정한다. 파티클3D는 돼지와 쥐를 대상으로 한 실험에서 골수와 혈관이 8주 만에 이식할 수 있을 만큼 자라는 것을 확인했다. 애덤은 3D 프린팅 이식물이 자연적인 뼈 성장을 촉진하고 서서히 생분해돼 결국 환자의 뼈 조직으로 대체된다고 설명한다. 연구자들은 모든 연구가 차질 없이 진행된다면 다음 목표는 3D 프린팅 혈관과 심장 판막이라고 말한다.

하늘은 나는 전기 택시

하늘을 나는 택시나 수직으로 이착륙하는 전기 비행기(eVTOL)는 오랫동안 공상 속에서나 가능한 얘기였다. 그런데 이 분야의 연구가 점점 진지해지고 있다. 세계 여러 기업들이 앞으로 1~2년 안에 상업용 운항을 허가받기 위해 2022년 시험 비행을 늘릴 것이다. 캘리포니아의 조비 에비에이션(Joby Aviation)은 1회 충전으로 240km를 비행할 수 있는 5인승 비행기를 10여 대 생산할 계획이다. 독일 볼로콥터(Volocopter)는 2024년 파리 올림픽에서 에어택시(air-taxi) 서비스를 제공하는 게 목표다. 중국의 이항(eHang), 독일의 릴리움(Lilium), 영국의 버티컬 에이로스페이스(Vertical Aerospace) 등도 이 경쟁에 뛰어들었다. 하늘을 주시해보자.

드론 배송

드론 배송 출발이 예상보다 늦어지고 있다. 2021년부터 새로운 규정이 시행되고 있으므로 2022년에는 드론 배송이 날아오를 것이다. 아일랜드 골웨이에서 드론으로 책, 음식, 의약품을 배송해온 스타트업 마나(Manna)는 아일랜드 전역과 영국으로 서비스를 확대할 계획이다. 구글의 자매 회사인 윙(Wing)은 미국, 호주, 핀란드에서 시험 배송을 해왔다. 2021말 출시한 '쇼핑몰에서 가정으로' 배송 서비스를 확대할 예정이다. 불가리아 스타트업 드로나믹스(Dronamics)는 유럽 공항 39곳을

오가며 화물을 실어 나르는 날개 달린 드론을 상용화할 것이다. 문제는 속도다. 드론 배송 속도가 더욱 빨라질까?

우주 관광

2021년 우주 관광 산업은 획기적인 한 해를 보냈다. 억만장자들의 지원으로 민간인들을 하늘로 쏘아 올리는 데 성공했기에 2022년에 대한 기대도 부풀었다. 2021년 7월 리처드 브랜슨(Richard Branson)의 버진 갤럭틱(Virgin Galactic)은 제프 베이조스의 블루 오리진(Blue Origin)을 제치고 최초로 우주 경계까지 날아갔다. 두 억만장자는 각각 자사가 만든 우주선을 타고 저궤도 비행에 성공했다. 일론 머스크의 스페이스X가 만든 우주선은

2021년 9월 민간인 우주 비행사 4명을 태우고 사흘간 지구 궤도를 도는 데 성공했다.

세 기업은 2022년 더 많은 관광객을 우주로 보낼 계획이다. 따라서 공무원 보다 더 많은 수의 유임 승객이 우주에 가는 첫 해가 될 것이다. 버진 갤럭틱은 우주선을 더 강력하고 안전하게 만들기 위해 개조하고 있다. 2022년 하반기에 다시 비행에 나서고, 4분기에 상용 서비스를 시작할 예정이다. 블루 오리진은 더 많은 비행을 계획하고 있지만 시기와 횟수는 발표하지 않았다. 스페이스X는 관광객을 국제 우주 정거장에 보내는 계약을 맺었다. 다음엔 우주선이 어디까지 갈까? 아마도 다음 목적지는 달일 것이다.

저소음 초음속 항공기

지난 반세기 동안 과학자들은 초음속 비행기의 형태를 바꾸면 소닉붐(음속 폭음) 강도를 줄일 수 있을지 연구했다. 최근 들어 컴퓨터가 이런 소음 감소 이론을 시뮬레이션할 수 있을 만큼 성능이 크게 향상됐다.

2022년 NASA의 저소음 초음속제트비행기 X-59 Quesst(Quiet Supersonic Technology)가 첫 시험 비행을 할 것이다. 한 가지 중요한 점은 이 시험 비행이 육지 상공(캘리포니아 에드워드 공군 기지)에서 실시되리라는 것이다. 세계 최초이자 유일한 상업용 초음속 여객기인 콩코드는 육지 상공을 비행할 때 음속보다 빠르게 비행할 수 없었다. X-59의 소닉붐은 콩코드의 8분의 1 수준(75데시벨)으로 감소하리라 예상된다. 75데시벨은 멀리서 들리는 천둥소리 정도의 소음으로 음속의 '쿵' 소리와 비슷하다. NASA는 이 테스트가 성공한다면 규제 기관이 육지 상공에서의 초음속 비행 금지를 해제해 상업 비행의 새 시대를 열어주길 희망하고 있다.

3D 프린팅 주택

건축가들은 건물의 축척 모형을 만들기 위해 종종 3D 프린트를 이용한다. 이 기술을 확장하면 실제 건물을 짓는 데 활용할 수 있다. 노즐에서 재료가 거품처럼 뿜어져 나와 굳는 방식이다. 집 한 채를 현장에서 층층이 프린팅하거나,  공장에서 프린팅한 여러 조각을 운송받아 조립할 수 있다.

캘리포니아의 마이티 빌딩(Mighty Buildings)은 2022년 랜초 미라지에 친환경 3D 프린팅 주택 15채를 지을 예정이다. 텍사스의 아이콘(ICON)은 오스틴 인근에 3D 프린팅 주택 100채가 들어선 주거 단지를 건설한다. 이는 업계 최대 규모 개발 사업이 될 것이다.

수면 산업

실리콘밸리에서 수면 산업 열풍이 불고 있다. 깨어 있는 동안 생산성과 역량을 극대화하는 데 만족하지 못한 괴짜들은 이제 다양한 기술을 활용해 수면도 최적화하려 하고 있다. 수면의 질을 기록하고 추적하는 반지와 머리띠, 심신을 진정시키는 음향 기기, 필요에 따라 매트리스를 데우거나 식히는 장치, 완벽한 순간 잠을 깨워주는 스마트 알람시계 등이 개발됐다. 구글은 2021년 침실용 수면 추적 태블릿을 출시했다. 2022년 아마존도 그와 유사한 기기를 내놓을 것으로 예상된다. 모두 터무니없는 소리로 들릴 수도 있다. 하지만 질 낮은 수면은 심장 질환에서 비만에 이르기까지 다양한 질병과 관련이 있다. 게다가 이제껏 그래왔듯이 오늘 실리콘밸리에서 하고

있는 일을 내일이면 나머지 사람들 모두 따라 하고 있을지도 모른다.

맞춤형 영양 섭취

무작정 하는 다이어트는 효과가 없다. 개인마다 신진대사가 다르므로 음식 선택도 개인마다 달라야 한다는 증거가 속속 나오고 있다. 맞춤형 영양 섭취 관련 앱들은 기계 학습 알고리듬을 이용해 언제 무엇을 먹어야 하는지 알려준다. 피부에 부착하는 동전 크기의 기기를 이용해 혈액과 장 내 마이크로바이옴(인체 내 각종 미생물) 검사가 가능하고, 운동량 같은 생활 패턴 데이터를 알려주며 실시간으로 혈당 수치도 추적한다. 미국에서 성공적으로 제품을 출시한 맞춤형 영양 공급 회사들은 2022년 다른 시장으로 눈을 돌리고 있다. 일부 기업은 당뇨병과 편두통 같은 질환의 치료 요법으로 규제 기관의 승인을 추진할 계획이다.

웨어러블 건강 추적기

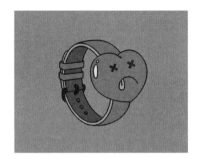

원격 진료가 일상화했다. 이는 핏비트나 애플워치 같은 웨어러블 건강 추적기의 미래를 바꿀 수 있다. 현재 이런 스마트워치들은 주로 피트니스 추적기로 사용된다. 걸음 수, 달리기와 수영 속도, 운동 중 맥박 수 등을 측정한다. 컨설팅 회사 가트너(Gartner)의 분석가들은 일반 소비자용과 의료용 기기의 경계가 모호해지고 있다고 말한다.

스마트워치는 혈액 내 산소포화도 측정, 심전도 검사, 심방세동 감지 기능을 이미 갖추고 있다. 2022년 출시될 애플워치에는 혈압과 체온 말고도 혈중 포도당과 알코올 수치를 측정할 수 있는 새로운 센서가 들어갈 예정이다. 센서 기술을 제공하는 록클리 포토닉스는 자신들이 만든 시스템을 '손목 위의 병원'이라고 부른다. 이런 건강 체크 기능들에 대한 규제 기관의 승인은 시간이 오래 걸릴 수 있다. 그때까지 사용자뿐 아니라 의사들도 웨어러블 기기의 데이터에 점점 더 많은 관심을 쏟을 것이다.

메타버스

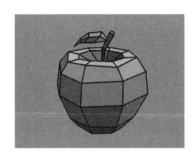

1992년 닐 스티븐슨(Neal Stephenson)이 소설 《스노 크래시》에서 처음 사용한 '메타버스'라는 단어는 특수한 고글을 쓰고 접속할 수 있는 지속적인 가상세계를 가리켰다. 그곳에서 사람들을 만나고 노닥거리고 게임

하고 물건을 사고파는 것 말고도 많은 것을 할 수 있다. 2022년 메타버스는 비디오 게임, 소셜 네트워크, 엔터테인먼트가 통합된 형태가 될 것이다. 온라인 콘서트에서 좋아하는 노래를 들으며 수영하는 것 같은 새롭고 몰입적인 경험이 가능해진다. 〈마인크래프트〉, 〈로블록스〉, 〈포트나이트〉 같은 게임들은 떠오르는 새로운 매체인 메타버스로 이어주는 디딤돌 역할을 한다. 페이스북은 이 기회를 활용하고 다른 문제들로부터 주위를 돌리기 위해 사명을 메타로 바꿨다.

양자 컴퓨팅

1990년대에는 칠판에만 존재하던 아이디어가 정부, 거대 테크 기업, 스타트업 사이에서 수십억 달러가 걸린 경쟁으로 성장했다. 양자물리학의 반직관적인 특성을 활용해 새로운 유형의 컴퓨터를 만들려는 것이다. 양자 컴퓨터는 일부 수학 분야에서 어떤 비양자 기기보다 성능이 뛰어나므로 암호 해독, 화학, 금융 관련 계산을 빠르게 처리할 수 있다.

양자 컴퓨터는 언제 세상에 나올까? 양자 컴퓨터의 성능을 평가하는 한 가지 척도는 최소 정보 단위인 큐비트(qubit) 수다. 중국의 한 연구팀은 66큐비트의 컴퓨터를 만들었다. 미국 IBM은 2022년 433큐비트 제품을 만들고 2023년까지 1,000큐비트 제품을 내놓겠다는 목표를 세웠다. 하지만 기존 양자 컴퓨터들은 치명적인 결함이 있다. 컴퓨터의 성능을 좌우하는 민감한 양자 상태가 단 몇 초밖에 지속되지 않는다는 것이다. 이 문제를 해결하는 데 오랜 시간이 걸릴 것이다. 그사이 기존 양자 컴퓨터가 어딘가에 쓰일 수 있다면 양자 컴퓨팅 상업화가 훨씬 앞당겨질 것이다.

가상 인플루언서

인간 인플루언서와 달리 가상 인플루언서는 화보 촬영에 늦거나 파티에서 술에 취할 걱정이 없으며 늙지도 않는다. 인스타그램, 페이스북, 틱톡에서 상품을 홍보하도록 만든 컴퓨터 속 캐릭터이기 때문이다. 가장 잘 알려진 가상 인플루언서는 '릴 미켈라(Lil Miquela)'라는 예명으로 불리는 미켈라 소사(Miquela Sousa)다. 19세의 브라질계 미국인인 미켈라는 300만 명의 인스타그램 팔로워를 거느리고 있다. 2022년 인플루언서 마케팅 비용이 무려 150억 달러로 추산되면서

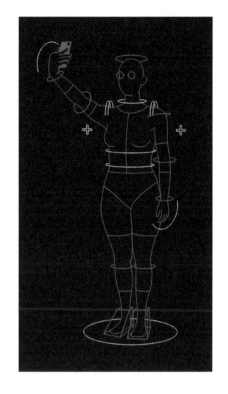

가상 인플루언서가 급증하고 있다. 마케팅 대행사 코스믹 유니버스(Cosmiq Universe)가 만든 행성 여행자 아야 스텔라(Aya Stellar)는 2022년 2월 지구에 착륙할 예정이다. 그녀는 어느새 유튜브에 노래도 발표했다.

두뇌 인터페이스

2021년 4월 톡톡 튀는 기업가 일론 머스크는 마카크 원숭이가 '두뇌에 심은 칩을 이용해 그야말로 텔레파시로 비디오 게임을 하고 있다'고 트위터에 올렸다. 머스크의 회사 뉴럴링크(Neuralink)는 원숭이의 뇌에 두 세트의

초소형 전극을 심었다. 이 전극에서 나온 신호들은 무선으로 가까이 있는 컴퓨터에 전송됐다. 컴퓨터가 이 시그널을 해독하자 원숭이는 생각만으로 퐁(Pong) 게임 화면에서 라켓을 움직여 공을 칠 수 있었다.

뉴럴링크는 2022년 이 장치를 인체에 시험 적용해 몸이 마비된 사람들의 컴퓨터 조작을 도우려 한다. 또 다른 기업 싱크론(Synchron)은 미국 규제 기관으로부터 비슷한 기기의 인체 시험을 이미 승인받았다. 싱크론의 '최소 절개식' 신경 보철물은 목의 혈관을 통해 뇌에 삽입된다. 그들은 몸이 마비된 사람을 돕는 것뿐만 아니라 간질, 우울증, 고혈압 등 신경계 질환을 진단하고 치료하는 데 이용할 수 있는지도 검토하고 있다.

인공육과 인공 생선

윈스턴 처칠(Winston Churchill)은 '가슴살이나 날개를 먹기 위해 닭 한 마리를 통째로 기르는 것은 불합리하다'고 말했다. 거의 한 세기가 지난 지금 약 70개 기업들이 바이오리액터(세포배양기)에서 고기를 '재배'하고 있다. 가축을 도축하지 않고 세포를 채취해 단백질, 당분, 지방, 비타민, 미네랄이 풍부한 배양액 안에서 키우는 것이다. 샌프란시스코의 인공육 스타트업 잇 저스트(Eat Just)는 2020년 싱가포르에서 제품 판매를 허가받은 첫 번째 회사다.

2022년에는 몇몇 기업이 이 대열에 합류할 것으로 예상된다. 이스라엘 스타트업 슈퍼미트(SuperMeat)는 2022년 배양육 치킨 버거 판매를 허가받기 위해 준비하고 있다. 그들의 설명에 따르면 2018년 개당 2,500달러 들어가던 닭고기 배양 비용은 10달러로 떨어졌다. 캘리포니아의 핀리스 푸드(Finless Foods)는 배양한 검은참다랑어의 판매 허가를 기다리고 있다. 2017년 1kg당 66만 달러 들어가던 배양 비용은 현재 440달러로 내려갔다. 베이컨, 칠면조 고기 같은 다른 배양육들도 곧 나올 것이다. 환경을 생각하는 고기 애호가들도 거리낌 없이 스테이크를 먹을 수 있게 될 것이다.

2022년 세계 주요 일정

1월

- 프랑스는 상반기 6개월 동안 유럽 이사회 순회 의장국을 맡는다.
- 여행자수표는 250년 전 런던에서 처음 발행되었다. 유럽 90개 도시에서 사용할 수 있다.
- 에릭 애덤스가 110대 뉴욕 시장으로 취임할 것으로 예상된다.

2월

- 엘리자베스 2세 여왕은 즉위 70주년을 맞는 첫 번째 영국 군주가 된다. 6월에 영국은 주말을 포함한 긴 연휴 동안 다양한 기념 행사를 개최할 것이다.
- 중국인들이 춘절을 맞는다. 호랑이해에 태어난 사람은 열정적이고 대담하며 용맹하다고 알려져 있다. 1962년과 2022년처럼 오행 중 '물 호랑이'해(임인년)에 태어난 사람은 새로운 것을 좋아한다고 한다.
- 베이징 동계 올림픽이 개막하지만 해외 관중은 허용되지 않는다.
- 이집트는 독립 100주년을 맞는다.

3월

- 광대 공포증이 있는 사람은 일리노이주 노스브룩을 피해야 한다. 이곳에서 열리는 세계 광대 협회(World Clown Association) 연례 회의에 많은 참가자들이 모여들 것이다.
- 홍콩 차기 행정장관은 친베이징 인사들이 장악하고 있는 위원회에서 '선출'될 것이다.
- 한국에서 대통령 선거가 실시된다.
- 레바논에서 의회 선거가 있을 예정이다. 레바논에서는 기독교인과 이슬람교도(시아파 분파인 드루즈파도 포함)에게도 동일한 수의 의석이 돌아가도록 종교적 소속에 따라 의석이 배분된다.
- 제94회 아카데미 시상식이 로스앤젤레스에서 열린다.

4월

- 프랑스 유권자들은 두 번의 투표를 거쳐 대통령을 선출할 것이다.
- 쿤밍에서 열리는 생물 다양성 협약 당사국 총회(COP15) 2부 회의에 참석하기 위해 각국 내표단이 오프라인으로 모인다. 1부 회의는 2021년 10월 온라인으로 개최됐다.

5월

- 성소수자(LBGTIQ) 활동가들이 로스앤젤레스에서 열리는 국제 성소수자 협회 세계 회의(ILGA World Conference)에서 오프라인으로 모인다. 2021년에 이 회의는 코로나19로 연기됐다.
- 매년 5월 20일은 세계 꿀벌의 날이다. 전 세계 양봉가들은 농작물을 수분시키는 데 벌들의 역할이 얼마나 중요한지 홍보할 것이다.
- 필리핀에서 대통령과 부통령, 국회의원과 지방의원을 뽑는 선거가 치러진다.

6월

- 마오리족의 설날인 마타리키(Matariki)가 뉴질랜드에서 공휴일이 된다. 저신다 아던 총리는 2020년 선거 유세에서 이날을 공휴일로 지정하겠다고 약속했다.
- 세계 최대 음악 축제 중 하나인 글래스톤베리(Glastonbury) 페스티벌이 3년 만에 돌아온다. 2020년에 공연 예정이었던 많은 유명 가수들을 이번에는 볼 수 있을 것이다.
- 세계 유산 위원회는 러시아 연방 타타르스탄공화국 카잔에서 모여 새로운 세계 문화 유산을 선정할 예정이다. 후보에는 오래전 실크로드 상인들의 숙소로 쓰였던 이란의 카라반세라이(Caravanserai)도 포함돼 있다.

7월

- 7월 2일은 세계 UFO의 날이다. UFO로 추정되는 물체가 뉴멕시코주 로즈웰 인근 사막에 추락했다고 알려진 날이다.
- 잉글랜드 전역 경기장에서 UEFA 여자 유로 챔피언십 경기가 치러진다.
- 앨라배마주 버밍햄에서 올림픽에 포함되지 않는 30종목을 겨루는 월드 게임(World Games)이 개막한다.
- 영연방 국가들의 스포츠 대회인 영연방 경기 대회(Commonwealth Games)가 영국 버밍엄에서 개최된다.
- HIV, 에이즈와 관련된 세계 최대 국제 회의가 몬트리올에서 개최된다.

8월

- 세계 교회 협의회(WCC) 총회가 독일 '카를스루에'에서 시작된다. WCC는 100여 개 국가와 지역의 340개 넘는 교회와 교파, 교회 친목 단체들을 포함하며 기독교인 5억 6,000만 명을 대표한다.
- 케냐에서 선거가 열린다. 유권자들은 대통령, 의회와 지방 의회 의원들을 선출할 것이다.
- 인도와 파키스탄은 영국으로부터 독립한 지 75주년 되는 해를 기념한다.

9월

- 브라질은 독립 200주년을 맞는다.
- 스웨덴에서 총선이 실시된다.
- 2014년 7월 말레이시아 항공 MH17편을 추락시킨 혐의로 기소된 네 명에게 법원이 판결을 내릴 것이다. 당시 우크라이나 상공에서 비행기가 격추돼 약 300명이 사망했다.
- 7인제 럭비 월드컵(The Rugby World Cup Sevens)이 남아공에서 개막한다.
- NASA의 두 소행성 방향 전환 실험(Double Asteroid Redirection Test) 임무는 우주 탐사선을 작은 소행성에 충돌시키는 것이다. 앞으로 궤도 변화가 발견될 경우 지구와 충돌할 가능성 있는 소행성을 비껴가는 방법을 연구할 때 도움이 될 것이다.

10월

- 워싱턴 DC에서 제5차 국제 원자력 에너지 각료 회의가 열린다.
- 브라질에서 대통령, 부통령, 국회의원 선거가 열린다.

11월

- 미국에서 중간 선거가 치러진다. 하원의 모든 의석과 상원 의석의 3분의 1, 여러 지방정부와 주정부 직책들을 놓고 경합이 벌어지고 있다. 조 바이든 대통령의 남은 임기는 그 결과에 따라 틀이 갖춰질 것이다.

12월

- 아일랜드는 아일랜드자유국 건국 100주년을 맞는다. 1937년 새로운 헌법이 채택되면서 아일랜드자유국은 사라지고 아일랜드공화국이 탄생했다.
- FIFA 월드컵 결승전이 카타르 도하에서 열리고 한 달간 치러진 대회가 막을 내린다.

자료 협찬: foresightnews.com

2022년을 그리다

〈이코노미스트〉의 시사만화가 케빈 칼(Kevin Kallaugher 'KAL')이 그린 다가올 한 해의 모습.

글로벌 정상화 지수
팬데믹 이전의 행동 방식을 되찾을 수 있을까?

제임스 프랜샴(James Fransham) 〈이코노미스트〉 데이터 부문 통신원

코로나 바이러스 팬데믹이 2020년에 시작됐을 때 얼마나 오랫동안 삶이 지장을 받을지 아무도 알지 못했다. 통제가 가장 심했을 시기에는 약 36억 명의 사람이 필수 재택 명령 대상이었다. 사회는 신속히 적응했다. 집에서 근무하고 수업을 들었으며 새로운 방식으로 소통했다. 대화 주제는 삶이 정말 '정상'으로 돌아갈 것인지, 만약 그럴 수 있다면 언제쯤일지로 바뀌었다. 효과적인 백신이 개발되어 이제 일상의 회복이 가능해졌지만 실제로 팬데믹 이전의 행동 방식을 얼마나 되찾았을까?

무엇이 변했는지 측정하기 위해 〈이코노미스트〉에서 '정상화 지수(normalcy index)'를 창안했다. 우선 이 지수는 세 가지 방식(항공, 도로 및 대중교통)의 교통량에 어떤 변화가 있었는지 측정한다. 다음으로 영화관에서의 영화 관람과 프로 스포츠 경기 참석, 집 밖에서 보낸 시간을 활용해 여가의 변화를 측정한다. 끝으로 상점과 사무실에 오간

인원으로 상업 활동을 포착한다.

그런 뒤 여덟 가지 측정 기준 각각에 대한 활동량을 팬데믹 이전 수준과 비교한다. 세 가지 카테고리에서 발생한 변화의 평균을 각각 구한 다음, 그룹화된 결괏값의 평균을 내서 전체 지수를 계산한다. 글로벌 수치에는 전 세계 인구의 75%, 전 세계 GDP의 90%를 차지하는 50개국 인구의 가중 평균이 사용되었으며, 100을 팬데믹 이전 행동 방식의 평균값으로 설정했다.

2020년 초에 이 글로벌 정상화 지수는 예상대로 곤두박질쳤다. 지수는 2020년 3월 초(중국의 통제는 일상이 이미 무너졌음을 의미했다) 80에서 2020년 4월 중순 35까지 하락했다. 2021년 1월에 60이었던 지수가 10월 중순이 되자 79까지 더디지만 안정적으로 상승했고, 이는 세계가 행동 방식을 팬데믹 이전의 약 3분의 1 수준으로 회복했을 뿐임을 시사했다.

덴마크는 팬데믹 이전 수준과 행동 방식의 차이가 5포인트 이내인 5개국에 소속되어 선두를 이끌고 있다. 미국은 여러 유럽 국가들과 함께 중간 순위를 차지했다.

지난 18개월간의 정상화 지수를 살펴보면 앞으로 우리를 기다리고 있는 일 몇 가지를 추론할 수 있다. 대다수의 성인 인구에 백신을 접종시킨 국가들은 일상을 회복할 수 있을 것이다. 만약 선정된 50개국에서 코로나19 사망자가 2021년 9월 평균의 절반으로 떨어지고 최근 경향에 따라 백신 접종률이 꾸준히 증가함과 동시에 정부의 통제가 더 완화된다면, 정상화 지수가 약 90포인트까지 상승할 것이라 기대할 수 있다.

일부 측면에서 감염률 감소와 접종률 증가가 팬데믹 이전 행동 방식을 되찾기 위한 필수 조건은 맞지만, 충분조건은 아닌 것 같다. 데이터를 파헤쳐보면 그 이유에 대한 설명을 들을 수 있다. 행동 방식을 측정하는 세 가지 지표(항공, 영화관 이용 및 스포츠 경기 참석)가 정부의 금지 정책에 의해 제한되었다. 나머지 다섯 가지 지표에서의 활동은 개인 또는 조직의 결정에 영향을 많이 받고, 가장 심각한 제한이 풀렸으므로 더 이상 정부 조치의 영향을 받지 않는다. 전 세계적으로 사람들이 바깥세상을 다시 탐험하기 시작하면서 집 밖에서 활동하는 시간이 증가했고 이제 소매상을 드나드는 고객 수는 팬데믹 이전의 정상 수준을 뛰어넘었다.

한편 이제 재택근무는 흔해졌다. 〈이코노미스트〉가 분석한 모델에 따르면 감염률이 감소하고 접종률이 증가하더라도 사무실 사용은 더 증가하지 않을 것이며, 영화관 이용률은 팬데믹 이전 수준의 약 80% 정도까지밖에 도달하지 못할 것이다. 몇 가지 변화는 한동안 우리의 곁에 머무를 것이다.

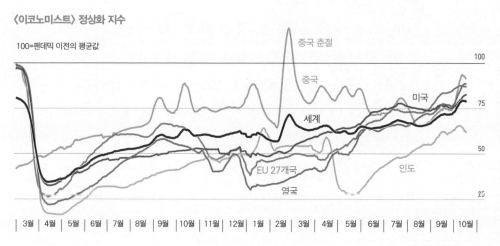

〈이코노미스트〉 정상화 지수

100=팬데믹 이전의 평균값

중국 춘절
중국
미국
세계
EU 27개국
인도
영국

| 3월 | 4월 | 5월 | 6월 | 7월 | 8월 | 9월 | 10월 | 11월 | 12월 | 1월 | 2월 | 3월 | 4월 | 5월 | 6월 | 7월 | 8월 | 9월 | 10월 |

출처: economist.com/normalcytracker

전문가들의 가장 확률 높은 예측

굿저지먼트의 슈퍼 예측가들이 예측한
2022년 주요 사건

언론인들과 논평가들은 미래에 대한 예감을 가지고 있고, 대략적인 예측을 위해 경험과 직감을 섞어서 사용한다. 하지만 일부 사람들은 가능한 결과에 현실적인 확률을 할당하는 데 특출하게 능숙하다. 예측 전문 회사인 굿저지먼트(Good Judgment)는 그런 사람들을 자신들의 슈퍼 예측가팀에 다수 영입했고, 그들은 공공 부문과 민간 부문 고객들에게 상세하고 구체적인 예측을 제공하기 위해 함께 노력하고 있다. 다음은 2022년 주요 사건과 관련하여 그들이 내놓은 예측이다.

↓

델타 변종 바이러스 말고 SARS-CoV-2 변종은 언제 미국에서 모든 코로나19 사례의 70% 이상을 차지할까?

2022년 1월 이전	1%
2022년 1월 2일부터 3월 26일 사이	11%
2022년 3월 27일부터 6월 18일 사이	16%
2022년 6월 19일부터 9월 10일 사이	18%
2022년 9월 11일 이후	54%

↓

미국은 언제 하루 230만 명 이상의 비행기 여행자에 대한 출입국 심사를 연속 3일 동안 하게 될까? (2019년 12월이 마지막이었음)

2022년 1월 1일 이전	47%
2022년 1월 1일부터 3월 31일 사이	7%
2022년 4월 1일부터 6월 30일 사이	42%
2022년 7월 1일부터 9월 30일 사이	3%
2022년 10월 1일 이후	1%

↓

전 세계적 코로나19 백신 투여량은 언제 120억 회분에 도달할까?

2022년 4월 1일 이전	1%
2022년 4월 1일부터 5월 31일 사이	11%
2022년 6월 1일부터 7월 31일 사이	47%
2022년 8월 1일부터 9월 30일 사이	21%
2022년 10월 1일 이후	20%

↓

프랑스에서는 어떤 당 후보가 2022년 대선에서 승리할까?

앙마르슈	79%
공화당	8%
국민연합	6%
불복하는 프랑스	1%
위에 언급되지 않음	6%

↓

IMF 기준을 따를 때, 2022년 세계 GDP는 2021년에 비해 얼마나 성장할까?

3% 이하	4%
3~4%	22%
4~5%	44%
5~6%	24%
6% 이상	6%

↓

중국의 정책에 항의하는 뜻으로 2022년 동계 올림픽에 선수단을 파견하지 않는 나라는 몇 개국이나 될까?

없음	96%
1~2개국	2%
3~9개국	1%

↓

브라질에서는 누가 2022년 대선에서 승리할까?

루이스 이나시우 룰라 다 시우바	68%
자이르 보우소나루	20%
주앙 도리아	1%
시루 고메스	1%
다른 결과	10%

↓

2022년 미국 중간 선거의 결과는 어떻게 될까?

공화당이 하원을 장악하고, 민주당은 상원을 장악할 것이다	61%
공화당이 상·하원 모두를 장악할 것이다	23%
민주당이 상·하원 모두를 장악할 것이다	14%
민주당이 하원을 장악하고, 공화당은 상원을 장악할 것이다	2%

모든 예측은 2021년 10월 22일자 기준임

예측 우승자

굿저지먼트와 협력하여 마련된 **2021년의 세계 예측하기 대회**에서 우승한 코너 씨에게 축하를 보낸다. 그는 이름을 밝히지 않기를 원했다. **당신도 슈퍼 예측가가 될 수 있을까?** 2021년 11월부터 2022년 10월까지 gjopen.com/economist에서 진행되는 2022년의 세계 예측하기 대회에 참여하여 당신의 예측 능력을 시험해보자.

Illustration: Israel G Vargas, Sam Kerr, Guillem Casasus, Kevin ("KAL") Kallaugher, Steven Gregor, Ellie Foreman-Peck, Lauren Tamaki, Jordan Andrew Carter, Jack Richardson, Mark Harris, Alvaro Bernis, Rose Wong, Mike Haddad, Cristina Spano

Photographs: © AFP © Bloomberg © Getty Images © Alamy
© European Union 2014 – European Parliament © Reuters © Shutterstock
© Hassan Meer/Image courtesy of the National Pavilion of the Sultanate of Oman
© Mary Evans Picture Library

이코노미스트
2022 세계대전망

제1판 1쇄 발행 | 2021년 12월 9일
제1판 4쇄 발행 | 2021년 12월 30일

지은이 | 이코노미스트
번역 | 박정엽, 석혜미, 손용수, 정유선, 최영민, 황성연
펴낸이 | 유근석
펴낸곳 | 한국경제신문 한경BP
책임편집 | 이혜영
교정교열 | 이근일
저작권 | 백상아
홍보 | 서은실 · 이여진 · 박도현
마케팅 | 배한일 · 김규형
디자인 | 지소영
본문디자인 | 디자인 현

주소 | 서울특별시 중구 청파로 463
기획출판팀 | 02-3604-590, 584
영업마케팅팀 | 02-3604-595, 583   FAX | 02-3604-599
H | http://bp.hankyung.com   E | bp@hankyung.com
F | www.facebook.com/hankyungbp
등록 | 제 2-315(1967. 5. 15)

ISBN 978-89-475-4769-7   03320

대한민국 출판물류 일류기업

" 호텔 서비스 "

분명하고 남다른 철학이 있습니다.

Firm Belief, Philosophy!

지난 25년간 오직 출판물류의 발전을 위해
한걸음, 한걸음 걸어왔습니다.
우리의 목적은 출판물류 유토피아를 이루는 것이며,
그 실현을 위해 오늘도 호텔서비스 정신으로
걸어가고 있습니다.

413-861 경기도 파주시 파주읍 윗가마울길 77
T.031)940-1300 / F.031)946-6915

가족의 부담 덜어주는
All Care 간병보험

나를 위해, 가족을 위해 All Care 해주는
New 늘곁에 종합간병보험으로 미리 준비해두세요